智能车辆前沿技术丛书

丛书主编 项昌乐 陈 杰

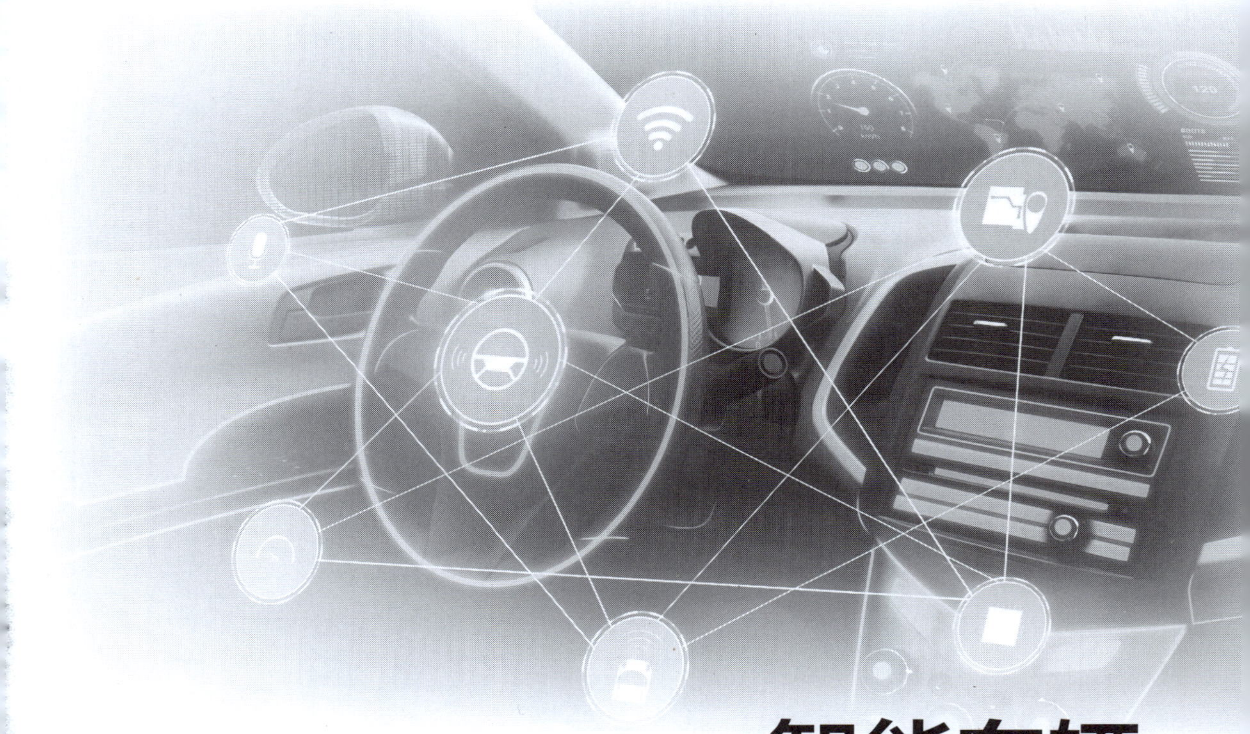

智能车辆理论与技术

THEORY AND TECHNOLOGY OF
INTELLIGENT VEHICLES

熊光明 王文硕 于会龙 张 晶 龚建伟◎著
陈慧岩◎审

北京理工大学出版社
BEIJING INSTITUTE OF TECHNOLOGY PRESS

内 容 简 介

本书属于国家出版基金资助项目"智能车辆前沿技术丛书"。

全书共7章，包括概论、智能车辆环境感知、智能车辆多源信息融合定位、驾驶行为认知与智能决策、智能车辆运动规划、智能车辆模型预测控制、基于硬件在环的智能车辆决策控制系统测试与评价。

本书可作为高等院校机械工程、自动化、计算机等专业的研究生教材，同时也可供各类具有一定基础知识的智能车辆从业人员参考使用。

版权专有　侵权必究

图书在版编目（CIP）数据

智能车辆理论与技术 / 熊光明等著. — 北京：北京理工大学出版社，2024.5.

ISBN 978-7-5763-4105-8

Ⅰ．①智⋯ Ⅱ．①熊⋯ Ⅲ．①智能控制-汽车 Ⅳ．①U46

中国国家版本馆 CIP 数据核字（2024）第 109347 号

责任编辑：李颖颖　　　文案编辑：李颖颖
责任校对：周瑞红　　　责任印制：李志强

出版发行 / 北京理工大学出版社有限责任公司
社　　址 / 北京市丰台区四合庄路 6 号
邮　　编 / 100070
电　　话 /（010）68944439（学术售后服务热线）
网　　址 / http://www.bitpress.com.cn
版 印 次 / 2024 年 5 月第 1 版第 1 次印刷
印　　刷 / 三河市华骏印务包装有限公司
开　　本 / 710 mm×1000 mm　1/16
印　　张 / 19.5
彩　　插 / 12
字　　数 / 339 千字
定　　价 / 88.00 元

图书出现印装质量问题，请拨打售后服务热线，负责调换

前　言

　　智能车辆是满足人们安全、高效、绿色出行的重要载体，已经成为全球汽车产业发展的战略方向。北京理工大学出版社结合自身资源优势，深入贯彻《新一代人工智能发展规划》和《智能汽车创新发展战略》，充分发挥智能车辆领域学术引领作用，推动新一代人工智能、智能交通、信息通信技术等前沿交叉技术赋能汽车产业融合创新，推进该领域技术合作以及人才培养，依托中国汽车工程学会汽车智能交通分会、无人车工信部重点实验室、北京理工大学智能汽车研究所、百度公司智能驾驶事业群，由中国工程院院士项昌乐教授、中国工程院院士陈杰教授担任丛书主编，汇集相关领域的专家、学科带头人、产业领军人物，联合编著"智能车辆前沿技术丛书"，力求全面、准确地反映我国智能车辆领域的原创性研究成果和先进的理论与技术。

　　"智能车辆前沿技术丛书"共 10 分册，立足国家自然科学基金重大研究计划重点项目、国家自然科学基金面上项目、科技创新 2030——"新一代人工智能"重大项目、"863"项目、"973"项目等重大项目的优秀成果，聚焦智能车辆技术四大关键方向——"感知识别、决策规划、控制执行、车路协同"进行顶层规划，涵盖车辆状态及环境感知、高精度导航与定位、智能车辆决策规划、控制执行、测试与评价、车载网络与通信、汽车自动驾驶系统、驾驶人防碰撞系统、场景性模拟等内容，侧重总结理论研究成果和先导性技术的工程应用。

　　本书属于国家出版基金资助项目"智能车辆前沿技术丛书"第 1 分册——智能车辆理论与技术。全书共 7 章，包括智能车辆与人工智能概述、智能车辆体系结构；复杂环境障碍物检测、基于红外相机和毫米波雷达融合的目标检测与跟踪、非结构化道路环境可通行区域检测、可通行区域地图构建及后处理；智能车辆多源信息融合定位；驾驶行为认知与智能决策；智能车辆运动规划；

智能车辆模型预测控制；基于硬件在环的智能车辆决策控制系统测试与评价。

本书由熊光明、王文硕、于会龙、张晶、龚建伟执笔，由陈慧岩审稿。北京理工大学教师崔涛、吕超、吴绍斌、邸慧军，研究生罗震、成璐琪、陈焰焜、张超朋、刘昊霖等参加了部分章节的编写及部分文字、图表的修订工作。

本书撰写过程中融入了作者长期科研实践，参与这些实践项目并对本书内容作出贡献的研究生有朱宝昌、孙冬、黄书昊、陈晨、胡生国、张玉、杨天、赵明珠、董昊天、于聪聪、何文钦等，在此向他们作出的贡献表示感谢。本书也参考了国内外公开发表的资料，向相关资料的作者表示感谢。

本书的出版得到国家出版基金建设立项资助，对此深表感谢。

智能车辆理论与技术仍在不断发展，欢迎社会各界提出意见和建议。

作　者

2024 年 5 月

目　录

第 1 章　概　论 ……………………………………………………………… 001
 1.1　智能车辆概述 …………………………………………………… 002
 1.2　人工智能概述 …………………………………………………… 004
 1.3　智能车辆体系结构 ……………………………………………… 007
  1.3.1　体系结构概述 ……………………………………………… 007
  1.3.2　RCS ………………………………………………………… 009
  1.3.3　ROS ………………………………………………………… 011
  1.3.4　ROS 2 ……………………………………………………… 015
  1.3.5　Apollo Cyber RT …………………………………………… 016

第 2 章　智能车辆环境感知 ………………………………………………… 020
 2.1　复杂环境障碍物检测 …………………………………………… 021
  2.1.1　激光雷达安装与标定 ……………………………………… 021
  2.1.2　复杂环境下多类障碍物检测 ……………………………… 026
 2.2　基于红外相机和毫米波雷达融合的目标检测与跟踪 ………… 036
  2.2.1　红外相机和毫米波雷达时空融合模型构建 ……………… 037
  2.2.2　基于毫米波雷达的目标跟踪 ……………………………… 039
  2.2.3　基于红外图像的目标检测与跟踪 ………………………… 041

2.2.4　毫米波雷达和红外相机融合系统 …………………………… 047
　2.3　非结构化道路环境可通行区域检测 ………………………………… 049
　　　2.3.1　基于图像的可通行区域特征提取 ………………………… 051
　　　2.3.2　基于点云的可通行区域特征提取 ………………………… 061
　　　2.3.3　基于激光雷达与相机融合的可通行区域检测 …………… 064
　2.4　可通行区域地图构建及后处理 ……………………………………… 067
　　　2.4.1　可通行区域地图创建 ………………………………………… 067
　　　2.4.2　可通行区域地图更新 ………………………………………… 071
　　　2.4.3　可通行区域检测后处理 ……………………………………… 074
　　　2.4.4　可通行区域建图后处理 ……………………………………… 076

第3章　智能车辆多源信息融合定位 ……………………………………… 081

　3.1　智能车辆定位框架 …………………………………………………… 083
　　　3.1.1　车辆定位系统中相关坐标系定义 …………………………… 084
　　　3.1.2　三维空间中车辆运动的描述及求解 ………………………… 086
　3.2　基于激光雷达与惯性传感器紧耦合的实时位姿估计 ……………… 087
　　　3.2.1　平面约束下的激光雷达与惯性传感器联合标定 …………… 088
　　　3.2.2　点云预处理 …………………………………………………… 090
　　　3.2.3　结合特征分布及占据概率的特征概率栅格地图的
　　　　　　 构建与更新 …………………………………………………… 092
　　　3.2.4　基于切向空间的重力方向细化及姿态初始化 ……………… 094
　　　3.2.5　激光雷达与惯性传感器紧耦合联合优化 …………………… 096
　3.3　视觉增强的车辆匹配定位技术 ……………………………………… 099
　　　3.3.1　视觉先验信息的提取 ………………………………………… 099
　　　3.3.2　基于多源信息的匹配方法 …………………………………… 105
　　　3.3.3　匹配关系验证 ………………………………………………… 107
　　　3.3.4　基于匹配地图的位姿优化 …………………………………… 110
　3.4　多源定位信息融合优化 ……………………………………………… 110
　　　3.4.1　平方根滤波 …………………………………………………… 111
　　　3.4.2　基于引入遗忘因子的自适应平方根滤波算法的多源
　　　　　　 信息滤波融合优化 …………………………………………… 112
　3.5　多车协同定位 ………………………………………………………… 115
　　　3.5.1　基于顺序约束与位置约束的多车位姿联合优化 …………… 117
　　　3.5.2　全局目标地图构建 …………………………………………… 120

第4章　驾驶行为认知与智能决策 ……… 123

4.1　认知心理学基础 ……… 125
4.1.1　认知过程概述 ……… 125
4.1.2　认知体系结构建模理论及方法 ……… 126

4.2　驾驶行为的认知特征 ……… 133
4.2.1　驾驶行为定义 ……… 133
4.2.2　驾驶任务需求 ……… 134
4.2.3　驾驶信息加工过程 ……… 135
4.2.4　注意力机制 ……… 136
4.2.5　驾驶任务负荷 ……… 137

4.3　驾驶行为的认知失误 ……… 138
4.3.1　认知失误的类型 ……… 138
4.3.2　认知失误的影响因素 ……… 138
4.3.3　认知失误的后果 ……… 139
4.3.4　认知失误的后果与防范措施 ……… 140

4.4　智能决策理论与智能驾驶决策方法 ……… 141
4.4.1　决策模型与框架 ……… 141
4.4.2　决策环境与条件 ……… 142
4.4.3　机器学习、深度学习和强化学习在智能驾驶决策中的应用 ……… 143

4.5　驾驶决策辅助系统案例 ……… 146
4.5.1　基于位置服务的智能导航系统 ……… 146
4.5.2　智能驾驶决策支持系统 ……… 147
4.5.3　预测巡航控制系统 ……… 148

4.6　认知与智能决策的交互作用 ……… 149
4.6.1　驾驶认知对智能决策的影响 ……… 149
4.6.2　智能决策系统对认知过程的主动调节 ……… 150

4.7　高级驾驶辅助系统设计与优化 ……… 151
4.7.1　基于认知模型的高级驾驶辅助系统设计 ……… 151
4.7.2　基于认知模型的高级驾驶辅助系统优化案例 ……… 153
4.7.3　高级驾驶辅助系统的适应性与个性化设计 ……… 155
4.7.4　典型案例——个性化预测巡航控制 ……… 158

第 5 章 智能车辆运动规划 ································· 164

5.1 概述 ································· 166
- 5.1.1 基于采样的运动规划算法 ································· 166
- 5.1.2 基于搜索的规划算法 ································· 169
- 5.1.3 基于优化的规划算法 ································· 171

5.2 考虑地形特性的三维局部路径规划 ································· 172
- 5.2.1 三维地形可通行度特性 ································· 172
- 5.2.2 三维参考路径生成 ································· 177
- 5.2.3 三维局部路径生成 ································· 183

5.3 考虑能量消耗的电动履带车辆路径规划 ································· 190
- 5.3.1 环境模型 ································· 190
- 5.3.2 基于粒子群优化算法的地面参数拟合 ································· 193
- 5.3.3 基于控制空间采样的模型嵌入式路径规划算法 ································· 197
- 5.3.4 考虑能量消耗的电动履带车辆路径规划实现方法 ································· 205

5.4 考虑动力学的多约束速度规划 ································· 211
- 5.4.1 速度规划的约束类型与度量指标 ································· 211
- 5.4.2 初始速度曲线生成 ································· 213
- 5.4.3 速度曲线平滑 ································· 218

第 6 章 智能车辆模型预测控制 ································· 221

6.1 车辆动力学模型和轮胎模型 ································· 222
- 6.1.1 坐标系 ································· 222
- 6.1.2 车辆动力学模型 ································· 223
- 6.1.3 轮胎模型 ································· 224

6.2 模型预测控制理论推导与求解 ································· 224
- 6.2.1 模型预测控制算法 ································· 225
- 6.2.2 非线性模型预测控制 ································· 227
- 6.2.3 线性时变模型预测控制 ································· 229

6.3 基于动力学模型的轨迹跟踪控制 ································· 237
- 6.3.1 预测模型 ································· 237
- 6.3.2 代价函数 ································· 240
- 6.3.3 优化求解 ································· 241

6.4 考虑不确定性的鲁棒模型预测控制 ……………………………… 243
 6.4.1 系统不确定性问题描述 ……………………………… 243
 6.4.2 鲁棒模型预测控制理论 ……………………………… 243
 6.4.3 鲁棒模型预测控制器设计 ……………………………… 245

第7章 基于硬件在环的智能车辆决策控制系统测试与评价 ……………………………… 250

7.1 测试系统设计与构建 ……………………………… 252
 7.1.1 测试系统设计 ……………………………… 252
 7.1.2 测试系统构建与集成 ……………………………… 259

7.2 决策控制评价模型 ……………………………… 264
 7.2.1 决策控制功能评价指标 ……………………………… 265
 7.2.2 评价指标权重确定 ……………………………… 269

7.3 决策控制测评试验 ……………………………… 272
 7.3.1 硬件在环测试流程 ……………………………… 272
 7.3.2 测评试验 ……………………………… 274

参考文献 ……………………………… 280

索 引 ……………………………… 292

第 1 章
概 论

近年来，智能车辆理论与技术得到飞速发展，其涉及的内容非常多。

本章首先讨论智能车辆研究范畴及其涉及的相关概念，其次介绍人工智能与机器学习的发展，最后介绍智能车辆体系结构。

1.1 智能车辆概述

关于"智能",Robert Finkelstein 博士在其报告《4D/RCS: An Autonomous Intelligent Control System for Robots and Complex Systems of Systems》中指出:

An intelligent system is a system with the ability to act appropriately (or make an appropriate choice or decision) in an uncertain environment.

这里面包含了两个要点:一是不确定环境;二是作出适当的选择或决定。

2013 年美国国家公路交通安全管理局(National Highway Traffic Safety Administration,NHTSA)发布了自动驾驶的分级标准,包括特定功能自动化、部分自动化、有条件自动化和完全自动化 4 个级别。2014 年美国汽车工程师学会(Society of Automotive Engineers,SAE)制定的《自动驾驶汽车分级标准》,将自动化分为驾驶辅助、部分自动化、有条件自动化、高度自动化以及完全自动化 5 个级别。由于 SAE 标准的说明更加详细、描述更加严谨,更加符合未来发展趋势,因此在 2016 年 NHTSA 发布的《联邦自动驾驶汽车政策》中采用了 SAE 标准。2020 年 3 月 9 日,我国《汽车驾驶自动化分级标准》出台,其中对自动驾驶功能的分级标准与 SAE 的分类标准——L0(完全手动)至 L5(完全自动)具有一定相似性,区别在于在我国标准中,0 级至 2 级自动驾驶的"目标和事件探测与响应"由驾驶人和系统共同完成,而在美国 SAE 标准中,L0 至 L2 自动驾驶汽车的 OEDR(目标和事件检测以及决策任务)全部由驾驶人完成。

第 1 章　概　论

SAE 等级 5 要求的驾驶环境与人类驾驶人驾驶环境、驾驶工况是一样的，也就是全天候、全工况。按照上面两个要点来判断，只有具备 SAE 等级 5 的车辆才能被认为是"真正"智能的。

通常说的智能车辆实际上是一个广义的概念，而人们常说的自动驾驶（automated driving）、无人驾驶（self-driving）与自主驾驶（autonomous driving）都可以看作智能车辆的范畴。DARPA Grand Challenge 相关文献中提到的术语还包括无人地面车辆（unmanned ground vehicles）、自主机器人地面车辆（autonomous robotic ground vehicle）、机器人车辆（the robot vehicle）等。此外，还有常见的辅助驾驶（driving assistance systems）、主动安全（active safety）等。这些概念在研究早期都被纳入智能车辆的范畴。

智能车辆（intelligent vehicles，IV）是集传感技术、自动控制、人工智能、视觉计算、程序设计、组合导航、信息融合等众多技术于一体的智能化系统，它是充分考虑车路合一、协调规划的车辆系统。在民用领域，它是智能交通系统的一个重要组成部分。在各国智能交通系统的研究规划中，智能车辆系统均是一个重要的子系统。对于自主式智能车辆不仅应具有加速、减速、前进、后退以及转向等常规车辆功能，还应具有定位、任务自主分配、路径规划、路径跟踪、环境感知、自主决策等类似于人类智能行为的人工智能。智能车辆的研究和发展必将促进人类社会的进步和发展。当今的车辆发展并不完善，安全性、智能化、人机交互等方面远远不能满足人类的需要和社会发展的需求。技术上的缺陷导致交通堵塞、环境污染、交通安全性差，而智能车辆可以大大缓解这些问题。IEEE 智能交通系统协会（Intelligent Transportation Systems Society，ITSS）每年举办一次智能车辆国际研讨会（The Intelligent Vehicles Symposium）。以 IV 2023 为例，来自世界各地的数千名学者围绕高级驾驶辅助系统、智能汽车的政策和法规、自动驾驶汽车、图像、雷达、激光雷达信号处理、车辆安全、主动与被动、人机交互等多个相关主题展开学术探讨，使广大业内外人士更清晰地了解智能汽车领域未来发展趋势，知悉行业最新动态，把握市场发展脉络，促进产业快速发展。同期举办的智能汽车产业展汇集了数百家智能汽车及零部件企业，分享最新产业成果、展望未来产业动向。这将使智能车辆领域最尖端技术研究与科研成果转化有机结合，为技术理论研究方向提供产业化引导与启发。

在军事上，由于战场情况复杂多变，自动化程度越来越高，世界各国都竞相开展军用智能车辆技术的研究。美国国家科学研究委员会（National Research Council，NRC）预言，20 世纪的核心武器是坦克，而 21 世纪的核心武器是在人的监督和计算机控制下的无人作战系统。为此，从 20 世纪 80 年代开始，美国国防高级研究计划局专门立项，制定了地面无人作战平台的战略计划，其目标是研制可以在崎岖地形上沿规划的路线自主导航及躲避障碍，并在必要时重新规划路线的智能车辆。由此，在全世界掀开了全面研究智能车辆的序幕。

1.2 人工智能概述

2020年2月，国家发展和改革委员会等11个部委联合发布《智能汽车创新发展战略》。其中提到，智能汽车是指通过搭载先进传感器等装置，运用人工智能等新技术，具有自动驾驶功能，逐步成为智能移动空间和应用终端的新一代汽车。由此可以看到，人工智能在其中的作用。下面对人工智能的发展进行简要介绍。

1. 人工智能、机器学习与深度学习之间的关系

"人工智能"（artificial intelligence，AI）一词语由John McCarthy于1955年提出，其在1956年的达特茅斯会议上作为一门学科得到了认可。当时的理念是，人类智慧可以通过精确地表示和描述来让机器模拟，而人工智能的通常含义是指机器能够像人类一样思考。人工智能的目标包括推理、知识、规划、学习、自然语言处理、感知等能力，涉及计算机、数学、心理学、语言学、哲学、神经科学等众多学科。自提出以来，人工智能研究经历过数次兴衰，而近年来人工智能的兴起是由于计算能力的提高、海量数据的获取和人工智能理论的进展。1997年IBM公司的"深蓝"击败国际象棋冠军和2016年Google公司的AlphaGo击败世界围棋冠军李世石是人工智能历史上获得公众关注的两次标志性事件。

人工智能（AI）、机器学习（ML）和深度学习（DL）是相互关联且层次分明的技术领域，共同推动了近年来科技的重大进步。它们之间的关系可以通过一个包含关系来理解：深度学习是机器学习的一个子集，而机器学习是人工智能的一个子集。这种关系体现了从一般到特殊的技术演进路径。

人工智能是使计算机系统能够执行通常需要人类智能才能完成的任务的科学和工程。这包括但不限于语言理解、声音识别、学习、规划和解决问题。AI的目标是创造出能够模拟人类智能行为的系统。

机器学习是实现人工智能的一种方法，其侧重于开发算法和统计模型，使

计算机系统能够基于数据进行学习和作出决策,而无须对每种情况进行明确的编程。机器学习算法通过从提供的数据中学习模式和特征,进而对新数据进行预测或分类。

深度学习是机器学习的一个子领域,它通过使用类似于人脑的神经网络结构——深度神经网络,来学习数据的复杂模式。深度学习模型由多层(或"深度")的神经网络组成,每一层都能从输入数据中提取不同层次的抽象特征。这种方法在图像识别、语音识别和自然语言处理等方面上取得了显著的成功。

这 3 个领域的发展彼此紧密相关,深度学习的突破性进展尤其推动了人工智能的快速发展,使得许多以前难以解决的问题变得可行。例如,深度学习在图像识别、语音识别和自然语言处理等方面的应用,已经极大地提高了计算机系统的性能,开启了新的应用领域,如自动驾驶车辆、智能助理和个性化推荐系统等。随着研究的进一步深入和计算能力的提高,我们可以预见 AI、ML 和 DL 将继续在各个领域中发挥越来越重要的作用。

综上所述,机器学习是一种实现人工智能的方法,而深度学习是一种实现机器学习的技术。

2. 机器学习

截至目前,常见的机器学习算法大致包括有监督学习、无监督学习、半监督学习、强化学习和迁移学习,下面将分别对其进行介绍。

监督(supervised)可理解为标签(label),而是否有监督,就是输入数据是否有标签。有标签为有监督学习,没标签则为无监督学习。训练的过程就是基于对已知标签的不断认识和探究,持续调整自身参数,以便接下来对未知事物能够通过已知标签进行认识和判断。监督学习主要应用包括文字识别、图片分类、数据模拟等,主要方法有神经网络、支持向量机、K 近邻算法、贝叶斯分类器、决策树、随机森林算法等。

无监督学习算法即没有标签的海量数据学习算法。有监督学习好比有答案的数学题目,根据答案不断总结,让下一次解答得到正确答案;无监督学习就是没有答案的题目,让机器自己去分析海量数据,进行分类或得到判断依据。也就是说,无监督学习的重点不是为了得到正确答案,而是用于数据挖掘。它能够从海量无标签的数据中,分析出数据的特点并对数据进行分类或分层,再根据数据的分类或分层寻找数据所蕴含的规律与逻辑,总结经验教训。无监督学习算法包括主成分分析、奇异值分解、K-均值聚类等。

顾名思义,半监督学习算法介于监督学习算法与无监督学习算法两者之间。这种机器学习算法是指,在只获取少量带有标签的数据、可以获取大量无标签数据的情况下，研究人员通过训练模型，让机器学习不再依赖外界交互，自动地利用未标记样本提升学习性能。具有代表性的半监督学习算法有半监督SVM、生成式算法和基于分歧的算法。

"强化"之意，在于输入数据作为对模型的反馈，而非像监督学习算法那样，输入数据仅作为对模型的检查。"强化"的目的是强化机器的决策能力。也就是说，强化学习算法常应用于人工智能机器人控制、动态系统等方面。强化学习算法主要用于解决两个问题——预测每个状态的价值（称为状态价值函数，V 值）和可能出现的动作的价值（称为动作价值函数，Q 值），然后基于这两个预测作出决策。比较常见的强化学习算法有 Q-learning 算法等。

迁移学习算法是指训练集和测试集必须是独立分布的，源域和目标域不同但是相似或者相关。简单来说，迁移学习算法就是以任务 A 开发的模型作为初始点，重新使用于任务 B 开发模型的过程中。它通过损失函数的调整（特征迁移）或预训练与微调（模型迁移），可以让训练出来的模型适配测试样本（目标域样本）的数据分布。例如，对狗这一类别以及若干图片进行识别是训练集，而对猫这一类别以及若干图片进行识别是测试集，机器学习了狗这一类别的经验，迁移到对猫这一类别识别的任务中，有助于提高模型的分类准确率。

3. 深度学习发展展望

深度学习在过去十年内取得了显著的进展，已经在多个领域展现出其强大的能力，包括图像识别、自然语言处理、游戏以及自动驾驶等。其发展展望广泛而深远，涉及技术进步、应用拓展以及社会经济影响等多个方面。下面是深度学习未来发展的几个关键趋势：

（1）算法与模型创新。尽管已有模型（如 Transformer 等）取得了巨大成功，但研究人员仍在探索更加高效、可解释且能够处理复杂任务的新算法和模型结构。例如，提高模型的泛化能力，减少对大量标记数据的依赖，通过自监督学习、小样本学习（few-shot learning）和元学习（meta-learning）等技术实现。

（2）计算效率的提高。随着模型规模的不断增长，如何提高深度学习模型的计算效率成为一大挑战。未来的研究将集中于开发更高效的训练技术，包括模型压缩、量化、稀疏性技术，以及更加高效的硬件设计（如专用的 AI 芯片）。

（3）可解释性和透明度。深度学习模型尤其是大型模型，其决策过程往往被认为是"黑箱"。因此，增强模型的可解释性和透明度，使其决策过程更加清晰，是未来的一个重要研究方向。这对于提高人们对 AI 系统的信任以及确保 AI 的公平性和可靠性至关重要。

（4）跨模态和多模态学习。深度学习的未来发展还包括提高模型在处理多种类型数据（如文本、图像、声音等）时的能力。跨模态和多模态学习能够让机器更好地理解复杂的、多维度的信息，有望在自然语言理解、机器人技术、虚拟助手等领域取得重大突破。

（5）AI伦理和社会影响。随着深度学习技术的不断发展和应用，其伦理问题和对社会的影响也越来越受到重视。这包括数据隐私、算法偏见、就业影响以及安全问题等。因此，未来的深度学习发展不仅仅是技术进步，还包括对这些伦理和社会问题的深入考量和解决方案的探索。

（6）泛化AI和AGI（人工通用智能）。尽管目前的深度学习模型在特定任务上表现出色，但它们通常缺乏泛化到未见过情境的能力。未来的研究可能会更加集中于开发能够理解、学习和适应任何任务的泛化AI，即迈向人工通用智能的道路。

这些趋势反映了深度学习领域的快速发展态势和其在未来社会中潜在的变革性角色。然而，每一项进展都伴随着技术挑战和伦理问题，需要全社会的共同努力和智慧来解决。

1.3 智能车辆体系结构

1.3.1 体系结构概述

体系结构是一个系统的"骨架"。它描述了系统各组成部分的分解和组织以及各组成部分之间的交互；定义了系统软硬件的组织原则、集成方法及支持程序。比较经典的体系结构有分层递阶式体系结构、反应式体系结构和二者结合的混合式体系结构。

分层递阶式体系结构是一个串联的系统结构，如图1-1所示。在这种体系结构中，传感器感知、建模、任务规划、运动规划、运动控制和执行器模块次序分明，前者的输出结果为后者的输入，因此又称为感知-模型-规划-行动结构。该结构具有良好的规划推理能力，自上而下对任务逐层分解，使得模块的工作范围逐层缩小，问题求解精度逐层增高，比较容易实现高层次的智能。

反应式体系结构中常用的是基于行为的反应式体系结构，这种体系结构又称为包容结构。基于行为的反应式体系结构是并联体系结构，如图1-2所示。它针对各个局部目标设计各种基本行为，形成各种不同层次的能力，每个控制层直接基于传感器的输入进行决策，可以适应完全陌生的环境，尽管高层次会对低层次施加影响，但低层次本身具有独立控制系统运动的功能，而不必等高层次处理完成，突出了"感知-动作"的行为控制。

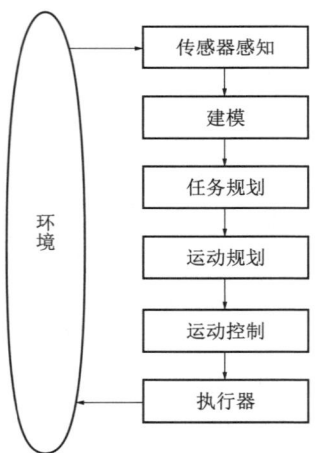

图 1-1　分层递阶式体系结构

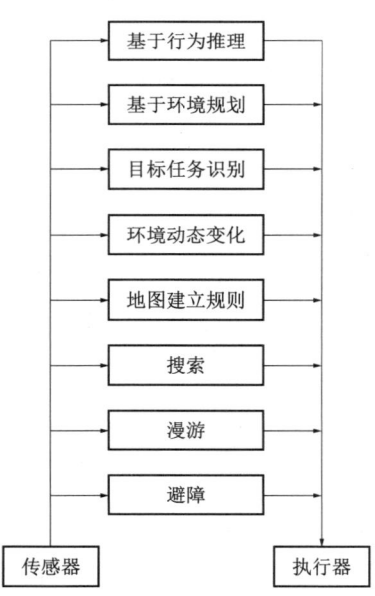

图 1-2　基于行为的反应式体系结构

分层递阶式体系结构的系统缺乏实时性和灵活性，且可靠性不强；以"感知-动作"结构为代表的基于行为的反应式体系结构的系统虽然实时性和可靠性得到提高，但是缺乏较高等级的智能。这两种结构都存在各自的缺点，因此越来越多的业内人士开始研究混合式体系结构，即将分层递阶式体系结构和反应式体系结构的优点有效地结合在一起。应用于 Demo Ⅲ 的四维实时控制系统（4-Dimensional Real-time Control Systems，4D/RCS）是一种混合式的体系结构。4D/RCS 是由计算节点组成的多层/多分辨率体系结构，基本节点由感知处理（sensory processing，SP）、环境建模（world modeling，WM）、价值评估（value judgment，VJ）、行为生成（behavior generation，BG）4 个模块组成。另外，其还有知识库（knowledge database，KD）和操作界面（operator interface，OI）等模块。

无人系统联合架构（joint architecture for unmanned system，JAUS）是美国国防部（Department of Defense，DoD）提出的针对无人系统领域的开放式体系结构，是一个基于组件、在计算机终端进行信息传递、指定数据格式和通信方法的体系结构。它对信息以及所构成的行为进行详细说明，且这些行为不受技术、计算机硬件、操作者使用以及传递平台的限制，与任务相互独立。JAUS 开发团队发布了"无人系统联合构架"工具集，该工具集是一个开放源代码软件工具包，可以使互用性软件和工具的开发更加容易。

1.3.2 RCS

实时控制系统（real-time control system，RCS）库是由美国国家标准与技术研究院（National Institute of Standards and Technology，NIST）设计的一种实时控制系统。该系统基于 C++类库，主要用于设计实时分布式应用程序，具有解决跨平台、跨网络通信问题的能力。该系统开放其设计源代码，便于开发人员利用 RCS 针对性地进行二次开发。

RCS 库通过对任务进行分解来完成复杂任务系统的实时控制，即将庞大的系统分解成很多个相对简单的子模块，而每一个子模块都单独执行自己的任务。如果有必要，可以将子模块细化成更多的子模块，直至整个控制架构能够满足需求。因此，设计出的控制系统往往具有多模块、多层级的特点。

在 RCS 构建的控制架构中，级别较高的模块接受命令信息并将其发送给所属的子模块，而低级别的模块将自己的任务执行信息和状态信息反馈给所属上级模块。同时，所有模块不停更新自己的执行状态，并且模块间可以通过通信协作完成任务。其中，顶层操作模块用于接受开发人员的操作命令（如启动、初始化、中止等命令），之后经过解析向下属的所有子模块发送相同的命令，这样就完成了与系统的交互。同样，如果开发人员需要对某一个单独的模块进行控制，也可以对其发送操作命令。例如，只启动环境感知层的模块，就可以通过向环境感知层发送启动命令来实现。

对于智能车辆的算法架构，各模块之间的通信同样不可或缺。RCS 库通过共享内存缓冲区来进行消息的通信，通信管理系统（communication manage system，CMS）是负责底层通信的管理系统。对于通信数据，CMS 会对其进行加密和解密，以实现模块间的安全通信。中性消息语言（neutral message language，NML）是一种比 CMS 级别更高的应用程序接口，开发人员不需要具体了解 CMS 相关协议的实现过程，就可以直接通过修改 NML 来实现模块间、平台间通信的过程。RCS 用这种方法简化了开发流程，降低了开发难度。二次开发时，无须过多关注系统内部通信的细节，而是通过修改 NML 协议的方式来配置模块间通信的过程。另外，RCS 库基于共享内存的通信方式，保证了模块间通信的实时性和低资源占用率，使开发人员不必在各模块间通信算法优化问题上耗费精力。

命令信息主要指启动、初始化、中止等命令，由开发人员在人机操作界面发出。其中，每个模块创建时都包含初始化（init）、中止（halt）这两个命令。如果需要其他命令可以由开发人员自行添加，并完成相应命令的执行算法，如启动任务、开始保存数据等命令。状态信息是模块运行时生成的状态量。例如，换道行为决策模块每个周期都会对输入信息进行处理，计算出的换道与否这个结果就要放在状态信息中传递给局部路径规划模块。错误信息是指模块运行是否出现错误，若出现则会在算法中进行相应处理。

RCS 模块有一套完整的内部运行机制，且其中搭建的每一个模块都遵循这套运行机制，如图 1-3 所示。

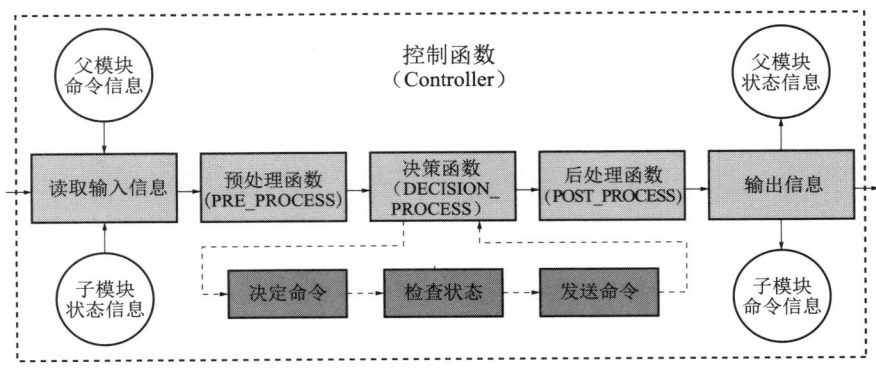

图 1-3　RCS 模块内部运行机制

RCS 中的每一个模块都周期性地运行内部程序，即模块内部循环，每次循环都会从读取外部传递过来的输入信息开始，包括父模块命令信息、子模块状态信息以及其他模块的消息信息。下面介绍这几个函数的功能。

（1）控制函数（Controller）。控制函数用于实现 RCS 模块的运行机制，即保障模块内部按逻辑顺序执行这几个函数。

（2）预处理函数（PRE_PROCESS）。预处理函数用于对输入的信息进行分析和处理。例如，在智能车辆算法中，它可以进行坐标转换、基础参数计算等。

（3）决策函数（DECISION_PROCESS）。决策函数用于依据开发人员发送的指令信息，完成指令所包括的算法任务，如初始化、中止等指令。

（4）后处理函数（POST_PROCESS）。后处理函数用于对处理结束的状态信息等进行整理，如数据打包，并输出至外部。

另外，RCS 模块运行的时间间隔可以通过 RCS 模块的内部脚本进行设置。例如，换道行为决策模块的时间间隔为 0.1s，即每 0.1s 执行一次模块内部循环。时间间隔根据各模块的任务和需求设定，有些模块本身计算量不大但是需要高频率的更新状态信息来保障信息的实时性。例如，环境感知层的子模块，一般时间间隔设置为 0.01s。

按照上述逻辑，开发人员只需在每个模块的各个函数中按照自己的需求，编写相应的代码。通过这样的处理方式，使 RCS 构建的控制架构易于理解和维护，减轻了开发人员的负担。

RCS 构建的控制架构，不仅可以在一台主机上运行，而且支持在多台主机上同时运行。对于同一个 RCS 架构，可以通过定义主机和从机的方式，将大部分模块在主机上运行，小部分模块在从机上运行，而主机和从机之间通过以太网通信的方式完成跨平台通信。

1.3.3 ROS

体系结构在智能车辆系统中占据十分重要的地位，它确定系统的各组成模块及其输入输出；确定系统的信息流和控制流，并组织面向目标的体系构成；提供总体的协调机制，并按工作模型进行总体协调指挥。由于智能车辆的算法系统不仅对实时性要求高，而且通常需要多个子应用程序同时工作，如环境感知模块、决策规划模块和执行控制模块。因此，各子应用程序之间通信、同步和协调的问题不可忽视。近年来，由于 ROS 的开源、易用，使其在智能车辆上得到了广泛使用。

尽管 ROS（robot operating system）中文意思为机器人操作系统，但它并不是传统意义上的操作系统，而是一种分布式框架，需要依附于 Linux（如 Ubuntu）或 Windows 操作系统。ROS 由 master（节点管理器）和大量 node（节点)组成,每个节点在 master 注册后,均可通过发布、订阅话题等方式实现与其他节点通信,如图 1-4 所示。ROS 支持多编程语言(如 C++、Python 等),能够使用不同编程语言的模块进行数据交流,并且具有丰富的开源库(如 OpenCV、PCL 等)。

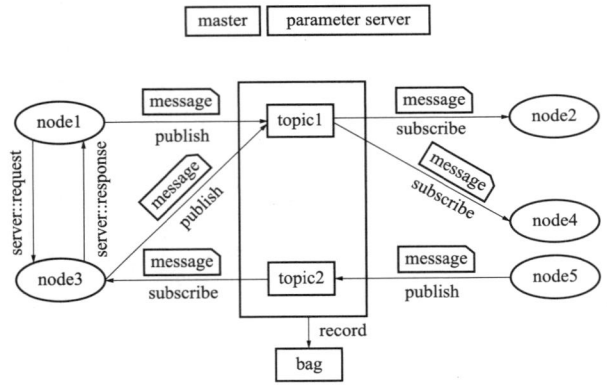

图 1-4 Master 和 Node 关系图

ROS 在点对点网络中整合和处理数据的过程称为计算图,如图 1-5 所示。计算图的基本概念包括节点、消息和话题等。其中,节点是指 ROS 程序运行的实例,而节点间通过消息进行相互通信,节点通过将消息发布到给定话题来发送消息。

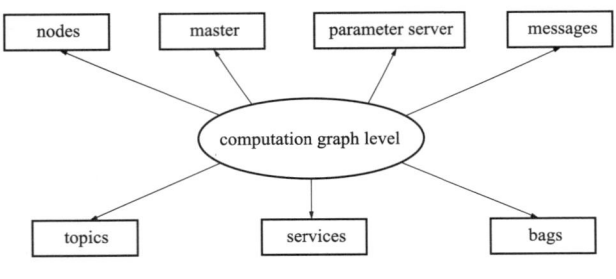

图 1-5 ROS 计算图

节点是一些执行运算任务的进程,而每个节点都能实现一定的功能。图 1-6 展示了智能车辆激光雷达节点,即感知程序主节点 masternode、用于接收激光雷达 udp 数据并发送消息的激光雷达数据处理节点 getmultirslidardata、用于数据可视化的数据显示节点 rviz、用于收集和记录调试输出信息的节点 rosout、用于发布坐标系关系的节点 robot_state_publisher。节点与节点之间的连线表示端到端的连接方式,节点之间可以相互通信。

第 1 章 概 论

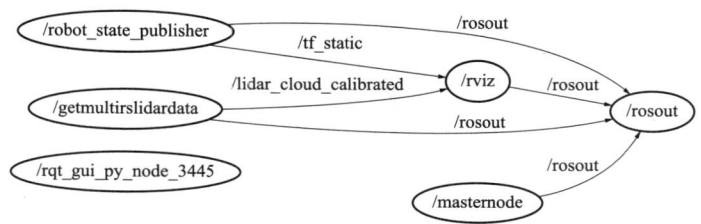

图 1-6　智能车辆激光雷达节点

在智能车辆的 ROS 系统中，各功能模块的节点之间进行通信，传递的信息称为"消息"。消息是一种严格的数据结构，支持标准数据类型，也支持嵌套结构和数组，也可以根据需求由开发者自己定义。下面的程序展示了激光雷达点云消息的数据结构，其中包含数据时间戳、参考坐标系、激光点数据等。

```
std_msgs/Header header
  uint32 seq
  time stamp
  stringframe_id
uint32 height
uint32 width
sensor_msgs/PointField [] fields
  uint8 INT8 = 1
  uint8 UINT8 = 2
  uint8 INT16 = 3
  uint8 UINT16 = 4
  uint8 INT32 = 5
  uint8 UINT32 = 6
  uint8 FLOAT32 = 7
  uint8 FLOAT64 = 8
  string name
  uint32 offset
  uint8 datatype
  uint32 count
boolis_bigendian
uint32point_step
uint32row_step
uint8[] data
boolis_dense
```

消息大多以一种发布或订阅的方式传递。ROS 节点可以针对特定的话题发布消息，也可以关注某个话题订阅其上的消息。发布消息至话题的对象被称为发布者（talker），而从话题订阅消息的对象被称为订阅者（listener）。这种方式使消息的来源和去向完全解耦，便于布置类似于智能车辆这种大型分布式架构。图 1-7 展示了智能车测试时的节点及话题关系。前面介绍的节点指向激光雷达话题，说明此节点可向激光雷达话题发送消息。

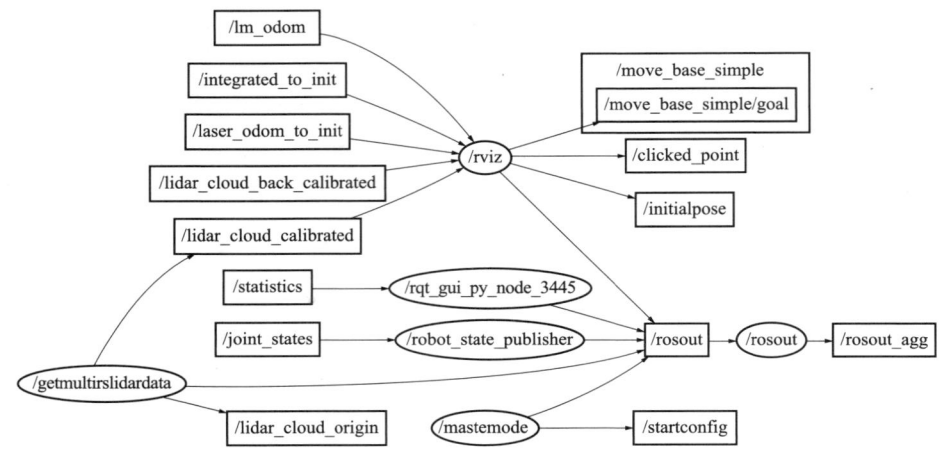

图 1-7　智能车辆测试时的节点及话题关系

消息还可以以请求或服务的方式传递。服务是一种同步传输模式，只有客户端主动请求服务，服务端才去应答相应服务。ROS 话题和服务都可以用于节点间通信，但是话题是一种单方向的通信，发送消息的节点不会考虑接收消息的节点此时此刻是否需要该消息，适用于需要一直接收数据的场合，如智能车辆上获取传感器数据时通常采用话题通信方式。服务是一种双向的通信。客户端向服务器发出请求，服务器才会向客户端发出响应。当客户端不需要的时候不会产生通信，这样可以降低通信负载。例如，智能车辆的路径规划节点与局部地图节点之间一般采用服务的通信方式，路径规划节点只有在需要局部地图的时刻才会去向局部地图节点请求并获取局部地图。

由于智能车辆的传感器、执行机构有很多，且功能庞大，因此实际运行时往往会运行众多的 node，负责感知、定位、规划、控制等功能。因此，需要 ROS 的"大脑"合理地调配、管理这些 node。ROS 提供的节点管理器 master 就是 ROS 的"大脑"。master 在整个网络通信架构中相当于管理中心，管理着各个 node 之间的相互查找、建立连接，使节点能够互相找到彼此并交换消息，同时为系统提供参数服务器，管理全局参数。

1.3.4 ROS 2

以自动驾驶汽车为代表的新的机器人应用场景对中间层和开发框架在实时性、可靠性、伸缩性、跨平台可移植等方面提出了大量新的需求，ROS 已经不能很好地满足这些需求，ROS 2 因此产生。在经历了若干年的迭代后，ROS 2 项目目前已经相对完备和稳定，并被广大开发者所使用。

ROS 1 和 ROS 2 的软件架构对比如图 1-8 所示。与 ROS 1 相比，ROS 2 采用了全新的架构，底层基于 DDS（data distribution service）通信机制，支持实时性、嵌入式、分布式、多操作系统。ROS 2 支持的系统包括 Linux、Windows、Mac、RTOS，甚至是单片机等没有操作系统的裸机。

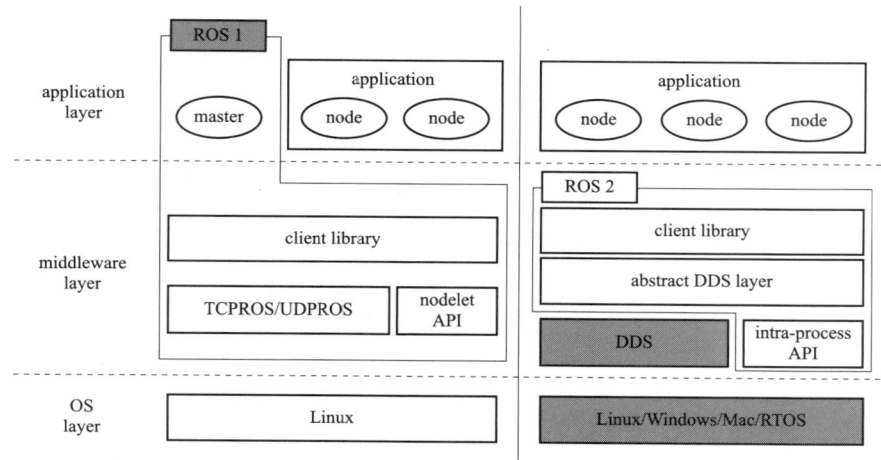

图 1-8　ROS 1 和 ROS 2 的软件架构对比

ROS 1 的通信系统基于 TCPROS/UDPROS，强依赖于 master 节点的处理；ROS 2 的通信系统基于 DDS，取消了 master 节点，避免了单点故障。另外，在 ROS 2 内部提供了 DDS 的抽象层实现，有了这个抽象层，用户就可以不去关注底层的 DDS 使用了哪个厂商提供的 API。ROS 1 和 ROS 2 的另一个重要区别，就是 "nodelet" 和 "intra-process" 独立模块。在 ROS 1 的架构中，nodelet 和 TCPROS/UDPROS 是并列的层次，当然也是负责通信的。实际上，nodelet 是为同一个进程中的多个节点提供一种更优化的数据传输方式。ROS 2 中也保留了这种数据传输方式，只不过换了一个名字，称为 "intra-process"，同样也是独立于 DDS。

ROS 2 软件架构如图 1-9 所示，其从上到下分别是应用层（application layer）、ROS 2 客户端程序库层（ROS 2 client layer）、DDS 抽象层（abstract DDS layer)、DDS 实现层（DDS implementation layer）、操作系统层（operating system layer）。其中，DDS 是一种分布式的发布或订阅通信协议，RMW（ROS 中间件接口层）用于隐藏 DDS 服务的具体实现细节。对于应用开发者而言，只需要通过 ROS 2 客户端程序库提供的 API 接口实现自己的节点即可。相对来说，rclcpp 库的效率更高、响应更快、时延更小；rclpy 库更容易上手，能有效缩短开发时间，适合原型开发阶段。

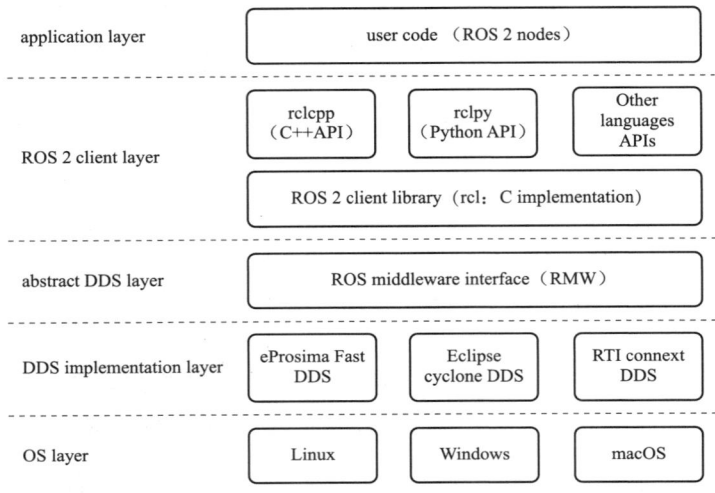

图 1-9　ROS 2 软件架构

1.3.5　Apollo Cyber RT

Apollo Cyber 是专门为自动驾驶定制的高性能且开源的实时通信框架，于 2019 年与 Apollo 3.5 开放平台同期发布，它主要解决了自动驾驶系统的高并发、低延迟、高吞吐、任务调度等问题，同时还提供了多种通信机制和用户级的协程，且在资源有限的情况下会根据任务的优先级来进行调度处理。如图 1-10 所示，Apollo Cyber RT 通过 component 来封装每个算法模块，通过有向无环图（DAG）来描述 components 之间的逻辑关系。对于每个算法模块，都有其优先级、运行时间、使用资源等方面的配置。当系统启动时，系统会结合 DAG 文件、调度配置等信息创建相应的任务，从框架内部来讲就是协程，然后图中间的调度器把任务放到各个处理器的队列中，最后由左上角传感器输入的数据驱动整个系统运转。

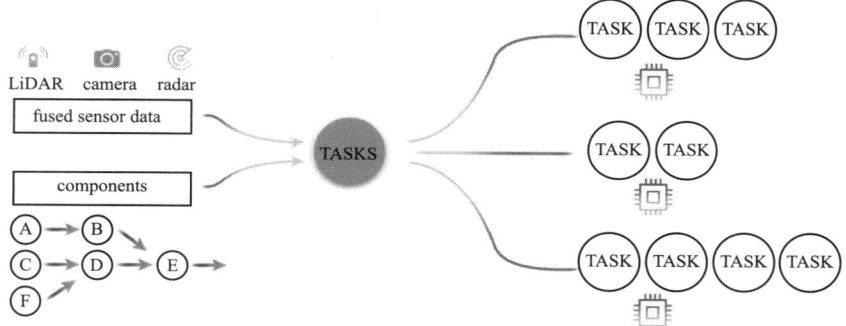

图 1-10　Apollo Cyber RT 内部逻辑关系

Apollo Cyber 框架的优点如下：

①高性能。Apollo Cyber 是专门为自动驾驶定制的高性能实时通信框架，能够处理高并发、低延迟、高吞吐等自动驾驶系统中的复杂任务。

②灵活性。Apollo Cyber 提供了多种通信机制和用户级的协程，可以根据任务的优先级来进行调度处理，能够灵活地应对各种自动驾驶场景。

③可靠性。Apollo Cyber 通过 component 来封装每个算法模块，通过有向无环图（DAG）来描述 components 之间的逻辑关系，确保系统各模块之间的稳定性和可靠性。

④扩展性。Apollo Cyber 的架构可以支持各种不同类型和不同层次的自动驾驶任务，并且可以方便地扩展和升级。

图 1-11 所示的 Apollo Cyber RT 框架结构可分为以下几层：

第一层，主要是 Apollo 实现基础库，如 Lock-Free 的对象池、Lock-Free 的队列等。实现基础库可以减少相关的依赖并提高运行效率。

第二、三层，主要是负责管理 Cyber 的通信机制，包括服务发现（负责管理通信中的 node 节点）和 Publish-Subscribe 通信机制。另外，Cyber 也支持跨机、进程间、进程内通信，而且会根据不同的数据传输和业务逻辑自动选择效率最高、最匹配的通信方式来进行通信。

第四层，主要是对传输后的数据进行缓存，并会根据不同传感器得到的数据进行融合，得到一个可处理、可读的数据发送给另一个模块。

第五、六层，主要是管理每一个任务的调度和数据处理。

第七层，提供开发者的 API 接口，让开发者有更多可操作性，提高开发效率。

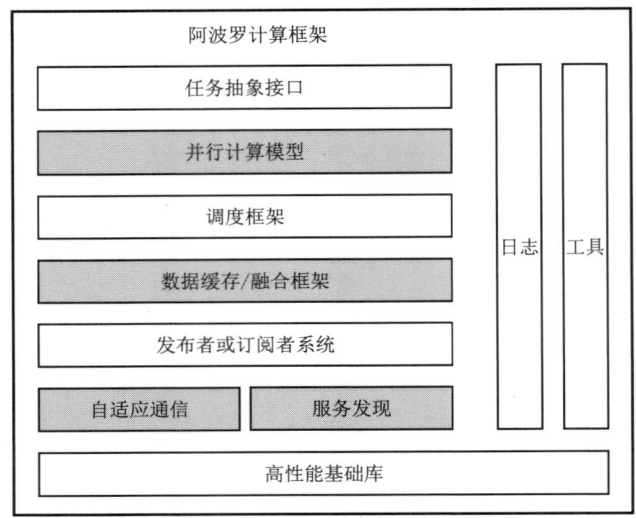

图 1-11　Apollo Cyber RT 框架结构

Node 是 Cyber 的基础构建，每一个模块都会包含一个 node 节点，模块之间通过 node 节点来进行通信。Node 之间的通信可以设定不同的模式，可分为 reader/writer 和 service/client。Cyber 采用的是分布式系统。Node 是通过 Topology 来管理的，每个 node 都是这个拓扑图的顶点，而每个 node 顶点是通过 channel 或者 service 来连接的。Node 节点是去中心化的，可以动态监控节点的增加和删除。Channel 可以理解为一块共享内存，采用共享内存的通信方式，可以大大提高通信效率。图 1-12 为 Topology 管理图。

图 1-13 为 Apollo Cyber RT 的通信流程图。这是由 3 个 component 组成的一个简单网络。最左边 camera driver 作为系统的输入节点，从传感器读取数据并发送到 /sensor/camera/image 这个 channel（component 之间通信的通道）中；中间的 perception，它会订阅相机驱动传感器的数据，从 /sensor/camera/image 这个 channel 中取出数据并进行相应的算法处理，将得到的结果从 /perception/obstacles 这个 channel 中进行输出；最右边的是 planning，它会从 /perception/obstacles 这个 channel 中取出感知结果并得到一个决策规划的结果。在具体的 component 的实例中，实例中的 perception 不需要考虑上下模块是 camera 还是 planning，只需要定义自己的输入，也就是 sensor message 这个类型的数据，以及在配置文件中定义输入的 channel 名字即可，在开发阶段就能大大减少两个模块之间的耦合。

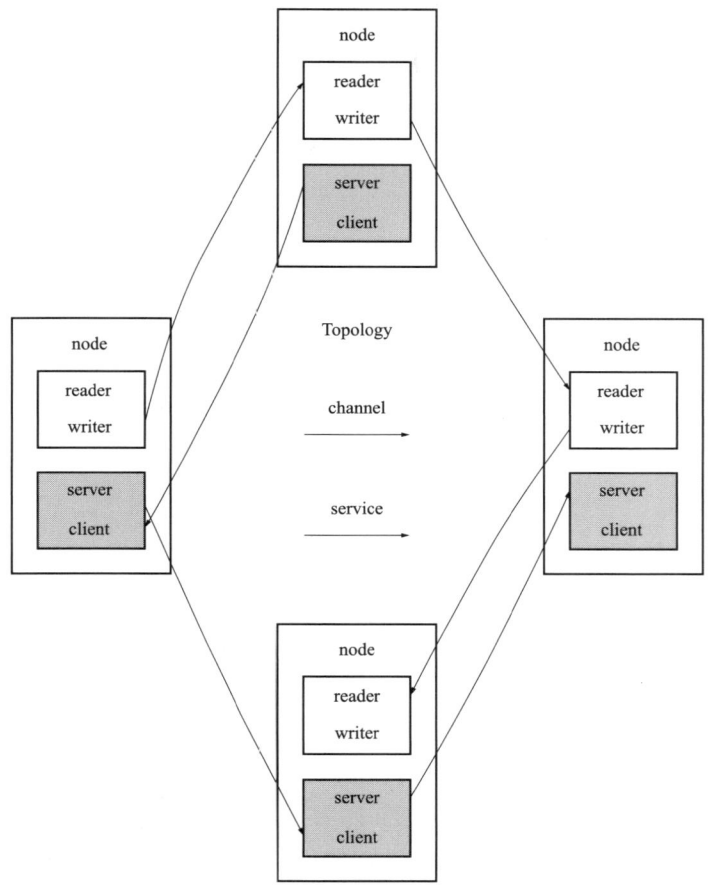

图 1-12 Topology 管理图

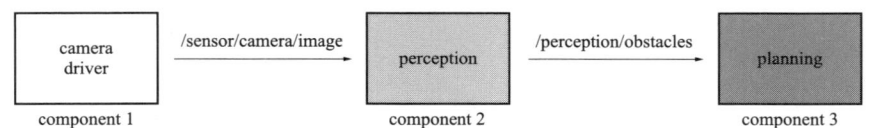

图 1-13 Apollo Cyber RT 的通信流程图

第 2 章

智能车辆环境感知

本章首先介绍了基于激光雷达的复杂环境常见障碍物检测，包括激光雷达的安装及标定、常见障碍物模型分析、常见障碍物检测等内容。接着介绍了基于红外相机和毫米波雷达融合的目标检测与跟踪，以及可通行区域检测的不同传感器方案和融合方法。最后采用三维语义栅格对可通行区域建图，并介绍了后处理模块，用于改善可通行区域系统准确性和稳定性。

2.1 复杂环境障碍物检测

2.1.1 激光雷达安装与标定

相比于相机传感器,激光雷达具有不易受外界天气和光线条件影响、测量距离远、测量精度高等特点。本小节主要介绍基于激光雷达的复杂环境障碍建模。首先,对激光雷达的模型及其安装位置进行简要描述;其次,对激光雷达的单独标定和联合标定方法进行介绍;最后,利用激光雷达对复杂环境中出现的诸如正障碍、负障碍以及悬崖障碍分别进行多帧点云拼接建模。

1. 车载激光雷达的安装方式

针对城市环境,车载激光雷达的安装方式多为水平安装。考虑到城市环境中常见的障碍物以行人、车辆及建筑等高于地面的正障碍为主,因此当激光雷达扫描到障碍物时,点云的高度信息就会发生明显变化,可以以此作为依据进行正障碍的检测。但是,水平安装的雷达相邻两线之间存在一定距离,且当扫描点距离雷达越来越远时,相邻两线之间的距离也会随之增加。

图2-1为激光雷达水平安装时激光雷达线束扫描示意图,图中的 L 为雷达安装位置,O 为雷达垂直投影到大地平面的坐标点,A、B、C 分别为由激光雷达 L 发出的3束相邻激光线与地面的交点,$\Delta\theta$ 为激光雷达的垂直角分辨率,θ 为线束 LC 的垂直扫描角的互余角。利用式(2.1)~式(2.3)可以将每相邻

两束激光扫描点之间的距离表达出来,即

$$D_{AB} = D_{OL}[\tan(\theta-\Delta\theta) - \tan(\theta-2\Delta\theta)] \quad (2.1)$$

$$D_{BC} = D_{OL}[\tan(\theta) - \tan(\theta-\Delta\theta)] \quad (2.2)$$

$$\sigma = \frac{D_{BC}}{D_{AB}} \quad (2.3)$$

其中,D_{AB} 为 AB 两点之间的距离;D_{OL} 为雷达安装高度;D_{BC} 为 BC 两点之间的距离;σ 为 D_{BC} 与 D_{AB} 距离之比。

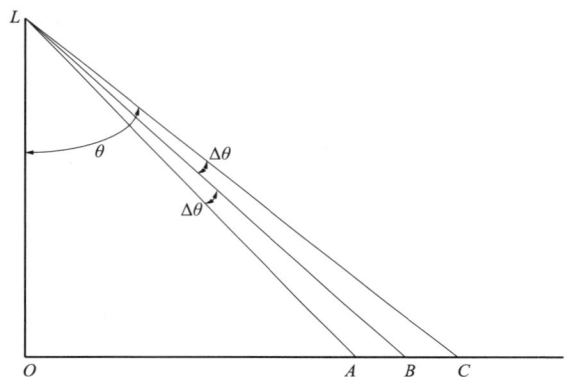

图 2-1 激光雷达水平安装时激光雷达线束扫描示意图

由于有些激光雷达的垂直角分辨率是固定的,所以当 θ 值不断增大时,σ 值始终大于 1。因此,随着激光扫描束与地面的交点与雷达的水平距离不断增大时,相邻两线与地面的交点距离会不断增大,径向盲区也会不断增大。

在越野环境中,除了正障碍,还有负障碍,即一些低于地表平面的障碍物,如坑、沟均为常见的负障碍。由于负障碍在地面以下,即使激光雷达安装位置再高,也不能完全将负障碍扫描出来。同时,落入负障碍内的点较为稀少,单纯依靠高度信息无法将其准确识别出来。通过对激光雷达负障碍内的数据进行分析,发现其对径向距离较为敏感,这可以作为一个对其进行识别的有效依据。由于水平安装的激光雷达对径向距离敏感度受限于其垂直角分辨率,这里考虑将激光雷达倾斜安装,利用其水平角分辨率较高的优势,将激光雷达的水平角分辨率转换成大地坐标系下的垂直角分辨率,使雷达对径向距离更加敏感。图 2-2 为车辆左右两侧倾斜安装的激光雷达俯视图。其中,A、B 两点为两个雷达的激光发射器位置;α 为雷达的垂直视角;β 为垂直视角中小于 0°的部分。由于激光雷达的垂直视角均有限,所以倾斜安装会引入车辆前方较大的视野盲区,即三角形 ABC 区域。根据式(2.4)可以求解出径向最大的盲区距离 D_{CD}:

$$D_{CD} = \frac{D_{AB}}{2\tan\beta} \quad (2.4)$$

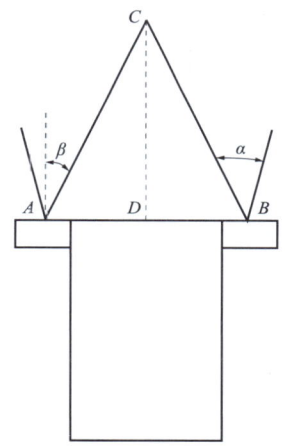

图 2-2 车辆左右两侧倾斜安装的激光雷达俯视图

考虑到复杂环境中存在多种同时需要检测的障碍物类型,也为了尽量减小车辆正前方的视野盲区,此处使用多种激光雷达混合安装的方案。图 2-3 为车载激光雷达的安装位置。试验车辆中央搭载了一台水平安装的 32 线激光雷达,而两侧分别倾斜安装了一台 16 线激光雷达,倾斜角度为 45°。这样安装一方面可以利用 32 线激光雷达保证车辆前方较小的视野盲区,另一方面也可以利用倾斜的 16 线激光雷达确保对不同障碍物的检测效果。

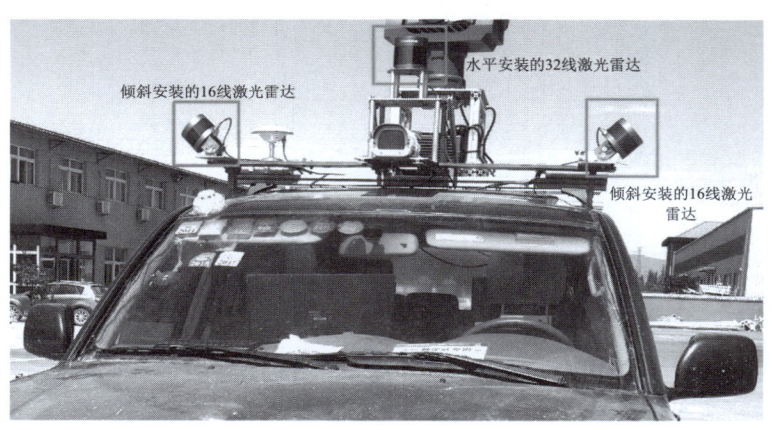

图 2-3 车载激光雷达的安装位置

2. 激光雷达的标定

每个激光雷达都有对应的传感器坐标系,其发射的所有激光数据都是基于自身坐标系的。考虑到车辆搭载了很多不同传感器,为统一使用,需要将传感器获取的数据从其自身坐标系转换到车体坐标系。激光雷达标定是获取激光雷达坐标系与车体坐标系之间的关系，需要求解的是两坐标系之间的旋转矩阵和平移矩阵。

这里安装了3台激光雷达，通过以下两点增强各个激光雷达之间的关联：首先，将主雷达（即32线激光雷达）进行单雷达标定，将其转换到车体坐标系；其次，利用已经标定好的32线激光雷达分别与左右两侧的16线激光雷达进行联合标定，从而不仅将3个激光雷达均标定到车体坐标系下，同时也提高了两侧激光雷达与中间激光雷达的数据关联性。

1）单激光雷达标定

激光雷达坐标系属于右手坐标系，其 x 轴指向输出电缆的方向，z 轴正方向为旋转轴垂直向上，利用右手法则可获取其 y 轴方向。定义的车体坐标系为以车辆后轴中心为坐标原点，车辆向右为 x 轴正方向，车辆正前方为 y 轴正方向，垂直车辆向上为 z 轴正方向。图2-4为试验平台搭载的多个激光雷达坐标系及车体坐标系。图2-4中红色部分为车体坐标系，黄色部分为左右两侧16线激光雷达坐标系，黑色部分为32线激光雷达坐标系。

图2-4 试验平台搭载的多个雷达坐标系及车体坐标系（附彩图）

假设车体坐标系为 O_V，水平安装的32线激光雷达坐标系为 O_L，因此根据坐标变换公式可以得到式（2.5）：

$$O_V = RO_L + T \quad (2.5)$$

式中，R 为 3×3 的旋转矩阵，包含了分别沿 x、y、z 轴的旋转角；T 为 3×1 的平移矩阵，包含了分别沿 x、y、z 轴平移的距离。

因此，可以将雷达标定问题简化成求解 3 个旋转角及 3 个平移距离的问题。考虑到常用的旋转角求解法求解角度过于烦琐，这里参考 Rodrigues 法。利用向量 $\boldsymbol{t}=(t_x, t_y, t_z)^{\mathrm{T}}$ 表示绕坐标轴的旋转，向量的长度则代表了旋转角度。假设有任意两个点 P_1 和 P_2，向量 $\boldsymbol{V}=P_1P_2$，在车体坐标系和雷达坐标系中分别表示为 $\boldsymbol{V}_\mathrm{V}$ 和 $\boldsymbol{V}_\mathrm{L}$。由于这两个向量在真实空间中是同一个向量，即为同名向量，可表示为 $\boldsymbol{V}_\mathrm{V}=\boldsymbol{R}\boldsymbol{V}_\mathrm{L}$。由此，可以利用向量 $\boldsymbol{t}$ 表示旋转矩阵 $\boldsymbol{R}$，即

$$\begin{cases} \boldsymbol{R}=(\boldsymbol{I}+\boldsymbol{S})(\boldsymbol{I}-\boldsymbol{S})^{-1} \\ \boldsymbol{S}=\begin{bmatrix} 0 & -t_z & t_y \\ t_z & 0 & -t_x \\ -t_y & t_x & 0 \end{bmatrix} \end{cases} \quad (2.6)$$

因此，有 $\boldsymbol{V}_\mathrm{V}-\boldsymbol{V}_\mathrm{L}=\boldsymbol{S}(\boldsymbol{V}_\mathrm{V}+\boldsymbol{V}_\mathrm{L})$，当有 i 组同名向量时（$i \geqslant 2$），即可求解得到旋转矩阵 $\boldsymbol{R}$。令 $A_i=V_{\mathrm{V}i}+V_{\mathrm{L}i}$，$D_i=V_{\mathrm{V}i}-V_{\mathrm{L}i}$，可以得到

$$\boldsymbol{A}\boldsymbol{t}=\boldsymbol{D}$$

其中，

$$\boldsymbol{A}=\begin{bmatrix} 0 & A_{1z} & -A_{1y} \\ -A_{1z} & 0 & A_{1x} \\ A_{1y} & -A_{1x} & 0 \\ \vdots & \vdots & \vdots \\ 0 & A_{iz} & -A_{iy} \\ -A_{iz} & 0 & A_{ix} \\ A_{iy} & -A_{ix} & 0 \end{bmatrix}, \boldsymbol{D}=\begin{bmatrix} D_{1x} \\ D_{1y} \\ D_{1z} \\ \vdots \\ D_{ix} \\ D_{iy} \\ D_{iz} \end{bmatrix} \quad (2.7)$$

利用最小二乘法可以求解得到

$$\boldsymbol{t}=(\boldsymbol{A}^{\mathrm{T}}\boldsymbol{A})^{-1}\boldsymbol{A}^{\mathrm{T}}\boldsymbol{D} \quad (2.8)$$

将式（2.8）代入式（2.6）即可得到旋转矩阵 $\boldsymbol{R}$。

设任意空间点 $P_k(k=1, 2, 3, \cdots, n)$，坐标向量在车体坐标系及雷达坐标系分别可以表示为 $V_{\mathrm{V}k}=OP_{\mathrm{V}k}$、$V_{\mathrm{L}k}=OP_{\mathrm{L}k}$，而可通过式（2.9）求解出平移矩阵 $\boldsymbol{T}$，即

$$\boldsymbol{T}=\frac{\sum_{i=1}^{k}(V_{\mathrm{V}i}-\boldsymbol{R}V_{\mathrm{L}i})}{n} \quad (2.9)$$

针对单激光雷达标定，为了获取标定求解所需要的空间点，并简化计算，将激光雷达打在平整地平面上的点视作标定所需要的空间点进行提取分割，同时利用鲁棒的 RANSAC 方法进行平面模型拟合。在得到拟合的平面后，提取该平面内任意两组向量根据上式最终求解得到旋转矩阵 $\boldsymbol{R}$ 和平移矩阵 $\boldsymbol{T}$，完成单个激光雷达标定。

2) 双激光雷达联合标定

为减少计算量,将已经标定好的32线激光雷达作为主雷达,分别与左右两侧16线激光雷达进行双雷达联合标定。

为了提高雷达之间的关联性,通过在标定环境中放置一块标定板,利用两雷达分别对其进行平面拟合,将拟合出来的平面作为求解标定参数的输入量,从而获取两雷达之间的位置关系。

下面以左侧16线与中间32线激光雷达联合标定为例,介绍具体标定步骤。

(1) 将标定板分别置于距离搭载激光雷达车辆正前方 5 m、10 m 以及 15 m 处,在每个位置以5种不同的角度旋转标定板,其中包含垂直、向左右两侧倾斜以及向前后两侧倾斜,通过这5种角度使标定板在雷达点云中呈现不同的平面。

(2) 针对上述采集的15组数据,分别选定两激光雷达点云的特定区域进行过滤筛选,并对选中区域的点云进行平面拟合,拟合出来的平面应为标定板。

(3) 在得到15组平面拟合的结果后,由于每组平面均可提供3个约束,因此为求解旋转矩阵的9个值以及平移矩阵的3个值,需要4组平面即可求解得到旋转矩阵和平移矩阵。在得到两个矩阵的结果后,通过非线性优化的方法对结果进行进一步处理,从而得到更精确的旋转矩阵。其中,优化的变量为旋转矩阵对应的旋转向量,两者的转换关系为

$$R = \cos\theta \cdot I + (1-\cos\theta)\vec{n}\vec{n}^T + \sin\theta \cdot \vec{n}^{\wedge} \quad (2.10)$$

$$\theta = \arccos\left[\frac{tr(R)-1}{2}\right] \quad (2.11)$$

$$R\vec{n} = \vec{n} \quad (2.12)$$

其中,θ 和 $\vec{n}$ 分别为旋转向量的旋转角度和方向向量;$\vec{n}^{\wedge}$ 为方向向量 $\vec{n}$ 的反对称矩阵。优化的目标函数为在16线激光雷达坐标系下打在标定板上的点经过旋转平移后与中间32线激光雷达坐标系下标定板所在平面的距离。

(4) 在得到两激光雷达的相对位置关系后,利用中间32线激光雷达标定结果进行位姿变换即可得到左侧16线激光雷达相对车体坐标系的旋转矩阵和平移矩阵,从而实现将左侧16线激光雷达坐标系转移到车体坐标系。同理,利用上述方法也可对右侧16线激光雷达与中间32线激光雷达进行联合标定。

2.1.2 复杂环境下多类障碍物检测

为了简化计算,提高算法的运行速度,采用二维占据栅格地图的形式对点云进行离散化处理。栅格地图根据其表述的维度可以分为二维栅格地图和三维栅格地图。这里主要利用栅格地图反映障碍物的检测结果,而考虑到遍历二维地

图的时间要远小于遍历三维地图的时间,因此下面主要使用二维地图进行表述。

在栅格地图中,每个栅格都可以赋予不同的状态,同时每个栅格都具有对应的位置信息。图 2-5(b)为投影后的二维栅格地图,用 $x_m O_m y_m$ 代表栅格地图坐标系,坐标原点位于栅格地图的左下角。这里二维栅格地图包含了车辆左右两侧各 20 m、车前 50 m、车后 20 m 的空间,因此可以计算得到车辆中心在栅格地图中的坐标为(100,100)。图 2-5(b)中绿色矩形框即为根据车辆尺寸及位置画出的智能车辆。

图 2-5(a)为标定得到的三维点云。图中显示了 3 个激光雷达联合标定后的基于车体坐标系 $x_v O_v y_v$ 的一帧点云,为了将三维点云进行二维平面压缩,假设点云中某点 P 的坐标为(x,y,z),则其在栅格地图中的坐标可以用式(2.13)得到,即

$$\begin{cases} x_m = \dfrac{x+20}{0.2} \\ y_m = \dfrac{y+20}{0.2} \end{cases} \tag{2.13}$$

式中,x_m 代表了栅格地图中的横向坐标值;y_m 代表了栅格地图中的纵向坐标值。

图 2-5(b)中灰色的部分即为二维投影后得到的结果,即只要栅格中有点落入,即显示为灰色,否则显示为黑色。

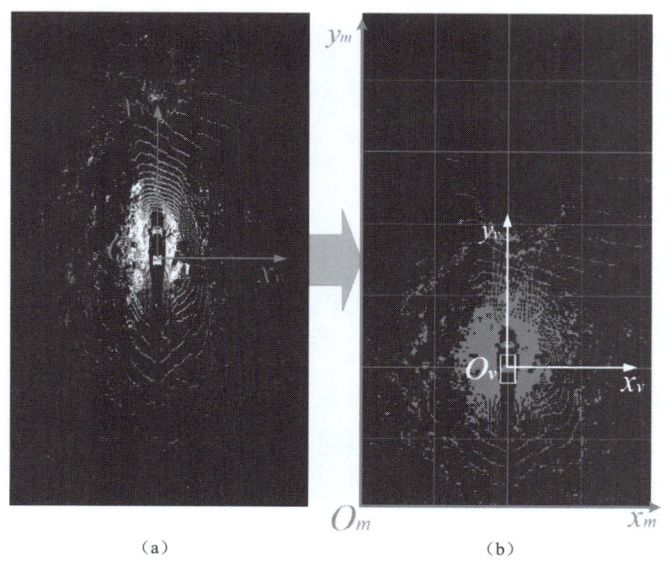

图 2-5 点云图投影到二维栅格地图的结果(附彩图)
(a)标定得到的三维点云;(b)投影后的二维栅格地图

在将点云投影到二维栅格地图后，可以根据点云的性质赋予对应栅格属性，即在完成基于点云的障碍物检测后，在投影过程中直接赋予栅格属性，从而实现对检测结果以栅格地图形式进行表达。

1. 正障碍检测

无论在城市环境还是在越野环境，正障碍始终是出现频率最高的一种障碍物类型，如树木、建筑、车辆、行人、巨石等。这些对于智能车辆都是绝对不可通行区域。

一般的正障碍都是与大地平面直接接触的，但是也存在一些正障碍显著高于地面并且未与地面直接接触，这里将这种正障碍称为悬空障碍。常见的悬空障碍包括树木的枝叶、大型的广告牌等。它们虽然与地面存在一定的高度差，但也会对智能车辆的安全行驶构成威胁。考虑到一般行驶的车辆高度，这里主要考虑与地面间隔小于 3 m 的悬空障碍物。图 2-6 为两个视角下车载激光雷达扫描普通正障碍和悬空障碍示意图。在图 2-6 中，A 为悬空障碍，B 为在大地平面上的普通正障碍。图 2-6（a）为主视图，在 yOz 坐标系下，无论点云落在悬空障碍物 A 上还是普通正障碍 B 上，相比于打在地面上的点，打在两个障碍物上的相邻点的高度值 z 具有明显差距。与此同时，结合图 2-6（b）的俯视图，无论在 yOz 坐标系下还是在 xOy 坐标系下，当激光雷达扫描到障碍物时，打在障碍物上的点均较为密集。

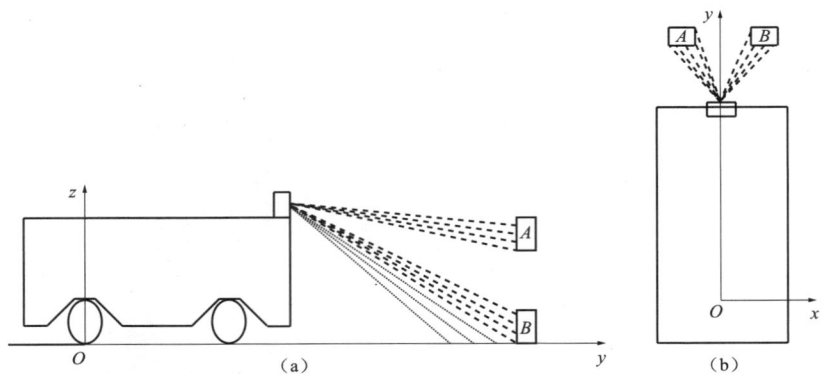

图 2-6 激光雷达扫描到普通正障碍和悬空障碍示意图
（a）主视图；（b）俯视图

通过观察图 2-6 可以发现，无论是悬空障碍还是普通正障碍，当激光雷达扫描时其特征几乎完全相同，因此这里采用一种基于二维栅格地图的相对高度差法同时将普通正障碍和悬空障碍检测出来。考虑到单个传感器的检测距离较为有限，并且也存在较大视野盲区，这里进行正障碍检测时将使用 3 个激光雷达点云作为输入。

由于不同线束激光雷达均使用同一种正障碍检测算法,因此下面以32线激光雷达为例,介绍正障碍检测算法流程。

(1)利用式(2.13)将三维点云投影到二维栅格地图中。考虑到栅格可以被赋予多个属性,在投影过程中,统计每一个落有点云的栅格,比较得到栅格中高度值 z 最小的点,并把这个最小的 z 值赋予栅格,设为 $h_{(x,y)}$,其中(x,y)代表了栅格位置。

(2)再次遍历每个栅格中的点云,计算每个点的高度值与 $h_{(x,y)}$ 之差,如式(2.14)所示:

$$\Delta h_{(x,y,n)} = z_{(x,y,n)} - h_{(x,y)} \quad (2.14)$$

式中,$\Delta h_{(x,y,n)}$ 代表了在(x,y)位置的栅格中第 n 个点的相对高度差;$z_{(x,y,n)}$ 为在此栅格中第 n 个点的高度值。

(3)考虑到车辆前端离地面的高度以及车辆的可通过性,用 h_t 代表高度差阈值。由于每个栅格中都存在出现杂点的可能,所以为了提高栅格高度差的可信度,设 $c_{(x,y)}$ 为(x,y)位置栅格的障碍物点计数器,通过遍历栅格中所有点,每当满足式(2.15)时,计数器 $c_{(x,y)}$ 的值加1,否则保持不变。

$$\Delta h_{(x,y,n)} > h_t \quad (2.15)$$

(4)若是统计出的栅格障碍物点数大于阈值 c_t 时,则将该栅格属性设置成障碍物,即式(2.16)所示:

$$\begin{cases} p_{(x,y)} = 1, i\ c_{(x,y)} \geqslant c_t \\ p_{(x,y)} = 0, i\ c_{(x,y)} < c_t \end{cases} \quad (2.16)$$

其中,$p_{(x,y)}$ 为(x,y)位置的栅格障碍物属性,即当其为1时,视为障碍物,为0时视为可通行。

高度差阈值 h_t 会受到普通正障碍的高度影响,而在城市环境,常见的较为低矮的正障碍有路肩、杂草灌木丛等。由于在越野环境中道路存在缓坡,所以如果设置的高度差阈值较低,会将车辆前方的缓坡误检测成障碍物,从而影响正常行驶。图2-7为当车辆在越野环境中前方出现缓坡或起伏路时的示意图。图2-7所示情况为雷达相邻两线正好打到地面和斜坡上,其中 w 代表了栅格地图的分辨率,θ 为斜坡坡度,因此有

$$\tan\theta = h_t / w \quad (2.17)$$

对于阈值 c_t,其值代表了每个栅格对于正障碍的敏感程度,值越大,对于正障碍的要求就越苛刻,随之就会带来一系列漏检(本该属于障碍物的未被检测出来);相反,值越小,对于正障碍就更加敏感,即可能存在误检(将原本不属于障碍物的检测成障碍物)。考虑到随着障碍物与车辆的相对距离增大

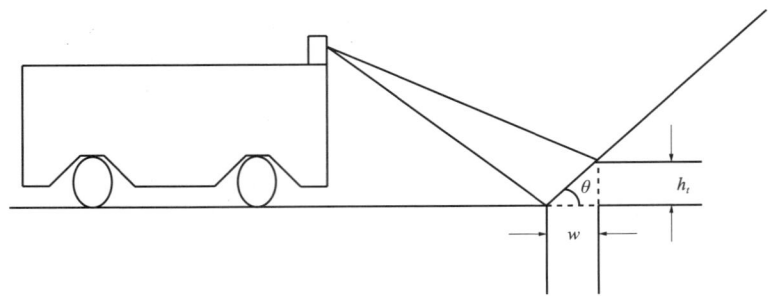

图 2-7 车辆在越野环境中前方出现缓坡或起伏路时的示意图

时,点云会逐渐变稀疏,打在障碍物上的点也会变少,因此通过大量试验和反复调试,在尽可能减少漏检和误检的前提下,以车辆为圆心,半径为 20 m 内将阈值 c_t 设置为 3,在此范围外阈值设置为 1。

通过对 3 个雷达同时进行正障碍检测会得到 3 张二维栅格地图,经过联合标定,此 3 张地图都是基于车体坐标系的。为了进一步提高检测精度,同时减小雷达的视野盲区,可对 3 张栅格地图进行融合。考虑到 32 线激光雷达的点云密度以及点云扫描距离都远超 16 线激光雷达,针对同一个障碍物,前者的扫描效果优于后者,因此其在正障碍检测中具有更高的可信度,故将 32 线激光雷达检测结果的权重设置为 0.5,而将两个 16 线激光雷达检测结果的权重均设置为 0.25。如式 (2.18) 所示,可利用不同权重对其检测结果进行加成:

$$p_f(x,y) = 0.5 p_{32}(x,y) + 0.25 p_{16l}(x,y) + 0.25 p_{16r}(x,y) \quad (2.18)$$

其中,$p_f(x, y)$ 为融合后的 (x, y) 位置处的栅格属性,而 $p_{32}(x, y)$、$p_{16l}(x, y)$ 和 $p_{16r}(x, y)$ 分别为 32 线激光雷达、左 16 线激光雷达以及右 16 线激光雷达在 (x, y) 位置处的栅格属性。

在得到 $p_f(x, y)$ 后,当其值大于等于 0.5 时,该栅格则被认为是正障碍栅格,否则为可通行栅格,继而实现正障碍检测及融合。图 2-8 (a) 为正障碍检测场景图;图 2-8 (b) 为正障碍检测结果。

2. 负障碍检测

在越野环境中,经常会出现如大坑、壕沟之类的负障碍。这些负障碍都在地平面以下,其颜色也与周围地面无异,在实际驾驶过程中很难被发现。相比于正障碍,负障碍受限于其自身的几何形状,同时传感器打入负障碍内的点云较为有限,因此获得的有效信息比较局限,无法通过相对高度差的方法对其进行检测。考虑到负障碍的几何特性,通过不断对比落入负障碍内部的点云以及落在负障碍周围地面上的点云,提出一种特征提取的方法进行负障碍检测。

图 2-8 正障碍检测场景图与结果图

(a) 正障碍检测场景图；(b) 正障碍检测结果图

考虑到负障碍对径向距离较为敏感，因此所提出的负障碍检测算法主要基于车辆两侧倾斜安装的 16 线激光雷达实现。

图 2-9 为激光雷达扫描负障碍示意图。考虑到雷达是倾斜安装，则图中 A、B、C 点为同一线束激光连续扫描时与地面及负障碍的交点，这 3 个点对应的水平角度分别为 θ_t、θ_{t+1} 和 θ_{t+2}，D 点为假设 B 点落在大地平面上的效果。在实际情况中点云密度受距离影响，其落入负障碍里的点可能不止一个，这里为了直观观察，选取了 A、B、C 这三类分别落在负障碍前后及负障碍内的点作为代表。通过观察示意图可以发现，当激光点云落入负障碍时，相邻两点 BC 之间的水平距离 d_{CB} 较 CD 之间的距离 d_{CD} 发生了明显变化，同时 AB 点的高度差也远大于 AD 点的高度差，AB 之间的水平距离也小于 AD 之间的距离。

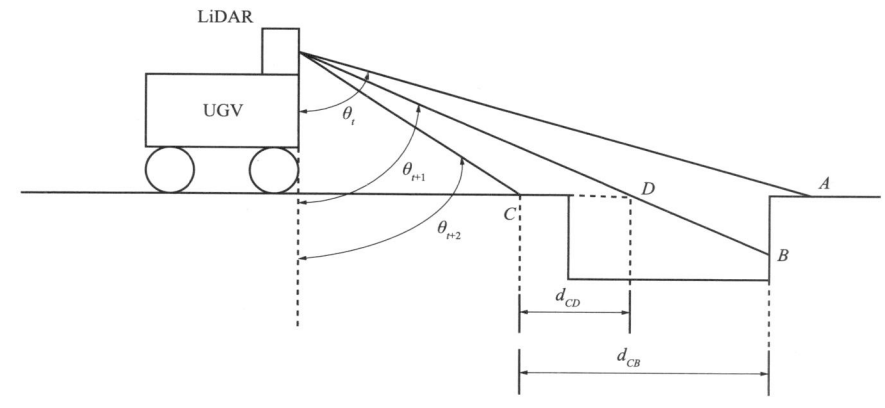

图 2-9 激光雷达扫描负障碍示意图

通过分析可以发现，最能反映负障碍特征的点是图 2-9 中的点 B。如果能够将落入负障碍后壁的点筛选出来，即可完成负障碍的识别。由于负障碍检测使用的是左右两侧倾斜安装的 16 线激光雷达，原理完全相同，因此以左侧 16 线激光雷达为例，可得检测负障碍的流程如下：

（1）在得到完成标定的激光雷达点云后，针对同一激光扫描线上的相邻两点，这里假设为点 E 和点 F，由于雷达是顺时针旋转，所以雷达先扫描到 E，后扫描到 F。分别计算 EF 的距离及高度差，即可得到 d_{EF} 和 z_{EF}。设置阈值 T_1 代表需要检测的负障碍实际宽度；设置阈值 T_2 为激光雷达扫描到地面相邻两点的高度差。根据上述分析特征，当满足式（2.19）时，将 F 点设置为负障碍候选点：

$$d_{EF}>T_1, z_{EF}>T_2 \tag{2.19}$$

（2）筛选获得上述 E 点和 F 点后，设置两个小集合。第一个集合内包含 F 点及与其属于同一线束的顺时针方向相邻的 N 个点，记为 $P_{far}=\{P_i\}$，$(i=t+1,\cdots,t+1+N)$；同理，另一个集合包括 E 点及其逆时针方向相邻的 N 个点，记为 $P_{near}=\{P_i\}$，$(i=t,\cdots,t-N)$。分别统计两个集合内点高度值和距离值的极差，分别记做 z_{far} 和 z_{near}，d_{far} 和 d_{near}。由于打在负障碍后壁上点的高度变化相比打在地面点的更大，而其距离变化相对较小。因此，为了进一步筛选负障碍候选点，当满足式（2.20）时，即将负障碍候选点 F 视为负障碍后壁点，即图 2-9 中的点 B。

$$\frac{z_{far}}{z_{near}}>T_3, \frac{d_{near}}{d_{far}}>T_4 \tag{2.20}$$

式中：T_3 为上述两个集合内点高度值极差比值的阈值；T_4 为上述两个集合内点距离值极差比值的阈值。

通过分析可以发现，当两个阈值参数设置的越大时，即对比例要求更加严苛，最远检测距离较为受限，检测率相对较高；随着限制放宽，最远检测距离提升，但检测率相对较低。

（3）在得到负障碍后壁点 F 后，由于 EF 是临近点，所以即可得到 E 点，获取 E 点到 F 点的距离近似作为负障碍的长度。通过遍历雷达所有线束，找到满足要求的所有 F 点，计算其距离值记为负障碍的宽度。将最终的结果投影到二维栅格地图中并利用矩形框将其框起来从而得到最终的结果，同时将矩形框内的所有栅格都视为负障碍占据栅格，赋值为 2，其他栅格为可通行栅格，赋值为 0。

根据上述流程分别用左右两侧 16 线激光雷达对点云进行负障碍检测，但由于单个 16 线激光雷达检测的视野盲区较大，且稳定性一般，所以为了缩小单一雷达检测的视野盲区,提高检测的稳定性,对两个激光雷达检测得到的二维栅格地图进行融合,即将两个栅格地图相同位置处的栅格进行或运算,这样就能保证只要有一个雷达检测出负障碍,在最终检测结果中就能把对应位置的栅格标识为负障碍。图 2-10 为左右两侧 16 线激光雷达负障碍检测后的结果融合栅格地图。在图 2-10 中,红色矩形框为负障碍的栅格,灰色部分为存在点云的栅格,绿色矩形框为车辆所在位置,每一个蓝色正方形为边长 10 m 的栅格,该负障碍的检测距离约为 17 m。

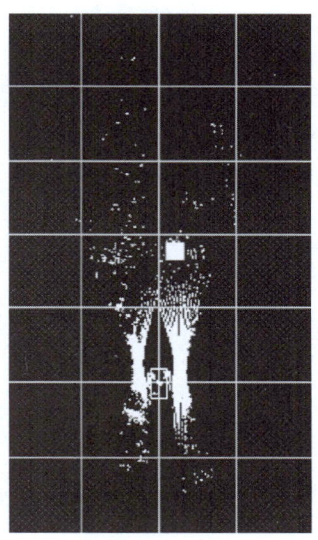

图 2-10 左右两侧 16 线激光雷达负障碍检测后的结果融合栅格地图(附彩图)

3. 悬崖检测

在越野环境中,除去较为常见的正、负障碍,悬崖也是一种对智能车辆存在威胁且需要检测的障碍物。由于一般的悬崖都具有较大的垂直落差,即便是通过性能再好的车辆,一旦车身的重力线越过悬崖截面,车辆也会坠下悬崖。由于传感器的检测范围有限,而一般悬崖的区域范围都比较大且有较大的垂直落差,所以激光雷达能够扫描到悬崖崖底地面的点较少。为了提高落入崖底地面点的利用率,借鉴二维栅格的思路,将同一激光线束的相邻若干个点设置为一个窗口,根据窗口内包含点个数的不同区分成小窗口和大窗口,从而实现将点云描述空间特性转换成用窗口描述。利用不同尺寸的窗口对悬崖特征进行提取,实现悬崖检测。

由于悬崖区域和负障碍均位于地面以下,但考虑到其几何特征不完全相同,且其所占的空间几何尺寸也相差悬殊,因此将悬崖和常见坑、沟等的负障碍区分开来，利用不同算法进行检测。图 2-11 为激光雷达同时扫描负障碍区域和悬崖区域的对比示意图。在图 2-11 中，虚线代表了负障碍区域，实线代表了地面及悬崖区域。其中，点 E 是雷达扫描到与车辆位于同一地平面上的激光点，点 F 和 G 为雷达扫描落入悬崖底部地面的点，而点 B 和 A 则为落入负障碍后壁及地面的点。通过对比可以发现，无论在尺寸上还是在形状上负障碍都与悬崖不同。就几何形状而言，常见的负障碍具有完整的后壁，即点 B 所在的纵截面，而悬崖由于高度落差较大，加上雷达的扫描距离有限，一般只能有极少的点云落在崖底地面上，不会出现后壁；就尺寸而言，常见的悬崖一般都有数米以上的高度落差，其所占据的空间远大于负障碍的大小，因此悬崖的高度突变和距离突变都要远大于负障碍的变化。因此，负障碍检测和悬崖检测的原理相似，对应的特征参数会存在数量级的大小关系，但由于悬崖崖底点较为稀疏，所以最终所采用的检测方法也与负障碍检测的不同。

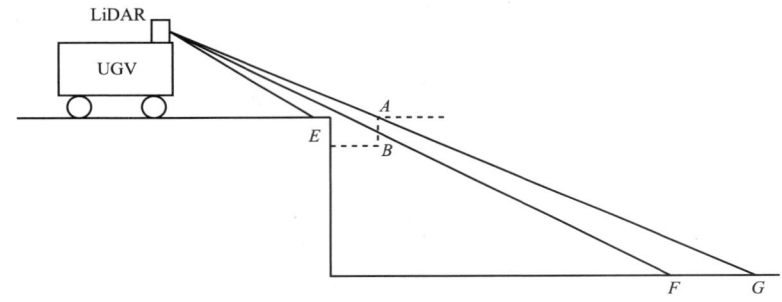

图 2-11 激光雷达同时扫描负障碍区域和悬崖区域的对比示意图

通过上述分析可以发现两个悬崖的几何特征：悬崖崖顶的点 E 与崖底点 F 在高度和距离上均有较为明显的突变；崖底相邻两点 F、G 几乎在同一水平面上。由于雷达随距离变大其点云会变得稀疏，因此不同于负障碍检测直接利用点云进行特征识别，悬崖检测借鉴了二维栅格的方法，利用窗口理论提高了点云的利用率。如图 2-12 所示的悬崖检测流程图，在得到联合标定过的三维点云后，首先利用包含较少数量点的小窗口进行高度和距离筛选，根据高度突变选择出符合特征的窗口，然后再扩大搜索范围，将小窗口扩大为大窗口，继续进行特征提取和筛选，从而实现对悬崖的检测。由于悬崖检测对径向距离较为敏感，同时对点云密度有较高的要求，利用车辆水平安装的 32 线激光雷达以及倾斜安装的双 16 线激光雷达同时对其进行检测。

悬崖检测的具体步骤如下：

（1）为减少计算时间同时有效利用点云，将标定好的点云进行窗口化，即同一根激光线束相邻的 5 个点视为一个小窗口 W_s。在每个窗口内，采用 RANSAC 算

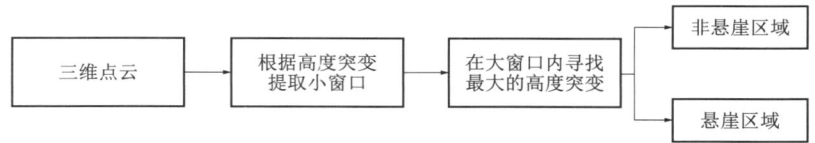

图 2-12 悬崖检测流程图

法寻找最能代表窗口内点云的高度值 z_s,以小窗口间高度值的插值表征高度突变。

(2)记录第 n 个小窗口内点的距离平均值 $d_s(n)$,以小窗口间平均距离的比值表征距离突变。当相邻窗口之间距离比值大于阈值 T_d 时,则认为是悬崖候选窗口,即需要满足式(2.21):

$$\frac{d_s(n+1)}{d_s(n)} > T_d \qquad (2.21)$$

其中,T_d 表示相邻窗口高度差的阈值。由于悬崖崖顶与崖底之间纵向距离相差较大,因此设置阈值为 5。

(3)在此基础上,针对候选窗口设置包含其在内的 50 个相邻小窗口的大窗口 W_L。为保证检测结果最优,对大窗口范围内的小窗口高度值进行极大值抑制,选取高度突变最大的一对小窗口进行阈值筛选,当大于阈值 T_h 时即为悬崖的临界点,其中 T_h 为选中的一对小窗口的高度突变值之比。由于悬崖的垂直落差较大,参考负障碍高度差比值的阈值,同时也为区分负障碍,将阈值 T_h 设置为 10,通过遍历得到悬崖的崖顶点和崖底点。图 2-13 为筛选出的悬崖临界点。

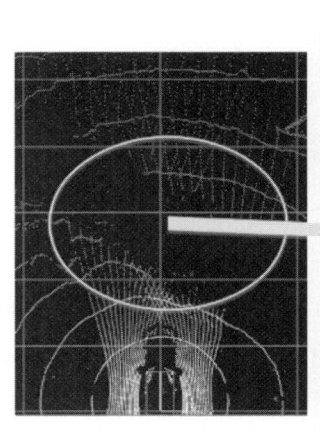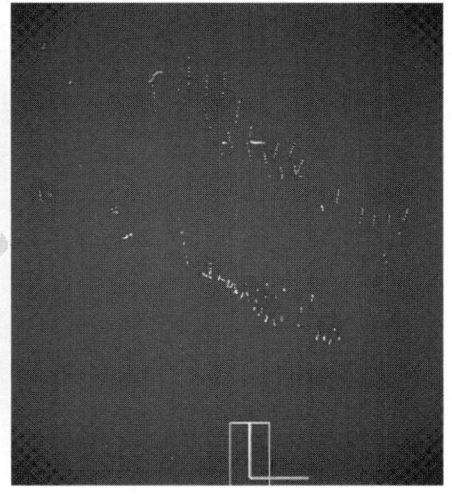

图 2-13 筛选出的悬崖临界点(附彩图)

（4）在得到悬崖临界点后，将点云投射到基于车体坐标系下的二维栅格地图中，对结果进行图像的膨胀与腐蚀处理。其中，膨胀和腐蚀是针对图像的基本处理方法。膨胀是通过利用诸如正方形或圆形的内核对图像进行卷积处理，从而实现对目标图像的扩充；腐蚀是通过缩小图像，去除一些边缘细节内容，使轮廓清晰。经过膨胀和腐蚀操作后的地图，其中一些离散的悬崖区域会更好地连接在一起，同时悬崖的轮廓界限也会更加清晰。不同于负障碍和正障碍检测，悬崖检测是同时对3个雷达点云进行处理，因此其最终得到的结果均已融合在一起。图2-14（a）为悬崖场景图，图2-14（b）为悬崖栅格地图，图中红色区域为识别出的悬崖障碍区域。

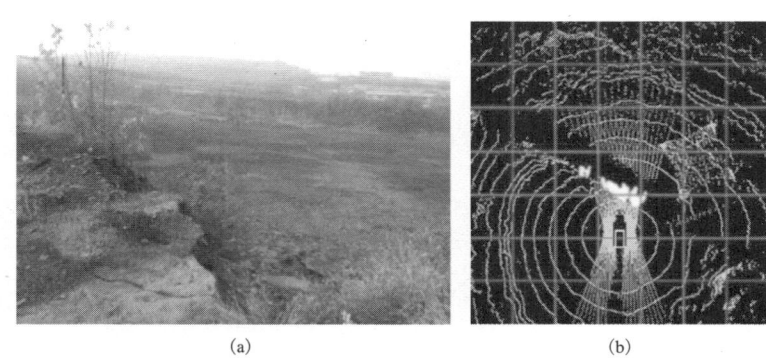

图2-14　悬崖场景图及栅格地图（附彩图）

（a）悬崖场景图；（b）悬崖栅格地图

2.2　基于红外相机和毫米波雷达融合的目标检测与跟踪

　　智能车辆行驶在非结构化道路环境时，经常会遇到周围环境的干扰，导致目标检测和跟踪效果受到影响。例如，周围车辆或自车行驶过程中会扬起大量烟尘，而当目标处于烟尘环境时，目标检测与跟踪算法容易因烟尘遮挡而丢失目标。因此，实际应用时需要提高烟尘环境下目标检测和跟踪算法的抗干扰能力。毫米波雷达作为目标检测传感器，能够有效解决烟尘遮挡问题，但是毫米波雷达对目标检测和分类能力差，并且采用单一传感器方案可靠性不高。因此，需要结合能够实现烟尘环境下目标分类的传感器，如红外相机等。本节以红外相机和毫米波雷达融合方案为例，对烟尘环境下的目标检测与跟踪技术进行介绍。

2.2.1 红外相机和毫米波雷达时空融合模型构建

在环境感知系统中，红外相机和毫米波雷达各有优势和劣势。成熟稳定的环境感知系统，需要融合各传感器的优点，实现对目标的高效检测与跟踪。实现基于红外相机和毫米波雷达融合的目标检测与跟踪的基础是两个传感器的时间和空间同步，主要体现在传感器的时间戳匹配以及空间联合标定。

1. 红外相机与毫米波雷达联合标定

建立红外相机和毫米波雷达空间同步模型是融合算法的基础，两个传感器对应的坐标系如图 2-15 所示。红外相机安装在 O_I 点处，红外相机坐标系为 $O_I X_I Y_I Z_I$，红外相机的像素坐标系 $O_o uv$ 与 $O_I X_I Y_I$ 平行。毫米波雷达位于 O_R 点处，$O_R X_R Y_R Z_R$ 为毫米波雷达的坐标系。毫米波雷达检测目标点 r_i 在毫米波雷达坐标系下的位置为 (x_i, y_i, x_i)，在红外相机像素坐标系下的坐标为 (u_i, v_i)。

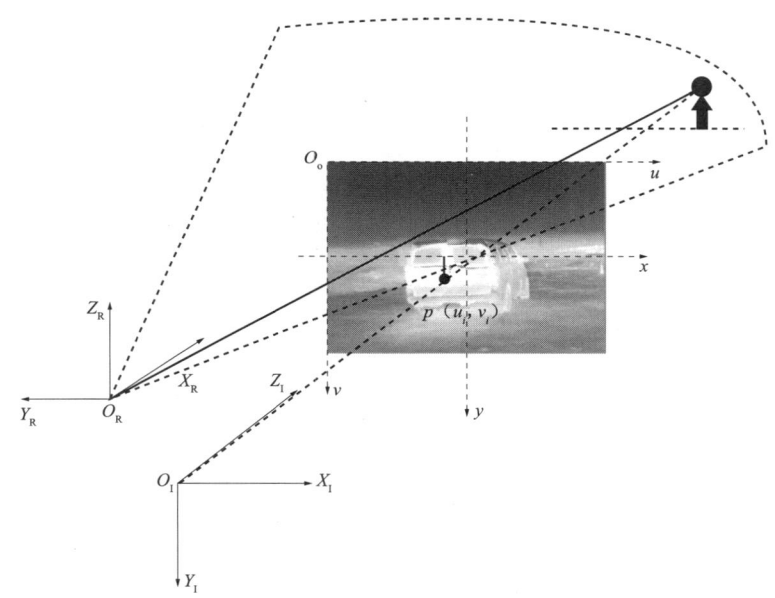

图 2-15 两个传感器对应的坐标系

由此可以得到检测目标点 r_i 由毫米波雷达坐标系转换到红外相机成像坐标系的关系表达式为

$$\omega \begin{bmatrix} u_i \\ v_i \\ 1 \end{bmatrix} = \begin{bmatrix} f_x & 0 & u_0 & 0 \\ 0 & f_y & v_0 & 0 \\ 0 & 0 & 1 & 0 \end{bmatrix} \begin{bmatrix} \boldsymbol{R} & \boldsymbol{T} \\ \boldsymbol{0}^{\mathrm{T}} & 1 \end{bmatrix} \begin{bmatrix} x_i \\ y_i \\ z_i \\ 1 \end{bmatrix} \quad (2.22)$$

式中：ω 为尺度因子；u_i 和 v_i 分别为检测目标在红外相机像素坐标系下的横纵坐标；f_x 和 f_y 分别为红外相机 x 轴方向和 y 轴方向的等效焦距；u_0 和 v_0 为红外图像感光板中心在像素坐标系下的坐标；$\boldsymbol{R}$ 为毫米波雷达坐标系到红外相机坐标系的旋转矩阵；$\boldsymbol{T}$ 为毫米波雷达坐标系到红外坐标系的平移矩阵；x_i，y_i，z_i 为检测目标在毫米波雷达坐标系下的坐标。

旋转矩阵 $\boldsymbol{R}$ 可看作由 $\boldsymbol{R}_1$、$\boldsymbol{R}_2$、$\boldsymbol{R}_3$ 3 个列向量拼接而成，每列有 3 个元素。由于毫米波雷达目标的所有坐标值的 $z_i = 0$，因此可将旋转矩阵 $\boldsymbol{R}$ 的第 3 列 $\boldsymbol{R}_3$ 消除，将式（2.22）化简为

$$\omega \begin{bmatrix} u_i \\ v_i \\ 1 \end{bmatrix} = \begin{bmatrix} f_x & 0 & u_0 \\ 0 & f_y & v_0 \\ 0 & 0 & 1 \end{bmatrix} \begin{bmatrix} \boldsymbol{R}_1 & \boldsymbol{R}_2 & \boldsymbol{T} \end{bmatrix} \begin{bmatrix} x_i \\ y_i \\ 1 \end{bmatrix} = \boldsymbol{H} \begin{bmatrix} x_i \\ y_i \\ 1 \end{bmatrix} \quad (2.23)$$

式中：矩阵 $\boldsymbol{H}$ 为单应矩阵，表示毫米波雷达检测平面到相机成像平面的映射关系，即

$$\boldsymbol{H} = \begin{bmatrix} h_{11} & h_{12} & h_{13} \\ h_{21} & h_{22} & h_{23} \\ h_{31} & h_{32} & h_{33} \end{bmatrix} \quad (2.24)$$

因为式（2.24）使用的是齐次坐标系，而矩阵 $\boldsymbol{H}$ 可以进行任意尺度的缩放而不改变等式结果，所以单应矩阵 $\boldsymbol{H}$ 具有 8 个自由度，即满足 $\|\boldsymbol{H}\| = 1$ 约束。理论上，一组特征点可以提供两个约束方程，因此可以使用直接法，通过手动标记图像和毫米波雷达坐标系中的 4 组特征点求出单应矩阵。另外，也可以对单应矩阵进行求逆变换，并通过最小二乘法求得最优解。具体求解方法与第 2.1.1 小节中类似，这里不再赘述。

2. 多传感器时序融合

除了多传感器空间上的同步，时间同步也是融合算法的基础。本节试验平台搭载的红外相机图像获取频率为 50 Hz，毫米波雷达的目标获取频率为 20 Hz。若传感器数据的获取时间相差过大，将会导致不同传感器探测到的环境信息千差万别，因此传感器之间的时间同步至关重要。

如图 2-16 所示的时序融合示意图，根据红外相机和毫米波雷达在 ROS 平台发布的传感器信息携带的时间戳（精确到纳秒）进行匹配。在同步过程中，

利用多线程和队列缓存方法,将两个传感器数据开设数据存储队列,以低频的毫米波雷达作为主传感器,毫米波雷达数据的时间戳作为消息同步基准时间戳,然后从红外相机数据队列中选取最临近的时间戳消息,从而完成了多传感器数据的时间融合,实现了多传感器的时间同步。

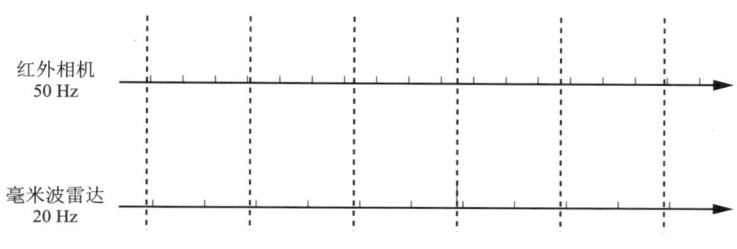

图 2-16 时序融合示意图(附彩图)

2.2.2 基于毫米波雷达的目标跟踪

由于环境干扰,毫米波雷达的输出目标存在大量无效目标。若直接使用未处理的毫米波雷达目标进行融合,会造成大量错误的目标被提取,将影响融合的效果。因此,需要在融合前对毫米波雷达检测的目标进行筛选,提高融合算法的运行速度和准确性。

1. 毫米波雷达有效目标筛选

本节使用的某款毫米波雷达最多可以同时检测 64 个目标,其中包括因环境干扰所产生的无效目标。在实际使用过程中,会出现少于 64 个目标的情况,即出现空信号。所用毫米波雷达的测速范围为 $-320 \sim 160$ km/h,测距范围为 $0.5 \sim 230$ m,俯仰角范围为 $\pm 6°$,而空信号的相对速度、相对距离和相对角度的数值超出以上范围。获取的雷达目标信息中,超出以上任一范围的即为空信号,应将其剔除。

由于周围环境杂波干扰,导致雷达检测到一些不连续的干扰信号,这种信号存在的时间极短,且对应位置没有实际物体存在。分析可知,毫米波在输入有效目标时,其 ID 能够稳定保持较长时间无变化,而干扰目标的 ID 在短时间内会出现较多次数的跳变。基于该特点,结合毫米波雷达输出的目标历史信息,对目标的有效性进行判别。判别有效目标的条件为

$$\begin{cases} |d_i(n+1) - d_i(n)| > d_t \\ |\theta_i(n+1) - \theta_i(n)| > \theta_t \\ |v_i(n+1) - v_i(n)| > v_t \end{cases} \quad (2.25)$$

式中:n 为采样周期序号,$n \in (1, 2, 3, \cdots)$;d_i,θ_i,v_i 分别为第 i 个目标点的相对距离、相对角度和相对速度;d_t,θ_t,v_t 分别为采样周期间隔内相对距

离、相对角度和相对速度变化的阈值。

只要符合其中的一个条件,就视为无效目标,同时将这个目标从毫米波雷达的检测目标中移除。

在毫米波雷达的实际使用过程中,当物体距离毫米波雷达较近时,这个物体可能会产生多个回波,因此毫米波雷达反馈的输出结果是多个目标点。针对这种情况,需要根据毫米波雷达的数据特征研究毫米波雷达目标聚类算法。目前聚类算法主要有划分法、层次法、基于密度的方法、基于网格的方法等。本节使用基于密度的聚类(density-based spatial clustering of applications with noise,DBSCAN)算法对毫米波雷达目标进行聚类,DBSCAN 算法为基于密度的方法,其不需要指定簇的数目,且对噪声不敏感。

2. 基于 EKF 算法的毫米波雷达目标跟踪

在测量过程中,由于环境的干扰以及传感器自身的性能影响,使得毫米波测量值会存在偏差。例如,测量同一个目标时会出现目标位置的跳变,甚至出现丢失目标的情况。本节使用扩展卡尔曼滤波(Extend Kalman Filter,EKF)算法来改善测量过程中产生的误差。整个 EKF 算法由一个递归迭代运算组成,分为预测步与更新步。

1)预测步

结合毫米波雷达目标的实际运动情况,使用常加速度模型对目标进行建模。同时,将目标描述为一个质心,不考虑其大小和形状,本节主要关注点为目标在毫米波水平面坐标系下的位置和速度信息。因此,将系统特征向量定义为

$$X_k = (p, v, a)^\mathrm{T} = (p_x, p_y, v_x, v_y, a_x, a_y)^\mathrm{T} \quad (2.26)$$

式中:X_k 为系统特征向量;p,v,a 分别为目标在毫米波雷达坐标系下的位置、运动速度和加速度;p_x 和 p_y 分别为目标在毫米波雷达坐标系下 X 轴和 Y 轴的位置,m;v_x 和 v_y 分别表示目标在 X 轴和 Y 轴方向的运动速度,m/s;a_x 和 a_y 分别表示目标在 X 轴和 Y 轴方向的加速度,m/s²。

基于常加速度模型对目标运动规律进行表述,获得常加速度模型的状态转移矩阵 A 为

$$A = \begin{bmatrix} 1 & 0 & \Delta t & 0 & \frac{1}{2}\Delta t & 0 \\ 0 & 1 & 0 & \Delta t & 0 & \frac{1}{2}\Delta t^2 \\ 0 & 0 & 1 & 0 & \Delta t & 0 \\ 0 & 0 & 0 & 1 & 0 & \Delta t \\ 0 & 0 & 0 & 0 & 1 & 0 \\ 0 & 0 & 0 & 0 & 0 & 1 \end{bmatrix} \quad (2.27)$$

式中：Δt 为两次检测的时间间隔。

在 EKF 算法的预测步中，当前时刻的先验估计状态向量 X_k^-（k 代表当前时刻）可以由前一时刻的后验估计状态向量 X_{k-1}^+ 得到，如式（2.28）所示：

$$X_k^- = AX_{k-1}^+ \tag{2.28}$$

当前时刻的先验估计协方差矩阵 P_k^- 由上一时刻的后验估计协方差矩阵 P_{k-1}^+ 求得，即

$$P_k^- = AP_{k-1}^+ A^\mathrm{T} + Q^* \tag{2.29}$$

式中：Q^* 为过程噪声的协方差矩阵。

2）更新步

毫米波雷达输出测量目标的相对距离、相对方位角和相对速度，因此定义 EKF 算法的测量向量 u_k 为

$$u_k = (r, \varphi, v)^\mathrm{T} \tag{2.30}$$

式中：r 和 φ 分别表示相对距离和相对方位角。

因此，可以定义状态观测映射关系 H 为

$$H = \begin{bmatrix} \sqrt{p_x^2 + p_y^2} \\ \arctan(p_x/p_y) \\ \dfrac{p_x v_x + p_y v_y}{\sqrt{p_x^2 + p_y^2}} \end{bmatrix} \tag{2.31}$$

由此，可以得到更新步的卡尔曼增益 K_k 为

$$K_k = P_k^- C^\mathrm{T}(z_k^-)[C(z_k^-)P_k^- C^\mathrm{T}(z_k^-) + R] + Q^* \tag{2.32}$$

式中：C 为状态观测映射矩阵 H 的 1 阶偏导数；z_k 为系统观测向量；R 为系统观测噪声。

计算系统测量残差 t_k 为

$$t_k = u_k - H(z_k^-) \tag{2.33}$$

计算后验状态向量 X_k^+ 为

$$X_k^+ = X_k^- + K_k t_k \tag{2.34}$$

计算后验协方差 P_k^+ 为

$$P_k^+ = P_k^- - KC(X_k^-)P_k^- \tag{2.35}$$

式中：K 为 k 时刻测量更新部分的扩展卡尔曼增益矩阵。

2.2.3　基于红外图像的目标检测与跟踪

红外相机记录被检测物体产生或反射的热量，并将检测到的热量转换成温度值，形成图像。相比可见光图像，红外图像背景更加稳定，在夜视或

雨、雾、雪、烟雾等不利自然条件下仍然能够有效完成检测任务。然而，红外图像不提供颜色在可见光光谱中提供的信息，而只是提供检测到的温度范围。因此，红外相机提供的细节较少，并且分辨率较低。红外图像中的目标与背景之间的对比度和模糊边界也使得红外图像目标检测比常规的可见光图像更加困难。

1. 基于改进的 YOLOv4 网络红外目标检测算法

为了满足精度以及兼顾检测速度需求，这里使用 YOLOv4 网络的检测算法。该算法的模型结构如图 2-17 所示，其包含了特征提取主干网络 CSPDarkNet53、路径聚合网络 PANet、空间金字塔池化 SPP，以及 3 种不同尺度的 Head。该算法的特征提取主干网络 CSPDarkNet53 采用了 ResNet 旁路连接，可以有效改善梯度消失问题。此外，该算法还利用了特征金字塔网络的思想。在深度学习网络中，高层次特征拥有较强的语义信息，低层次特征具有丰富的细节信息，高层次特征通过上采样与低层次特征融合，提高了模型对不同大小输入图像的适应性，以及提高了目标检测问题中不同大小物体检测的鲁棒性。

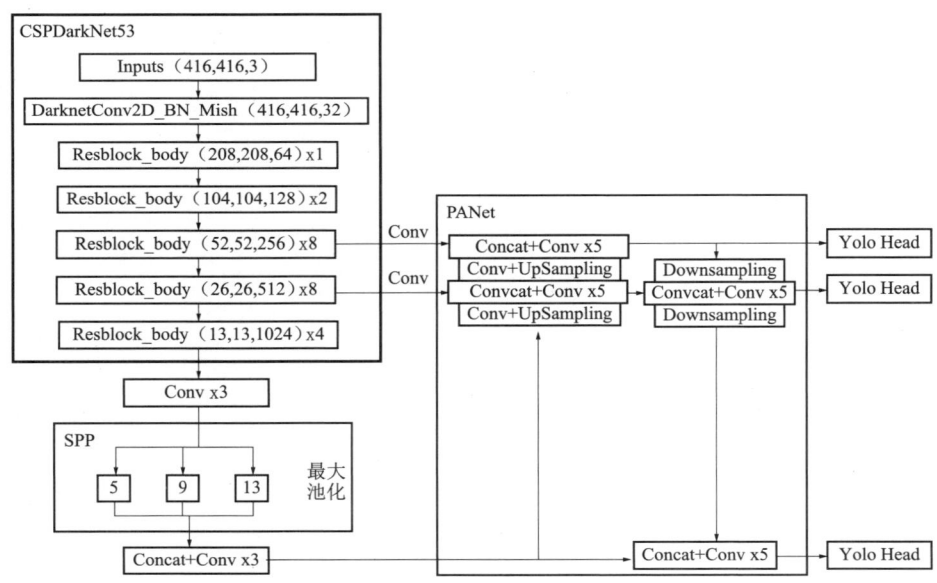

图 2-17　YOLOv4 网络的模型结构

为适应红外图像的特点并提高实时性，这里在 YOLOv4 目标检测网络基础上，提出一种改进的 YOLOv4 红外图像目标检测网络。在本节的目标检测任务中，只需要对车辆和行人进行检测，因此可以适当减少目标检测网络的参数，提高网络的运行速度。本节构建改进的 YOLOv4 网络，主要改进是将

CSPDarkNet53 骨干特征提取网络替换为了 MobileNetv2 网络，改进的 YOLOv4 网络结构如图 2-18 所示。

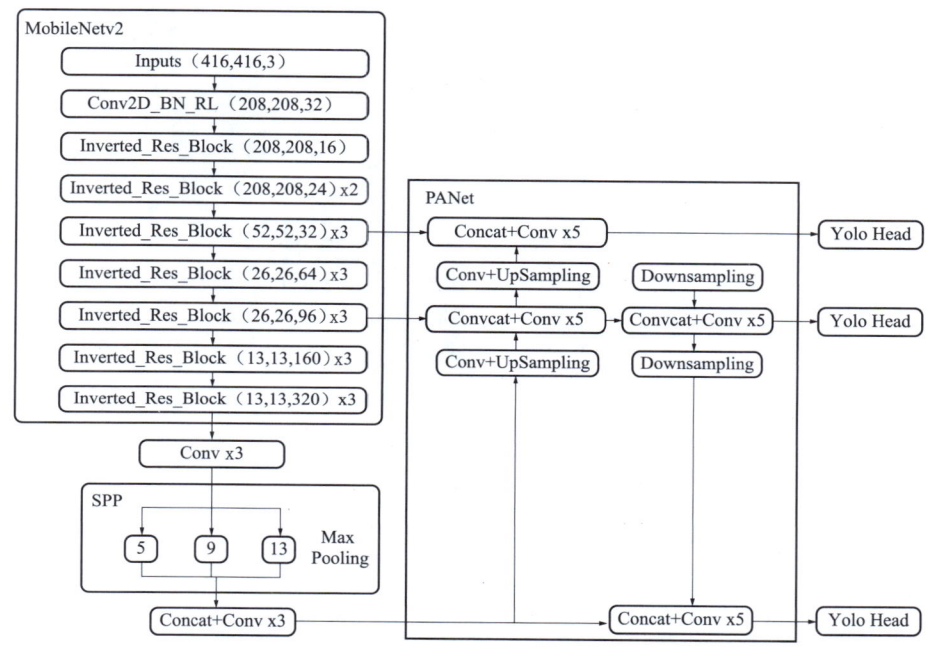

图 2-18　改进的 YOLOv4 网络结构

MobileNetv2 网络的一个重要特点是使用了 Inverted_Res_Block 结构，如图 2-19 所示。Inverted_Res_Block 主要结构分为 3 部分。首先，根据扩展系数将特征维度进行扩展，这部分称为特征扩展层（expansion layer）。特征扩展层使用 1×1 大小的卷积，根据扩展系数将低维空间特征映射为高维空间特征。其次，高维特征通过深度可分离卷积（depthwise convolution）进行特征提取。深度可分离卷积是 MobileNet 系列网络的核心，如图 2-19 所示。图 2-19（a）为普通卷积，图 2-19（b）为深度可分离卷积和逐点卷积组合。深度可分离卷积的一个卷积核负责一个特征通道，对输入层的每个通道进行独立卷积操作。但是这个操作并不能有效利用不同空间位置的通道特征信息，因此需要将深度方向的可分离卷积生成的特征与逐点卷积（pointwise convolution）结合起来生成新的特征。逐点卷积的操作类似于普通卷积，每个卷积核的大小为 $1×1×n$。在相同的输入下，输出的特征通道数量 p 越大，深度可分离卷积与逐点卷积组合的参数优势越大。因此，在相同参数的前提下，采用这种方案的神经网络可以拥有更多的层数。

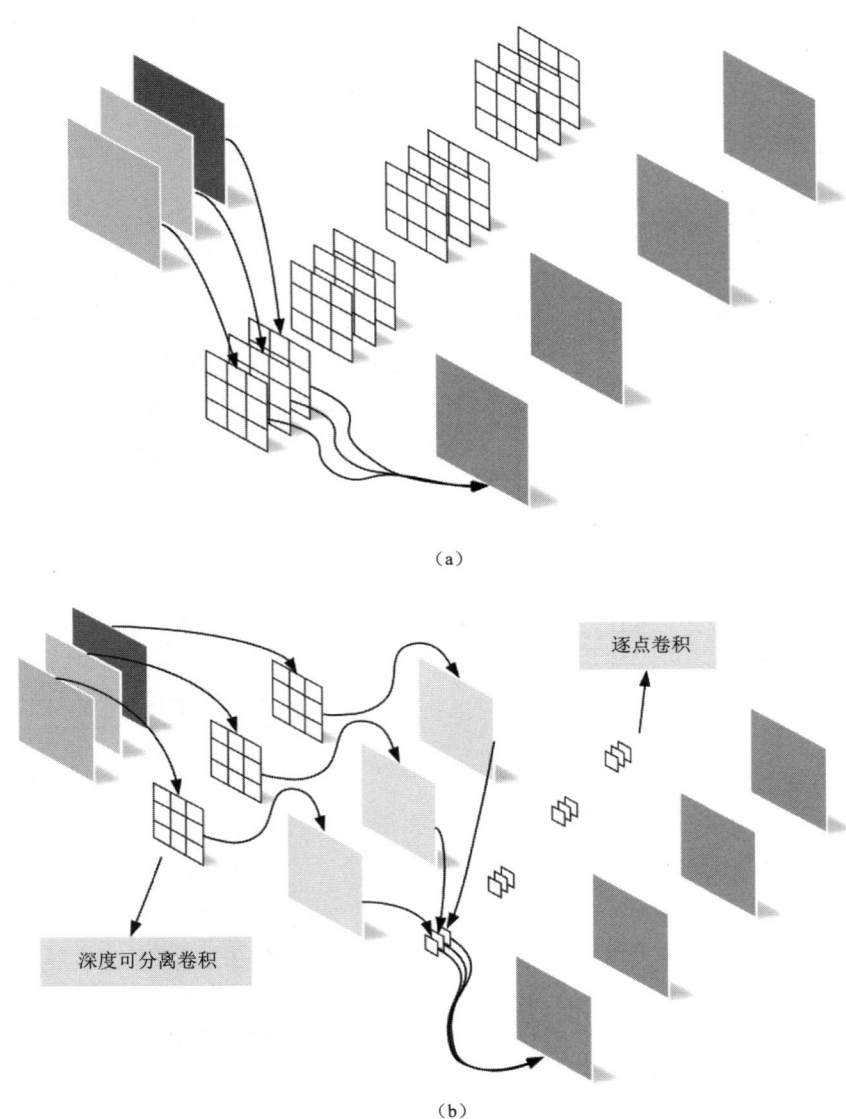

图 2-19 普通卷积以及深度可分离卷积和逐点卷积组合（附彩图）
(a) 普通卷积；(b) 深度可分离卷积和逐点卷积组合

特征折叠层（projection layer）与扩展层的功能相反，该模块使用 1×1 大小的卷积核，将高维空间的特征映射到低维空间，让网络重新变小。Inverted_Res_Block 结构首先将上一层的特征扩展为高维特征，充分利用了高维特征的特点，然后使用深度可分离卷积提取足够多的信息，最后利用特征折叠层来压缩特征。因此，Inverted_Res_Block 结构平衡了低维特征计算速度快但提取信息少，以及高维特征计算参数大但提取信息丰富的特点，并且特征扩展层和特征折叠层均有可训练的参数，所以整个网络可以更好地扩展和压缩数据。

此外，这里使用改进的 YOLOv4 网络在多处使用深度可分离卷积替代普通卷积，大大减少了网络的参数，降低了对计算单元的内存需求。

考虑红外图像和可见光图像具有一定的相似性，这里引入迁移学习方法对红外图像进行训练。如图 2-20 所示，首先将可见光图像数据集中的图像进行灰度处理，模拟红外图像的特点，利用灰度图像训练 MobileNetv2 网络，得到预训练的权重；其次将训练权重的结构进行调整，移入改进的 YOLOv4 网络进行迁移学习，得到最终的权重值。经过两个阶段的学习，可以逐步训练权重参数达到预期要求，从而弥补缺少红外图像数据的不足。

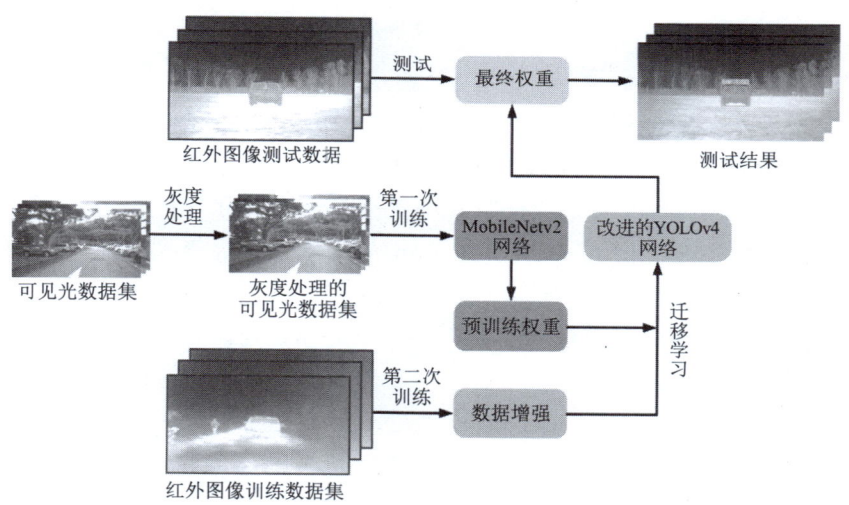

图 2-20 改进的 YOLOv4 网络训练过程（附彩图）

针对红外图像训练数据样本数量不足的问题，这里使用面向红外图像的数据增强方法，以现有红外图像数据为基础，对图像进行扩展。如图 2-21 所示，对图像进行一定的几何变换（平移、旋转、镜像等），用于模拟红外相机以不同视角、距离、进入方向的情况；对图像进行高斯模糊、锐化处理，通过改变红外图像的清晰度来模拟不同环境和不同成像质量下的情况。

在进行深度学习模型训练之前，需要人为给定训练程序一些超参数。在训练过程中，需要根据训练的模型、数据等调整超参数，并对超参数持续优化以此来提升深度学习模型的效果。深度学习中的超参数包括学习率、权重衰减、批大小、激活函数的选择等。在训练前需要对数据和深度学习网络进行分析，选取最适合的超参数，提高模型训练的效率。

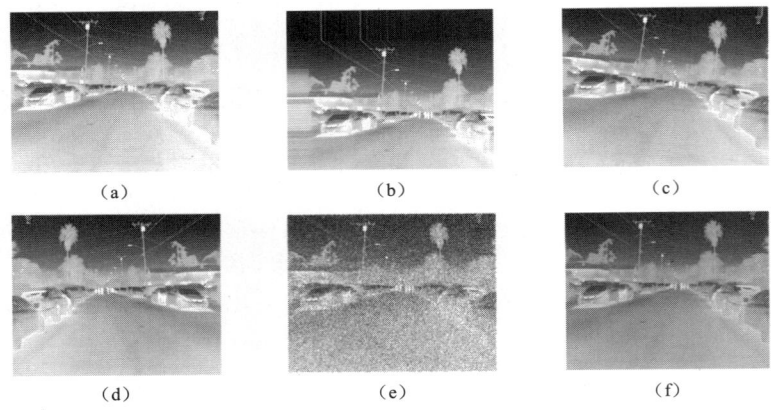

图 2-21　红外图像变换效果（附彩图）

（a）原图；（b）平移；（c）旋转；（d）镜像；（e）模糊；（f）亮度变换

（1）优化算法的选择。在目标检测算法中，常用的优化算法有随机最速下降（stochastic gradient descent，SGD）算法和适应性矩阵优化（adaptive moment estimation，Adam）算法。SGD 算法使用单一的学习率来更新所有的权重，学习率在网络训练的过程中保持不变。Adam 算法通过计算梯度的一阶矩和二阶矩而自适应地调整不同参数学习率，适合解决含大规模数据和参数优化的问题。这里选择 Adam 算法优化训练过程中的学习率，可以在模型训练过程中节省训练资源以及使得收敛更快。

（2）批处理大小。当训练数据较大时，若一次性将数据送入网络中进行训练，需要占用大量内存，对训练设备的要求非常高，同时将减慢网络的收敛速度。因此，可以使用批处理方式将数据划分成多批进行训练，每批包含的图片数量为 batchsize。根据模型训练所用的设备性能以及训练数据量的综合考虑，这里选取 batchsize = 16 进行训练。

（3）激活函数的选择。激活函数将非线性引入深度学习网络中，为神经元提供规模化非线性能力。因为理论上一个复杂的激活函数能够拟合任何的映射，所以激活函数在网络中具有十分重要的作用。在模型训练时，需要选择合适的激活函数，否则可能发生梯度消失等问题，导致网络无法有效学习到样本的特征，影响训练效果。常用的激活函数有 sigmoid、tanh、ReLU 和 Mish 等。本节使用 Mish 函数作为激活函数。Mish 函数是非单调激活函数，这种性质有助于保持小的负值，从而稳定网络梯度流，具有良好的泛化能力。

为了加快模型的训练速度和得到更好的训练效果，还可以采用冻结训练策略。以本节使用的方法为例，首先冻结部分网络参数，以 16 张图片为一个批次进行处理,最大迭代次数为 50。在一轮训练之后,得到初步的权值,解冻所有网络,以 8 张图片为一个批次进行训练,最大迭代次数为 50。

2. 基于红外图像检测结果的目标跟踪

利用改进的 YOLOv4 网络输出的目标检测结果,引入卡尔曼滤波器作为状态估计模型,建立红外图像目标跟踪算法模型。状态建模为

$$\boldsymbol{x} = [u_i, v_i, \gamma_i, h_i, \dot{u}_i, \dot{v}_i, \dot{\gamma}_i, \dot{h}_i]^\mathrm{T} \tag{2.36}$$

式中:u_i 和 v_i 表示图像坐标系下目标中心的横纵坐标;γ_i 为目标矩形框的宽高比;h_i 为目标矩形框的高度;$(\dot{u}_i, \dot{v}_i, \dot{\gamma}_i, \dot{h}_i)$ 为各参数在图像坐标系下的速度。

与第 2.2.2 小节中类似,根据该状态建模导出系统的状态方程与观测方程,从而对目标的运动状态进行预估,这里不再赘述。

2.2.4 毫米波雷达和红外相机融合系统

目前,多传感器融合策略可分为以下 3 种:数据级融合、特征级融合和决策级融合。数据级融合方式首先对两种传感器的原始数据进行融合。这种融合方式可以最大程度地利用多模态的信息,但是对数据对齐的要求很高,并且复杂的结构不利于融合算法达到实时性的要求。特征级融合对两种传感器分别提取的特征进行融合。这种方法同样对数据对齐要求敏感,融合结构较为复杂。本节采用决策级融合方式,首先对毫米波雷达和红外图像分别进行目标检测和跟踪,然后在跟踪结果层进行融合。二者仅在跟踪层面相关联,多模态的数据只需要对标签数据进行联合对齐,从而避免了和其他模态的数据进行对齐。决策级融合的难点在于如何将各个传感器检测到的目标信息有效利用起来,输出稳定有效的结果。

由于在目前的毫米波雷达和红外相机的融合框架中,毫米波雷达仅用于目标的位置检测,无法对目标进行分类,而红外相机图像仅用于分类。但是在目标运动过程中,由于红外相机的分辨率较低或对比度低,红外目标检测算法可能存在目标漏检而导致不能有效输出检测框和目标类别。这种问题将影响红外相机和毫米波雷达数据关联效果,导致融合算法无法输出正确的结果。

为解决以上问题,结合前几节内容,本小节设计的毫米波雷达与红外相机融合系统框架如图 2-22 所示。

基于图 2-22 所示的毫米波雷达与红外相机融合系统框架,本小节针对数据关联和航迹管理模块设计了目标融合方法,多传感器目标融合流程图如图 2-23 所示。

(1)融合算法首先定位红外图像跟踪目标的矩形跟踪框的中心点,并从中心点出发,寻找与之匹配的毫米波雷达跟踪目标投影点。

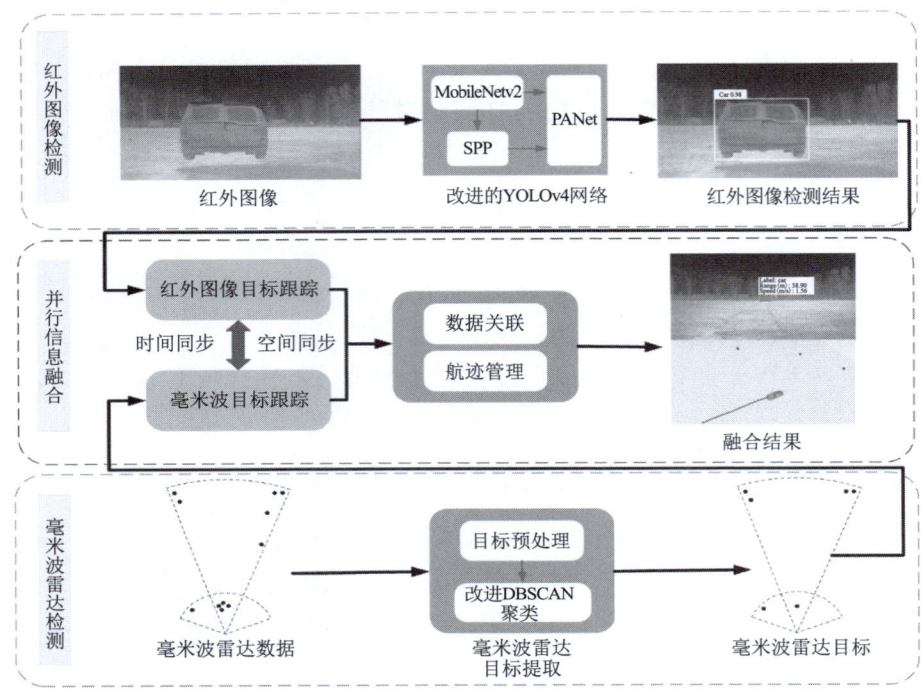

图 2-22 毫米波雷达与红外相机融合系统框架

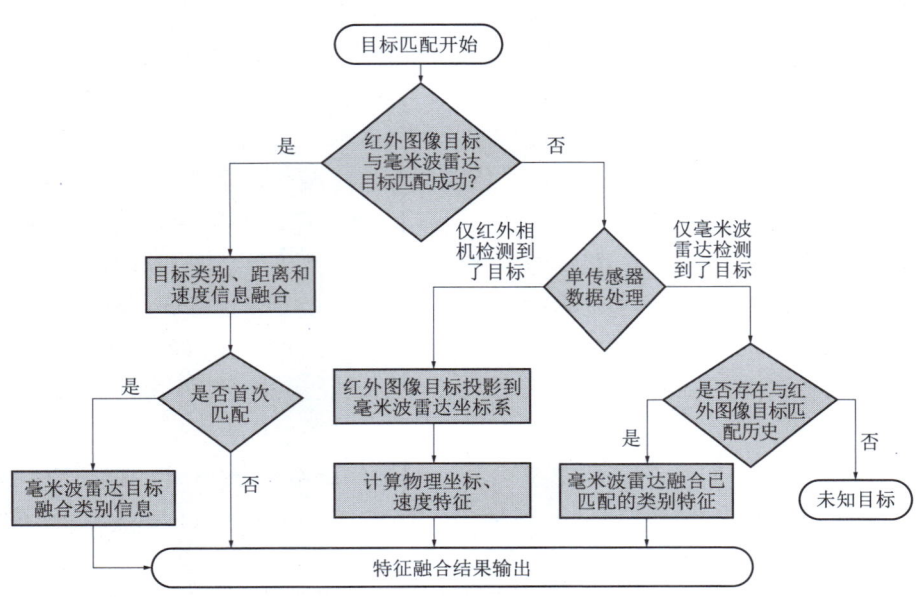

图 2-23 多传感器目标融合流程图

（2）当两个传感器的目标匹配成功，则需要判断当前毫米波雷达目标是否第一次与红外图像目标匹配。如果是第一次匹配，则根据匹配成功情况分别提取目标的类别、位置和速度特征，输出红外相机与毫米波雷达融合跟踪结果；如果不是第一次匹配，则提取毫米波雷达的位置和速度信息以及红外相机的类别信息，组合输出为融合目标信息。

（3）如果红外图像目标跟踪算法成功跟踪目标，毫米波雷达目标跟踪算法跟踪失败，则以图像目标框的中心点为表征目标，根据式（2.23）转换到毫米波雷达坐标系，从而得到目标的位置信息。此外，借助连续的红外视频帧检测结果，通过计算获取目标的速度信息。

（4）如果红外图像无法检测到目标，而毫米波雷达成功输出了目标，此时需要判断该毫米波雷达目标是否存在与红外图像目标匹配历史。若存在，则融合历史帧的红外图像的类别特征；反之，则称为未知目标。目标的位置和速度信息由毫米波雷达的跟踪结果提供。

利用以上目标融合算法，可以成功弥补红外图像分辨率不足而导致漏检问题，提高目标跟踪算法的准确率。为了更直观展示融合跟踪目标的类别、速度和位置信息，这里将融合算法的检测目标信息可视化显示，如图 2-24 所示。图 2-24（a）为图像界面的可视化，目标的输出信息将会展示在红外图像中；图 2-24（b）为 3D 可视化，图中展示了目标相对于智能车辆的位置以及目标的历史行驶轨迹。

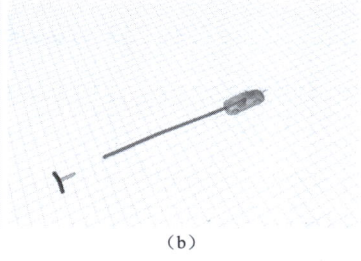

(a) (b)

图 2-24 检测目标信息可视化显示（附彩图）
(a) 图像可视化；(b) 3D 可视化

2.3 非结构化道路环境可通行区域检测

在非结构化道路环境中，可通行区域的准确检测是长期以来的研究难点，它关系到智能车辆能否安全探索周围环境、完成自主导航。目前在激光雷达检测方案、相机检测方案以及它们之间融合的检测方案上都有一些研究，但这些方案没有很好地针对非结构化道路环境利用智能车辆所装载的激光雷达、相机传感器的各自优点，难以为智能车辆提供非结构化道路环境的充分信息，且容易出现误检。针对这些问题，本节首先介绍了相机图像的可通行区域检测和激光雷达点云的可通行区域检测方案，然后提出一种针对可通行区域的激光雷达点云特征提取和点云图像特征融合的检测模型，如图2-25所示。

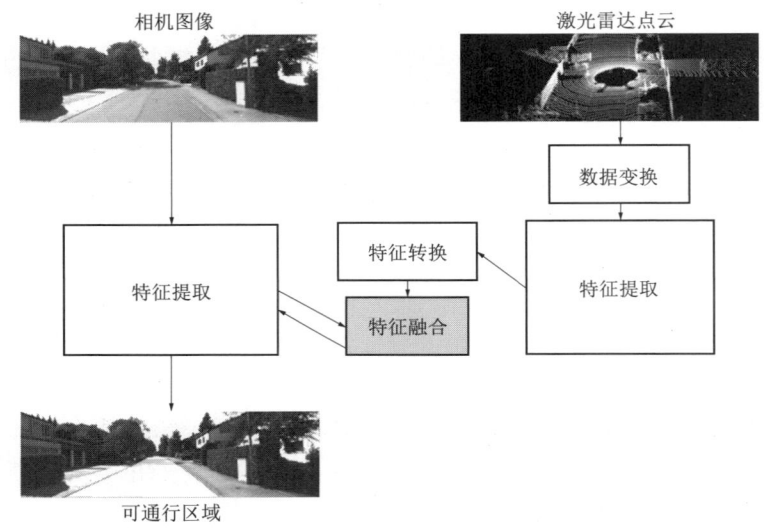

图2-25 点云图像特征融合的检测模型（附彩图）

非结构化道路与结构化道路相对应，指不含车道线、不规则的道路乃至越野环境中非人为铺设的更广义上的道路。非结构化道路除了不含清晰固定的路面元素外，同时不像结构化道路通常为沥青或水泥路，其路面材料也十分复杂多样（如水泥、泥土、草地等），如图2-26所示。

图2-26 非结构化道路示例（从左至右：铺面路、土路、草地）（附彩图）

经过对多个试验场地的非结构化道路进行数据采集和分析，考虑通用性与一般性，对于智能车辆来说，主要关注影响通行的环境因素有土路、铺面路、草地、灌木树木以及其他障碍物。

从车辆平顺性来说，由于土路通常较为粗糙，路面不平度较大，所以通过这种区域的平顺性不如通过平坦光滑的铺面路；草地则更甚，不止受到草木枝条的影响导致通行性变差，而且草地中可能隐藏着石块等其他低矮障碍物阻碍车辆通行。灌木树木类由于外观特征相似且对车辆来说一般都无法通行，但由于是静态物体，所以对智能车辆安全的威胁要稍小于其他障碍物，所以归为一类。因此，以上因素的可通行性排名从高到低依次为铺面路、土路、草地、灌木树木、其他障碍物。本研究中可通行区域定义为铺面路、土路和草地上未被占据的地方。

与结构化道路相比，非结构化道路上的无人驾驶主要难点在于可通行区域的检测，且非结构化道路上的交通参与者较少，因此暂不考虑动态障碍物。

2.3.1 基于图像的可通行区域特征提取

图像含有丰富的色彩、纹理等信息，是人类通过视觉感知世界最接近的一种方式。基于图像进行可通行区域特征识别，需要在图像上提取与可通行区域有关的特征。

图像特征提取是一项经过长期研究的技术。早期的图像特征主要由人工设计，如描述图像纹理信息的 LBP（local binary pattern）特征、Gabor 特征、BRIEF（binary robust independent elementary features）、SIFT（scale invariant feature transform）特征、HOG（histogram of oriented gradient）特征等，以及描述色彩信息的颜色矩、颜色直方图特征等。但是，一方面，传统特征依赖于人工设计，不同特征可能对于不同的图像处理任务效果差异很大，往往需要尝试多种特征以及它们的组合才能确定一种比较满意的方案；另一方面，传统特征的提取过程往往缺少通用的硬件加速方法，速度较慢，需要花费数十至上百毫秒，再加上后续的基于特征的进一步分类，整个过程难以保证实时性。传统特征的提取在2012 年 ImageNet 图像分类挑战赛后被基于深度神经网络的图像特征提取所取代。这一年，基于深度神经网络的图像分类算法准确率大大超过基于传统特征提取的分类算法。这主要来源于深度神经网络强大的特征自动提取能力和学习能力。

深度神经网络，尤其是深度卷积神经网络（convolutional neural network，CNN），在图像分类、图像目标检测、图像语义分割等领域展现出非常出色的性能。深度卷积神经网络的结构通常包括卷积层、批量归一化层、激活函数层、池化层、上采样层、全连接层。

（1）卷积层。卷积层一般会有多个卷积核，通过卷积核 g 遍历输入图像 f 并进行二维离散卷积得到：

$$(f*g)[i,j] = \sum_{u=0}^{m}\sum_{v=0}^{n}f[u,v]g[i-u,j-v] \qquad (2.37)$$

式中：$[i,j]$ 表示图像上与卷积核运算对应的窗口中心像素位置；u 和 v 表示图像宽度、高度；m 和 n 表示图像最大宽度、最大高度。

卷积核的数值不是事先固定不变的，而是在设置初始值后基于运算输出结果和真实标签值之间误差的反向传播来进行更新，是动态调整和学习的过程。由于卷积核的方向并没有特别的规定，因此卷积运算实际上是卷积核参数与图像的互相关运算，它具有二维滤波器或者捕捉最大响应的作用，可以看作是基于图像样本进行自动学习的一种特征提取方式。传统的图像滤波和特征提取算法也可以看作是一种人工设计好的卷积核。例如，Sobel 边缘特征可以看作如下卷积核：

$$G_x = \begin{bmatrix} -1 & 0 & 1 \\ -2 & 0 & 2 \\ -1 & 0 & 1 \end{bmatrix}, G_y = \begin{bmatrix} 1 & 2 & 1 \\ 0 & 0 & 0 \\ -1 & -2 & -1 \end{bmatrix} \tag{2.38}$$

通过式（2.38）对图像进行卷积得到的输出如图 2-27 所示。

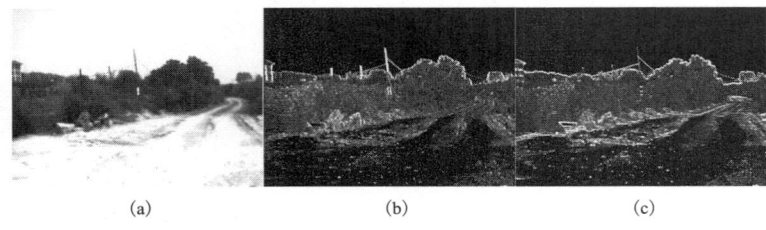

图 2-27　Sobel 卷积核特征提取效果

（a）原图；（b）x 方向卷积核提取结果；（c）y 方向卷积核提取结果

在卷积神经网络中，一层卷积层会有多个卷积核，那么相当于多种特征的组合，且网络层数通常也很深，包含多层卷积层，使得卷积神经网络逐层从浅到深提取图像上的特征，因此可以看出卷积神经网络的特征提取能力理论上比传统特征提取技术更强大。

卷积核在遍历图像进行卷积时，可以通过控制遍历时的步长或者卷积时从图像上以多大间隔进行采样，来调整输出结果的尺寸，以此达到改变图像分辨率进而缩小后续运算复杂度的作用。

（2）批量归一化层（batch normalization，BN）。批量归一化层对数据进行归一化处理，使得其分布接近标准分布，更有利于网络的收敛。一般的归一化是指将输入数据减去其平均值后再除以其标准差，经过这样的线性变换后，数据被映射到 $[0,1]$ 区间。在批量归一化层，会将上一层输出的数据作为求取平均值和标准差的输入数据，对其进行处理。批量归一化层的输入为一小批数据 $B = \{x_1, x_2, \cdots, x_m\}$，则输出 $y_i(i \in [1,m])$ 的计算表达式为

$$\mu_B = \frac{1}{m}\sum_{i=1}^{m} x_i \tag{2.39}$$

$$\sigma_B^2 = \frac{1}{m}\sum_{i=1}^{m}(x_i - \mu_B)^2 \tag{2.40}$$

$$\hat{x}_i = \frac{x_i - \mu_B}{\sqrt{\sigma_B^2 + \varepsilon}} \tag{2.41}$$

$$y_i = \gamma \hat{x}_i + \beta \tag{2.42}$$

其中，μ_B 为输入数据的平均值；σ_B 为输入数据的标准差；$\hat{x}_i$ 为归一化后的数据，$\hat{x}$ 具有均值为 0、标准差为 1 的性质；γ 和 β 是随着网络训练过程而自动更新的参数，通过 γ 和 β 对 $\hat{x}$ 再进行缩放和平移避免网络中所有批量归一化层后都输出相同分布的结果从而限制模型的性能，增强模型的表达能力。

（3）激活函数层。激活函数层通过非线性函数对网络中间结果进行非线性变换，通常在卷积层后面。激活函数层是受到生物学启发提出的，生物神经元对于输入经过某种处理后得到一定的响应，表现为神经元不同的激活状态。激活函数通过非线性变换，增加神经网络的非线性，也增加了模型的拟合能力。常用的激活函数有 sigmoid、tanh、ReLU（rectified linear unit）等，其表达式如下：

$$\text{sigmoid}(x) = \frac{1}{1 + e^{-x}} \tag{2.43}$$

$$\tanh(x) = \frac{e^x - e^{-x}}{e^x + e^{-x}} \tag{2.44}$$

$$\text{ReLU}(x) = \max(0, x) \tag{2.45}$$

这些常用激活函数的图像如图 2-28 所示。

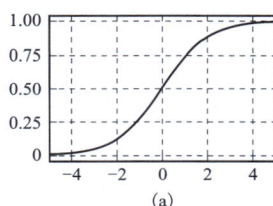
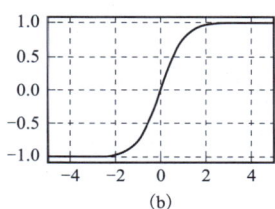
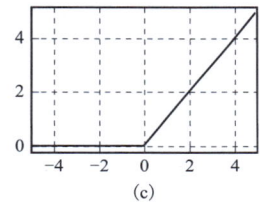

图 2-28　激活函数图像

（a）sigmoid 曲线；（b）tanh 曲线；（c）ReLU 曲线

sigmoid 函数和 tanh 函数输出在（0,1）区间，可以用于表示概率，也可以用于归一化输入，但是它们都存在着当输入绝对值很大时，导数接近零的问题，这会导致反向传播时回传的梯度值非常小，不利于神经网络的收敛。ReLU 函数虽然在大于零和小于零的输入区间都是线性函数，但是组合在一起仍然具有非线性,并且在大于零的输入区间不存在导数为零导致的梯度值很小问题,有利于神经网络的收敛。ReLU 也存在一些问题,如由于小于零的输入区间导数为零导致的神经网络在训练过程中,如果输入小于零则梯度就等于零,后续与该神经元相关联的参数都无法进行更新,这个问题可以通过改进小于零的输入区间对应的分段函数或者采用神经元学习率动态调整方式来解决。

(4)池化层(pooling layer)。池化层可以看作是一种滤波器,但是它是固定不可调整的滤波器。它通常用于对图像进行降低分辨率的处理,以减少神经网络后续结构的参数量以及运算量,同时也因为降低了模型复杂度能够缓解过拟合问题。另外,池化层与多个卷积层结合可以起到扩大卷积核所提取特征范围的作用。常用的池化层种类有最大池化层、平均池化层,其原理示意图如图 2-29 所示。

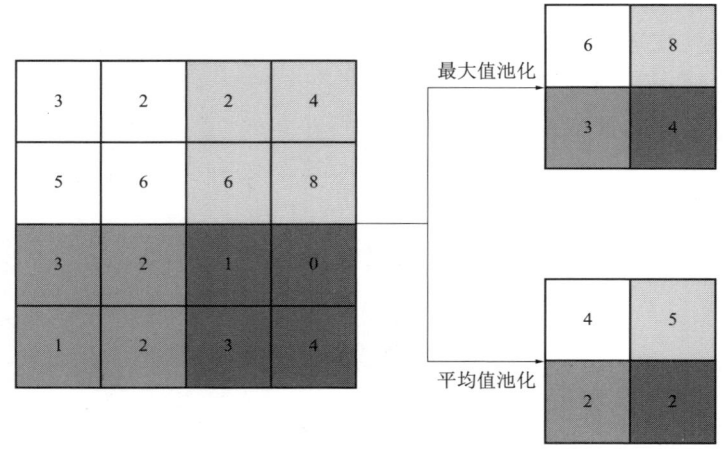

图 2-29　最大池化与平均池化原理示意图

(5)上采样层。卷积神经网络的中间结果通常称为特征图,上采样层用来提高特征图的尺寸。常用的上采样方法包括插值法、反池化(unpooling)、转置卷积等。插值法上采样首先将低分辨率图像像素映射到高分辨率图像中,对于高分辨率图像中未被映射到的像素的值,则采用一定的插值算法(如最近邻插值、双线性插值等)进行计算。反池化可以看作是池化层的逆过程,即把小尺寸的特征图映射成大尺寸的特征图,映射位置与池化时的位置相对应。转置卷积是通过卷积核对特征图作卷积运算,但是它相当于在特征图中的数据中间插入多个零,使得特征图尺寸变大,进而得到的卷积结果也会输出更大尺寸的特征图。

(6)全连接层。对输入进行线性变换,需要输入是一维向量的形式。对

于输入 x,输出结果 z 的表达式为

$$z = Wx+b \qquad (2.46)$$

式中:W 表示权重;b 表示偏置。

全连接层在神经网络中通常起分类器的作用。例如,利用卷积层提取图像特征,最后使用全连接层基于这些特征进行分类。

1. 图像特征提取

针对可通行区域检测,目标是对图像进行像素级别的分类,这是计算机视觉领域中的图像语义分割问题。通过第 1 章的研究现状调研和分析可知,语义分割的难点在于相比简单的对于 1 张图像只需输出 1 个标签的图像分类,语义分割需要进行图像上上百万像素点的分类。这需要语义分割算法模型对输入图像具有远超过图像分类模型的非常强大的特征提取和分类能力。在语义分割卷积神经网络模型的发展过程中,图像的高分辨率信息逐渐受到重视。以往的卷积神经网络在特征提取过程中,为了减少参数量和运算量等原因,随着网络层数的增加,会将图像特征尺寸逐渐减小,然而这样可能会使图像中的大量信息遭到损失。高分辨率图像蕴含更多信息,人眼获取信息也依赖于高清的视力。为此,在一些复杂任务(如目标检测、语义分割)中,为了提高准确率,需要尽可能地使用图像的原始尺寸信息或高分辨率信息。尤其是在语义分割任务中,由于需要在原始图像空间对每个像素进行分类,因此高分辨率信息必不可少。获取高分辨率信息的一种方法是从低分辨率特征图中通过上采样或者转置卷积的方式扩大特征图尺寸,如图 2-30 所示。但是从已丢失信息的特征图中尝试恢复信息,并不能充分保留高分辨率信息。通过从一开始就直接保留高分辨率特征图,并且在多尺度特征图之间的信息交换上精心设计,可以取得比前一种方法更好的效果。

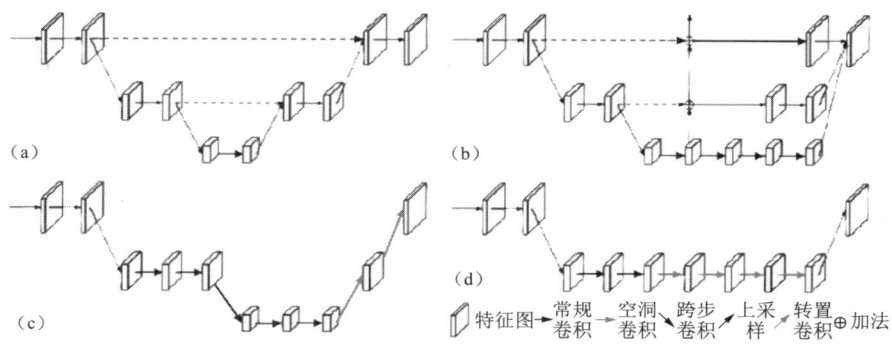

图 2-30 从低分辨率特征图恢复高分辨率特征图,且这些网络均是有损地计算高分辨率特征

(a) Hourglass;(b) Cascaded pyramid networks;(c) SimpleBaseline;(d) DeeperCut

HRNet (high-resolution network) 是一种卷积神经网络,即通过从网络浅层到深层保持着高分辨率的特征图,赋予网络模型更全面、更强大的特征提取能力,其特征提取模块结构示意图如图 2-31 所示。图 2-31 中的卷积模块代表由卷积层、批量归一化层以及激活函数层组成的模块;步长大于 1 的卷积层在提取特征的同时降低特征图分辨率;上采样层采用最近邻插值加上卷积核大小 1×1 的卷积层,这里的 1×1 卷积核用于改变输出特征图的通道数使得和其他分支的特征图通道数对齐。

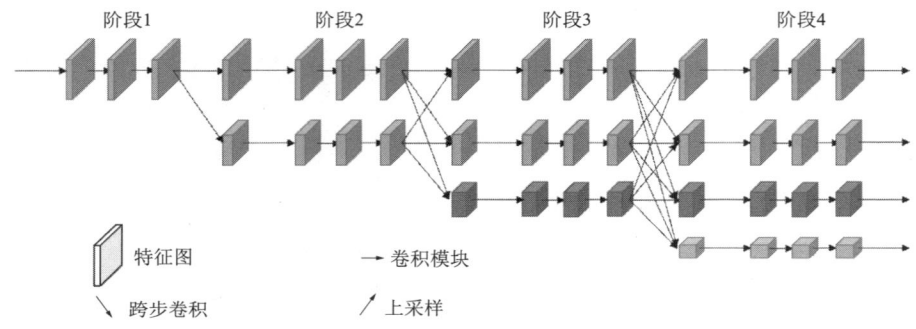

图 2-31 HRNet 特征提取模块结构示意图(从上到下为从高分辨率到低分辨率特征)

从图 2-31 可以看出,HRNet 分为 4 个阶段,第 i 阶段网络有 i 个分支。图 2-31 第一行是 HRNet 的高分辨率特征图分支,从上到下逐渐降低特征图分辨率,直到第四行是 HRNet 的低分辨率特征图分支。在不同的阶段之间,还会对多个不同分辨率的特征图分支进行融合,以达到在多分辨率子网络之间交换信息的目的。

通过使用完整的 HRNet 网络在已标注的数据集上进行训练来对图像提取特征。卷积神经网络的训练基于预先定义的衡量输出值与真实值的损失函数,可看成优化过程,即

$$\theta^* = \mathrm{argmin}_\theta L \tag{2.47}$$

式中:θ 为神经网络的参数;L 为损失函数。

由于这里的目标是要对图像每个像素进行分类,所以损失函数可以用逐像素的交叉熵损失函数,即

$$L = \sum_{i=1}^{M*N} \sum_{j=1}^{C} I_{ij} \log(p_{ij}) \tag{2.48}$$

式中:M 和 N 是图像的宽和高;C 是总共待分类的类别数目;I_{ij} 是指示变量,当像素 i 的真实类别等于类别 j 时,I_{ij} 为 1,否则为 0。

通过遍历图像上每个像素计算其分类的交叉熵损失,最终累加得到总的损失函数值。

式（2.47）的优化过程实际上是通过基于链式求导法则的梯度反向传播来对卷积神经网络参数进行迭代更新实现的。对于参数 θ_k，按照以下更新公式进行更新，直到损失函数收敛，即

$$\theta_k = \theta_k - \eta \frac{\partial L}{\partial \theta_k} \quad (2.49)$$

其中，η 代表学习率，用来控制参数更新速度也就是神经网络对样本进行学习的速度。卷积神经网络相当于一个非常复杂的非线性函数，其损失函数的极值往往没有数值解，只能通过迭代进行优化。为了避免优化目标陷入局部极值或鞍点，通常还需要对学习率应用 SGD（stochastic gradient descent）、Adam 等技巧进行优化。

由于卷积神经网络并非直接设计特征提取方法，而是以优化损失函数为目标通过训练样本更新自身参数，所以无法直接得到其特征。为了探究卷积神经网络在训练过程中如何对图像提取特征并分析，一些学者进行了多方面的研究。

一种简单的卷积神经网络特征可视化方法，是把卷积神经网络的卷积核以图像的方式显示出来，如前文介绍的，卷积核为若干通道的二维矩阵，因此很容易表示成图像的形式。将训练好的 HRNet 的卷积核可视化，分别为位于网络结构浅层、中间层和深层的卷积核可视化图像，如图 2-32 所示。浅层卷积核直接从图像上提取特征，这里使用的卷积核个数相对较少，随着网络的加深，提取特征的对象成了网络中间的特征图，相当于特征的特征，相比原始图像更加复杂，因此采用了更多的卷积核个数进行特征提取。

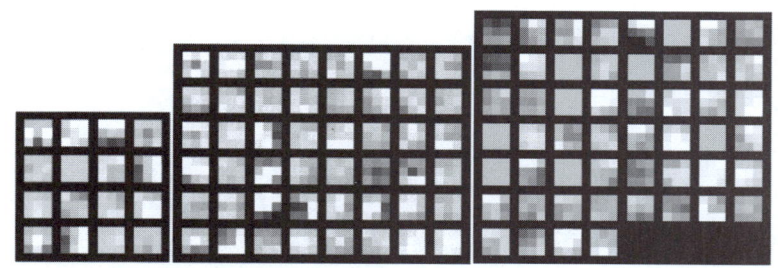

图 2-32 卷积核可视化图像（从左到右：浅层卷积核、中间层卷积核、深层卷积核）

另一种可视化卷积神经网络特征的方法，是针对特定输入图像，观察网络中每一层的神经元激活情况。由于神经元形成的特征图也是多通道的二维矩阵，因此也可以对图像进行可视化。针对图 2-33 所示的输入图像，将训练好的 HRNet 神经元激活情况可视化，如图 2-34、图 2-35 所示。图 2-34 为第 1

层前 4 个卷积核对应神经元激活情况，此时的特征为肉眼尚可较清晰辨别的色彩、纹理等特征；图 2-35 为第 10 层前 4 个卷积核对应神经元激活情况，此时的特征相比浅层神经元特征，则更为抽象，难以肉眼辨别，这代表了卷积神经网络的特征提取流程，首先提取简单可分辨的特征，然后在此基础上提取更抽象复杂的特征。

图 2-33　输入图像（附彩图）

图 2-34　第 1 层前 4 个卷积核对应神经元激活情况
（主要反映颜色特征）（附彩图）

图 2-35　第 10 层前 4 个卷积核对应神经元激活情况
（反映更抽象的纹理特征）（附彩图）

2. 图像特征验证

卷积神经网络对于输入图像，可以从头到尾自动计算得到输出结果，整个流程不需要人工操作，提供了极大的便利性，但同时由于过程的不透明性以及缺乏可解释的中间结果，导致其结果的可靠性难以评估。前面提到使用 HRNet 进行图像特征提取以及像素的分类，训练收敛后能够在测试样本上取得不错的效果，然而其提取的特征众多、比较抽象复杂，是否对最终的可通行区域检测正确起到积极作用，还需要探究。为了验证上述方法提取可通行区域特征的有效性，利用显著性图对以上特征提取网络进行分析。

显著性图可以针对卷积神经网络输出的结果，探究输入中不同变量对结果的影响，以此评估模型是否能够正确提取特征以及将特征与正确结果相关联。

对于一张图片 I_0，其某个像素对应的类别为 c，卷积神经网络模型输出的该像素属于类别 c 的概率为 $S_c(I)$。假设为线性模型，则

$$S_c(I) = \bm{w}_c^T I + b_c \tag{2.50}$$

式中：I 是把图像表示成一维向量的形式；$\bm{w}_c$ 和 b_c 分别是权重和偏置。

通过式（2.50）中的 $\bm{w}_c$，可以表示对于类别 c，图像中各像素的重要程度。

对于卷积神经网络这样的复杂模型，$S_c(I)$ 是高度非线性的函数，但是可以利用泰勒公式对其在 I_0 附近进行一阶泰勒展开，即

$$S_c(I) \approx \bm{w}^T I + b \tag{2.51}$$

其中，$\bm{w}$ 是在 I_0 处 $S_c(I)$ 对图像 I 的偏导数，即

$$\bm{w} = \left. \frac{\partial S_c(I)}{\partial I} \right|_{I_0} \tag{2.52}$$

因此，可以通过计算 $S_c(I)$ 对图像 I 的梯度，得到 $\bm{w}$ 的大小，即图像中各像素对类别 c 的贡献程度，也即卷积神经网络是否通过关注图像中的正确位置，来识别出正确的结果。

图 2-36、图 2-37、图 2-38、图 2-39 为针对不同的输入图像以及目标类别将由式（2.52）计算得到的 $\bm{w}$ 显示成图像得到的结果。从图 2-36 中土路和铺面路的显著性图可以看出，卷积神经网络模型对于土路的关注区域主要在图像的右侧，与土路实际区域相符，代表土路相关的特征提取和分类过程正确；卷积神经网络对于铺面路的关注区域，既包括了图像左下方及中下方，也包含了右侧区域，这代表能够提取到铺面路相关的特征。但是，铺面路特征与土路特征有相似之处，这主要是因为试验场景中，铺面路上往往由于车辆经过带来的泥土而使得铺面路表面也有泥土，从而与土路共享了某些特征。图 2-37、图 2-38、图 2-39 的分析也类似。

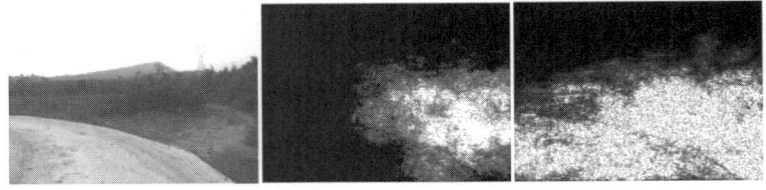

图 2-36 显著性图 1（从左到右：原图、土路显著性图、铺面路显著性图）（附彩图）

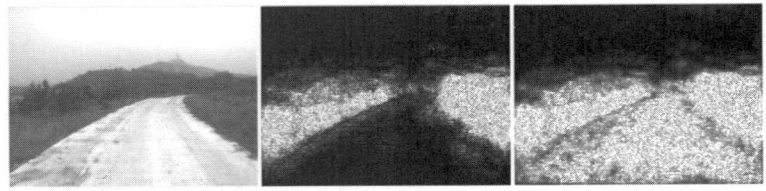

图 2-37 显著性图 2（从左到右：原图、草地显著性图、铺面路显著性图）（附彩图）

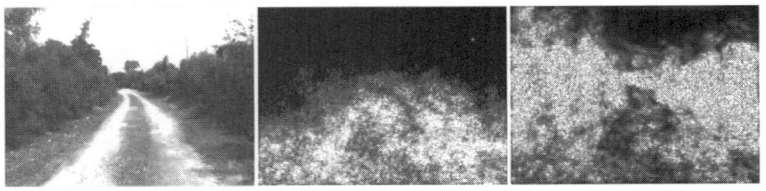

图 2-38 显著性图 3（从左到右：原图、土路显著性图、灌木树木显著性图）（附彩图）

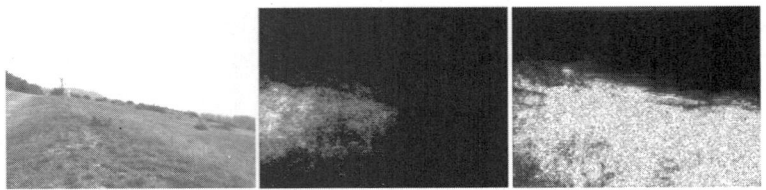

图 2-39 显著性图 4（从左到右：原图、土路显著性图、草地显著性图）（附彩图）

对于土路、铺面路、草地，从以上显著性图可以看出，所采用的卷积神经网络模型能够在图像上大致正确的区域提取相关特征，因此对这几种可通行区域能够较为恰当地提取特征并进行分类。但是，从这几个图中还可以看出，部分类别间由于存在部分相似性，导致模型提取特征时容易混淆，因此后续将通过激光雷达点云特征进行弥补。

2.3.2 基于点云的可通行区域特征提取

为了使智能车辆的可通行区域检测系统能够适用于各种复杂的环境,包括逆光下曝光过度、阴天光线不佳等环境特征区分度不明显情况,作为主动探测传感器,激光雷达提供了稳定准确的周围环境距离测量结果。如果能利用激光雷达点云进行可通行区域识别,将为上述恶劣环境下基于相机图像的可通行区域检测提供弥补与修正。

利用激光雷达点云进行可通行区域识别,本质上也是对点云的分类过程。其大致思路与上一节的图像相关方法类似,同样需要特征提取与分类。由于点云比较特殊,是一种用三维坐标数值表示空间几何结构的数据形式,因此其特征提取过程更为重要,也更困难。

1. 点云特征提取

由于点云位于激光雷达坐标系中,由上万个三维坐标点组成,并没有直接的数据来记录各个点之间的关联,所以在利用点云进行空间中各种结构的检测或拟合时,常常需要将点云转换到更方便的表达形式中,如二维栅格、八叉树或者投影图。

为了对上一节的图像方案形成补充,以及更好地形成统一融合的方案,采用与相机图像相同的形式对激光雷达点云进行语义分割,这就要求将激光雷达点云转换成图像的形式。这通常有两种方法:一是将点云按照扫描角度和激光发射器位置进行排序,并且将扫描角度铺展成平面,得到宽、高与垂向点个数和径向点个数有关的二维矩形;二是根据激光雷达与相机的位置关系将点云从激光雷达坐标系投影到图像坐标系,将投影后图像对应位置的像素值赋值成点云相关属性。前者得到的图像更密集,但是与相机图像的形式差异较大,特征相差较大,难以共用图像的特征提取网络;后者得到的图像虽然稀疏,但是其表达方式中可通行区域特征的形式与相机图像更为相似,可以与相机图像共用特征提取网络,更好地进行融合。

将激光雷达坐标系中的点 P_l 投影到相机坐标系得到点 P_c,再从相机坐标系转换到图像像素坐标系,从点云中筛选了一定距离和高度范围内的点投影到图像并覆盖在原始像素上,采用了点云的反射强度作为像素值,即反射强度越大,像素的颜色越亮。除了用点云反射强度表示像素值外,比较常用的还有点云的 x、y、z 坐标值,如图 2-40 所示,其中黑色代表没有点云投影的位置。由图 2-40 可以看出,点云并不是密集地布满图像,而是彼此存在一定的间隔。这与激光发射器线束有关,即线束越多,投影得到的点才会越密集,反之线束越少，则投影图越稀疏。

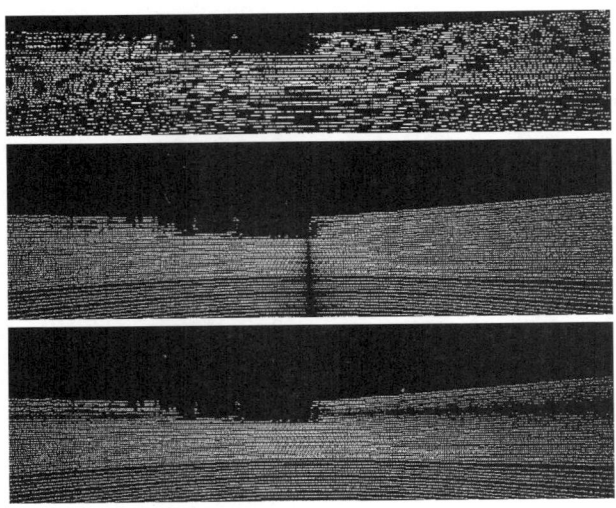

图 2-40 点云投影图（从上到下：x 坐标值投影图、y 坐标值投影图、z 坐标值投影图）

无论是将点云反射强度，还是将其 x、y、z 坐标值用来表示投影图上的像素值，都没有清晰可见的环境视觉特征，尤其是可通行区域特征，这将加大后续特征提取和分类的难度。

提出一种呈现更清晰可通行区域视觉特征的点云投影图变换方法，得到高度梯度图像（altitude gradient image，AGI），以提高可通行区域检测的准确率。根据第 2 章分析可知，考虑到车辆通过性，可通行区域对坡道角度、台阶高度等地形参数进行了限制，使得对智能车辆来说，可通行区域具有较为平坦的特点。激光雷达点云三维坐标中的 z 坐标值，在某种程度上就可以体现这种平坦。但是原始的 z 坐标值投影图还无法清晰呈现可通行区域平坦的特点。首先，利用基于图像信息与马尔科夫随机场模型的点云上采样方法对稀疏的 z 坐标值投影图进行插值。其次，通过下式对 z 坐标值投影图进行变换：

$$\text{AGI}(u,v) = \frac{1}{M}\sum_{N_u,N_v}\frac{\sqrt{(N_u-u)^2+(N_v-v)^2}}{|Z(u,v)-Z(N_u,N_v)|} \quad (2.53)$$

式中：(u,v) 是 z 坐标值投影图某一点的像素坐标；$Z(u,v)$ 表示该点的 z 坐标值；(N_u,N_v) 是该点的邻域中的一点的坐标；M 代表邻域内点的总数。

对于 z 坐标值投影图，除去边缘点外，对其他点通过式（2.53）计算出高度梯度图像中对应点的像素值，最终形成如图 2-41 所示的高度梯度图像。由图 2-41 可以看出，道路区域呈现出清晰可见的视觉特征。

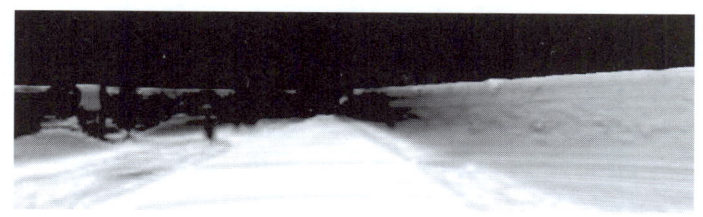

图 2-41 高度梯度图像（经过变换后，道路区域更明显）

以高度梯度图像作为特征提取的对象，接下来进行点云特征提取。在图像的特征提取中已经验证过使用 HRNet 作为特征提取器的效果。这里同样采用基于 HRNet 的卷积神经网络模型进行点云的高度梯度图像的特征提取。网络结构同样如图 2-31 所示，使用高分辨率特征图与其他尺寸分辨率进行多阶段的特征提取和信息融合。与图像特征提取不同的是，图像的输入通道为彩色 RGB 三通道，点云高度梯度图像为灰度图，只有一个通道，因此修改点云特征提取网络 HRNet 的输入卷积核通道数与点云高度梯度图像相等。

2. 点云特征验证

采用显著性图的方法对上述点云特征提取方法进行验证，对道路区域根据式（2.52）生成显著性图，如图 2-42 所示。

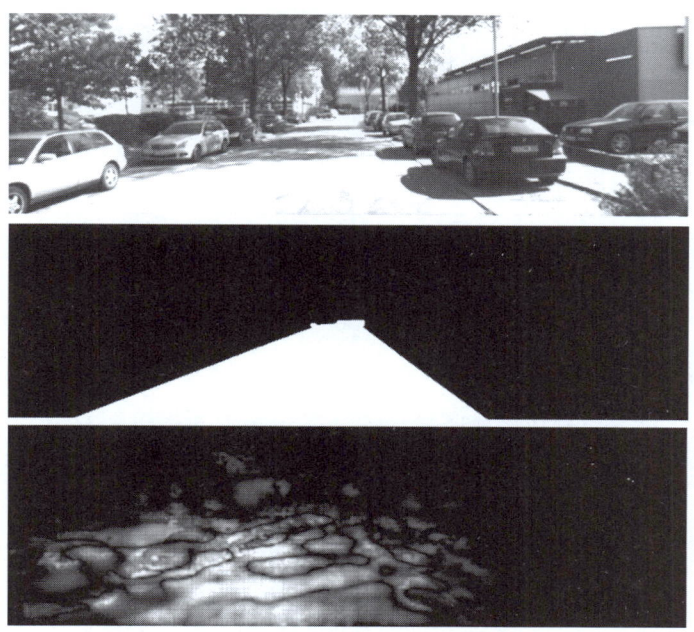

图 2-42 可通行区域真值图与显著性图（从上到下：原始场景、道路真值图、显著性图）

对于道路类别的关注区域，与真实的道路区域位置很接近，模型正确地对道路区域进行特征的提取和分类。因此，上述点云特征提取方法对可通行区域检测具有良好的效果。

2.3.3 基于激光雷达与相机融合的可通行区域检测

在对激光雷达点云和相机图像分别研究特征提取方法的基础上，为了能够尽可能全面地综合激光雷达和相机各自的优点，实现可通行区域的稳定准确检测，提出激光雷达与相机特征融合的可通行区域检测方法。与单传感器信息的处理不同，由于含有激光雷达和相机两种传感器，因此需要考虑它们各自的数据、表达方式以及特征都有所差异。如果简单地将各自传感器检测结果叠加，一方面对各结果叠加时的权重难以确定，另一方面也没有在可通行区域检测中充分利用相机图像的色彩纹理信息以及激光雷达点云准确的距离和空间位置信息弥补对方传感器的劣势。

多传感器的融合，从融合阶段的角度可以分为利用一个感知算法对多传感器融合好的多维数据进行处理的前融合方法和各个传感器独自处理各自数据再汇总的后融合方法。前融合方法更为复杂，需要能同时处理多维数据，对感知算法有较高的要求，但是有利于充分利用各传感器的信息。

另外，多传感器融合从所融合信息的角度也可以分为数据级融合、特征级融合以及决策级融合。数据级融合在数据阶段进行融合；特征级融合针对异构数据分别提取特征后进行融合；决策级融合相当于后融合，对分别感知的结果进行汇总。

多传感器融合阶段越早，对充分利用多传感器信息越有利；同时，融合的信息越丰富全面，也更有助于提高融合效果。因此，可同时采用数据级融合和特征级融合。下面对激光雷达与相机的数据融合、特征融合以及检测网络展开论述。

1. 数据融合

激光雷达点云信息包含周围环境的三维坐标，而相机图像由周围物体的反射光投影在内部感光元件上形成矩形图像。这两者的形成原理和表达形式都有所差异。然而，通过激光雷达与相机联合标定，使两种传感器的坐标系可以互相转换。因此，可以将原始点云信息转投影到图像平面，形成点云的投影图，由此统一了两种数据的表达形式。需要注意的是，在通过投影进行数据融合之前，激光雷达点云和相机图像的时间对齐影响到融合的有效性，一方面可以通过时间戳比较进行时间对齐，另一方面可以通过提高两种传感器采集频率，减小两种数据的时间戳误差范围。

得到点云的投影图后,与点云的特征提取流程类似,再通过高度梯度图像的变换,得到更接近图像特征的点云数据形式。由于点云投影图变换得到的高度梯度图像与相机图像尺寸相同,因此可以将其进行通道叠加,即在原来彩色RGB通道的基础上叠加高度梯度图像通道,构成数据融合的输出。

2. 特征融合

前面介绍的数据融合模块解决了激光雷达和相机数据表达形式不一致的问题。特征融合模块用于解决两种不同类型特征的融合问题。由于激光雷达和相机数据在数据空间不一致,数据形成原理不相同,因此它们的特征也可能不兼容。像数据融合模块一样,激光雷达点云特征也需要变换到图像特征空间。然而,卷积神经网络的特征,特别是深层特征,既不直观,也不易理解,给特征变换带来了困难。

为了更好地融合点云特征和图像特征,使用基于自学习的特征变换与融合模块,将点云特征变换到与图像特征更接近的特征空间,如图2-43所示。特征变换过程表示成一个线性变换操作,假设g_{LiDAR}是原始点云特征,f_{LiDAR}是变换后的点云特征,则有

$$f_{\text{LiDAR}} = \alpha g_{\text{LiDAR}} + \beta \quad (2.54)$$

其中,α是特征变换系数,β是特征变换偏置,它们与g_{LiDAR}都有着同样的数据维度和形状。

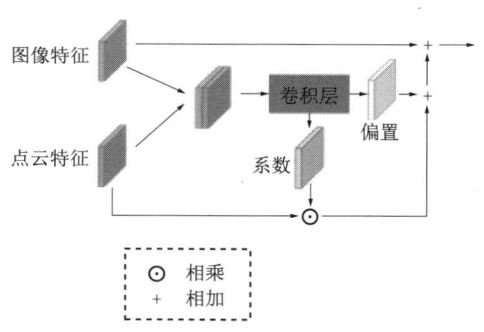

图2-43 特征变换与融合模块

式(2.54)中的α和β是通过先将图像特征和点云特征进行通道维度叠加,再经过两个卷积层所输出的结果。这里的特征通道维度叠加与特征融合概念并不相同。特征通道叠加只是简单地把图像特征和点云特征组合在一起形成一个更多通道数的特征图,它们之间并没有进行信息的交换。之所以在这里要将图像特征与点云特征叠加,是为了让它们作为后续卷积层的输入,使卷积层

能够从两种特征中自动地学习特征融合的参数 α 和 β，随后通过式（2.54）对点云特征进行变换。

经过上述特征变换模块后，点云特征与图像特征便可以融合了。假设 F_{fusion} 是融合函数，f_{image} 是待融合的图像特征，则

$$F_{\text{fusion}}(f_{\text{image}}, f_{\text{LiDAR}}) = f_{\text{image}} + \lambda f_{\text{LiDAR}} \quad (2.55)$$

式中：λ 是决定特征融合权重的标量。

通过以上特征变换与融合模块，解决了两种不同类型图像和点云特征数据如何融合以及在什么时间融合的问题。

3. 检测网络

为了充分利用特征融合模块能够自动学习特征变换参数的特点，在相机图像和点云高度梯度图像对应的两个高分辨率网络中，从浅层到深层进行多层次的融合。图 2-44 显示出了融合点云和图像的可通行区域检测网络。同样，根据每个阶段包含不同分辨率特征的数目，网络分为 4 个阶段。在每个阶段，融合了该阶段所有尺度的图像和点云特征。在这些多尺度特征阶段的最后，低分辨率特征经过上采样后与高分辨率特征连接成同一个分支，高分辨率特征也会降采样到低分辨率特征的分支，经过不同分辨率特征之间的信息交换，增强网络的感知和学习能力。

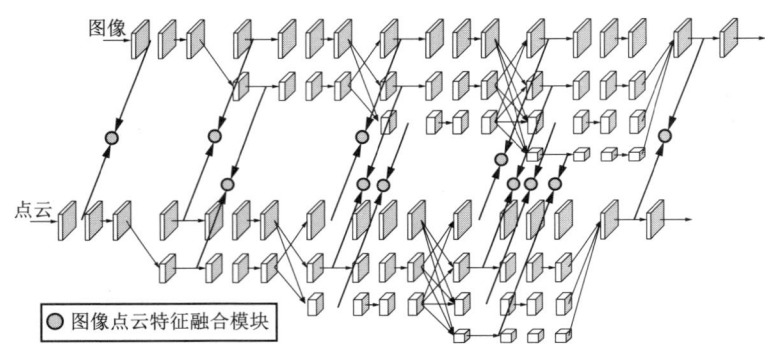

图 2-44　融合点云和图像的可通行区域检测网络

最终的像素分类基于高分辨率特征进行，即先将所有低分辨率特征上采样得到高分辨率特征，然后对其进行像素分类。

网络的最后仍然保留两条分支，这是为了在端到端训练时，同时对两条分支的预测结果进行误差计算，从而在梯度反向传播时，获得更大的梯度加快网络中神经元的学习速度。

2.4 可通行区域地图构建及后处理

在智能车辆架构中,感知模块与后续决策、规划模块之间的信息交互往往需要通过地图这一层模块。对于可通行区域检测,为了更好地服务智能车辆导航,也同样需要基于检测结果构建可通行区域地图。另外,可通行区域地图可以进行离线保存与在线调用,用于在相同场地上智能车辆的功能重复利用,提供先验知识同时增强感知范围。

本节介绍在可通行区域检测的基础上构建地图并动态实时更新的方法。首先介绍构建地图所依赖的多传感器融合激光里程计,它通过结合激光雷达点云和惯性导航系统信息进行车辆位姿的推算;其次介绍地图构建方法,包括地图表现形式与内容、如何将可通行区域检测结果以地图形式表达;最后基于激光里程计提供的位姿信息进行多帧可通行区域地图的在线更新,一方面通过多帧数据扩展地图的范围,另一方面在融合多帧数据的过程中对重复区域的属性需要进行更新,保持可通行区域的稳定性。

2.4.1 可通行区域地图创建

在车辆行驶过程中,对周围环境进行精确的描述十分重要。上一节的可通行区域检测提供了周围环境可通行信息的识别,还需要找到一种描述环境模型的方法。为了对非结构化道路及周边复杂环境进行详细建模,选择能够尽可能还原三维空间的 3D 栅格地图的表现形式。

1. 地图的表现形式

可通行区域地图的表达需要具备概率属性、高效性。由于传感器存在测量噪声,因此通过传感器进行地图的建立也具有不确定性。栅格地图的概率属性有助于对这种不确定性建模,以更好地提供稳定的建图结果。高效性对于 3D 栅格地图尤其重要。为了尽可能详细描述环境,相比 2D 栅格地图、2.5D 栅格地图,使用 3D 栅格地图要占用更多的存储资源,并且地图的更新、扩展也具有更高的复杂度。

对于栅格的概率属性,除了栅格占据概率外,还包括可通行区域各语义类别概率。通过占据概率阈值对栅格进行筛选,低于阈值的栅格被认为未被占据,从而其中的各语义类别无须维护。

针对高效性需求，使用基于八叉树的数据结构来对地图数据进行管理，如图 2-45 所示。在图 2-45（a）中，三维空间中的某一个分辨率尺度的栅格可以平均分成 8 个更小分辨率尺度的小栅格。利用这一特性，可以使用图 2-45（b）所示的树形数据结构管理地图数据，每个节点代表一个栅格，当其展开时可以看到其有 8 个子节点，分别代表 8 个子栅格，八叉树中不同高度对应不同的栅格分辨率。对于栅格分辨率为 0.1 m，高度为 14 层的八叉树，可以表示的地图最大尺寸约为 1.6 km×1.6 km×1.6 km。当测量到某一个栅格被占据时，只需要沿着树的根节点到叶子节点更新八叉树。对于其余未被占据且子栅格也未被占据的栅格，则无需展开子节点。实际上三维空间中的大多数栅格都未被占据，因此在八叉树中无需存储它们的子节点，从而减少了大量的存储复杂度。同时，八叉树的高度线性增加时，其能表示的地图尺寸呈指数级增加，因此以八叉树作为地图管理的基本数据结构具有很高的效率。

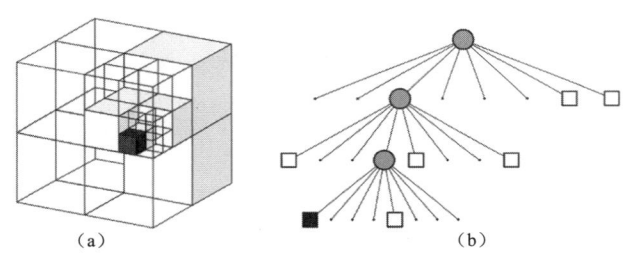

图 2-45　八叉树示意图
（a）三维空间栅格可划分为 8 个子栅格；（b）通过属性结构管理三维空间栅格与子栅格

2. 三维语义重建

下面使用可通行区域检测模型输出的像素分类图像来完成可通行区域 3D 栅格地图的建立。

对于如图 2-46（a）所示的场景，通过可通行区域检测模型得到的像素分类图像如图 2-46（b）所示，其是一副平面二维图像，为了将其转化为三维空间得到三维栅格的索引，首先将激光雷达点云投影在原始图像上，并把投影后像素的颜色设置为像素位置对应的像素类别颜色，如图 2-46（c）所示。根据激光雷达点云投影后像素位置的分类信息，将点云中对应的点赋予同样的分类信息。图 2-46（d）为用不同颜色显示不同类别的点云，其中白色点表示未被分类。

第 2 章 智能车辆环境感知

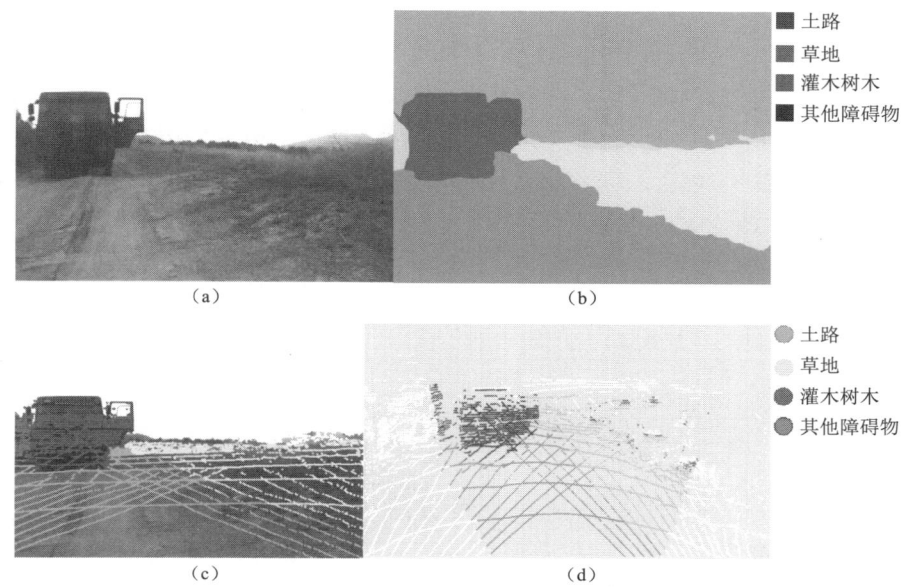

图 2-46 可通行区域检测图像到点云的变换（附彩图）
（a）原始场景；（b）可通行区域检测结果；（c）点云投影到图像并以区域属性给点云赋予语义和颜色；（d）三维语义点云

下面将含有类别语义信息的点云进行三维重建，即映射到栅格地图中。通过点云坐标可以获取八叉树结构中的索引，并更新对应栅格节点中的信息。然而，由于激光雷达点云是离散且稀疏的，直接用其栅格化的结果建立地图，会使地图表达十分稀疏，因此可以对栅格语义属性的分布进行建模，从而进行部分邻近栅格语义属性的推理。使用基于贝叶斯核推理的栅格属性推理，作为高斯过程的近似，它的时间复杂度从高斯过程的三次方复杂度降低到了线性复杂度。

贝叶斯核推理将贝叶斯推理扩展到了一系列指数分布，使用它来对离散的可通行区域栅格地图进行栅格属性推断以实现连续化、稠密化的语义建图。由于栅格属性可以表示成不同语义类别的概率，因此符合类别分布似然函数。

假设语义类别集合为 $A = \{1, 2, \cdots, K\}$，地图空间中的点集合为 $X \subset \mathbb{R}^3$。对于地图中任意一个点 $x_i \in X$，其类别信息表示成独热编码（one-hot encoding）$y_i = (y_i^1, y_i^2, \cdots, y_i^K)$。进行贝叶斯核推理之前，已知的栅格和类别信息构成的训练集为 $D = \{(x_i, y_i)\}_{i=1}^N$。假设点 x_i 存在地图栅格 j 中，栅格 j 的各类别概率为 $\theta_j = (\theta_j^1, \theta_j^2, \cdots, \theta_j^K)$，则该栅格的类别分布为

$$p(y_i \mid \theta_j) = \prod_{k=1}^K (\theta_j^K)^{y_i^K} \qquad (2.56)$$

在三维语义重建中，需要求得 θ_j 的后验概率 $p(\theta_j|D)$。假设 θ_j 服从狄利克雷分布 $\mathrm{Dir}(K|\alpha_0)$，以此作为类别分布的共轭先验，其中 $\alpha_0 = (\alpha_0^1, \cdots, \alpha_0^K)$，$\alpha_0^K \in \mathbb{R}^+$ 为狄利克雷分布参数，控制分布的集中性。

为了使栅格属性的推理更为准确，除去栅格本身概率分布以外，还需要考虑栅格之间的联系。贝叶斯核推理通过平滑项约束对扩展似然函数 $p(y_i|\theta_*, x_i, x_*)$ 与似然函数 $p(y_i|\theta_i)$ 建立联系，其中 x_* 为待求的空间中一点，θ_* 为点 x_* 的类别概率。基于贝叶斯核推理的框架，满足 KL 散度 $D_{\mathrm{KL}}(g|f)$ 的最大熵分布 g，具有形式 $g(y) \propto f(y)^{k(x_*,x)}$，$k(x_*,x)$ 为核函数。

设 g 为扩展似然函数，f 为似然函数，可以在这两个分布上定义有界的 KL 散度的语义类别平滑分布。设三维空间输入上有核函数 $k: X \times X \to [0, 1]$，则

$$\prod_{i=1}^{N} p(y_i|\theta_*, x_i, x_*) \propto \prod_{i=1}^{N} p(y_i|\theta_*)^{k(x_*, x_i)} \quad (2.57)$$

基于贝叶斯定理，有

$$p(\theta_*|x_*, D) \propto p(D|\theta_*, x_*) p(\theta_*|x_*) \quad (2.58)$$

将式 (2.57) 代入上式，有

$$p(\theta_*|x_*, D) \propto \left[\prod_{i=1}^{N} p(y_i|\theta_*)^{k(x_*, x_i)}\right] p(\theta_*|x_*) \quad (2.59)$$

由于采用类别分布似然函数，以及假设 θ_* 服从狄利克雷分布 $\mathrm{Dir}(K, \alpha_0)$，因此式 (2.58) 可以写为

$$\begin{aligned} p(\theta_*|x_*, D) &\propto \left\{\prod_{i=1}^{N} \left[\prod_{k=1}^{K} (\theta_*^k)^{y_i^k}\right]^{k(x_*, x_i)}\right\} \prod_{k=1}^{K} (\theta_*^k)^{\alpha_0^k - 1} \\ &= \prod_{k=1}^{K} (\theta_*^k)^{\alpha_0^k + \sum_{i=1}^{N} y_i^k k(x_*, x_i) - 1} \end{aligned} \quad (2.60)$$

因此，$p(\theta_*|x_*, D)$ 与后验狄利克雷分布 $\mathrm{Dir}(K|\alpha_*)$ 成比例，其中 $\alpha_* = (\alpha_*^1, \cdots, \alpha_*^k)$ 且

$$\alpha_*^k = \alpha_0^k + \sum_{i=1}^{N} k(x_*, x_i) y_i^k \quad (2.61)$$

上式不仅考虑了本栅格内的测量结果，同时也通过以核函数为权重考虑了邻近栅格的测量结果，有助于推理结果更准确。

为了减小计算复杂度，采用稀疏核函数，即

$$k(x, x') = \begin{cases} \sigma_0 \left\{\dfrac{1}{3}\left[2 + \cos\left(2\pi \dfrac{d}{l}\right)\right]\left(1 - \dfrac{d}{l}\right) + \dfrac{1}{2\pi}\sin\left(2\pi \dfrac{d}{l}\right)\right\}, & d < l \\ 0, & d \geq l \end{cases} \quad (2.62)$$

式中：$d = \|x - x'\|$；l 为距离参数；σ_0 为核函数尺度参数。

图 2-47 为使用贝叶斯核推理进行栅格属性推理的效果对比。图 2-47（a）为由一帧原始点云直接重建的三维栅格语义地图，栅格分布比较稀疏，难以供规划导航使用；图 2-47（b）为经过贝叶斯核推理得到的结果，栅格地图变得稠密了许多，但由于这只是单帧数据重建的地图，因此仍存在少量栅格属性未知，还需要经过多帧数据的重建，使地图更丰富、更完整。总体来说，经过贝叶斯核推理后，增加了地图的丰富性，加速了地图三维重建的速度。

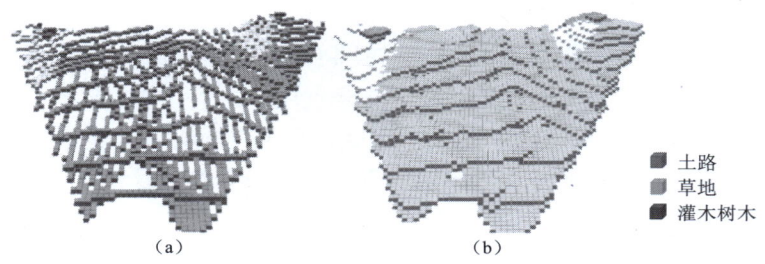

图 2-47 栅格属性推理前后对比（附彩图）
（a）推理前，栅格较稀疏；（b）推理后，栅格更稠密

2.4.2 可通行区域地图更新

可通行区域地图更新分成两步，首先将新的数据转换到已有的地图中匹配到需要合并的地图部分，然后对这部分地图根据新的测量检测结果进行更新。

1. 地图数据转换

数据转换部分主要通过激光里程计提供的位姿实现。激光里程计对不同时刻的数据计算是相对于某一坐标系（如大地坐标系）的位姿。以建图时第一帧数据对应的位姿为地图坐标系原点，之后的新数据需要转换到该坐标系下。设第一帧数据的里程计输出位姿对应的齐次变换矩阵为 $\boldsymbol{T}_0$，第 i 帧数据的里程计输出位姿对应的齐次变换矩阵为 $\boldsymbol{T}_i$。为了将第 i 帧数据转换到地图坐标系，需要计算相对变换，即

$$\boldsymbol{T}_{0,i} = \boldsymbol{T}_0^{-1} \boldsymbol{T}_i \tag{2.63}$$

然后对第 i 帧数据中的坐标应用该变换，即

$$\begin{bmatrix} x_i' \\ y_i' \\ z_i' \\ 1 \end{bmatrix} = \boldsymbol{T}_{0,i} \begin{bmatrix} x_i \\ y_i \\ z_i \\ 1 \end{bmatrix} \tag{2.64}$$

便可以在已有地图中更新或扩展地图。

可通行区域检测模型已经在非结构化道路可通行区域建模的基础上，充分利用了相机和激光雷达的优势尽可能提高检测准确率，但由于传感器的噪声等因素，仍然可能存在瞬时检测结果不准确的情况；同时，地图更新时的数据转换一方面非常依赖位姿的准确性，另一方面环境中存在动态物体时其经过的栅格状态需要得到及时更新。为了改善这一问题，采用基于概率更新的多帧数据融合方式提高可通行区域检测结果的稳定性。

常用的占据栅格概率更新方法有贝叶斯更新方法、计数传感器模型方法等。贝叶斯更新方法对栅格占据状态的变化响应快，而计数传感器模型方法更擅长描述栅格多个状态的概率。因此，采用贝叶斯更新方法更新栅格占据概率，采用计数传感器模型方法更新栅格可通行区域语义信息。

2. 占据概率更新

设 t 为进行环境观测的时刻，$z_{1:t}=z_1,\cdots,z_t$ 为在不同时刻对环境的观测。地图中第 i 个栅格，其占据状态表示为 m_i，贝叶斯更新方法是要找到使得后验 $P(m_i|z_{1:t})$ 最大的地图状态 m。根据贝叶斯定理，有

$$P(m_i|z_{1:t}) = \frac{P(z_t|z_{1:t-1},m_i) \cdot P(m_i|z_{1:t-1})}{P(z_t|z_{1:t-1})} \quad (2.65)$$

假设当前时刻 t 的环境观测 z_t 独立于历史时刻的 $z_{1:t-1}$，即上式右边

$$P(z_t|z_{1:t-1},m_i) = P(z_t|m_i) \quad (2.66)$$

对 $P(z_t|m_i)$ 应用贝叶斯定理，可得

$$P(z_t|m_i) = \frac{P(m_i|z_t) \cdot P(z_t)}{P(m_i)} \quad (2.67)$$

将式（2.66）与式（2.67）代入式（2.65），可得

$$P(m_i|z_{1:t}) = \frac{P(m_i|z_t) \cdot P(z_t) \cdot P(m_i|z_{1:t-1})}{P(m_i) \cdot P(z_t|z_{1:t-1})} \quad (2.68)$$

考虑到栅格状态只有占据和非占据两种，而非占据状态的概率值可以类似地推导为

$$P(\overline{m_i}|z_{1:t}) = \frac{P(\overline{m_i}|z_t) \cdot P(z_t) \cdot P(\overline{m_i}|z_{1:t-1})}{P(\overline{m_i}) \cdot P(z_t|z_{1:t-1})} \quad (2.69)$$

将式（2.68）与式（2.69）两边同时相除，同时考虑到占据状态与非占据状态相对立，有

$$\frac{P(m_i|z_{1:t})}{P(\overline{m_i}|z_{1:t})} = \frac{P(m_i|z_{1:t})}{1-P(m_i|z_{1:t})} = \frac{P(m_i|z_t)}{1-P(m_i|z_t)} \cdot \frac{1-P(m_i)}{P(m_i)} \cdot \frac{P(m_i|z_{1:t-1})}{1-P(m_i|z_{1:t-1})} \quad (2.70)$$

通过定义下式

$$Odds(x) = \frac{P(x)}{1-P(x)} \tag{2.71}$$

可以将式（2.70）改写为

$$Odds(m_i|z_{1:t}) = Odds(m_i|z_t) \cdot Odds(m_i)^{-1} \cdot Odds(m_i|z_{1:t-1}) \tag{2.72}$$

对式（2.72）两边同时取对数，有

$$\log Odds(m_i|z_{1:t}) = \log Odds(m_i|z_t) - \log Odds(m_i) + \log Odds(m_i|z_{1:t-1}) \tag{2.73}$$

假设 $\log Odds$ 以符号 L 代替，通过 $\log Odds$ 表示法来代替概率值表示地图栅格状态，可以简化栅格状态更新的计算表达式，传感器对栅格状态单一时刻的测量结果 $\log Odds(m_i|z_t)$ 可以看成常数，因此最终使用加减法就可以完成计算。通常对地图栅格概率 $\log Odds$ 的最大值 $l_{\max}$ 和最小值 $l_{\min}$ 进行边界限制，即

$$L(m_i|z_{1:t}) = \max\{\min[L(m_i|z_t) - L(m_i) + L(m_i|z_{1:t-1}), l_{\max}], l_{\min}\} \tag{2.74}$$

先验概率 $P(m_i)$ 一般设置为 0.5，从而 $L(m_i)$ 为 0，可以进一步简化上式计算过程。式（2.74）为利用贝叶斯更新方法更新栅格占据状态，实现当前时刻地图重建结果与已有地图融合，再通过设置 $L(m_i|z_{1:t})$ 的阈值，可以用来判断栅格是否被占据。

3. 语义概率更新

贝叶斯更新方法适用于占据与非占据的二元状态。根据式（2.74），栅格占据状态基于测量值每次都增加或减少一个常数，能以较快速度更新，对于环境中障碍物位置的变化响应较为迅速，但其状态空间里中间概率部分较短暂，很容易变为占据或非占据状态。相比于环境占据状态不确定性更高的环境多类别的语义属性，不适合用此方法描述。计数传感器模型方法相比贝叶斯更新方法，一方面适用于多类别属性，另一方面由于其状态空间不易收敛到最大值或最小值，更能描述不确定性。对于栅格 i，用 s_i 表示其类别，其属于类别 k 的概率为 $P(s_i = k)$（其中，$k = 1, \cdots, K$），计数传感器模型方法通过统计栅格被测量到的次数 c_i，然后用加权平均方法进行多类别概率更新，即

$$P(s_i = k|z_{1:t}) = \frac{c_i}{c_i+1} P(s_i = k|z_{1:t-1}) + \frac{1}{c_i+1} P(s_i = k|z_t) \tag{2.75}$$

再对各类别概率进行归一化，即

$$P(s_i = k|z_{1:t}) = \frac{P(s_i = k|z_{1:t})}{\sum_{j=1}^{K} P(s_i = j|z_{1:t})} \tag{2.76}$$

最终可通行区域三维语义栅格地图示例如图 2-48 所示。图 2-48（a）和图 2-48（b）为地图的不同视角，其中红色区域均为障碍物，褐色区域为土路，浅绿色区域为草地，深绿色区域为灌木树木。通过该可通行区域地图，一方面对真实非结构化道路的复杂场景进行了三维重建，另一方面对场景进行了语义理解，使智能车辆能够感知场景的可通行性。

对于可通行区域检测或者可通行区域建图来说，都有可能存在误差，导致效果不稳定。通过后处理系统，可以优化检测和建图结果，提供更准确可靠的可通行区域系统。

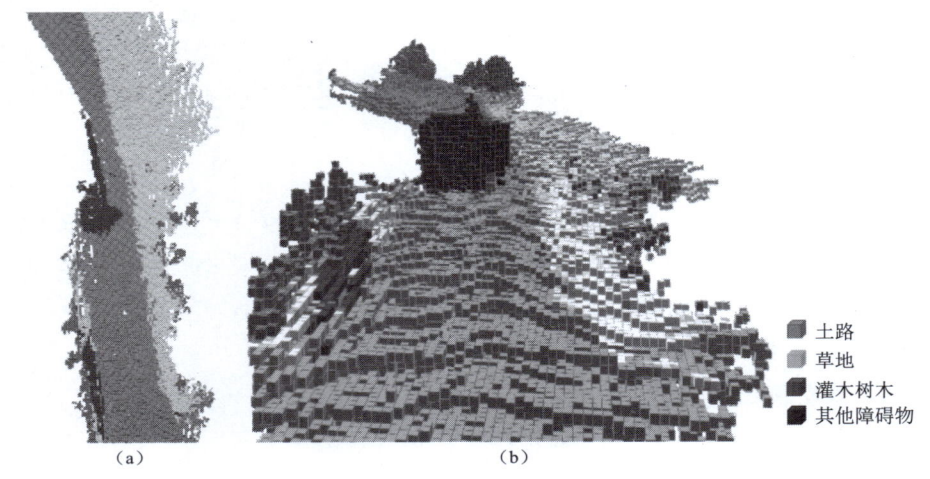

图 2-48　最终可通行区域三维语义栅格地图示例（附彩图）

（a）俯视图；（b）车辆前视视角

2.4.3　可通行区域检测后处理

尽管可通行区域检测采用的卷积神经网络模型具有高度的非线性和强大的自学习能力，但是在其输出的图像中，还存在不同类别区域的边界可能比较粗糙，或者不够准确的情况。采用条件随机场（conditional random field，CRF）对可通行区域检测结果进行后处理与边缘优化。

1. 条件随机场

条件随机场是一种无向概率图（probability gragh）模型，它表示输出随机变量在输入随机变量条件下的概率分布模型，常用于概率预测问题，也可以用于图像分割的后处理，结合原始图像的像素信息和图像分割的初始结果进行优化，得到更准确的图像分割边界。

条件随机场中通过包含节点和边的图来建模像素之间的关系。图 2-49 为包含 9 个节点、相邻节点间彼此存在边相连的条件随机场模型。其中，y_i 代表节点 i 的观测值，x_i 代表节点 i 的所属类别，通过 y_i 以及它与相连接的节点之间的关系，可以对 x_i 进行预测。

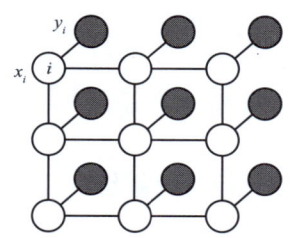

图 2-49　条件随机场模型（点代表对象观测值和类别，边代表点之间的联系）

条件随机场预测的核心是通过构建一个能量势函数，并以该函数为目标函数进行优化，从而实现整个条件随机场各节点类别的预测。能量势函数通常由两部分组成，即

$$E(x) = \sum_i \Psi_i(x_i) + \sum_{i<j} \Psi_{i,j}(x_i, x_j) \tag{2.77}$$

其中，i、j 表示取值范围为 1 到 N（N 为节点总个数）；x 表示各节点的某种类别分布；能量势函数 $E(x)$ 描述该条件随机场在分布 x 情况下的能量。能量势函数中前半部分中的 $\Psi_i(x_i)$ 为一元势函数，代表节点 i 属于类别 x_i 时的能量大小，即

$$\Psi_i(x_i) = -\log P(x_i) \tag{2.78}$$

其中，$P(x_i)$ 是节点 i 属于 x_i 的概率。

能量势函数后半部分中的 $\Psi_{i,j}(x_i, x_j)$ 是二元势函数，用于平滑多节点之间的分类结果，代表节点 i 属于类别 x_i 且节点 j 属于类别 x_j 时的能量大小，即

$$\Psi_{i,j}(x_i, x_j) = \mu(x_i, x_j) \sum_{m=1}^{M} w^{(m)} k_G^{(m)}(f_i, f_j) \tag{2.79}$$

其中，$\mu(x_i, x_j)$ 是节点关系约束项，一般当节点 i 和节点 j 的所属类别 x_i 和 x_j 相等时取值 0，否则取值 1，使类别相同的节点无须在能量势函数中体现。$w^{(m)}$ 是系数，$k_G^{(m)}(f_i, f_j)$ 是高斯核函数，用来衡量节点 i 和节点 j 的相似度，则

$$k_G^{(m)}(f_i, f_j) = w_1 \cdot kernel_{\text{appearance}} + w_2 \cdot kernel_{\text{smooth}} \tag{2.80}$$

其中，$kernel_{\text{appearance}}$ 为基于表面特征的核函数，即

$$kernel_{\text{appearance}} = \exp\left(-\frac{\|P_i - P_j\|^2}{2\sigma_\alpha^2} - \frac{\|I_i - I_j\|^2}{2\sigma_\beta^2}\right) \tag{2.81}$$

$kernel_{\text{smooth}}$ 为基于位置关系的平滑项核函数，即

$$kernel_{\text{smooth}} = \exp\left(-\frac{\|P_i - P_j\|^2}{2\sigma_\gamma^2}\right) \quad (2.82)$$

在式（2.80）中，w_1 和 w_2 为表面特征核函数、平滑项核函数各自的权重；在式（2.81）和式（2.82）中，σ_α、σ_β、σ_γ 是控制高斯核函数的超参数，P_i、P_j 为节点 i、节点 j 的位置，I_i、I_j 为节点 i、节点 j 的像素值。由此可见，条件随机场通过建模节点的概率分布和节点之间的表面特征及位置关系，来对节点的分类结果进行优化。位置相近且表面特征相似的节点，在粗略的分类结果中可能不属于同一类别，条件随机场优化后，则更有可能把它们视作同一类。最终经过最小化能量势函数，可以得到最优的节点分类结果。

2. 基于条件随机场的可通行区域检测结果优化

根据条件随机场的优化目标，即式（2.77）代表的能量势函数，可以针对可通行区域检测进行改写。其中，表示节点分类概率的一元势函数，可以用基于卷积神经网络的可通行区域检测模型的输出结果作为类别概率值来赋值。对于表示表面特征关系和位置关系的二元势函数，可以表示成高维滤波，以优化计算复杂度。CRF 的优化过程，需要确定高斯核的超参数，这可以表示成一个基于循环神经网络（recurrent neural network，RNN）的学习过程。因此，条件随机场可以与基于卷积神经网络的可通行区域检测模型共同实现端到端训练。应用条件随机场对如图 2-50（a）所示可通行区域检测结果后处理，得到图 2-50（b）所示的优化结果，其中红色圆圈中的土路在优化后消除了部分误检。

图 2-50 条件随机场对可通行区域检测结果后处理（使得区域边缘更精确）（附彩图）
（a）可通过区域检测结果；（b）优化结果

2.4.4 可通行区域建图后处理

可通行区域地图的构建，需要结合可通行区域检测的类别概率结果以及激

光雷达点云的三维坐标,因此建图的不稳定因素也可能来自这两者。可通行区域检测阶段的误检、激光雷达点云与相机图像投影的误差或者3D栅格属性推理时的不确定性,都会造成可通行区域建图的累积误差。因此,需要通过后处理,尽可能消除误差。

采用基于行驶轨迹的可通行区域地图修正方法,完善地图中主要道路的信息。该方法基于这样一个假设:对于车辆行驶轨迹经过的位置,默认属于可通行区域,这样可以结合车辆尺寸和运动位姿沿着行驶轨迹将地图相关位置标记为可通行。

1. 基于位姿插值的行驶轨迹

车辆行驶轨迹通常来自定位传感器或者里程计信息。在非结构化道路中,由于环境复杂多样,可能存在信号遮蔽使得定位传感器输出不准确甚至突变。

激光里程计输出的车辆运动位姿,数据频率不超过 10 Hz。为了使位姿之间间隔更短从而使拟合出的行驶轨迹更贴近实际车辆轨迹,需要对位姿进行插值。

车辆的位姿包括位置和姿态。位置根据选取的坐标系不同,可以由大地坐标系中的经度纬度高度或者东-北-天坐标系中的 x、y、z 坐标来确定,而姿态相对来说表达形式更为复杂,智能车辆中姿态的表达通常使用四元数。

四元数是一种既紧凑,又充分的三维空间旋转的表达形式,其相比欧拉角避免了万向锁问题,相比三维旋转矩阵则使用更少的变量即可完成所有姿态的表达。四元数定义为标量与向量的组合,即

$$q = q_0 + \boldsymbol{q} = q_0 + q_1 \mathrm{i} + q_2 \mathrm{j} + q_3 \mathrm{k} \tag{2.83}$$

其中,i、j、k 为四元数向量部分的 3 个虚部,且满足以下关系式:

$$\begin{cases} \mathrm{i}^2 = \mathrm{j}^2 = \mathrm{k}^2 = -1 \\ \mathrm{ij} = \mathrm{k}, \mathrm{ji} = -\mathrm{k} \\ \mathrm{jk} = \mathrm{i}, \mathrm{kj} = -\mathrm{i} \\ \mathrm{ki} = \mathrm{j}, \mathrm{ik} = -\mathrm{j} \end{cases} \tag{2.84}$$

四元数的加法遵循标量和向量部分分别相加的计算法则,即

$$p + q = (p_0 + q_0) + (\boldsymbol{p} + \boldsymbol{q}) \tag{2.85}$$

四元数相乘法则为

$$p \otimes q = p_0 q_0 - \boldsymbol{p}\boldsymbol{q} + p_0 \boldsymbol{q} + q_0 \boldsymbol{p} + \boldsymbol{p} \times \boldsymbol{q} \tag{2.86}$$

其中,$\otimes$ 为四元数的乘法符号;$\boldsymbol{p}\boldsymbol{q}$ 与 $\boldsymbol{p} \times \boldsymbol{q}$ 满足向量的点积与叉积。

利用以上四元数的姿态表达形式,非常方便多个姿态之间的计算,可以在姿态插值中保证较高的精度和效率。

球面线性插值（spherical linear interpolation，Slerp），是一种基于四元数表示的线性插值运算。与一般线性插值运算不同，Slerp 可以使四元数插值之间的旋转变化更加平滑。对于四元数 p 和 q，假设它们代表的旋转之间的夹角为 θ，当插值系数为 t 时，插值后得到的四元数 r 和 p 之间的夹角为 $t\theta$，r 和 q 之间的夹角为 $(1-t)\theta$，r 通过下式进行计算：

$$r = \text{Slerp}(p,q,t) = \frac{\sin[(1-t)\theta] \cdot p + \sin t\theta \cdot q}{\sin\theta}, t \in [0,1] \quad (2.87)$$

其中，当 θ 较小时，为避免除数非常接近 0，Slerp 退化为线性插值，即

$$r = (1-p)p + tq \quad (2.88)$$

位置插值采用贝塞尔曲线来实现。贝塞尔曲线算法是一种用来根据离散点生成平滑曲线或插值点的算法。对于两个点 P_0 与 P_2 之间的贝塞尔曲线，如图 2-51（a）所示，可以通过增加一个控制点 P_1 来使得插值点形成的曲线平滑，这称为二阶贝塞尔曲线。假设插值系数为 t，则插值点由下式给出：

$$B(t) = (1-t)^2 P_0 + 2t(1-t)P_1 + t^2 P_2, t \in [0,1] \quad (2.89)$$

也可以在首尾两个点之间增加两个控制点，来生成贝塞尔曲线，如图 2-51（b）所示，这称为三阶贝塞尔曲线。插值点的计算式为：

$$B(t) = (1-t)^3 P_0 + 3t(1-t)^2 P_1 + 3t^2(1-t)P_2 + t^3 P_3, t \in [0,1] \quad (2.90)$$

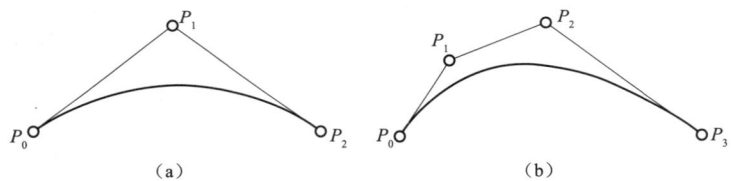

图 2-51 贝塞尔曲线示例

（a）二阶贝塞尔曲线；（b）三阶贝塞尔曲线

对于离散的车辆位置点，使用三阶贝塞尔曲线来对每组相邻的两个点进行连接，并可以通过控制点调整贝塞尔曲线首尾端点的切线，使得各段三阶贝塞尔曲线连接处的切线连续，从而基于多个车辆位置点生成平滑的轨迹，如图 2-52 所示。

对于 n 个车辆位置点 $P_i(x_i, y_i)$（其中，$i=1, 2, \cdots, n-1$），为了使分段的三阶贝塞尔曲线切线连续，可以假设中间点 P_i 的切线方向与线段 $P_{i-1}P_{i+1}$ 平行，P_i 前后的控制点 A_i 和 B_i 可以表示为

$$A_i[x_i + a(x_{i+1} - x_{i-1}), y_i + a(y_{i+1} - y_{i-1})] \quad (2.91)$$

$$B_i[x_{i+1} - b(x_{i+2} - x_i), y_{i+1} - b(y_{i+2} - y_i)] \quad (2.92)$$

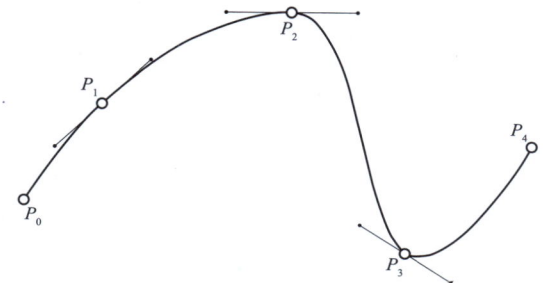

图 2-52　基于多个经过点的分段三阶贝塞尔曲线（各段曲线连接处切线方向相同）

由此，可以对智能车辆离散的位置和姿态进行三阶贝塞尔曲线插值和 Slerp 插值，得到较为平滑的轨迹。图 2-53 为一段插值前的位姿连接成的轨迹和插值后的位姿连接成的轨迹。

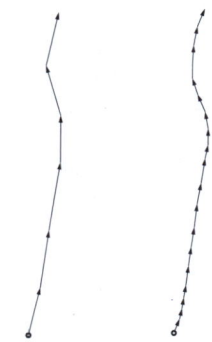

图 2-53　位姿插值前和插值后的车辆轨迹（左图为原始位姿连接成的轨迹，右图为插值后的位姿连接成的轨迹）

2. 基于行驶轨迹的可通行区域地图修正

利用插值得到的车辆行驶轨迹，可以对可通行区域地图中该轨迹所覆盖的区域进行修正。对于行驶轨迹上的位姿，利于车辆外形参数，求取每个位姿上所覆盖的区域栅格。

根据位姿中的三维空间 (x, y, z) 坐标求取在栅格地图中的对应栅格索引 ($index_x$, $index_y$, $index_z$)，即

$$\begin{cases} index_x = \left[\dfrac{x}{\mathrm{d}x}\right] + c_x \\ index_y = \left[\dfrac{y}{\mathrm{d}y}\right] + c_y \\ index_z = \left[\dfrac{z}{\mathrm{d}z}\right] + c_z \end{cases} \quad (2.93)$$

式中：dx、dy、dz 为 x、y、z 方向的栅格分辨率；c_x、c_y、c_z 为栅格索引偏置。

再根据位姿的姿态角，确定车辆航向角，并将车辆外形轮廓投影到栅格地图中最近的栅格。

对于这些栅格，标记为车辆已访问过，最终沿着车辆行驶轨迹得到一片标记过的区域，如图 2-54 中的天蓝色区域。

在图 2-54 中，褐色为土路区域，浅绿色为草地区域，深绿色为灌木树木区域，红色为障碍物区域，绿色线条为车辆行驶轨迹。由图可以看出，车辆紧贴着障碍物与草地行驶，在没有修正的前提下，由于瞬时位姿误差等因素容易导致建图错误。通过对轨迹访问过的区域进行标记，确保该区域的可通行性，增强了可通行区域地图的鲁棒性。

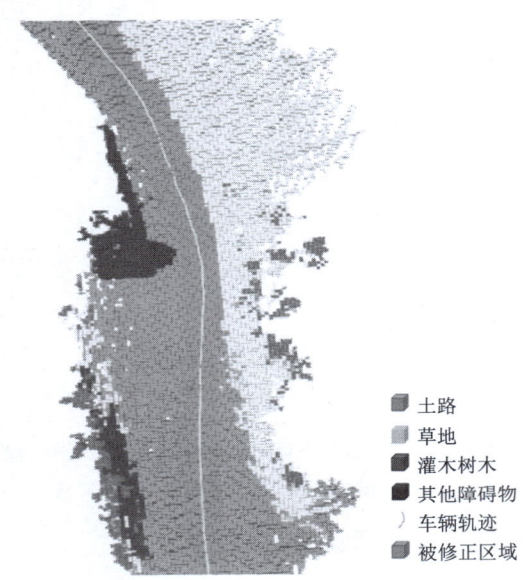

图 2-54 利用车辆行驶轨迹标记地图的可通行性（天蓝色区域表示车辆经过的区域标记成了已通行）（附彩图）

第 3 章
智能车辆多源信息融合定位

常见的定位方法可通过全球导航卫星系统获得车辆的绝对位置，但当卫星信号受到干扰甚至没有卫星信号时，定位精度往往会受到影响。在城市隧道或越野环境条件下，卫星信号极易受到干扰，导致信号缺失或造成较大的跳变。在某陆上无人系统挑战赛中，存在"无卫星导航路段行驶"子项目，赛事方会对卫星信号进行屏蔽，构建无卫星行驶环境。在某比赛中，要求车辆在无卫星信号的情况下完成长距离的自主机动行驶。在此情况下，只能通过车载传感器获取环境信息和车辆运动信息，依靠同步定位与建图方法（simultaneous localization and mapping，SLAM）得到车辆在当前环境下的位置与姿态信息，这些定位信息均需要在定位地图中体现。定位地图可分为导航地图和环境地图。导航地图包括传统电子导航地图以及高精度地图。环境地图是指包含了程序可理解的环境信息的一类地图。在 SLAM 技术中，更为常用的是环境地图。在对已有的环境地图进行解析后，程序仍能在此基础上利用 SLAM 技术实现定位。

根据环境地图是否已经建立，车辆的定位问题可分为在未知环境下的定位和在已知环境下的定位。在未知环境中，车辆没有当前所处环境的环境地图，只能根据传感器感知环境信息，实时计算当前车辆的位置和姿态。在已知环境中，车辆已经获得所在场景的环境地图作为先验地图，除此之外还可能存在其他的先验信息。在这种情况下，可以利用先验信息进行匹配定位，从而实现卫星信号不佳时的定位，降低车辆对卫星信号的依赖。

3.1 智能车辆定位框架

根据环境地图是否已经建立,可将车辆的定位问题分为在未知环境下的定位和在已知环境下的定位。以智能车辆为研究对象,针对其实际应用场景设计相应定位框架,以满足车辆在未知环境和已知环境中的长时间、大范围的准确定位。定位框架示意图如图 3-1 所示。

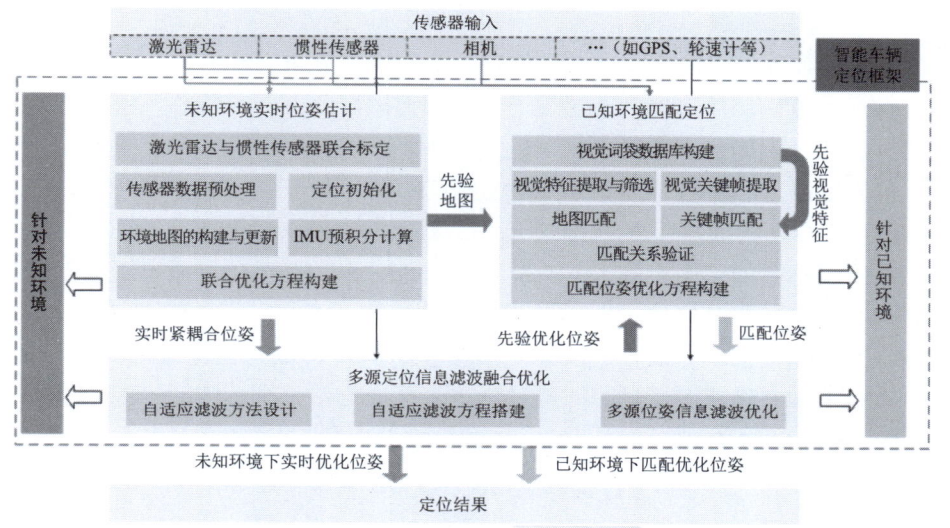

图 3-1 定位框架示意图(附彩图)

在未知环境中，利用激光雷达和惯性传感器信息，经过实时位姿估计，得到实时紧耦合位姿，将姿态信息与惯性传感器的角速度进行滤波融合，优化姿态信息。若在未知环境中存在卫星信号，还会与卫星信号进行滤波融合，得到更优的位置信息。在未知环境行驶过程中会不断生成环境子地图，并储存优化后的子地图位姿，同时还能从图像中获取视觉特征。当车辆再次在该环境中行驶时，在环境子地图已知的情况下，当前环境已转化为已知环境。此时可利用先验信息，使用视觉增强的匹配定位方法，结合多源环境特征，减小误匹配以及匹配失败情况的发生，并与惯性传感器和其他传感器（如轮速计等）进行滤波融合，结合紧耦合位姿信息和匹配定位信息，使车辆能够在无卫星的情况下结合先验信息实现长时间、大范围的准确稳定定位。无论是在未知环境还是在已知环境中，都会进行位姿的优化。在未知环境中，若存在高精度的定位信息，如 RTK-GPS 信息或高精度惯导信息，则可通过滤波融合，实现位姿的优化。在已知环境中，将匹配定位结果、实时紧耦合位姿估计结果以及惯导角速度信息进行优化，从而提高定位的稳定性和精度。最终可实现在多种环境下的长时间、大范围的准确定位。

3.1.1 车辆定位系统中相关坐标系定义

车辆的定位问题本质上是求解不同坐标系之间的关系。只有在明确了各坐标系定义后，才能有更为准确的定位结果。下面对车辆定位问题中涉及的坐标系进行相应的定义与说明。

1. 车体坐标系

车体坐标系是与车体固连、无相对运动的空间直角坐标系，它是描述车辆运动状态的基础。在这里，为了便于后续的传感器融合，将整车系统进行适当简化，忽略车辆的悬架系统，将车辆简化为刚性长方体。

车体坐标系可用右手坐标系来描述。其中，Y 轴正方向与车头朝向一致；Z 轴垂直于车辆的底盘平面并指向天空；X 轴垂直于 Y 轴与 Z 轴形成的平面。根据右手坐标系的定义可知，X 轴指向车辆的右侧。由于在智能车辆运动规划模块中，通常使用车辆后轴中心作为车体坐标系的原点，故在智能车辆定位问题中，为了使求解得到的定位结果便于被运动规划等模块使用，将车体坐标系的原点也选为车辆后轴中心。

2. 大地坐标系

在车辆定位问题中，大地坐标系可被认为是一个绝对参考坐标系，车辆的绝对定位结果实际上是指车体坐标系相对于大地坐标系的关系。常用的大地坐标系为 WGS84 坐标系（World Geodetic System 84），各点坐标以经度、纬度以及海拔高程进行描述。其中,除了海拔高程是以米为单位,经度、纬度均使用度(°)为单位,通常借助通用墨卡托坐标系(universal transverse mercator,UTM),将地球看作一个椭球面投影展开形成一个平面,通过相应的投影算法将角度制的经纬度转换为米制单位的平面坐标。UTM 坐标系是直角坐标系,其原点为赤道与本初子午线的交点,X 轴正方向指向正东方向,Y 轴正方向指向正北方向。在这里,后续提到的大地坐标系可认为是 UTM 坐标系,提及的大地坐标系坐标即为 UTM 坐标系下的坐标。

3. 激光雷达坐标系

选取的激光雷达坐标系为右手坐标系,原点为激光雷达几何中心,Z 轴垂直于激光雷达底面指向天空,Y 轴指向车辆前方,与车头朝向一致。根据右手法则可知,X 轴指向车辆右侧。

4. 惯性导航系统坐标系

将惯性导航系统与车辆车厢固连,使其坐标系各轴与车体坐标系保持一致,即 X 轴指向车辆的右侧,Y 轴与车头朝向一致,Z 轴垂直于 XY 平面并指向天空。将惯性导航系统坐标系原点安置于车辆后轴与车辆中轴线的交点处。

5. 相机坐标系

在相机模型中涉及 4 个坐标系,包括世界坐标系 $O_W\text{-}X_W\text{-}Y_W\text{-}Z_W$、相机坐标系 $O_C\text{-}X_C\text{-}Y_C\text{-}Z_C$、图像坐标系 $O\text{-}x\text{-}y$、像素坐标系 $O\text{-}u\text{-}v$,如图 3-2 所示。相机坐标系的原点为相机光心,Z 轴通常垂直于相机成像面向外,Y 轴垂直向上,X 轴水平向右。图像坐标系的原点为光轴与像面的交点,x 轴水平向右,y 轴垂直向下。像素坐标系是为了用来描述相机图像的像素而产生的坐标系,其原点位于图像左上角,u 轴正方向沿着图像各列水平向右,v 轴正方向沿图像垂直向下。

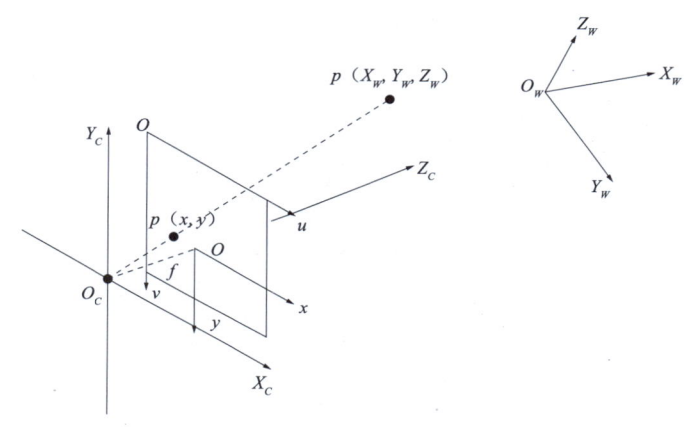

图 3-2 相机模型及其坐标系

3.1.2 三维空间中车辆运动的描述及求解

物体的定位实际上是求解物体坐标系与某一特定参考坐标系之间的转换关系。在二维平面空间中，物体运动可用（x，y）坐标表示两处对应坐标系的平移关系，使用一个转角表示旋转关系，如图3-3（a）所示。在三维空间中，刚体在无约束的情况下，存在6个自由度，分别是X、Y、Z轴上的角度和位置，故需要求解6个量，即使用三维坐标表示X、Y、Z轴上的平移关系。同理，还需要给出3个轴上的旋转角度，如图3-3（b）所示。

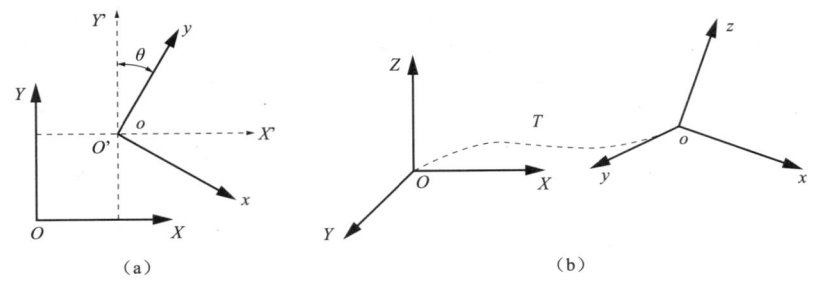

图3-3 不同维度下运动示意图
（a）二维平面运动示意图；（b）三维空间运动示意图

将车辆看作一个刚体，车辆的定位参数即为车体坐标系相对于参考坐标系三轴的平移量和旋转量。平移量表示车辆在参考坐标系下的位置，旋转量表示车辆相对于参考坐标系的姿态，则定位参数可统称位姿。通常，平移量可用三维向量表示，但旋转量的不同表示方式会影响后续求解优化过程。下面将介绍旋转量（即姿态）和位姿的不同表达方式。

刚体的三维旋转有多种表达方式，包括欧拉角、旋转矩阵、旋转向量、四元数等。这些表达方式之间各有优缺点并可以相互转化，且在不同的应用场景下根据需求选择不同的旋转表达方式，有利于简化理论分析和位姿估计过程。

定位参数包括旋转量和平移量，上文中列出了常用的三维旋转描述方法，而三维空间中的平移量常使用三维向量表示，两者结合即可表示出车辆的定位参数。

在车辆定位问题中，除了需要求解定位参数，同时还需要优化定位参数，找出最优解。对于欧拉角、旋转向量或旋转矩阵，由于各自的奇异性或额外的约束，使得对旋转参数的优化难以进行，而四元数的表示方法虽然可以构建连续可导的旋转参数优化问题，但只能进行姿态优化，无法同时优化位置参数。通常使用李群李代数表示位姿并进行优化。

智能车辆中的SLAM问题可通过两个基本方程进行描述，由运动方程与观

测方程组成，即

$$\begin{cases} x_k = f(x_{k-1}, u_k) + \omega_k \\ z_{k,j} = h(y_j, x_k) + v_k \end{cases} \quad (3.1)$$

式中：x_k 为 k 时刻下的车辆位姿，可以使用包含旋转和平移的变换矩阵 T_k 或其李代数 $\exp(\xi^\wedge)$ 表示；u_k 为运动输入；$z_{k,j}$ 为观测量；y_j 为 k 时刻下观测到的第 j 个特征点；ω_k 为运动噪声；v_k 为运动噪声。

通常假设这两个噪声项满足零均值的高斯分布，即

$$\omega_k \sim N(0, R_k), v_k \sim N(0, Q_{k,j}) \quad (3.2)$$

SLAM 问题的本质即在存在噪声的情况下，通过带噪声的观测 z 和输入 u，对车辆位姿 x 和特征点 y 进行估计，这可认为是一个状态估计问题，可通过滤波的方法或非线性优化的方法解决。由于需要对位姿和若干个路标点同时进行优化，但滤波方法存在变量众多、计算耗时大等问题，故越来越多采用非线性优化的方法进行求解。

常见的非线性优化方法包括梯度下降法、高斯牛顿（Gauss-Newton）法、列文伯格-马尔夸特（Levenberg-Marquadt，LM）方法等，其主要思想均为将估计值附近区间的非线性函数使用泰勒展开等方式线性化，对估计值加上微小增量在函数上进行迭代求解，使得在微小增量的作用下达到最优解。

3.2 基于激光雷达与惯性传感器紧耦合的实时位姿估计

在智能车辆正常行驶过程中，尤其是在未知环境下，由于没有先验信息，只能通过车辆搭载的多种传感器获取环境信息以及车辆自身运动信息，并进行位姿的求解。本节主要介绍基于激光雷达与惯性传感器紧耦合实现的车辆实时位姿估计方法，结合三维激光点云和高频的惯性传感器输出信息，提高车辆的定位精度和稳定性。实时位姿估计与优化框架图如图 3-4 所示。

由于传感器坐标系不统一带来的误差会影响定位结果的精度，而智能车辆的行驶环境受 X-Y 平面约束，故首先介绍基于平面约束的激光雷达与惯性传感器的联合标定。其次，对于激光雷达点云，在点云预处理的基础上构建特征概率栅格地图，在更新过程中计算点云投影误差；对于惯性传感器的输入，利

用惯性信息进行重力方向细化与姿态初始化,以减小初始姿态精度不足带来的定位精度损失,随后计算 IMU 预积分误差。最后,对两者误差进行紧耦合联合优化,得到激光雷达与惯性传感器紧耦合位姿和若干环境特征概率栅格子地图。

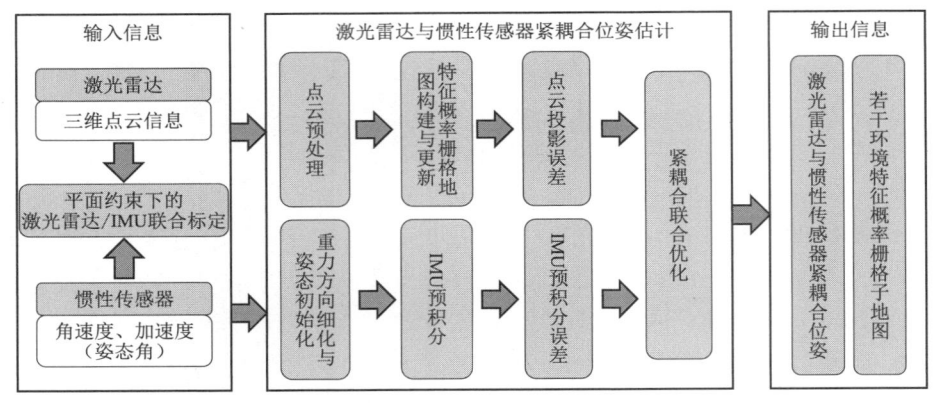

图 3-4 实时位姿估计与优化框架图

3.2.1 平面约束下的激光雷达与惯性传感器联合标定

激光雷达与惯性传感器在车辆上通常被安装在不同的位置,两者坐标系的不统一会带来位姿偏差。如图 3-5 所示,车辆在行驶过程中会经过 A、B 两处位置。在 A 处时,激光雷达观察到一点 P,并得出该点的位置,而在 IMU 坐标系下,该点被认为在 P_1 处。若之后车辆发生转弯,激光雷达观察到了同一点

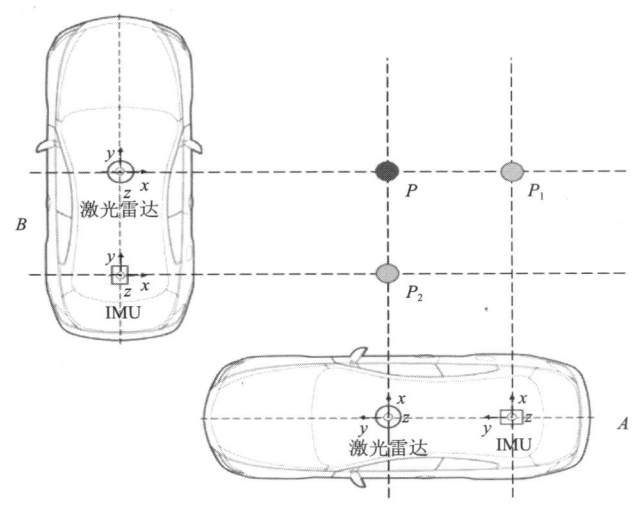

图 3-5 激光雷达和惯性传感器在各自坐标系下观察同一物体情况示意图

P,此时在 IMU 坐标系下,该点被认为在 P_2 处。通常车体坐标系会选在车辆后轴中心,与图中所示的 IMU 坐标系相近。若不进行坐标系的统一,则对于同一物体,在不同地点对其进行观测,程序理解的位置会发生偏差。若将此偏差代入后续优化过程中,会造成位姿估计精度的下降,故需要通过激光雷达和惯性传感器的联合标定得出两者坐标系之间的关系。

传感器之间的联合标定即为求解坐标系之间的相对位姿关系,实现不同坐标系的统一,常见的方法为手眼标定法。根据手眼标定原理,可得

$$T_W^{IA} \cdot T_{IB}^W \cdot T_L^I = T_L^I \cdot T_W^{LA} \cdot T_{LB}^W = T_{LB}^{IA} \quad (3.3)$$

化简得

$$T_{IB}^{IA} \cdot T_L^I = T_L^I \cdot T_{LB}^{LA} \quad (3.4)$$

式中:T_L^I 为激光雷达坐标系与惯性传感器坐标系的相对位姿;T_{LA}^W 和 T_{IA}^W 分别为在 A 处时激光雷达和惯性传感器坐标系相对于大地坐标系的位姿;T_{LB}^W 和 T_{IB}^W 为 B 处的两者相对于大地坐标系的位姿;T_{LB}^{LA} 和 T_{IB}^{IA} 分别为两者在 A、B 两处各自的位姿变换矩阵。

为了求解 T_L^I,需要满足"非平行"条件。"非平行"条件是指在获取若干数据时,空间旋转轴不能全部平行或近似平行,即需要在各个方向上有充分的激励。对于车辆上的惯性传感器和激光雷达而言,由于车辆通常只在 $X-Y$ 平面运动,使得绕 X 轴和 Y 轴的旋转往往无法获得较大的激励。为了解决这一问题,设计了一种解耦的激光雷达与惯性传感器联合标定流程,如图 3-6 所示。根据时间同步得到配对好的激光雷达点云和惯性传感器输出,再借助惯性传感器的地面输出,首先标定出俯仰角 pitch、侧倾角 roll 以及高度 z,进一步根据配对的数据求解出偏航角 yaw、x 和 y。

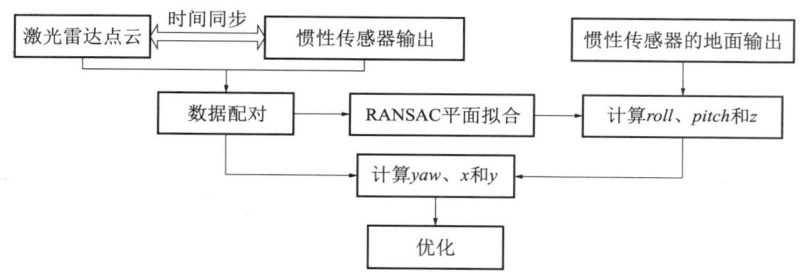

图 3-6 解耦的激光雷达与惯性传感器联合标定流程

对于相对位姿中的平移,可以通过手动测量得到初步的 x、y、z 值,然后将惯性传感器放置于地面,获得地面姿态 R_g。此时同步获取车载激光雷达对于同一地面的观测点云,通过 RANSAC 平面拟合得到地面的平面参数。再将

惯性传感器安装于车辆上，得到正常安装时其坐标系的姿态 R_I，则可得

$$R_g^I = R_g R_I^{-1} \tag{3.5}$$

将平面表示为 $ax+by+cz=1$，则地面法向量为 $[a,b,c]^T$，可求解出激光雷达坐标系相对于同一地面的旋转向量 n 和转角 θ 为

$$n = [a,b,c]^T \times [0,0,1]^T \tag{3.6}$$

$$\theta = \arccos([a,b,c] \cdot [0,0,1]^T) \tag{3.7}$$

可得姿态 R_L^g 为

$$R_L^g = \cos\theta \cdot I + (1-\cos\theta) nn^T + \sin\theta \cdot n^\wedge \tag{3.8}$$

故可得

$$R_L^I = R_g^I R_L^g \tag{3.9}$$

从中可以获得俯仰角 pitch 和侧倾角 roll。

由于高度通过测量获得，故剩下的 3 个待求量为 $x-y$ 平面上的平移 x 和 y 以及绕 z 轴旋转的偏航角 yaw，即将问题简化为二维问题。在平面中采集若干组数据对，计算不同位置位各传感器的位姿变换 T_{LB}^{IA} 和 T_{IB}^{IA}，将已知量代入式（3.4）中，即可获得剩下的参数。为了提高精度，可以采集多组数据对，通过最小二乘法优化求解各参量。

3.2.2 点云预处理

1. 离群点滤除

对于所有传感器而言，都会存在测量噪声，而对于激光雷达而言，由于电磁干扰、环境反射等因素，也会产生点云噪声点。这些点云噪声点在一帧点云中往往孤立存在或周围邻近点云数目稀少，故被称为离群点。由于其本身携带的环境信息较少，且容易在特征提取阶段对算法产生干扰，故需要进行滤除。

这里使用基于统计的方法滤除离群点。对于输入点云中的每个点 p_i，找出距离其最近的 n 个点，计算该点到 n 个相邻点的平均距离 $d_{i,n}$。对于全局点云而言，可以获得全局距离平均值和方差，由此可以规定出阈值距离 D。若 p_i 点的 $d_{i,n}$ 大于 D，则认为 p_i 为离群点，反之则保留。使用统计方法的滤除效果，可以减小噪声点，使环境特征更加清晰。

2. 点云下采样

为了能够准确获得周围环境，常使用多线激光雷达，其每一帧点云数往往能达到上百万个。在进行帧间匹配前必须经过点云下采样，要求在减少点云数的同时保留环境信息，以提高算法的实时性。采用体素采样方法，构造一个三维体素栅格，每个三维体素以 n 为分辨率，尺寸为 $n \times n \times n$，将所有输入点云划

分到这些体素内，将体素内的所有点用重心点来代替，实现下采样。其中，分辨率 n 可根据实际情况人为设定。若点云数过少，容易导致无法提取合适的特征。为了满足不同环境的需要，设定下采样后的最低点云数，通过控制分辨率使得下采样后的点云数依然满足最低点云数的要求。若应用初始分辨率，得到下采样后的点云数满足要求，则完成下采样；若点云数过少，则减小体素分辨率大小，重新对输入点云应用体素采样，直至满足要求。

3. 点云畸变矫正

激光雷达点云中各点的坐标是相对于激光雷达坐标系而言的。当车辆行驶时，由于激光雷达与车体固连在一起，所以激光雷达坐标系也随之移动。对于机械旋转式激光雷达，在旋转 360° 形成一帧点云的过程中，若激光雷达坐标系发生移动，则点云中反映的环境信息会与真实环境不符，会发生如图 3-7 所示的点云畸变。因此，为了能够准确地恢复出环境信息，需要对点云进行畸变矫正。

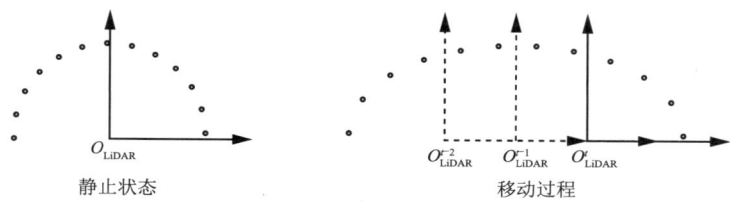

图 3-7 点云畸变示意图

为了去除点云畸变，需要获得车辆的运动状态，包括线速度、角速度，同时为了找出点云的畸变量，还需要获得点云中各点的时间戳。时间戳信息可以在点云原始数据解析时获得，同一角度下的点云其时间戳应一致。通常，多线激光雷达水平角度分辨率小于 1°，故在 0.1 s 内会产生至少 360 组点。这里使用的惯性传感器能够提供 100 Hz 的高频线速度和角速度信息，故在两帧惯性传感器数据之间仍会产生多个点。对于这些点，通过插值获得对应时间戳下的线速度和角速度。

记在时间戳 t_k 时获得一点 P_k，在 t_k 附近相邻的两帧惯性传感器的角速度和线速度记为 $\boldsymbol{\omega}_i$、$\boldsymbol{\omega}_{i+1}$ 和 $\boldsymbol{v}_i$、$\boldsymbol{v}_{i+1}$，则 t_k 时刻的角速度 $\boldsymbol{\omega}_k$ 和线速度 $\boldsymbol{v}_k$ 为

$$\boldsymbol{\omega}_k = \frac{t_{i+1}-t_k}{t_{i+1}-t_i}\boldsymbol{\omega}_i + \frac{t_k-t_i}{t_{i+1}-t_i}\boldsymbol{\omega}_{i+1} \tag{3.10}$$

$$\boldsymbol{v}_k = \frac{t_{i+1}-t_k}{t_{i+1}-t_i}\boldsymbol{v}_i + \frac{t_k-t_i}{t_{i+1}-t_i}\boldsymbol{v}_{i+1} \tag{3.11}$$

对于一帧点云，选择其初始点获得的时间戳作为参考时间戳 t_0，记 t_0 时刻下的角速度为 $\boldsymbol{\omega}_0$，线速度为 $\boldsymbol{v}_0$。由于两点之间时差较短，故基于匀速模型，

将点云中的各点转到参考时间戳下的激光雷达坐标系中,则各点角度变化量 $\Delta\theta$ 和位置变化量 Δt 为

$$\begin{cases} \Delta\theta = \dfrac{\omega_k+\omega_0}{2}(t_k-t_0) \\ \Delta t = \dfrac{v_k+v_0}{2}(t_k-t_0) \end{cases} \quad (3.12)$$

这里将其记为 $R2M(\cdot)$ 函数,则对于 t_k 时获得的 P_k,经过去畸变后的点 P_k' 坐标为

$$P_k' = R2M(\Delta\theta)P_k + \Delta t \quad (3.13)$$

对于点云中的所有点都进行上述计算,则可将所有点转到参考时间戳下的激光雷达坐标系,实现点云畸变矫正。

3.2.3 结合特征分布及占据概率的特征概率栅格地图的构建与更新

常见的地图模型包括栅格地图、特征地图、拓扑地图、直接表征地图等。栅格地图是将当前的环境以一定分辨率划分为若干个大小均匀的栅格,每个栅格都有一个概率值用以表征该栅格是否被占据。栅格地图的更新表示对各栅格概率值的更新。特征地图主要由点、线、面等环境特征构成,对于感知信息能够大大简化,提取出有用信息,但由于其对特征的高度依赖性,往往无法很好地表示特征较少的环境。拓扑地图将环境以拓扑结构表示,使用节点和连接线作为拓扑地图的构成要素,能够有效表示简单环境。但对于室外场景,由于环境复杂度提高,拓扑地图往往难以提取出节点及其连接线,无法构建合适的定位地图。直接表征地图对环境不做特征提取或栅格化等处理,使用感知传感器得到的环境数据直接构建环境地图,组成简单,便于理解,常使用于人机交互,但当传感数据过大时,运算资源很大一部分会耗费在数据的显示上,容易降低实时性。

为了能够满足车辆在多种环境下的定位需求,以及在最大程度提取出环境信息的基础上满足实时性需求,结合栅格地图和特征地图的优势,构建特征概率栅格地图,且每个栅格中包括概率值以及环境特征信息。为了避免出现栅格地图由于分辨率减小和地图尺度过大带来的实时性问题,将全局环境信息划分为若干个栅格子地图,每个栅格子地图仅描述部分环境。同时,为了保证在位姿估计问题中,至少存在一张子地图能够与当前帧的点云进行帧图匹配(scan-to-map),故相邻两张子地图之间应保留一定比例的重叠部分。图3-8为全局环境地图的构建方式。在图3-8中,每张地图为构建的特征概率栅格子地图,且每张子地图中都包含一个初始位姿点 T_k^0,同时记录了若干个智能车辆的位姿 T_k^i。由于相邻子地图存在重叠区域,故每一张子地图的初始位姿点

也为上一张子地图的某个位姿点,即 $T_k^0 = T_{k-1}^N$。

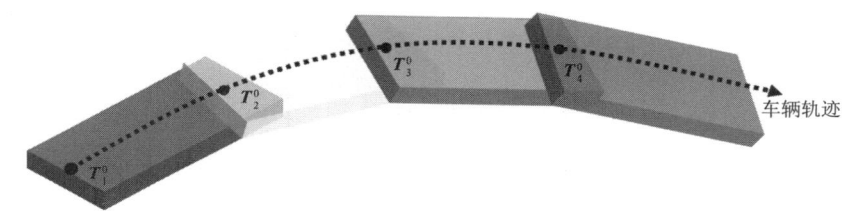

图 3-8 全局环境地图的构建方式

●—第 k 张地图的初始位姿点 T_k^0;●—第 k 张地图中的位姿点 T_k^i

在车辆行驶过程中,随着感知范围的扩大,需要对构建的特征概率栅格地图进行更新,包括栅格占据概率的更新以及栅格特征的更新。栅格占据概率的更新已经在第 2 章中提到,故下面对栅格特征的更新进行介绍。

由于三维点云存在稀疏性,所以在非结构化环境中可能导致部分栅格中的点云数很少,使得无法提取出正确的点云特征,从而影响后续的位姿估计。为了避免这一情况的出现,需要对栅格中的点云数设置最小阈值。在激光雷达运动过程中,不同时刻的点云在经过预处理和动态目标剔除后,被转换到地图坐标系中,再被划分并累加到相应的栅格中。只有当栅格中的点云数满足最小阈值要求时,才会对点云特征进行提取与更新。

根据改进的 NDT 方法计算点云分布特征并描述点特征、线特征以及面特征,其中点特征作为点云的初始特征,线特征和面特征需要进一步提取。图 3-9 为不同类型的栅格点云特征示意图。

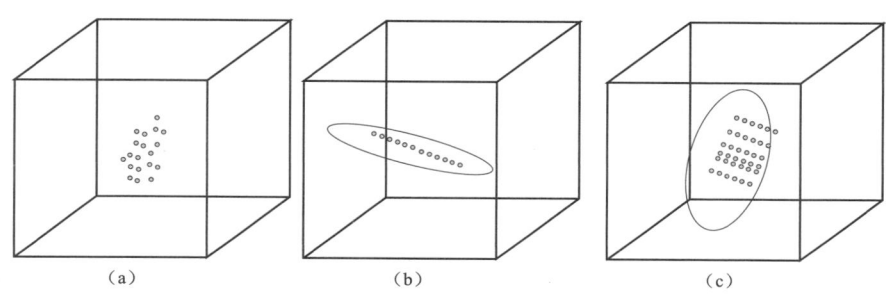

图 3-9 不同类型的栅格点云特征示意图

(a)点特征;(b)线特征;(c)面特征

假设栅格中点云满足正态分布,则栅格中点云的均值 $\boldsymbol{\mu}$ 和协方差矩阵 $\boldsymbol{\Sigma}$ 为

$$\boldsymbol{\mu} = \frac{1}{n} \sum_{i=1}^n \boldsymbol{P}_i \tag{3.14}$$

$$\sum = \frac{1}{n-1}\sum_{i=1}^{n}(P_i - \mu)(P_i - \mu)^{\mathrm{T}} \qquad (3.15)$$

式中：n 为栅格中点的数目；P_i 为点云中的某一点坐标；$\sum$ 为 3×3 的矩阵。

为了避免在更新过程中重复计算均值和协方差矩阵，故将 $\sum$ 中的各个分量分开求解更新以提高计算效率，将 $\sum$ 表示为

$$\sum = \begin{bmatrix} \mathrm{cov}(x,x) & \mathrm{cov}(x,y) & \mathrm{cov}(x,z) \\ \mathrm{cov}(y,x) & \mathrm{cov}(y,y) & \mathrm{cov}(y,z) \\ \mathrm{cov}(z,x) & \mathrm{cov}(z,y) & \mathrm{cov}(z,z) \end{bmatrix} \qquad (3.16)$$

其中，$\mathrm{cov}(a,b)$ 表示 a 和 b 之间的协方差。在 a 和 b 相互独立时，可知

$$\mathrm{cov}(a,b) = E(ab) - E(a)E(b) = \frac{1}{n}\mathrm{sum}(ab) - \frac{1}{n^2}\mathrm{sum}(a)\mathrm{sum}(b) \qquad (3.17)$$

式中：$E(\cdot)$ 表示均值；$\mathrm{sum}(\cdot)$ 表示求和函数。

当有新的点云加入时，只需要更新 $\mathrm{sum}(ab)$、$\mathrm{sum}(a)$、$\mathrm{sum}(b)$ 即可，从而避免大量的重复计算。

由于 $\sum$ 为实对称矩阵，其具有以下特征：

$$\sum = A^{\mathrm{T}} \Lambda A \qquad (3.18)$$

其中，Λ 为对角矩阵，对角处的值为协方差矩阵的特征值，按照从大到小的顺序将 3 个特征值分别记为 λ_1、λ_2、λ_3，即 $\lambda_1 \geq \lambda_2 \geq \lambda_3$。

分解得出的 3 个特征值本质上描述了栅格中点云的分布方向以及离散程度。若 λ_1 和 λ_2 远大于 λ_3，说明点云在 λ_1 和 λ_2 对应的两个特征向量方向上分布较多，则可认为此时的栅格点云特征为面特征；若 λ_1 远大于 λ_2 和 λ_3，说明点云在 λ_1 所对应的那一个特征向量方向上分布集中，则可认为该栅格中的点云呈现出线特征；若 λ_1、λ_2、λ_3 三者大小相当，说明点云在 3 个特征向量方向上分布均匀，则给呈现这样分布特征的栅格点云赋予点特征。

3.2.4　基于切向空间的重力方向细化及姿态初始化

由于在智能车辆行驶过程中求解得到的位姿信息均为相对于起始点的坐标系而言，故起始点的位姿对之后的位姿估计都有着重要的意义。在这里，初始姿态及方向通过惯性传感器提供的角度和重力加速度信息获得。由于加速度计中测量噪声的存在以及车辆启动时的振动，因此直接读取的初始姿态角往往存在偏差。若初始姿态的偏差较大，那么在后续对惯性传感器的输出进行积分后，会带来更大的偏差，甚至有可能造成定位失败。因此，在车辆定位系统启

动后,修正初始姿态,实现姿态初始化尤为重要。

根据惯性信息进行重力方向的细化,在此基础上完成姿态初始化。首先从惯性传感器的输出中采样获得初始的重力方向。由于噪声以及振动的存在,所以需要静止采样一段时间。采样时间根据惯性传感器中加速度计精度而定;若精度低,则需适当延长采样时间。记传感器频率为 W Hz,采样 T s,则采样数据 WT,记为 n 次;加速度观测值为 $[a_x, a_y, a_z]^T$,记做 $\hat{g}$,第 i 次的观测值为 $\hat{g}_i$,则初始的重力 g_0 和模长 G 为

$$g_0 = \frac{1}{n}\sum_{i=1}^{n}\hat{g}_i \tag{3.19}$$

$$G = \|g_0\| \tag{3.20}$$

得到的模长可作为重力的一个约束。在此约束下,重力仅剩两个自由度,故选取重力矢量切线空间中的两个变量将重力参数转化为

$$\hat{g} = G \cdot \text{normalize}(\hat{g}) + \omega_1 b_1 + \omega_2 b_2 \tag{3.21}$$

其中,normalize(·) 表示向量单位化操作。如图 3-10 所示,b_1 和 b_2 为重力矢量切平面上的两个正交基,$\hat{g}$、b_1、b_2 为两两垂直的矢量,ω_1 和 ω_2 为待优化的变量。

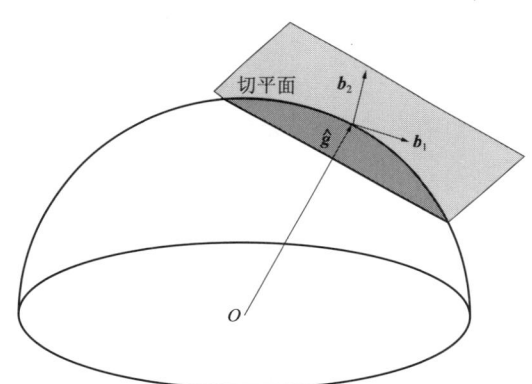

图 3-10 重力矢量切线空间示意图

由于 $\hat{g}$、b_1、b_2 两两垂直,且 b_1 和 b_2 在重力矢量切平面上,故可得

$$b_1 = \begin{cases} \text{normalize}(\hat{g} \times [1,0,0]^T), & \hat{g} \neq [1,0,0]^T \\ \text{normalize}(\hat{g} \times [0,0,1]^T), & \hat{g} = [1,0,0]^T \end{cases} \tag{3.22}$$

$$b_2 = \hat{g} \times b_1 \tag{3.23}$$

将先前采集到的 n 次数据进一步利用,使用最小二乘法求解最优的重力 $\bar{g}$ 为

$$\bar{g} = \arg\min \sum_{i=1}^{n} \|\hat{g}_i - g\|_2^2 \tag{3.24}$$

由于在地理坐标系下无噪声振动影响的重力为 $[0,0,1]^T$，故在得到车体坐标系下优化后的重力 $\bar{g}$ 后，可获得车体坐标系到地理坐标系的位姿变换，使用旋转向量的方式表示，则其旋转轴 $\vec{n}$ 和相应的旋转角 θ 为

$$\vec{n} = \text{normalize}(\bar{g}) \times [0,0,1]^T \tag{3.25}$$

$$\theta = \arccos(\text{normalize}(\bar{g}) \cdot [0,0,1]^T) \tag{3.26}$$

则可得出旋转向量 $\theta\vec{n}$。通过不同旋转表示方式之间的转换，可以进一步获得姿态角。在车辆静止时，应用上述方法，进行过重力方向细化后的姿态角可作为初始姿态角。

3.2.5 激光雷达与惯性传感器紧耦合联合优化

在进行位姿估计时，若仅使用激光雷达点云进行帧间匹配，那么在一些特征较少或较为空旷的环境中往往由于特征不足而效果不佳。同时，在激光雷达点云匹配得出的位姿估计中，平移的精度虽较高，但其旋转精度有所欠缺，而若仅使用惯性传感器，又会因为累积误差的存在而产生较大的偏差。使用惯性传感器与激光雷达进行紧耦合，同时优化两种传感器的状态，构建优化函数并得出位姿估计。

1. IMU 预积分

IMU 本身具有加速度计和陀螺仪，其原始输出包括加速度和角速度，通过积分运算，可以得到载体当前相应的姿态以及位移等信息。由于传感器的输出不可避免地会带来噪声，使原始输出存在随机误差。当随机误差改变时，得到的位姿信息也会存在偏差，故需要重新积分计算。惯性传感器的输出频率通常较高，若对每一次的输出均进行积分运算，无疑会消耗大量的计算资源，降低实时性。为了避免随机误差的影响，可以根据惯性传感器的输出计算 IMU 预积分，得到随机误差对各状态量的影响，然后在获得新一帧数据后，在原积分结果上线性加上随机误差带来的增量即得到更新后的积分值。

IMU 的量测方程为

$$\begin{cases} \hat{a}_t = a_t + b_{a_t} + R_w^t g^w + n_a \\ \hat{\omega}_t = \omega_t + b_{\omega_t} + n_\omega \end{cases} \tag{3.27}$$

式中：$\hat{a}_t$ 和 a_t 分别为 t 时刻加速度的观测值和理论值；$\hat{\omega}_t$ 和 ω_t 分别为 t 时刻角速度的观测值和理论值；b_{a_t} 和 b_{ω_t} 分别为加速度计和陀螺仪输出数据的随机误差，其导数为高斯白噪声；n_a 和 n_ω 为噪声，服从均值为 0 的高斯分布；R_w^t 表示当前时刻 IMU 坐标系到大地坐标系的相对旋转；$R_w^t g^w$ 表示重力对加速度量测的影响。

基于中值定理，通过积分运算可以得到 IMU 坐标系下第 i 个时刻到第 $i+1$

个时刻的位移 $\boldsymbol{p}$、速度 $\boldsymbol{v}$、姿态 $\boldsymbol{q}$ 等信息，即

$$\begin{cases} \hat{\boldsymbol{p}}_{i+1}^{b_k} = \hat{\boldsymbol{p}}_i^{b_k} + \hat{\boldsymbol{v}}_i^{b_k}\delta t + \dfrac{1}{2}\bar{\boldsymbol{a}}_i \delta t^2 \\ \hat{\boldsymbol{v}}_{i+1}^{b_k} = \hat{\boldsymbol{v}}_i^{b_k} + \bar{\boldsymbol{a}}_i \delta t \\ \hat{\boldsymbol{q}}_{i+1}^{b_k} = \hat{\boldsymbol{q}}_i^{b_k} \otimes \hat{\boldsymbol{q}}_{i+1}^{i} = \hat{\boldsymbol{q}}_i^{b_k} \otimes \begin{bmatrix} 1 \\ \dfrac{1}{2}\bar{\boldsymbol{\omega}}_i \delta t \end{bmatrix} \end{cases} \quad (3.28)$$

其中，

$$\begin{cases} \bar{\boldsymbol{a}}_i = \dfrac{1}{2}[\,\boldsymbol{q}_i(\hat{\boldsymbol{a}}_i - \boldsymbol{b}_{a_i}) + \boldsymbol{q}_{i+1}(\hat{\boldsymbol{a}}_{i+1} - \boldsymbol{b}_{a_i})\,] \\ \bar{\boldsymbol{\omega}}_i = \dfrac{1}{2}(\hat{\boldsymbol{\omega}}_i + \hat{\boldsymbol{\omega}}_{i+1}) - \boldsymbol{b}_{\omega_i} \end{cases} \quad (3.29)$$

从式（3.28）和式（3.29）中看出，随机误差 $\boldsymbol{b}_a$ 和 $\boldsymbol{b}_\omega$ 会对位移 $\boldsymbol{p}$、速度 $\boldsymbol{v}$、姿态 $\boldsymbol{q}$ 均产生影响。通过计算 IMU 预积分，建立线性化递推方程，使得随机误差改变时，能够快速计算出其带来的线性增量，将重复的积分运算简化为线性运算。

由积分可得出位移 $\boldsymbol{p}$、速度 $\boldsymbol{v}$、姿态 $\boldsymbol{q}$ 在相邻两帧数据之间的增量，同时 $\boldsymbol{b}_a$ 和 $\boldsymbol{b}_\omega$ 对三者会产生影响，记状态量为 $\boldsymbol{X}$，则

$$\boldsymbol{X} = [\,\delta\boldsymbol{p}_t^{b_k}, \delta\boldsymbol{v}_t^{b_k}, \delta\boldsymbol{q}_t^{b_k}, \delta\boldsymbol{b}_{a_t}, \delta\boldsymbol{b}_{\omega_t}\,]^{\mathrm{T}} \quad (3.30)$$

根据定义计算各状态量关于时间的导数，有

$$\begin{cases} \delta\dot{\boldsymbol{p}}_t^{b_k} = \dot{\boldsymbol{p}}_t^{\wedge b_k} - \dot{\boldsymbol{p}}_t^{b_k} = \boldsymbol{v}_t^{b_k} - \boldsymbol{v}_t^{b_k} = \delta\boldsymbol{v}_t^{b_k} \\ \delta\boldsymbol{b}_{a_t} = \boldsymbol{b}_{a_t} - 0 = \boldsymbol{n}_{a_t} \\ \delta\boldsymbol{b}_{\omega_t} = \boldsymbol{b}_{\omega_t} - 0 = \boldsymbol{n}_{\omega_t} \end{cases} \quad (3.31)$$

通过推导可得出线性化递推方程为

$$\begin{bmatrix} \delta\dot{\boldsymbol{p}}_t^{b_k} \\ \delta\dot{\boldsymbol{v}}_t^{b_k} \\ \delta\dot{\boldsymbol{\theta}}_t^{b_k} \\ \delta\boldsymbol{b}_{a_t} \\ \delta\boldsymbol{b}_{\omega_t} \end{bmatrix} = \begin{bmatrix} 0 & \boldsymbol{I} & 0 & 0 & 0 \\ 0 & 0 & -\boldsymbol{R}_t^{b_k}(\hat{\boldsymbol{a}}_t - \boldsymbol{b}_{a_t})^{\wedge} & -\boldsymbol{R}_t^{b_k} & 0 \\ 0 & 0 & -(\hat{\boldsymbol{\omega}}_t - \boldsymbol{b}_{\omega_t})^{\wedge} & 0 & -\boldsymbol{I} \\ 0 & 0 & 0 & 0 & 0 \\ 0 & 0 & 0 & 0 & 0 \end{bmatrix} \begin{bmatrix} \delta\boldsymbol{p}_t^{b_k} \\ \delta\boldsymbol{v}_t^{b_k} \\ \delta\boldsymbol{\theta}_t^{b_k} \\ \delta\boldsymbol{b}_{a_t} \\ \delta\boldsymbol{b}_{\omega_t} \end{bmatrix} + \begin{bmatrix} 0 & 0 & 0 & 0 \\ -\boldsymbol{R}_t^{b_k} & 0 & 0 & 0 \\ 0 & -\boldsymbol{I} & 0 & 0 \\ 0 & 0 & \boldsymbol{I} & 0 \\ 0 & 0 & 0 & \boldsymbol{I} \end{bmatrix} \begin{bmatrix} \boldsymbol{n}_a \\ \boldsymbol{n}_\omega \\ \boldsymbol{n}_{b_a} \\ \boldsymbol{n}_{b_\omega} \end{bmatrix}$$

$$(3.32)$$

2. 位姿估计代价函数的建立

在位姿估计时，需要定义优化变量并构建相应的优化函数。在 IMU 预积分

的基础上，可将优化变量表示为

$$\chi = [p_b^w, v_b^w, q_b^w, b_a, b_\omega]^T \quad (3.33)$$

则在激光雷达与惯性传感器紧耦合的位姿估计中，代价函数可表示为

$$\min_{\chi} \left\{ \| r_{\text{imu}}(\hat{z}_{b_{k+1}}^{b_k}, \chi) \|_2^2 + \sum_{i \in \text{map}} \omega_i \rho(\| r_{\text{map}}(\hat{z}_i^l, \chi) \|_2^2) \right\} \quad (3.34)$$

该代价函数含有两项。第一项表示根据 IMU 预积分得出的预测值与量测值之间的差。其中，$\hat{z}_{b_{k+1}}^{b_k}$ 为通过 IMU 预积分得到的观测值；$r_{\text{imu}}(\hat{z}_{b_{k+1}}^{b_k}, \chi)$ 为需要优化的 IMU 预积分误差，可表示为

$$r_{\text{imu}}(\hat{z}_{b_{k+1}}^{b_k}, \chi) = \begin{bmatrix} \delta p_{b_{k+1}}^{b_k} \\ \delta v_{b_{k+1}}^{b_k} \\ \delta q_{b_{k+1}}^{b_k} \\ \delta b_a \\ \delta b_\omega \end{bmatrix} = \begin{bmatrix} R_w^{b_k}\left(p_{b_{k+1}}^w - p_{b_k}^w + \frac{1}{2}g^w \Delta t_k^2 - v_{b_k}^w \Delta t_k\right) - \hat{p}_{b_{k+1}}^{b_k} \\ R_w^{b_k}(v_{b_{k+1}}^w - v_{b_k}^w + g^w \Delta t_k) - \hat{v}_{b_{k+1}}^{b_k} \\ q_{b_k}^{w^{-1}} \otimes q_{b_{k+1}}^w \otimes \hat{q}_{b_{k+1}}^{b_{k-1}} \\ b_{ab_{k+1}} - b_{ab_k} \\ b_{\omega b_{k+1}} - b_{\omega b_k} \end{bmatrix} \quad (3.35)$$

第二项为激光雷达点云投影误差。其中，$\hat{z}_i^l$ 为当前激光雷达点云观测值；$r_{\text{map}}(\hat{z}_i^l, \chi)$ 表示当前帧点云到现有特征栅格地图的距离。由于在特征概率栅格地图中使用栅格中的点云分布概率来描述点云特征，所以为了表示两个点云分布之间的距离，可用马氏距离构建代价函数，即

$$r_{\text{map}}(\hat{z}_i^l, \chi) = \sqrt{(TX_i - \mu)^T \sum\nolimits^{-1}(TX_i - \mu)} \quad (3.36)$$

式中：X_i 为待匹配的地图栅格点云；μ 和 $\sum$ 分别为当前帧中某个栅格点云的均值和协方差矩阵；T 为两个栅格点云之间的位姿关系，也是待优化量。

为了提高优化的稳定性，将协方差矩阵分解得到的特征值矩阵作归一化处理，同时采用柯西核函数对代价函数进行修改。使用 $\rho(\cdot)$ 表示柯西核函数，则有

$$\rho(u) = \frac{1}{2}\ln(1+u^2) \quad (3.37)$$

应用柯西核函数后，可得

$$\rho(\| r_{\text{map}}(\hat{z}_i^l, \chi) \|_2^2) = \frac{1}{2}\ln[1 + (TX_i - \mu)^T V \Lambda_{\text{norm}}^{-1} V^T (TX_i - \mu)] \quad (3.38)$$

因为每个栅格都存在一个占据概率，占据概率越高，说明该栅格被点云击中的可能性越高，则该栅格内点云分布的置信度更高，因此在代价函数中增加栅格概率，作为栅格点云的优化权重，故最终可用下式表示点云投影误差：

$$\sum_{i \in \text{map}} \omega_i \rho(\| r_{\text{map}}(\hat{z}_i^l, \chi) \|_2^2) = \frac{1}{2}\sum_{i=1}^N \omega_i \frac{1}{2}\ln[1 + (TX_i - \mu)^T V \Lambda_{\text{norm}}^{-1} V^T (TX_i - \mu)] \quad (3.39)$$

式中：N 为待匹配点云栅格总数；ω_i 为某一栅格的占据概率。

在得到相应的代价函数后，为了便于优化，将位姿以李代数的方式表示，使用 LM 非线性优化算法求出代价函数的最小值。

3.3 视觉增强的车辆匹配定位技术

当智能车辆在已知环境中时，在先验信息的帮助下可以通过匹配定位提高车辆定位的稳定性，保障在已知环境下的定位精度。在匹配阶段，若使用单一传感器信息进行匹配，会存在匹配失败和匹配错误的情况，造成精度上的损失，甚至带来定位失败的风险。

如图 3-11 所示，引入视觉特征，将构建的视觉特征与环境地图共同作为先验信息，实现在已知环境中的视觉增强匹配定位。

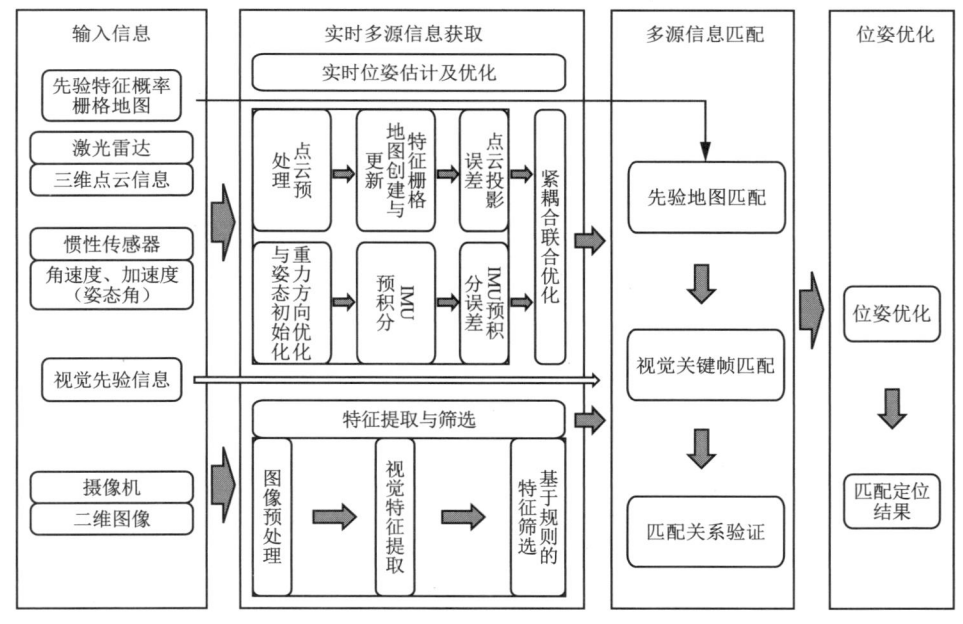

图 3-11 视觉增强的智能车辆地图匹配和位姿匹配定位框架

3.3.1 视觉先验信息的提取

视觉先验信息需要事先在构建环境特征概率地图时同步构建。为了能够获得良好的图像特征信息，需要在经过处理的图像中提取出质量较好、能够体现环境信息的足够数量的环境特征。由于连续的图像帧存在冗余信息，所以为了减少不必要的资源浪费，可以提取视觉关键帧，最终仅保留关键帧中经过筛选的特征信息。

1. 图像预处理

工业相机获得的图像大多为彩色图像，其中每个像素都有 R/G/B 三通道。由于算法对图像的颜色不关注，所以为了减少通道数同时保留像素的基本信息，可对采集到的 RGB 图像作灰度化处理，将三通道图像转为单通道图像，即灰度图。

由于受光线、天气、相机曝光参数、数据传输噪声的影响，相机实时采集的画面可能会出现过度曝光、图像亮度不均匀、对比度较低、图像不清晰等情况，从而导致特征提取失败。为了改善上述情况，可以对图像进行直方图均衡化操作。图像直方图描述的是图像中每个灰度值出现的次数。经过直方图均衡化操作后，可使原始图像的直方图均衡分布，突出图像的整体或局部特征并抑制无用信息，实现图像增强。

原始图像的直方图均衡化通过建立像素值的映射关系，并相应修改每个像素值，实现像素值的均匀分布。记 r 为图像的灰度值，其取值区间为 $[0, L-1]$，映射关系为 $T(r)$，映射后的灰度值为 s，则有

$$s = T(r), 0 \leqslant r \leqslant L-1 \tag{3.40}$$

其中，$T(r)$ 在 $[0, L-1]$ 内为单调增函数，且 $T(0) \leqslant T(r) \leqslant T(L-1)$。

若直方图中共有 k 种不同的像素值，记第 k 个像素值的映射值为 s_k，则有

$$s_k = T(r_k) = \sum_{i=0}^{k} p_r(r_i) = \sum_{i=0}^{k} \frac{n_i}{N} \tag{3.41}$$

式中：$p_r(r_i)$ 为原像素值 r_i 的概率密度；n_i 为该像素值出现的次数；N 为图像中所有的像素个数。

通过上述映射，对亮度均匀的图像能够实现较好的图像增强效果，但对一些本身图像亮度不均匀的图像，则对全局图像无法实现良好的均衡效果。这里采用 CLAHE 自适应直方图均衡化方法，对局部图像分别进行均衡化，同时限制局部对比图的过度增强。为了防止过度增强，CLAHE 设置一定的阈值 T，原始直方图中超过 T 的部分需要被裁剪。由于直方图描述的是各像素值的分布，故超过阈值的部分不能直接去除，需要根据像素值及其超出阈值的次数均匀分布到各个像素值中。

经过图像预处理之后的图像与原始图像对比，在进行灰度化的同时改善了原始图像的亮度过暗且不均匀的缺点，有助于特征提取步骤。

2. 视觉特征提取

常见的视觉特征包括角点特征、块特征、光流特征等。角点特征和块特征常用于表达环境中的几何特征或纹理特征，而光流特征更偏重于表达环境中的运动特征。在实际应用中，除了需要考虑特征表示环境信息的丰富程度，还要考虑不同特征提取时的耗时情况。不同类型图像的特征提取耗时根据不同特征的提取算法有很大的差异，通常块特征的提取速度较慢，角点特征和光流特征的提取速度较快，更适合用于实时性要求较高的场合。因此，可提取角点特征作为环境特征，并使用光流特征进行跟踪。

1) Shi-Tomasi 角点特征

为了能够快速有效地提取出图像中的环境特征，首先提取 Shi-Tomasi 角点特征。其基本思想是使用一个固定窗口在图像上进行任意方向上的滑动，比较滑动前后窗口中的像素灰度变化程度。如果在任意方向均有较大灰度变化，则可认为该窗口中存在角点。

提取 Shi-Tomasi 角点过程中采用的微分运算对图像亮度和对比度的变化不敏感，且在特征区域发生旋转时，对特征值并无影响，故 Shi-Tomasi 角点对图像的亮度和对比度不敏感，同时具有旋转不变性。

2) 光流特征

光流特征主要用于描述像素随时间在图像中的运动，实现对特征的跟踪。当图像之间发生亮度变化，就可以提取相应的光流特征。光流特征的提取需要基于灰度不变假设，即对同一个空间点，其在各个包含该点的图像中的灰度应保持不变。

对于全局图像而言，灰度不变假设不易实现，故假定在足够小范围 $w \times w$ 窗口内满足短时间光度不变的条件，可构建 $w \times w$ 个方程，通过最小二乘法求解像素的运动 u、v。

在特征提取时，图像可分为特征区域和非特征区域。当相机移动时，对像素梯度大的区域，能够获得较好的跟踪效果，线特征通常仅在图像的单个方向上的梯度较大，故边缘处的特征点会随着边缘移动。对块区域中的像素，由于其图像梯度值较小，难以准确求解相应像素的运动，容易造成跟踪失败。对于角点特征，无论是图像 x 方向还是 y 方向上的梯度都较大，故角点特征的跟踪效果最稳定。

使用 Shi-Tomasi 角点提取和光流特征跟踪结合的方法能够在一定程度上缓解光流法对环境的依赖，同时也能在提取出环境特征的同时对特征进行稳定跟踪，保证特征跟踪的稳定性。

3. 基于规则的特征筛选

由于提取出的图像特征可能存在特征集中、跟踪失败的情况，若对特征不加处理，不仅带来计算资源的浪费，还会造成算法实时性的降低，影响后续的匹配定位效果。为了尽可能提高匹配定位精度，需要对视觉特征充分筛选，得到质量最优、密度适中的特征点。采用基于规则的特征筛选，在保证实时性的同时，也能准确保留环境信息，流程图如图 3-12 所示。在对预处理后的图像进行角点和光流特征提取后，首先对特征点判断是否跟踪失败或超过图像边界，删除不满足条件的特征点，再对剩下的特征点进行特征均匀化处理，保证图像中的特征点分布均匀，使提取的特征能够描述全局图像的特征，然后通过计算基础矩阵并进行 RANSAC 处理确保帧间的视觉光流特征匹配效果，即保留跟踪效果较好的特征点。由于在特征筛选后，特征点数可能低于设定的阈值，使得对环境的表征不足，故此时补充提取一定数目的角点特征，保证最终的输出特征能够均匀有效地表达整张图像中显示的环境。

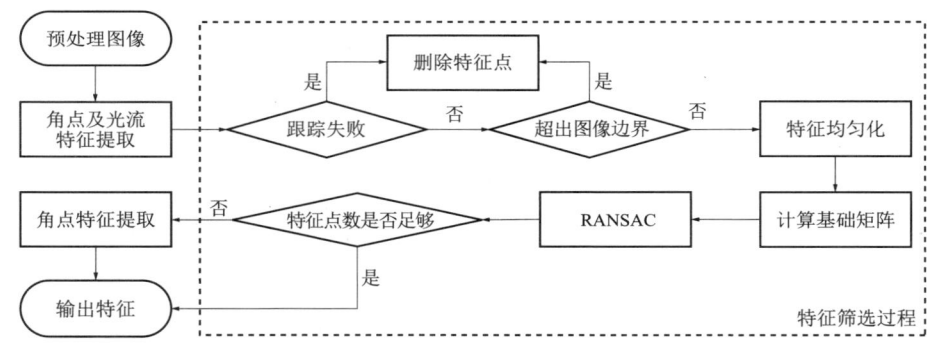

图 3-12　基于规则的多种视觉特征提取与筛选流程图

1）剔除跟踪失败点和图像边缘点

在提取了角点特征并使用光流法进行跟踪时，可记录每个特征点的跟踪状态。当前后两帧的角点特征满足计算出来的光流，则认为该特征点跟踪成功，即该特征点跟踪次数随之增加；相反，则跟踪失败。对于跟踪失败的点，则无须保留，可将该特征点的信息删除。由于边缘特征点并不稳定，所以跟踪出错的概率较高。为了避免将错误的跟踪点代入后续的运算中，选择对图像边缘处 n 个像素的特征点均进行删除，即对 $w×h$ 大小的图像，仅保留 $(w-2n)×(h-2n)$ 范围内的特征点。如图 3-13 所示，其中位于图像边缘处的点，在筛选过程中应删除；在规定范围内的点，需要保留，进入下一步筛选过程。

2）基础矩阵的求解并剔除外点

由于跟踪成功的特征点实际上描述了当前帧和上一帧图像中各特征点的配

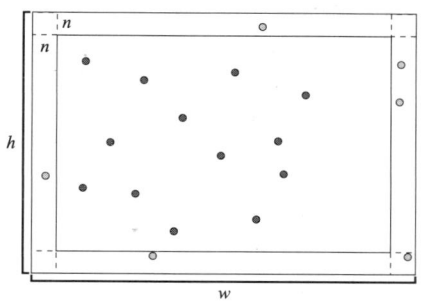

图 3-13　图像边缘特征点示意图

对关系，然而光流法跟踪由于受光照的影响，也有可能发生配对出错的情况。为了减少该情况的发生，可以借助求解基础矩阵的方式，并利用 RANSAC 算法实现剔除配对错误的特征点对。

记跟踪成功相邻帧之间的特征点分别为 x_1、x_2。由于特征点均处于图像平面中，故特征点与基础矩阵之间存在如下关系：

$$x_1^T F x_2 = 0 \quad (3.42)$$

由于 x_1、x_2 为图像中的二维点，基础矩阵为 3×3 的维度，将 x_1、x_2 归一化为三维向量，故 3×3 的基础矩阵实际上共 8 个变量待求，至少需要 8 组跟踪成功的特征点，可通过 SVD 算法进行求解。但是由于噪声、误匹配等因素的存在，导致该基础矩阵不稳定，而当基础矩阵较为稳定时，通常匹配成功的概率较大。为了得到最优的基础矩阵，可通过 RANSAC 算法剔除错误匹配，步骤如下：

（1）在每一轮迭代过程中，从初步筛选后跟踪成功的特征点中随机选择 8 个点，估算基础矩阵 F。

（2）计算其余特征点到其对应对极线的距离 d_i。若 d_i 小于设定的阈值 d，则该特征点为内点，否则视为外点，记录该轮迭代过程中内点的个数。

（3）迭代 k 轮，若得到的内点数占所有特征点的比例大于阈值 T，则停止。选择使内点数最多的基础矩阵作为最优的基础矩阵 F，此时的所有内点即为剔除错误匹配后的配对特征点集。

3）特征均匀化

图像特征点在经过一系列的筛选剔除工作后，往往仍会存在特征点集聚的情况，而集聚的特征点往往表述的是图像中同一局部特征。对于一个典型特征使用多个特征点去描述，容易造成特征的冗余和实时性的下降。同时，特征点的过度集中，使得后续在进行图像匹配时，局部区域的特征起主导作用，易产生由于图像局部特征相似而导致的误匹配现象发生。为了提高实时性以及匹配精度，提出将特征均匀化的方法，即在降低局部特征密度的同时保留原有的特征属性，保证后续的全局图像匹配精度和实时性。如图 3-14 所示，圆圈表示特征集聚的区域。设置了筛选圈，该筛选圈以选中的特征点为中心，以自定义的特征点最小距离 d_{min} 为半径。若在该筛选圈内存在其他特征点，则将圈内的其余特征点删除。在遍历完所有点后，即完成特征均匀化。

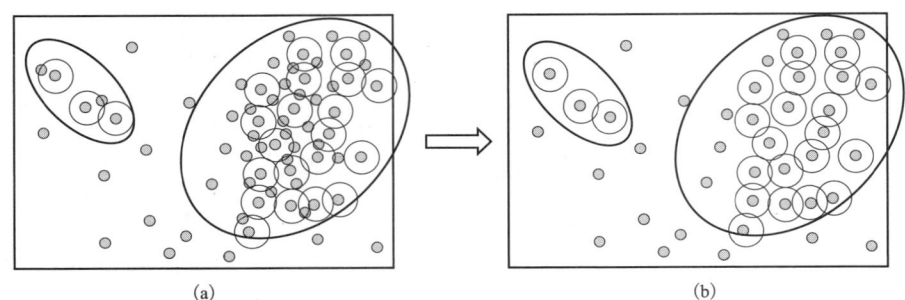

图 3-14　特征均匀化示意图

（a）未进行均匀化的图像特征点示意图；（b）经过均匀化后的图像特征点示意图

在光流跟踪过程中，记录每个特征点的被跟踪次数。若特征点的被跟踪次数越高，则该特征点越可靠，应首先被保留，故在特征均匀化过程中，对特征点的遍历顺序应按照被跟踪次数进行排序。

为了能够提取足够的特征点，合理描述环境信息，设置了图像提取的最少特征点数。在经过多次筛选后，若特征点不满足数量要求，则在此基础上继续提取角点特征，并满足特征点最小距离要求避免图像特征过于集中。

4. 视觉关键帧选取策略

在实时视频图像中，由于环境连续，相邻帧的图像之间存在大量的冗余信息，再加上计算机性能的限制，不可能保存所有的图像及其特征，故只能挑选一些具有代表性的图像进行处理分析，这些图像帧称为关键帧。关键帧的选取方式较为灵活，常见的关键帧选取方法如下：一是相隔一定帧数，添加一帧关键帧；二是通过计算相机的移动距离，当移动距离超过一定范围时，此时添加一帧关键帧；三是通过深度学习的方法提取关键帧。为了能够使算法适应多种应用环境，尽可能保留关键信息，关键帧选取的策略如下：

（1）若当前时刻图像中的特征点与上一帧关键帧中特征点的重叠率小于 60%，则认为当前图像与上一帧关键帧存在较大的差异，故保留当前图像作为关键帧。

（2）若空间点在当前时刻图像和上一帧关键帧中对应特征点之间的移动距离超过一定阈值，则认为当前图像和上一关键帧中视角差异较大，需要保留当前图像。

（3）由于激光雷达与惯性传感器紧耦合位姿估计算法可以实时得出智能车辆位姿，而相机固连在车辆上，所以若当前帧图像与上一关键帧之间的位姿变化较大时，包括实际移动距离超过一定阈值或旋转角度超过一定阈值，则需要保留当前帧为关键帧。

3.3.2　基于多源信息的匹配方法

在得到先验视觉信息和先验地图后，可以通过找出当前帧与先验信息的关系实现在已知环境下的匹配。由于先验地图与先验视觉信息存在视觉关联，故可以根据当前位姿和视觉图像找出与当前帧最匹配的先验地图。为了提高鲁棒性，采用多源信息进行地图匹配，首先进行基于先验地图的地图粗匹配，再利用视觉信息得到地图帧的精匹配结果。

1. 基于先验地图的地图粗匹配

在进行匹配定位时，基于激光雷达和惯性传感器紧耦合位姿估计算法仍在实时运行，并得出相应的位姿信息。为了实现匹配，需保证紧耦合位姿的参考坐标系和先验地图建立时的参考坐标系一致，通常可用大地坐标系作为参考坐标系。

在匹配定位开始时，加载所有子地图列表，从而获得各个节点的位姿信息，将紧耦合获得实时位姿与所有的节点进行遍历，在满足"距离在阈值内"及"序号最小"这两个条件时，即可得到基于先验地图的地图粗匹配结果。

1）距离在阈值内

记此时获得的紧耦合实时位姿为 T，第 k 张子地图中的第 i 个节点的位姿为 T_{k_i}，距离阈值设为 D。若满足以下条件，则得到若干个候选子地图：

$$|\varGamma(T^{-1}T_{k_i})| \leq D \tag{3.43}$$

其中，$\varGamma(\cdot)$ 表示从位姿获得平移向量的过程。当相对位姿中平移向量的绝对值在设定的阈值内，则将第 k 张子地图视为候选子地图。

2）序号最小

由于这里的紧耦合算法并没有回环检测过程，故存在累积误差。在长时间、大范围定位过程中，可能出现累积偏差超过阈值 v，使得候选子地图中存在错误解。当车辆重复经过某一区域时，可能会有多张子地图描述了相同的区域。若以距离最小作为判断条件，那么在累积误差的影响下，匹配结果可能非当前的最优结果，在此基础上进行的位姿匹配估计则会产生累积误差。

由于算法运行时间越长，累积误差越大，而此时创建的子地图序号也越大。为了尽可能减小累积误差的影响，可在第一步筛选出的若干张子地图中，选择序号最小的子地图作为地图粗匹配结果。

2. 基于词袋模型的视觉关键帧匹配

当前图像帧与先验视觉关键帧的匹配,本质上是为了得出当前帧图像与先验关键帧之间的相似程度。若两帧图像之间相似度较高,即两张图像中表示的环境较为相像,则可初步认为当前时刻车辆所处环境与先验关键帧创建时的车辆环境距离较近。为了比较图像之间相似度,可通过将图像转化为向量,计算两张图像之间余弦值得出相似度,或通过图像直方图进行对比。但是,这些方法并没有利用提取到的图像特征,当图像的三维视角存在变化时,得到的结果并不能很好描述图像的相似度。为了使用稳定的图像特征计算图像相似度,可以使用词袋模型对图像帧相似度进行描述。

词袋模型(bag of words,BoW),即将视觉特征抽象为视觉单词,并与特征向量空间相对应,若干个视觉单词则可组成视觉词典。先验视觉词袋数据库的构建即为建立视觉词典。在已知环境中处理新的图像帧时,提取特征并计算相应的描述子向量,将其与视觉词典中的特征进行比对。若新的图像帧中存在该描述子,则该特征向量存在的位置为 1,否则为 0。由于视觉词典已确定,则每个图像的向量维度均一致,故也可用一个二进制的描述符 v 描述图像帧。

为了计算图像之间相似度,实际上是让图像中的描述子与词典中各特征的描述子进行搜索匹配,通常会构建词典树模型以提高搜索效率,如图 3-15 所示。若构建出一个 L 层的词典树,则在每一层,特征都被分为 k 类,在最后一层(第 L 层)则会有 k^L 类。当根据图像中的已知特征查找单词时,则可通过逐层搜索找到对应的单词。

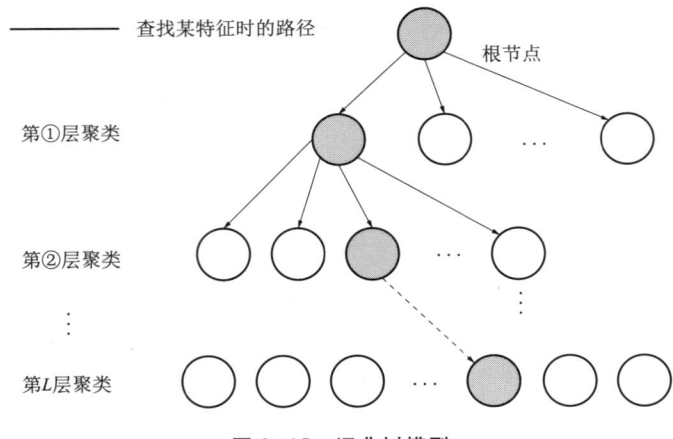

图 3-15 词典树模型

如图 3-16 所示,在通过先验地图列表的位姿搜索配对后得出初步的地图序号,根据该地图序号找出相应的子地图并得到与该子地图相关联的若干个关键帧，并基于词袋模型计算若干个关键帧与当前图像帧的相似度得分。若其中的最高得分满足要求，则该子地图为目标匹配地图，否则遍历所有的关键帧，找出相似度得分最高的关键帧所对应的匹配地图序号。

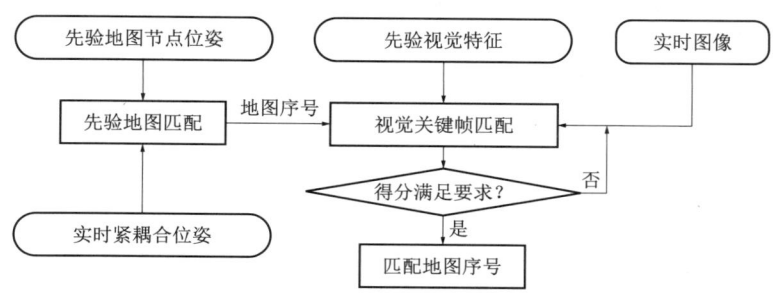

图 3-16 基于多源信息的地图匹配流程

3.3.3 匹配关系验证

在未知环境中，提取并保存关键帧的特征信息作为先验信息。若车辆仍需在该环境中进行定位时，则可以利用先验信息得出匹配结果。在这里，由于先验视觉信息与先验地图存在一定的关联关系，故可以利用视觉特征匹配结果得出先验地图序号，再根据先验地图的序号得出细化的匹配位姿。本小节主要介绍通过视觉特征进行关键帧的匹配及验证方法。

基于词袋模型的关键帧匹配方法完全依赖于原始图像外观，且不关注特征在图像中的分布，故容易产生误匹配。为了验证匹配效果，减小视觉误匹配，采用三重验证方法对当前帧与候选匹配帧之间的匹配关系进行验证，只有当两帧之间配对的特征点数超过一定阈值，才认为匹配关系成立，并将结果送入下一阶段。

1. BRIEF 描述子匹配

为了找出当前图像帧和候选匹配帧中特征点的对应关系，可借助特征点的 BRIEF 描述子匹配实现。由于 BRIEF 描述子可用二进制表示，则每个特征点的 BRIEF 描述子可表示为

$$\boldsymbol{V} = [v_1, \cdots, v_i, \cdots, v_n]^T \qquad (3.44)$$

式中：v_i 表示特征点附近两个像素的灰度大小关系，仅有 0 和 1 两种取值；n 表示描述子的位数特征向量存在位。

计算特征点 BRIEF 描述子之间的汉明距离，即对描述子两两按位进行异或运算，计算数值不同的位的个数，本质上表征了特征点之间的相似程度。对当前帧中每一个 BRIEF 描述子，搜索候选匹配帧中与之汉明距离最小的 BRIEF

描述子，则认为这两个描述子对应的特征点存在匹配关系。

2. 基于基础矩阵估计位姿并剔除外点

仅使用描述子匹配，会造成大量的外点，即误匹配特征点，故需要剔除外点。在获得当前帧图像与待匹配帧的特征点后，可以使用前面介绍的方法，在筛选外点的同时还能得出基础矩阵。根据定义可知，基础矩阵中包含旋转和平移信息，即当前帧图像和待匹配帧图像之间的位姿变换关系。在对基础矩阵进行分解后，即可获得旋转矩阵 $\boldsymbol{R}$ 和平移向量 $\boldsymbol{t}$。

3. 三角化处理及 PnP 剔除外点

通过计算基础矩阵并使用 RANSAC 的方式仍然只是二维之间的匹配，没有充分利用特征点信息。若不同特征点在深度上相差较大，而在二维图像中位置相近，则有可能产生误匹配。对上一步估计出的位姿，采用三角化的方式恢复特征点的 3D 坐标，使用 PnP（perspective-n-point）实现 3D 坐标与 2D 坐标的匹配，并在求解过程中应用 RANSAC 进一步剔除外点。

三角化是指在两处观察同一点的夹角从而确定该点的距离。如图 3-17 所示，记对于同一空间点 P 在两张图像中的对应特征点 p_1、p_2 的归一化坐标为 $\boldsymbol{x}_1$、$\boldsymbol{x}_2$，则根据求出的旋转矩阵 $\boldsymbol{R}$ 和平移向量 $\boldsymbol{t}$，可得

$$s_1 \boldsymbol{x}_1 = s_2 \boldsymbol{R} \boldsymbol{x}_2 + \boldsymbol{t} \tag{3.45}$$

其中，s_1、s_2 为待求值，分别表示相机在不同位置时 P 点到相机的距离。可通过最小二乘法求得距离值，从而获得特征点的 3D 信息。

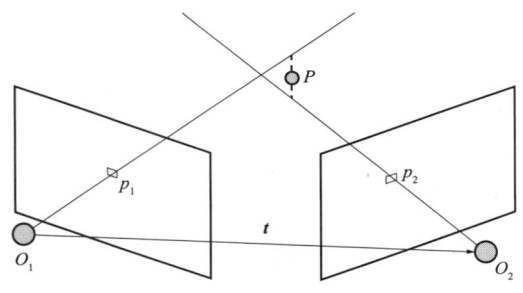

图 3-17 三角化示意图

PnP 问题本质上是为了得到帧间的位姿变换，其输入包括特征点的 3D 坐标以及在图像中的 2D 投影坐标。PnP 问题有多种求解算法，包括直接线性变换、EPnP 算法、非线性优化等。为了得到更精确的特征点配对关系，同样可使用 RANSAC 算法剔除错误匹配，具体步骤如下：

（1）在每一轮迭代过程中，从初步筛选后特征点对中随机选择 4 对点，使用 EPnP 算法估算旋转矩阵 $\boldsymbol{R}$ 和平移向量 $\boldsymbol{t}$。

（2）计算特征点对之间的重投影误差 e_i。若 e_i 小于设定的阈值 ζ，则该特征点为内点，否则视为外点，记录该轮迭代过程中内点的个数。

（3）迭代 k 轮，若得到的内点数占所有特征点的比例大于阈值 T，则停止。选择使内点数最多的旋转矩阵 R 和平移向量 t 作为最优位姿，此时的所有内点即为剔除错误匹配后的配对特征点集。

当最终匹配的特征点数超过一定阈值，则认为得到的关键帧匹配关系正确。三重匹配验证效果图如图 3-18 所示。此时得到的匹配关键帧所属的地图序号可用于下一步的地图匹配。

(a)

(b)

(c)

图 3-18　三重匹配验证效果图（附彩图）

(a) BRIEF 描述子匹配；(b) 基于求解基础矩阵的 RANSAC 匹配；

(c) 基于 PnP 求解的 RANSAC 匹配

3.3.4　基于匹配地图的位姿优化

在得到待匹配的地图后，极大地缩小了匹配范围，且经过视觉的匹配筛选，也获得了当前帧与视觉匹配关键帧之间的相对位姿 T。若匹配地图序号为 k，匹配到的关键帧为第 k 张子地图中关联的第 j 个视觉匹配关键帧，记为 F_{k_j}，该关键帧的位姿为 T_{k_j}，第 k 张子地图的初始全局位姿为 T_k^w，则可得到当前帧在第 k 张子地图中的位姿 $T_n^{m_k}$ 为

$$T_n^{m_k} = T_k^{w-1} T_{k_j} T \tag{3.46}$$

该结果为位姿的视觉初始粗匹配位姿。为了进一步优化位姿，将此粗匹配位姿作为精匹配的输入，构建以下优化函数：

$$\sum_{i \in \text{map}} \omega_i \rho \left(\| r_{\text{map}}(\dot{z}_i^l, \mathcal{X}) \|_2^2 \right) = \frac{1}{2} \sum_{i=1}^{N} \omega_i \ln \left[1 + (T X_i - \mu)^{\text{T}} V \Lambda_{\text{norm}}^{-1} V^{\text{T}} (T X_i - \mu) \right] \tag{3.47}$$

式中：ω_i 为某一栅格的占据概率；N 为待匹配点云中栅格总数；$\rho(\cdot)$ 表示柯西核函数；$r_{\text{map}}(\dot{z}_i^l, \mathcal{X})$ 表示当前帧点云到待匹配子地图的马氏距离；X_i 为待匹配的地图栅格点云；μ 为当前帧中某个栅格中点云的均值；V 为栅格点云中协方差矩阵的特征向量；Λ_{norm} 为归一化后的协方差矩阵的特征值对角矩阵；T 为两个栅格点云之间的位姿关系，也是待优化量。

可使用 LM 非线性优化算法求出代价函数的最小值，获得优化后的位姿。

通过优化求解，最终得出的位姿是当前帧车辆在子地图中的精确位姿 $T_n^{m_i{}'}$，再结合子地图的全局位姿 T_k^w，可获得当前帧车辆的绝对位姿 T_n^w：

$$T_n^w = T_k^w T_n^{m_i{}'} \tag{3.48}$$

3.4　多源定位信息融合优化

这里涉及的定位信息包括实时紧耦合位姿、匹配定位位姿、惯性传感器位姿，有些情况下也会存在卫星信号给出的位置信息。考虑实时性和精度的共同要求，使用滤波融合方法，在多源定位信息存在的情况下获得最优的定位结果。基于滤波的方法扩展性较强，能够支持在后续加入轮速计等定位信息，对更多的信息进行融合。

3.4.1 平方根滤波

卡尔曼滤波是最经典的滤波方法，但在实际应用中，卡尔曼滤波有时会出现发散现象。通常引起滤波器发散的原因主要有以下两点：一是系统的数学模型和噪声统计模型不准确；二是因为卡尔曼滤波在递推过程中的误差累积使得估计的误差矩阵失去非负定性，从而使得增益矩阵计算失真而导致发散。原因一主要与系统构建有关，可以通过构建合适的模型来解决；原因二导致的发散属于算法本身的缺陷，故需要考虑其他的滤波方法解决卡尔曼滤波发散问题。

平方根滤波就是为了解决卡尔曼滤波由于误差矩阵失去非负定性导致发散问题而提出的滤波算法。对于非零矩阵 L，自身与其转置矩阵的乘积一定是非负定的，即 $LL^T = A$，称 L 为 A 的平方根。若在滤波过程中，使用误差矩阵 P 的平方根进行计算，则得到的误差矩阵一定是非负定的。为了降低计算量，可对误差矩阵 P 作三角分解，得到的三角阵可作为其平方根。

在卡尔曼滤波中，由于误差矩阵仅在更新部分会引起增益矩阵的失真，从而导致发散。在误差矩阵的更新过程中有

$$P_k = (I - K_k H_k)\bar{P}_k = \left(I - \frac{\bar{P}_k H_k^T}{H_k \bar{P}_k H_k^T + R_k} H_k\right)\bar{P}_k \tag{3.49}$$

平方根滤波算法仅对误差矩阵进行了分解，即

$$\begin{cases} P_k = \Delta_k \Delta_k^T \\ \bar{P}_k = \bar{\Delta}_k \bar{\Delta}_k^T \end{cases} \tag{3.50}$$

其中，Δ_k 和 $\bar{\Delta}_k$ 分别是 P_k、$\bar{P}_k$ 的平方根，则有

$$\Delta_k \Delta_k^T = \left(I - \frac{\bar{\Delta}_k \bar{\Delta}_k^T H_k^T}{H_k \bar{\Delta}_k \bar{\Delta}_k^T H_k^T + R_k} H_k\right) \bar{\Delta}_k \bar{\Delta}_k^T = \bar{\Delta}_k \left(I - \frac{\bar{\Delta}_k^T H_k^T H_k \bar{\Delta}_k}{H_k \bar{\Delta}_k \bar{\Delta}_k^T H_k^T + R_k}\right) \bar{\Delta}_k^T \tag{3.51}$$

令

$$a_k = \bar{\Delta}_k^T H_k^T \tag{3.52}$$

$$b_k = (H_k \bar{\Delta}_k \bar{\Delta}_k^T H_k^T + R_k)^{-1} \tag{3.53}$$

最终可得平方根滤波算法量测更新部分的计算公式为

$$\begin{cases} K_k = b_k \bar{\Delta}_k a_k \\ X_k = \bar{X}_k + K_k (Z_k - H_k \bar{X}_k) \\ \Delta_k = \bar{\Delta}_k - \gamma_k K_k a_k^T \end{cases} \tag{3.54}$$

其中，

$$\begin{cases} a_k = (H_k \bar{\Delta}_k)^T \\ b_k = (a_k^T a_k + R_k)^{-1} \\ \gamma_k = (1 + \sqrt{b_k R_k})^{-1} \end{cases} \quad (3.55)$$

3.4.2 基于引入遗忘因子的自适应平方根滤波算法的多源信息滤波融合优化

在实际应用中，方差矩阵 Q 或 R 往往并不能准确获得，通常需要对其进行人为设定，但有时这些参数并不满足人为设定值，甚至可能是时变参数。由于给定的噪声方差矩阵与实际噪声分布相差过大，同样会导致滤波器发散，所以对方差矩阵 Q 或 R 进行自适应调节能够在很大程度上提高滤波的稳定性和精确度。

有学者在自适应滤波算法的基础上引入了遗忘因子，以增加对未知时变噪声的估计。在这里，也引入遗忘因子，将历史观测噪声和实时观测误差以不同的权重计算实时的观测噪声。

记遗忘因子为 d，历史观测噪声方差矩阵为 R_{k-1}，则观测噪声方差矩阵可更新为

$$R_k = (1-d)R_{k-1} + d(Z_k - H_k X_k)(Z_k - H_k X_k)^T \quad (3.56)$$

同时对过程噪声方差矩阵加上噪声驱动阵 Γ_k，故自适应平方根滤波算法的量测更新可表示为

$$\begin{cases} K_k = b_k \bar{\Delta}_k a_k \\ X_k = \bar{X}_k + K_k(Z_k - H_k \bar{X}_k) \\ \Delta_k = \bar{\Delta}_k - \gamma_k K_k a_k^T \\ R_k = (1-d)R_{k-1} + d(Z_k - H_k X_k)(Z_k - H_k X_k)^T \end{cases} \quad (3.57)$$

其中，a_k、b_k、γ_k 含义与式（3.55）一致。

当输入有效时进行时间更新过程，即

$$\begin{cases} \bar{X}_k = \Phi_{k,k-1} X_{k-1} + B_{k,k-1} u_{k-1} \\ \bar{\Delta}_k = \text{chol}(\Phi_{k,k-1} \Delta_{k-1} \Delta_{k-1}^T \Phi_{k,k-1}^T + \Gamma_{k-1} Q_{k-1} \Gamma_{k-1}^T) \end{cases} \quad (3.58)$$

其中，chol(·) 表示 cholesky 分解过程。

基于滤波的多源定位信息融合可分为直接法和间接法。直接法将各定位源输出的定位参数作为状态参数，经过滤波处理后得到最优估计，如图 3-19 所示。间接法以各个定位源的误差量作为状态参数，经过滤波处理后得到误差量的估计值，用此估计值对各个定位源的输出进行校正，从而得到相应的最优定

位参数估计值,如图 3-20 所示。

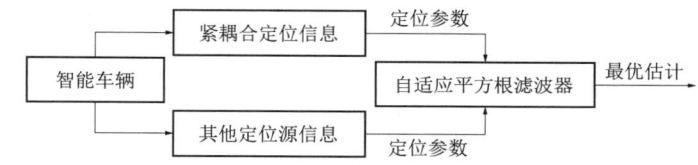

图 3-19　直接法的滤波框架

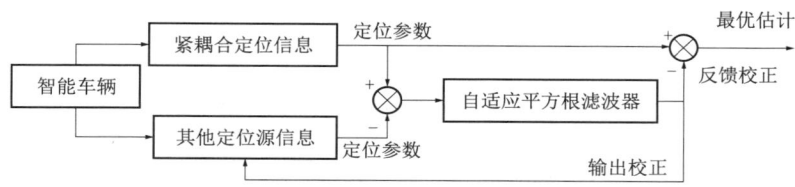

图 3-20　间接法的滤波框架

直接法和间接法的滤波框架根据使用场景和需求的不同被广泛应用。通常,直接法反映系统的动态特性,并在滤波计算速度方面优于间接法,而间接法由于对误差量进行估计,得到的精度和稳定性要高于直接法。在这里,滤波是为了利用多种定位信息,得到更高精度的结果,故选择间接法作为滤波框架。其优点还在于误差参数为线性,能够在同一状态方程下对多个定位源的误差进行优化,具有较强的扩展性。

在实际应用中,除了紧耦合的定位信息和惯性导航的定位信息,在已知环境中进行匹配定位时,还会存在经过视觉增强的匹配定位信息。同时,在一些卫星信号较好的环境,还会存在可利用的全球定位系统提供的较为准确的定位信息。

采用间接法的滤波框架进行滤波融合,状态量为各定位源之间的位移偏差、速度偏差以及姿态偏差。为了避免姿态解算过程中可能出现的奇异性问题,并尽量减少参数,选择四元数表示姿态,故状态量为 $[\Delta p_x, \Delta p_y, \Delta p_z, \Delta v_x, \Delta v_y, \Delta v_z, \Delta q_w, \Delta q_x, \Delta q_y, \Delta q_z]^T$,记为 $[\Delta \boldsymbol{p}, \Delta \boldsymbol{v}, \Delta \boldsymbol{q}]^T$。

当时间连续时,各状态对时间的导数可表示为

$$\begin{cases} \dot{\boldsymbol{p}}(t) = \boldsymbol{R}\boldsymbol{v}(t) \\ \dot{\boldsymbol{v}}(t) = \boldsymbol{a}(t) \\ \dot{\boldsymbol{q}}(t) = \frac{1}{2}\boldsymbol{\omega}(t)^{\wedge}\boldsymbol{q}(t) \end{cases} \quad (3.59)$$

其中,$\boldsymbol{R}$ 为当前 t 时刻根据激光里程计输出的角度值得到的旋转矩阵。$\boldsymbol{\omega}(t)^{\wedge}$ 为当前 t 时刻惯性导航输出的角速度的矩阵形式,表示为

$$\boldsymbol{\omega}(t)^{\wedge} = \begin{bmatrix} 0 & -\omega_x & -\omega_y & -\omega_z \\ \omega_x & 0 & \omega_z & \omega_y \\ \omega_y & -\omega_z & 0 & \omega_x \\ \omega_z & \omega_y & -\omega_x & 0 \end{bmatrix} \quad (3.60)$$

将模型简化为匀速运动模型,即加速度理论值为0,但由于存在零偏噪声 n_a,故位置和速度的连续状态方程可表示为

$$\begin{bmatrix} \Delta \dot{\boldsymbol{p}}(t) \\ \Delta \dot{\boldsymbol{v}}(t) \end{bmatrix} = \begin{bmatrix} 0^T & \boldsymbol{R} \\ 0^T & 0^T \end{bmatrix} \begin{bmatrix} \Delta \boldsymbol{p}(t) \\ \Delta \boldsymbol{v}(t) \end{bmatrix} + \begin{bmatrix} 0^T \\ \boldsymbol{I} \end{bmatrix} \boldsymbol{n}_a \quad (3.61)$$

对式(3.61)进行离散化处理,可得位置偏差和速度偏差的状态转移方程为

$$\begin{bmatrix} \Delta p_{k+1} \\ \Delta v_{k+1} \end{bmatrix} = \begin{bmatrix} I & R_k dt \\ 0^T & I \end{bmatrix} \begin{bmatrix} \Delta p_k \\ \Delta v_k \end{bmatrix} + \begin{bmatrix} R_k dt^2/2 + I dt \\ I dt \end{bmatrix} n_a \quad (3.62)$$

根据式(3.61)和式(3.62),则姿态的导数可表示为

$$\begin{bmatrix} \dot{q}_w \\ \dot{q}_x \\ \dot{q}_y \\ \dot{q}_z \end{bmatrix} = \frac{1}{2} \begin{bmatrix} 0^T & -\omega_x & -\omega_y & -\omega_z \\ \omega_x & 0^T & \omega_z & \omega_y \\ \omega_y & -\omega_z & 0^T & \omega_x \\ \omega_z & \omega_y & -\omega_x & 0^T \end{bmatrix} \begin{bmatrix} q_w \\ q_x \\ q_y \\ q_z \end{bmatrix} \quad (3.63)$$

使用比卡逼近法进行四元数的离散化处理,则

$$\Delta q_{k+1} = \left(I \cdot \cos \frac{\Delta \theta}{2} + \omega^{\wedge} dt \cdot \frac{\sin \frac{\Delta \theta}{2}}{\Delta \theta} \right) \Delta q_k \quad (3.64)$$

其中,$\Delta \theta$ 为在 dt 时间内的角增量,表示为

$$\Delta \theta = \sqrt{(\omega_x dt)^2 + (\omega_y dt)^2 + (\omega_z dt)^2} \quad (3.65)$$

在实际运算中,将三角函数按级数展开为有限项,为了提高精度,故使用四阶近似计算:

$$\Delta q_{k+1} = \left[I \left(1 - \frac{\Delta \theta^2}{8} + \frac{\Delta \theta^4}{384} \right) + \left(\frac{1}{2} - \frac{\Delta \theta^2}{48} \right) \omega^{\wedge} dt \right] \Delta q_k \quad (3.66)$$

由于惯性导航输出的角速度存在零偏噪声 n_ω,故将角度偏差 Δq_{k+1} 和噪声 n_ω 加入式(3.66),得到系统状态转移方程为

$$\begin{bmatrix} \Delta p_{k+1} \\ \Delta v_{k+1} \\ \Delta q_{k+1} \end{bmatrix} = \begin{bmatrix} I & R_k dt & 0^T \\ 0^T & I & 0^T \\ 0^T & 0^T & I\left(1 - \frac{\Delta \theta^2}{8} + \frac{\Delta \theta^4}{384}\right) + \left(\frac{1}{2} - \frac{\Delta \theta^2}{48}\right)\omega^{\wedge} dt \end{bmatrix} \begin{bmatrix} \Delta p_k \\ \Delta v_k \\ \Delta q_k \end{bmatrix} +$$

$$\begin{bmatrix} R_k \mathrm{d}t^2/2 + I\mathrm{d}t & \mathbf{0}^{\mathrm{T}} \\ I\mathrm{d}t & \mathbf{0}^{\mathrm{T}} \\ \mathbf{0}^{\mathrm{T}} & I\mathrm{d}t \end{bmatrix} \begin{bmatrix} n_a \\ n_\omega \end{bmatrix} \tag{3.67}$$

根据系统状态方程和观测方程,得到自适应平方根滤波算法中的 **H**、**Φ**、**Γ** 矩阵。给定初始的误差矩阵为零矩阵,初始过程噪声协方差为单位阵,初始观测噪声协方差矩阵为单位阵,则可根据每一时刻的观测值,递推得到该时刻的最优估计值。

3.5 多车协同定位

本节研究的多车智能车辆系统由多辆智能车辆子系统和一个集中式计算中心组成,各子系统与终端保持实时通信,以实现系统数据关联。本节介绍多车辆智能车辆在一处封闭区域内进行协同探索、搜救、围捕等任务,并在执行任务期间实现多车智能车辆系统的实时精确定位与全局目标地图创建。当某辆智能车辆发生故障时系统不会因此而终止任务。多车协同任务描述示意图如图 3-21 所示。图中蓝色区域表示高大的建筑物,黑色小圆点代表环境中出现的固定不变的物体特征(如草丛、树木、标杆等物体)。当三辆智能车辆在规定位置同时或先后行驶进入该封闭区域执行具体任务时,各车智能车辆子系统会通过车载传感器对自身车辆位姿进行实时估计,并构建出基于自身局部坐标系的特定形式的局部点云地图,然后将构建的局部点云地图以某种压缩形式传输到集中式计算中心。集中式计算中心对整个多车智能车辆系统的车辆位姿进行联合优化,同时生成全局目标地图并不断更新和维护。当集中式计算中心完成位姿联合优化后再将结果反馈给各车智能车辆子系统,从而实现各智能车辆的实时精确定位。在整个过程中,智能车辆与集中式计算中心都是通过 4G 无线通信模块进行实时通信的。

多车智能车辆协同定位系统的具体工作流程如下:

(1)系统初始化。初始化内容包括传感器标定、检测各传感器数据是否正常、设置各智能车辆子系统的初始位置。

(2)数据采集。各智能车辆根据自身规划的路径对环境进行探索,对传感器数据进行采集,然后传输给智能车辆上的计算处理单元进行处理。

(3)智能车辆子系统数据处理。智能车辆子系统对获得的激光点云数据和惯性导航数据进行处理,通过激光里程计对智能车辆位姿进行估计,并将激光点云拼接为局部点云地图。

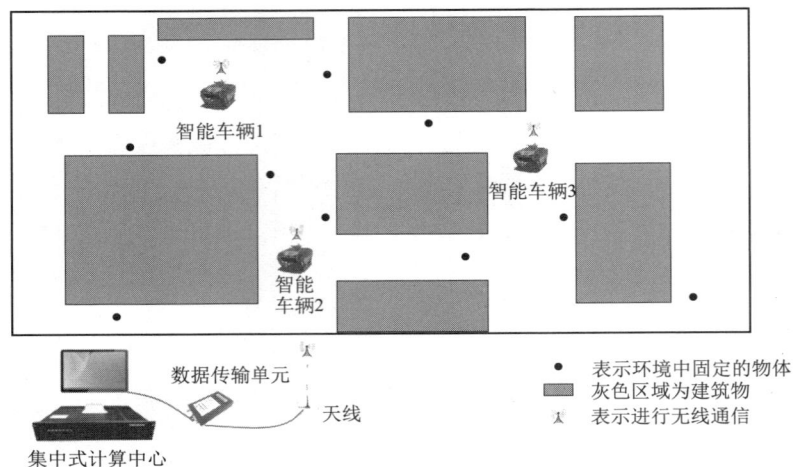

图 3-21 多车协同任务描述示意图（附彩图）

（4）特征描述建立。根据局部点云地图，首先分离地面点云和非地面点云，并对非地面点云根据物体属性进行聚类，聚类后再对各个点云分段进行特征描述提取。

（5）数据传输。各智能车辆子系统将处理后的局部点云地图与位姿估计结果传输至集中式计算中心。

（6）数据处理。集中式计算中心将对所有智能车辆的位姿进行统一优化，优化后得到各智能车辆子系统的实时精确位姿，同时生成统一的全局目标地图。

（7）数据反馈。集中式计算中心将优化后的结果反馈给各智能车辆子系统。

各智能车辆子系统前端通过将自身实时构建的局部点云地图与后端的全局目标地图进行匹配来完成位置识别，从而可以建立自身局部坐标系与全局坐标系之间的约束关系，即智能车辆子系统与全局坐标系之间的位置约束。构建位置约束关系是实现多车智能车辆系统协同定位的核心，其为后端的优化问题提供了约束。如何通过位置约束关系对整个多车智能车辆系统的位姿进行统一优化是集中式后端主要考虑的问题。

接下来主要介绍将智能车辆子系统之间的位置约束与各智能车辆自身位姿的顺序约束相结合的集中式位姿联合优化方法。通过构建稀疏增量式位姿图对整个多车智能车辆系统的所有智能车辆位姿进行优化，然后再将优化后的结果反馈给各智能车辆子系统。各智能车辆子系统传递到后端的局部点云地图最终合并成全局目标地图，并提供给整个多车智能车辆系统使用，所有后端还需要对全局目标地图进行构建与管理。

3.5.1 基于顺序约束与位置约束的多车位姿联合优化

智能车辆子系统前端使用激光里程计对智能车辆位姿进行实时位姿估计，但是会随着时间产生一定的累积误差。这就需要利用集中式后端通过多车协同定位方法对这些累积误差进行消除，采用位姿图优化理论对多车智能车辆系统进行位姿优化。位姿图（pose graph）是指在优化过程中只关心智能车辆的运动轨迹，而不再关心智能车辆周围的环境路标，从而构建出了只保留智能车辆轨迹的因子图优化问题。

图 3-22 为多车智能车辆系统位姿联合优化示意图。其中，虚线和实线分别表示两辆智能车辆子系统的轨迹，三角形表示智能车辆的位姿，箭头则表示智能车辆位姿之间的相对约束关系。由此，构建的因子图优化模型为

$$G = (F, \Xi, \varepsilon) \tag{3.68}$$

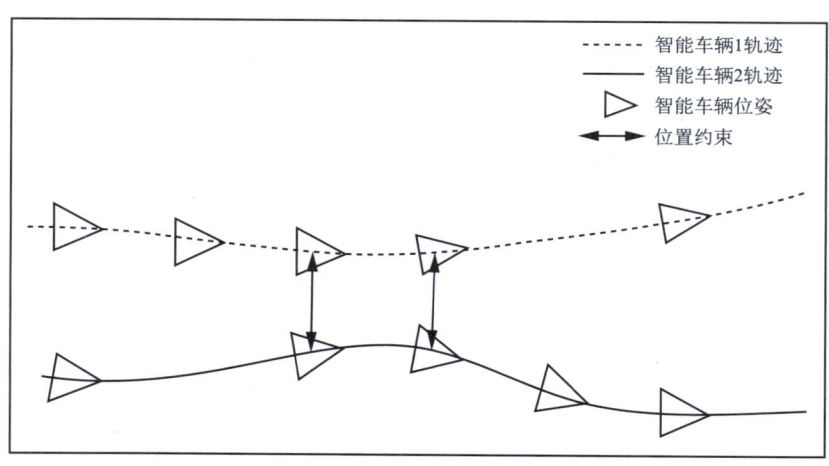

图 3-22 多车智能车辆系统位姿联合优化示意图

因子图模型如图 3-23 所示，其表示连接系统所有相关元素的底层二分图。$f_i \in F$ 表示因子节点（图中使用方框表示）；$\xi_i \in \Xi$ 表示变量节点（图中使用圆圈表示）；$\xi_i \in \varepsilon$ 表示连接因子节点和变量节点的边。系统中变量节点 ξ_i 具体指系统的状态，表示各辆智能车辆子系统的位姿，即 $\xi_i \in SE(3)$；因子节点 f_i 表示多智能车辆系统位姿之间的约束。

根据上述因子图模型可定义目标函数为 $f(\Xi)$，即

$$f(\Xi) = \prod_i f_i(\Xi_i) \tag{3.69}$$

其中，Ξ_i 表示与因子节点 f_i 相邻的变量节点；全局因子图中共包含了 3

种不同类型的因子节点，即先验因子 $f_{\text{prior},0}(\Xi_0)$、顺序约束因子 $f_{\text{seq},i}(\Xi_i)$ 和位置识别因子 $f_{\text{PR},i}(\Xi_i)$，分别对应图 3-23 中的绿色、蓝色和红色部分。先验因子 $f_{\text{prior},0}(\Xi_0)$ 表示各智能车辆子系统自身局部坐标系的起始点；顺序约束因子 $f_{\text{seq},i}(\Xi_i)$ 表示连接由各智能车辆子系统前端激光里程计通过实时位姿估计得到的连续轨迹中位姿变量节点之间的因子节点，这里直接指由 LiDAR-IMU 激光里程计输出的位姿顺序连接；位置识别因子 $f_{\text{PR},i}(\Xi_i)$ 表示各智能车辆子系统完成场景识别后得到的位置约束。由于所有测量值均可以完全独立于固定参考系，并且考虑到在多车智能车辆系统中应用的便捷性，因此所有因子均表示为相对位姿测量值，并且使用完整的 6-DOF 进行表示。

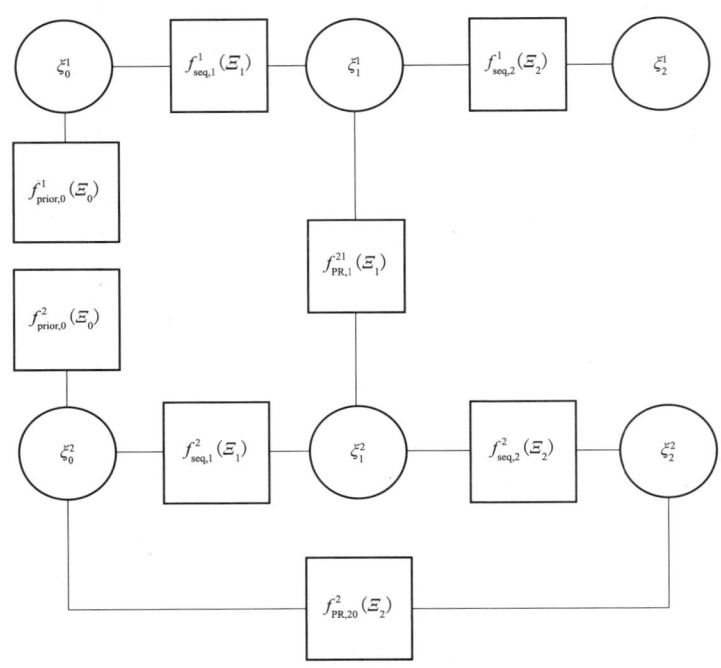

图 3-23　多车智能车辆协同定位后端优化因子图模型（附彩图）

1. 顺序约束生成

显然，对于各智能车辆子系统的位姿顺序约束，如果仅使用激光雷达传感器，则可以通过匹配来获得；如果融合了其他传感器，则可以通过多传感器融合后获得。对于所提出的系统前端采用了激光雷达和 IMU 融合的激光里程计，其在运动剧烈和观测环境结构性较差时，不会出现较为明显的漂移误差。因此，这里使用前端激光里程计输出的位姿生成顺序约束，从而得到顺序约束因子，即

$$f_{\text{seq},i}(\Xi_i) = \xi_{i-1}^{-1} \oplus \xi_i \tag{3.70}$$

其中，该顺序约束因子用来连接后端联合优化中相邻的位姿 ξ_{i-1} 和 ξ_i。为了避免智能车辆在不运动时产生的非信息性数据积累和因子图增长，假设智能车辆行驶距离超过了规定的最小移动距离 $d_{\min}$，则将位姿节点 ξ_i 添加到因子图中，这里设定最小移动距离是一种标准作法。

2. 位置约束生成

本节采用多车智能车辆系统之间的间接观测约束模型来生成多车智能车辆系统之间的数据关联，即得到因子图模型中提到的位置识别因子 $f_{PR,i}(\Xi_i)$。位置识别因子同样分为两类：一类是智能车辆子系统行驶到自己所构建的地图区域完成闭环检测所得到的位置识别因子；另一类是智能车辆子系统行驶到其他智能车辆所构建的地图区域完成位置识别所得到的位置识别因子。这两类位置识别在多车智能车辆系统中可以认为是完全一致的，因为都是对智能车辆子系统局部点云地图与系统全局目标地图之间的匹配过程。

定义局部点云地图为 M_s，全局目标地图为 M_t。通过基于环境统一特征描述的车辆位置识别方法已经得到了 M_s 与 M_t 之间的数据关联，然后便可以将其转换成位置识别因子 $f_{PR,i}(\Xi_i)$ 的形式。设任意一辆智能车辆在 i 时刻行驶到了另一辆智能车辆在 j 时刻所行驶到的位置，并完成了位置识别。由于完成几何验证是在世界坐标系下分段进行转换的，因此相对转换的变换矩阵也将在世界坐标系下给出，即 W_{ij}^w，进而可以计算出位置识别因子为

$$f_{PR,i}(\Xi_i) = W_{ij}^i = \xi_i^{-1} \oplus W_{ij}^w \oplus \xi_j \tag{3.71}$$

3. 稀疏增量位姿图优化

对于优化问题，可以将上述目标函数构建为一个总体意义下的最小二乘问题。因此，构建集中式后端位姿联合优化的目的是在给定观测值 z_i 的情况下计算目标函数 $f(\Xi)$ 的最大后验概率（MAP）估计值，从而使对数后验 E 最小化。这里假定所有测量都符合高斯测量模型，从而得到以下待优化方程：

$$f_i(\Xi_i) \propto \exp\left(-\frac{1}{2} \| z_i(\Xi_i) - \tilde{z}_i \|_{\Omega_i}^2 \right) \tag{3.72}$$

$$E = -\log f(\Xi) \tag{3.73}$$

$$\arg\min_{\Xi} (E) = \operatorname{argmin}_{\Xi} \left(\sum_i e_i^T \Omega_i e_i \right) \tag{3.74}$$

其中，$e_i = z_i(\Xi_i) - \hat{z}_i$ 是预测函数 $z_i(\Xi_i)$ 与测量值 $\hat{z}_i$ 之间的误差；Ω_i 为信息矩阵。

为了使优化器免受错误位置识别的影响，在位置识别因子中添加了 Cauchy 函数作为 M 估计器，该函数考虑了可能错误因素对优化目标 E 的影响。函数 $z_i(\Xi)$ 是非线性的，使用 LM 算法通过非线性优化将误差 E 最小化。另外，还

使用 iSAM2 算法对姿态图进行增量式更新和优化，从而实现有效的变量重新排序和线性化；通过先验因子 $f_{\text{prior},0}(\Xi_0)$ 引入的弱链接，一旦系统检测到智能车辆之间的位置识别，就可以从因子图中删除一个先验信息，并且 iSAM2 算法可以对变量进行有效的重新排序和线性化。因此，贝叶斯树方法在更新由多车智能车辆系统问题产生的姿态图时是非常适用的。

3.5.2 全局目标地图构建

集中式后端除了对多车智能车辆系统的位姿进行联合优化外，还需要对全局目标地图进行构建和管理。在考虑顺序约束和位置约束对多车智能车辆系统位姿进行联合优化的同时，还会根据更新后的位姿对全局目标地图 M_t 进行构建和更新。

1. 局部点云地图生成

多车智能车辆系统中的每一辆智能车辆子系统都负责生成自己的分段局部点云地图 M_s^j，其中 j 表示智能车辆子系统的唯一标识符。分段局部点云地图 M_s^j、变量节点（即智能车辆位姿）ξ_i^j 以及顺序约束因子 $f_{\text{seq},i}(\Xi_i)$，是前端唯一传递到集中式后端的信息。将局部点云 P_s^j 转换为 M_s^j 会引起点云数据的压缩，这是减少多车智能车辆系统中所需通信带宽的主要优势。一旦相应变量节点 ξ_i 被后端优化，就通过累积 3D 点云数据来创建中间局部点云表示 P_s^j。噪声数据使用分辨率为 res_{voxel} 的体素网格进行过滤，并且每个体素只有满足最小点数（即具有 $n_{\min}$ 个点）要求才能将其视为已占用。如果希望进一步过滤动态效果，也可以考虑使用八叉树地图对点云进行存储，而且会通过提取以当前智能车辆位置为中心、半径为 R 的圆柱邻域内的点来限制 P_s^j 的增长。生成的局部点云地图如图 3-24 所示，其中不同分段使用随机颜色进行表示。

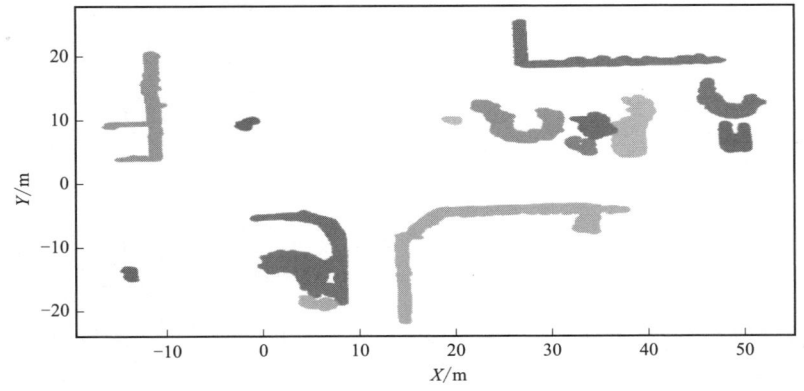

图 3-24　局部原始地图生成（附彩图）

但是，应用此圆柱为过滤器不可避免地会将与边界重合的对象部分所切割，然后导致 M_s^j 中的"不完整分段"，从而可能干扰全局目标地图 M_t 中的"完整视图"。这里可以通过过滤半径较小的 P_s^j 来检测这些"不完整的分段"，其中 $r=R-b$，b 是外部区域的厚度。包含该区域内点的分段将从 M_s^j 中丢弃，从而可以解决该"不完整分段"问题。另外，智能车辆前端可以将处理完毕的局部点云地图 M_s^j 传递到集中式后端，并用于分类匹配和全局目标地图 M_t 的构建。

2. 增量目标地图管理

当所有智能车辆子系统将分段局部点云地图 M_s^j 传递至后端后，集中式后端主要负责将 M_s^j 合并到统一的一张全局目标地图 M_t 中，如图 3-25 所示。对 M_s^j 中的每个点云分段，首先需要检查 M_t 中是否存在与之相重复的点云分段，即由相同对象部分产生但在不同时间提取的分段。由于单车智能车辆子系统所搭载的车载激光雷达测距是局部精确的，因此可以通过将距 M_t 最接近分段质心的距离与规定的最小距离 d_{seg} 进行比较，来有效地检测到这些"重复分段"。

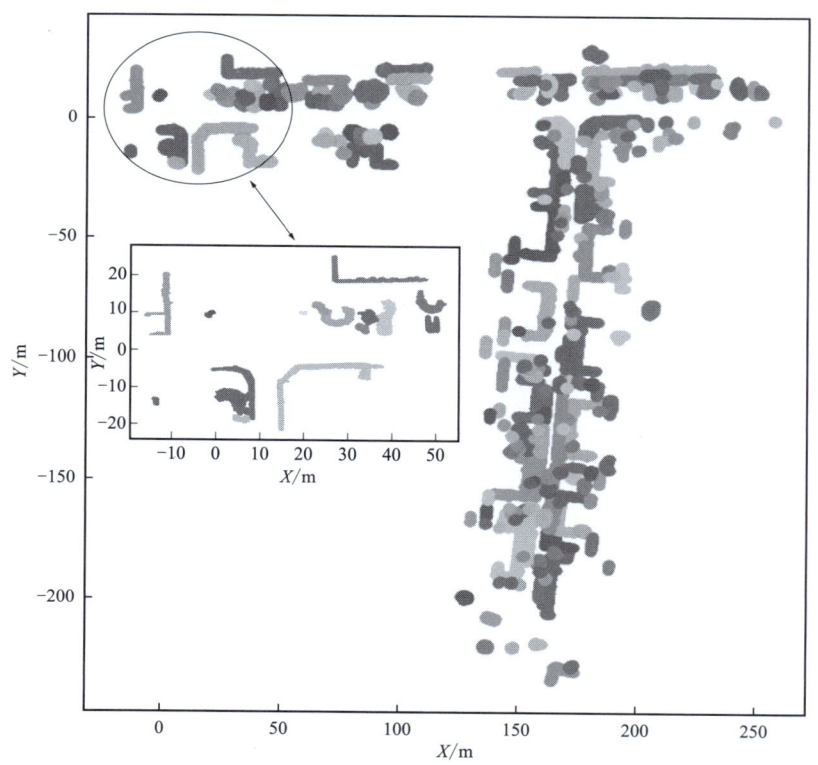

图 3-25　增量目标地图管理（附彩图）

此外，由于希望能够不断更新和维护最新的全局目标地图，因此会选择删除这些重复分段中构建时间最早的一个。在完成位置识别的地方，使用类似的方法对 M_t 进行更新。当更新后的各车智能车辆轨迹被给定，目标分段的位置将首先被刷新，从而它们相对于轨迹的分割起点也将被获得。在成功完成识别位置的情况下，全局目标地图的各部分将正确对齐，并且可以安全地进行过滤，并将重复分段进行删除，从而完成全局目标地图的增量管理。

第 4 章
驾驶行为认知与智能决策

本章探讨了认知心理学在驾驶行为研究中的应用。首先，讨论了认知过程及其模型和理论，分析了这些理论如何解释驾驶行为的认知特征，包括定义驾驶行为、理解驾驶任务需求、揭示信息加工过程、阐明注意力机制以及评估驾驶任务负荷；还探讨了驾驶中的认知失误，包括失误类型、影响因素以及防范措施。其次，探讨了智能决策理论和方法，特别是机器学习、强化学习、神经网络在智能驾驶决策中的应用。最后，通过几个案例研究，展示了这些理论和方法如何集成到驾驶决策辅助系统中，并讨论了驾驶认知与智能决策的交互作用以及驾驶辅助系统的设计与优化。本章将为读者提供认知心理学在驾驶辅助系统开发中的深入应用视角。

4.1 认知心理学基础

认知是一个涉及心理过程的广泛概念，包括信息获取、处理、存储和应用，涵盖了人类思考、知觉、记忆、判断和问题解决等多方面的能力。在心理学和神经科学领域，认知是个体如何理解并与周围世界交互的关键。认知心理学（cognitive psychology）是对注意力、语言使用、记忆和感知等心理过程的科学研究，是在 20 世纪五六十年代才出现的。现代认知心理学观点通常将认知视为一种双重过程理论，由丹尼尔·卡尼曼在 2011 年提出。双重过程理论，又称为双加工理论或双系统理论（dual process theory），在心理学中描述了思维如何以两种不同的方式产生，或思维是如何作为两种不同过程之结果。这两种过程通常是由一种隐性的、自动的、无意识的过程，以及另一种显性的、受控的、有意识的过程所组成。显性过程、显性态度以及显性行为是以言语的形式来表达，可通过训练改变，而隐性过程或隐性态度则需要长时间才能随着新习惯的形成而改变。

4.1.1 认知过程概述

认知过程是指大脑处理信息、获得知识以及理解环境的过程。认知过程包括一系列复杂的心理活动，它们共同构成我们理解世界、作出决策、学习和适应环境的基础。下面是认知过程的几个关键组成部分：

（1）感知（perception）。感知是通过感官（视觉、听觉、嗅觉、味觉和触觉）收集外界信息，并将其转化为神经信号的过程。这些信号随后被大脑解释和理解。感知是我们与环境互动的基础,它影响我们对事物的理解和反应。例如,在驾驶时,感知涉及观察路况、识别交通标志和监测周围车辆的动态。

(2) 注意力(attention)。注意力是心理资源的集中和分配,使我们能够专注于特定的信息或驾驶任务,同时过滤掉不相关或干扰性的外在或内在信息。在驾驶过程中,有效的注意力分配帮助我们专注于重要的驾驶任务,提高驾驶效率和行为表现。注意力对驾驶行为和环境感知信息处理的有效性至关重要,尤其是在信息量大的复杂驾驶环境下或多驾驶任务环境中。

(3) 记忆(memory)。记忆是存储、保留和回忆过去经验和学习信息的一种能力,包括编码(处理和理解信息)、存储(长期或短期保留信息)和回忆(从记忆中检索信息)。记忆是学习的基础,它使我们能够利用过去的经验来指导当前和未来的行为。

(4) 思维(thinking)。思维是组织、识别、分析和合成信息的过程,包括概念化、归纳、演绎和类比等。思维的现实案例包括从简单的日常决策(如选择穿哪件衣服)到更复杂的问题解决(如科学研究或解决数学问题)。思维使我们能够解释和理解周围的世界,是学习、创新和理解复杂概念的基础。

(5) 语言(language)。语言是一种符号系统,通过它我们理解和生成口头或书面表达,包括理解他人的语言(听力理解和阅读理解)和产生自己的语言(口语和写作)。语言是人类沟通和表达思想、感情、意图的主要工具。

(6) 解决问题(problem solving)。解决问题是识别问题所在、提出可能的解决方案、评估这些解决方案并执行解决方案的过程。其涉及诸如定义问题、生成解决方案、选择最佳方案等步骤。解决问题是日常驾驶和专业活动中不可或缺的技能,对创新和适应性至关重要。

(7) 决策(decision making)。决策是评估多个选项并选择最佳行动方案的过程,涉及比较不同选择的利弊、预测结果和考虑风险。良好的决策能力对驾驶行为的安全高效性至关重要。

(8) 创造力(creativity)。创造力是产生新颖、有价值的想法或解决方案的能力,通常包括原有信息的新颖组合、想象和实验。

以上基本的认知过程相互联系并相互作用,共同构成了我们复杂的认知心理功能,使我们能够有效地适应并与周围世界互动。通过理解这些认知过程,我们可以更好地洞察人类行为,提升个人能力(如驾驶水平等),甚至解决复杂的社会问题。

4.1.2 认知体系结构建模理论及方法

认知体系是人类认知能力针对特定计算行为模型的通用框架。该模型把人作为系统所具有的行为能力的边界进行具体化。人的行为能力主要包括记忆、学习、感知以及完成动作等能力。人的能力边界包括记忆力的减退、视网膜对周围信息编码的错觉以及运动能力的可达域等。认知体系必须保证基于其开发的认知过程模型是严密的并且在心理学上没有歧义,因此认知体系应完全遵循人作为一个有机体时所满足的所有限制。使用认知体系结构对人类行为能力进行建模仿真的过程和方法通常被称为认知建模。

认知建模作为一种人类功效学建模的理论和技术,具有以下优点:

(1)认知体系结构模型整合了感觉与知觉、记忆与学习、推理判断和问题解决等各方面的认知心理学理论,因此能够更全面地模拟人类行为或功能绩效。传统认知心理学理论大多使用分析的方法,分别研究认知过程的某一个方面(如记忆或者视觉注意)。分析的方法有助于验证单一因素的作用与功能。但是,由于人的行为(如驾驶行为)是同时由各种认知过程共同影响的结果,只有多模块共同耦合形成的认知理论才能完整地描述和预测人的复杂行为(如复杂交通环境下驾驶人的动态决策行为),进而准确推断引发外部结果(如反应时间、正确率)的内部原因(如信息加工的具体过程),有助于找到提高人类绩效和降低认知负荷的方法。

(2)由于认知体系结构中的各个子模块有其对应的脑功能区域,因此认知建模有其相应的脑神经生理学依据,并且能够使用脑功能成像技术,对模拟结果进行验证。

(3)认知建模能够定量地描述和预测人类绩效。相比其他定性的认知心理学理论,认知体系结构使用的都是定量的、可计算的理论和方程,因此能够量化地模拟人类绩效(如反应时间、正确率、决策结果等)。

由于认知体系结构在形式上是一个计算机仿真程序,因此认知建模的方法和结果更容易与其他智能系统相互整合,开发出智能培训及智能辅助系统。目前仍在不断发展完善的认知体系结构主要包括 ACT-R 结构、排队网络认知体系结构和 Soar 结构等。

1. 脑功能磁共振成像

高级神经活动是指人类大脑皮层的活动,而思维和实践行为都是高级神经活动的体现。人类中枢神经系统的高级机能,除条件反射外,还包含学习和记忆行为等。大脑皮层各部分的结构差别很大,应用最广泛的 Brodmann 分区方案把大脑皮层分为 52 个区,被脑功能磁共振成像(fMRI)技术所采用。图 4-1 为 Brodmann 大脑分区,表 4-1 为人类大脑皮层的 Brodmann 分区,第 13~16、49~52 区出现在除人类以外的灵长类动物,图表中不作描述。

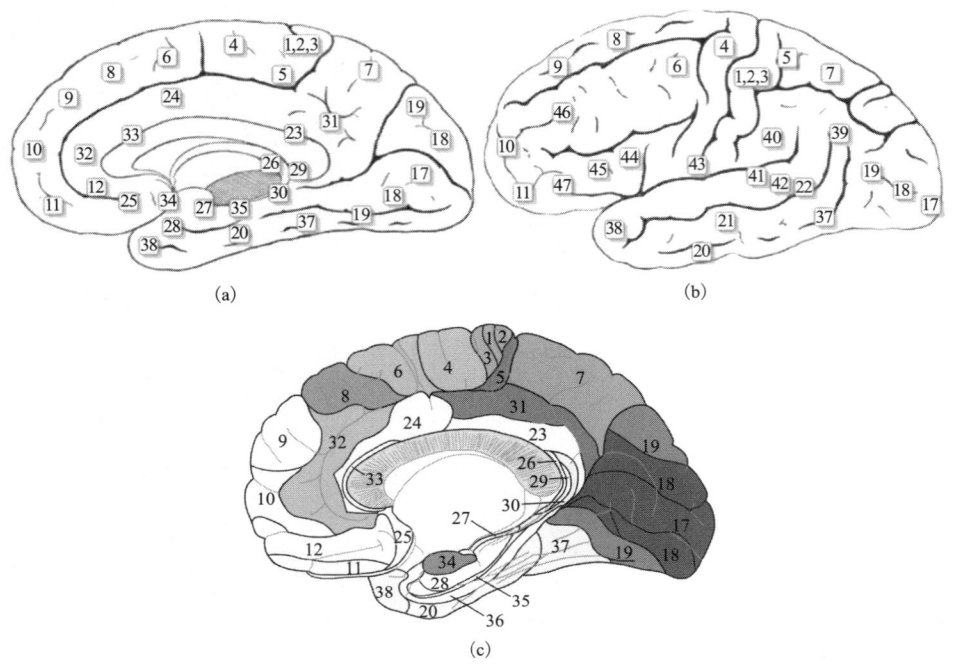

图 4-1　Brodmann 大脑分区

（a）大脑半球内侧面；（b）大脑半球外侧面；（c）大脑额叶

表 4-1　人类大脑皮层的 Brodmann 分区

区	功能定位	区	功能定位
1~3	第一躯体感觉区	29	压后扣带皮层
4	第一躯体运动区	30	扣带皮层的一部分
5、7	第二躯体感觉区	31	背侧后扣带皮层
6	前运动皮层	32	背侧前扣带皮层
8	额页眼动区，控制眼球扫描	33	前扣带皮层的一部分
9	背外侧前额叶皮层	34	前内嗅皮层，位于海马旁回
10	额极区	35	旁嗅皮层，位于海马旁回
11、12	额眶回	36	海马旁皮层
17	第一视觉皮层	37	梭状回
18~19	视觉联合皮层	38	颞极区
20	颞下回	39	角回，语言感觉区
21	颞中回	40	缘上回，语言感觉区

续表

区	功能定位	区	功能定位
22	颞上回，判断声音种类	41	第一听觉皮层
23	腹侧后扣带皮层	42	听觉联合皮层
24	腹侧前扣带皮层	43	中央下区，主要味觉区
25	膝下皮层	44	三角部，语言运动区
26	压外区	45	岛盖部，语言运动区
27	梨形皮层	46	上外额叶皮层
28	后内嗅皮层	47	下额页皮层，颞叶内侧的一部分

神经学的一个重要发展方向是以研究人脑认知活动机制为主的认知神经学。最初的认知神经学对大脑的研究比较简单，通过脑组织局部损伤后对脑功能变化的观察，得出脑功能映射（function brain mapping）。目前借助精密仪器可以对大脑进行无损伤性研究，如基于可见光的时间分解反射光谱分析、近红外光谱分析、脑磁图（MEG）、脑电图（EEG）、功能磁共振成像（functional magnetic resonance imaging，fMRI）和正电子发射断层扫描（positron emission tomography，PET）等。在上述方法中，fMRI 是一种非侵入式研究脑功能方面比较成熟的技术手段。通过这种方法得到的结果时空分辨率极高，已广泛应用于临床，成为现代医学影像领域中不可或缺的一员。

2. 推理思维自适应模型 ACT-R

1976 年，美国著名心理学家和人工智能学家 John R. Anderson 等人提出 ACT-R 理论。ACT（adaptive control of thought）意为思维的适应性控制，R 意为理性的（rational）。ACT-R 理论试图解开人类如何运用策略进行思维活动。ACT-R 理论是关于人类信息加工过程的理论，其认知体系是一种研究人脑如何进行信息加工活动的系统理论，重点对人脑的高级思维过程进行研究，通过陆续引入其他较为先进的局部认知行为模型的优点后，得到不断地提升与完善。例如，ACT-R 中的感知模块和动作模块架构理念来自 EPIC 和 SOAR，它的产生式模块和检索模块来自 HAM（human associative memory）。其研究进展基于神经生物学研究成果并从中得以验证。基于 ACT-R 的认知行为闭环建模，输出是认知行为的时间序列，如模拟驾驶行为时的踩踏和控制转向等低层面的行为。由于认知行为的复杂性和随机性，目前没有一种认知体系结构能够对一个人的所有认知过程进行模拟。基于 ACT-R 认知体系结构可以为特殊的认知现象建立模型，如驾驶培训系统、智力教师系统和人机交互等。全球各地 13 个国家 90 个实验室的研究者不同程度地开展了 ACT-R 的理论和应用研究。

ACT-R 认知架构的相关参数是通过大量的功能磁共振成像实验测量脑兴奋区获得的数据。ACT-R 认知架构将脑区表征为多个认知功能模块（表4-2），这些脑区包括梳状回脑区、前扣带回脑区、后顶叶脑区、腹外侧前额和基底神经节区等。部分 ACT-R 模块对应的 Brodmann 分区及 Talairach 坐标如表4-3所示。ACT-R 各模块与脑区的对应关系如图4-2所示。其中，图4-2（a）中彩色模块与图4-2（b）中同色方块相对应；图4-2（b）中的数字表示每个脑功能磁共振成像切片的 MIN（montreal neurological institute）空间下的 Z 轴坐标值。Talairach 和 MNI 是两种不同的坐标系，都可以用来确定脑区的位置。

表4-2 ACT-R 体系与人脑信息加工体系的对比

ACT-R 体系	人脑信息加工体系
视觉模块（visual）	视觉
听觉模块（aural）	听觉
表象模块（imaginal）	心理映象
目标模块（goal）	注意（意图和动机）
检索模块（declarative）	陈述性记忆
产生式模块（procedual）	思维与决策过程
动作模块（manual）	肢体动作
口动模块（vocal）	说话

表4-3 部分 ACT-R 模块对应的 Brodmann 分区及 Talairach 坐标

ACT-R 体系	Brodmann 分区	Talairach 坐标		
		X	Y	Z
视觉模块（visual）	37	42	-61	-9
表象模块（imaginal）	7、39、40	23	-63	40
检索模块（declarative）	45、46	43	23	24
动作模块（manual）	3、4	41	-20	50

ACT-R 认知架构建立了脑功能区与相应模块对应的映射关系。这种关系是通过神经认知学实验测量脑区产生的 BOLD 信号活跃强度得到的，实验被试执行任务操作时产生的 BOLD 信号是时间 t 的 Gamma 函数，即

$$B(t)=t^{\alpha}e^{-t} \tag{4.1}$$

其中，$2<\alpha<10$。同时，Anderson 等人基于上式提出了高级认知活动和

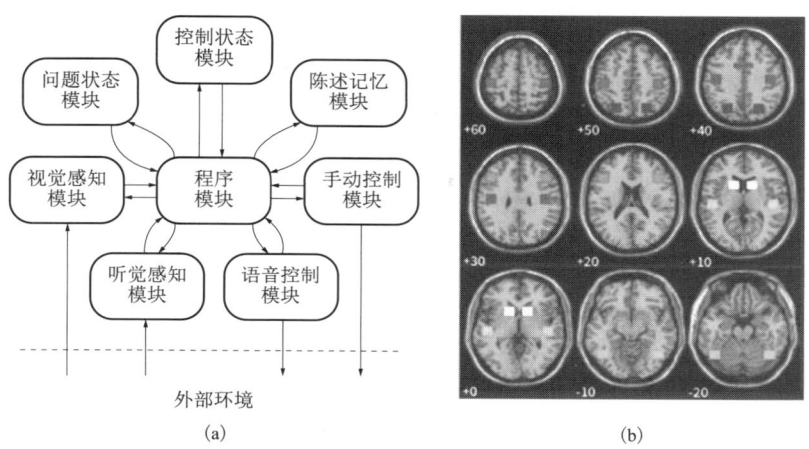

图 4-2 ACT-R 各模块外部环境与脑区的对应关系（附彩图）

(a) ACT-R 各模块；(b) 脑区

BOLD 信号的神经生理学假设模型。假设认知模块与脑区相对应，BOLD 信号变化的总和由相关的执行模块在时间序列上的 Gamma 函数线性叠加得到，即

$$CB(t) = M \int_0^t i(\chi) B\left(\frac{t-\chi}{s}\right) d\chi \quad (4.2)$$

其中，M 是 BOLD 信号变化的振幅；s 为常数，被称为延迟因子。若某一 ACT-R 模块在 χ 时刻进行了操作，则 $i(\chi)$ 为 1，否则为 0。

ACT-R 认知架构区分了陈述性和程序性知识，它是基于对认知过程的理性分析。ACT-R 认知理论包括体现事实的陈述性知识和如何进行认知活动的程序性知识。ACT-R 认知理论还包括获得新知识的学习假设和应用知识解决问题的操作假设。它还包括两个水平，分别是神经系统激活过程的亚符号水平和离散知识结构的符号水平。上述知识、假设和水平相互制约且相互依存，它们存在的方式直接构成了 ACT-R 认知理论的假设空间（表 4-4）。

表 4-4 ACT-R 认知理论的假设空间

水平分级	操作假设		学习假设	
	陈述性知识	程序性知识	陈述性知识	程序性知识
符号水平	信息块的提取	产生式规则的使用	环境编码目标编辑	范例和指导的编辑
亚符号水平	激活量、精确度和控制速率	使用功效控制选择	贝叶斯学习	贝叶斯学习

ACT-R 是实现产生式规则系统的认知体系结构。它定义了两种类型的知识，

即块和规则。块表示陈述性知识；规则代表了如何做事情的程序性知识，并被执行以产生动作。规则在 ACT-R 中被编码为条件动作（IF-THEN）对。规则只能在匹配时触发或执行。ACT-R 6.0 的模块结构如图 4-3 所示。

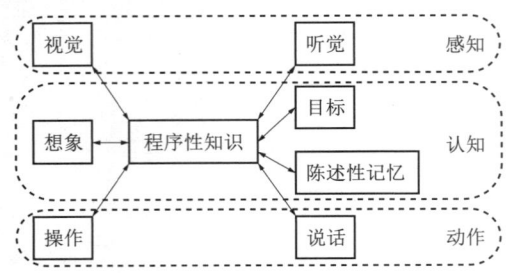

图 4-3　ACT-R 6.0 的模块结构

陈述性记忆、程序性记忆和工作记忆构成了 ACT-R 认知体系的主体系统，如图 4-4 所示。

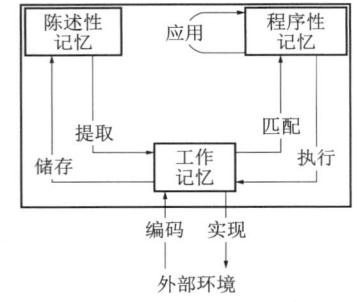

图 4-4　ACT-R 认知体系的主体系统

陈述性知识是指原始知识单元，称为信息块（chunks）。它由两条途径获得：第一条途径是主动建构式的记忆，它是基于大量练习产生的知识，其优势是这种知识储存了认知目标、策略和结果；第二条途径是被动接受式的，即通过外部环境信息进行编码，其优势是调用信息块高效准确。程序性知识即是产生式（productios），它的形式是 IF-THEN 的规则单元，其用途是把陈述性信息块提取出来，其本质是选择执行相应的认知策略和操作来解决特定的问题。通常采用产生式规则来表征知识和技能。每一个产生式规则有一个具体的目标，这些目标针对特定的外部条件，典型的思维流程就是一系列的产生式被触发的过程。规则的形成是一个知识由陈述性形式转化为程序性形式的过程。随着熟练程度的提高，反应时间不断降低，知识和技能会越来越程序化。

综上所述，ACT-R 认知体系结构包含视觉模块、听觉模块、目标模块、检索模块、产生式模块、表象模块和动作模块。这些模块分别与相应的脑功能区相对应，执行特定的认知功能。ACT-R 是一个产生式规则系统，为了达到目标模块中设定的目标状态，ACT-R 产生式规则要协调系统内部的信息加工过程，而这个过程是通过选择执行一系列产生式规则实现的。组块的激活率由该组块与其他组块的相关性以及该模块的使用记录两个因素决定。组块激活率可以决定回忆的正确性和回忆活动所需要的时间。认知体系结构中产生式规则是条件动作对，当且仅当模块的产生式规则的条件被目前状态满足时，这条产生式规则才能执行相应的操作。

ACT-R 理论中选择产生式规则的因素包括产生式规则的复杂程度、陈述性信息块的使用记录、产生式规则成功执行的记录、产生式规则过去使用的频率、目前解决问题所付出的代价、目前背景中的元素、当前处于活跃状态的目标、最终目标状态间的相似度和执行产生式规则实现的状态。ACT-R 认知体系选择合适的产生式规则是基于所做的努力与成功之间相关关系决定的。这一理论应用在驾驶中表现为随着驾驶人熟练程度的提高，驾驶人对驾驶策略和技巧把握得更加准确，驾驶人完成驾驶任务所要付出的努力也会减少。也就是说，熟练程度越高，有关驾驶技能的产生式规则就越简易，产生式被匹配的精确性就越高。在驾驶这一复杂的认知活动中，循环匹配产生式规则的这个过程也是非常复杂的。因为要保证触发产生式规则是不间断的，而复杂的任务需要执行很多产生式，这就会削弱驾驶人模型的认知广度。同时，信息块经常容易被与之属性相似的信息块替代，复杂的认知过程加重了这一消极影响，使驾驶人模型运行失误。另外，驾驶人模型检索相关的陈述性记忆在很大程度上受衍生源激活数量的制约，而衍生源激活数量是由当前目标与信息量的相关性决定的，即相关性越强，驾驶人模型检索陈述性记忆就越容易。

4.2 驾驶行为的认知特征

4.2.1 驾驶行为定义

驾驶行为是驾驶人行车过程中各种操作行为的总称，包括感知外界交通信息并形成决策的思维过程，通过运动器官操纵车辆运行的肢体行为，以及自身车辆与周围车辆等交通环境要素之间的相对运动关系的控制行为。若驾驶人在信息收集、判断等某一环节出现差错，或因外界环境产生不利影响，则很有可能使得行为发生偏差，导致交通事故的发生。因此，从行为科学的角度来理解、预测和修正驾驶人的不安全行为，并在此基础上制定交通政策和安全宣传策略，对提高道路交通安全具有重要的现实意义。

4.2.2 驾驶任务需求

从认知心理学的角度来看，驾驶任务需求指的是驾驶活动中对个体认知功能的需求，包括信息处理、注意力分配、记忆、决策制定和问题解决等方面。这些需求反映了驾驶过程中脑力活动的复杂性以及如何利用这些认知资源来应对驾驶任务中遇到的挑战。准确理解和实现驾驶任务需求是确保安全高效驾驶的关键。通过理解和优化驾驶过程中的认知需求，可以帮助驾驶人更好地应对复杂的道路环境，减少交通事故，提高行车安全性。

驾驶本质上是一个高度依赖认知处理的活动，驾驶任务需求与认知功能紧密相关。在驾驶时，驾驶人需要处理大量信息，包括视觉、听觉和空间信息，并且需要在短时间内作出反应。这些过程依赖于认知心理学中的多个核心概念，具体如下：

（1）注意力。驾驶人需要在多个刺激之间分配有限的注意资源，如同时关注前方道路、后视镜中的车辆和仪表盘上的信息。

（2）感知和信息处理。对环境中的信号（如交通标志、路面状况）进行快速识别和解释。

（3）工作记忆和长期记忆。利用工作记忆处理当前的任务信息，并从长期记忆中提取过往经验和知识以指导行为。

（4）决策和问题解决。基于收集的信息和可能的后果评估，快速作出决策或解决突发的驾驶问题。

在实际驾驶过程中，驾驶人的任务需求具体内容包括以下几个方面：

（1）注意力控制。注意力控制是指驾驶人在持续的驾驶过程中，能够有效地分配和切换注意力，包括持续注意、选择性注意和分散注意。

（2）信息处理速度。信息处理速度是指驾驶人能够快速识别和解释路况信息，并进行适当的反应。

（3）记忆力利用能力。记忆力利用能力是指驾驶人在驾驶过程中，能够使用工作记忆处理实时信息，并从长期记忆中回忆道路规则、导航信息等的一种能力。

（4）决策能力。决策能力是指驾驶人在驾驶过程中作出判断和选择的能力，涉及对道路、交通情况和其他道路使用者的有效观察和分析，以及根据这些信息作出适当的反应。

（5）空间感知能力。空间感知能力是指驾驶人理解车辆在空间中的位置，包括距离感知、方向感知、速度感知等，预测其他车辆和行人移动的能力，并进一步采取适当的驾驶操作。

（6）情绪调节能力。情绪调节能力是指驾驶人在驾驶过程中能够有效管理和控制自己的情绪，以保持冷静、专注和安全的驾驶状态。这种能力对于避免驾驶中的冲动行为、提高驾驶安全性和降低事故风险至关重要。

借助认知心理学深入研究驾驶任务需求，不仅能够帮助我们理解驾驶行为背后的认知机制，还能够指导更安全的高级辅助驾驶系统和自动驾驶系统的设计，帮助自动驾驶系统理解必要的人的驾驶认知策略，以及开发更符合人类认知特性的汽车设计和交通管理系统。

4.2.3 驾驶信息加工过程

根据认知心理学的观点，人类行为的一般模式可以视为刺激-机体-反应（stimuli-organism-response）。在驾驶信息加工过程中，驾驶人首先通过视、听、触觉等感觉器官接收相关刺激，如车辆、行人、信号灯、交通标志、车辆状态等，然后大脑进行加工分析，作出判断和决策，最后通过手、脚等运动器官操纵汽车。一般而言，可以将驾驶行为划分为感知、决策和控制 3 个阶段。需要指出的是，道路环境和车辆对驾驶人行为的影响仅在感知阶段起作用，而驾驶人则仅能通过控制阶段影响车辆，决策形成阶段是完全隐含的。这个过程不仅适用于人类驾驶人，也是自动驾驶系统设计的核心。人类驾驶人信息加工过程的 3 个阶段具体介绍如下：

1）感知阶段

感知阶段主要由感觉器官完成。感知是信息加工过程的开始，驾驶人通过视觉、听觉等感官收集环境信息。在感知阶段，驾驶人感知的信息主要包括 3 个方面：道路交通环境信息、车辆性能信息和车辆状态信息。其中，道路交通环境信息包括道路条件、运行条件（信号灯、行人和其他车辆的运行等）、运输条件以及气候条件等。

2）决策阶段

决策阶段主要由中枢神经系统完成。决策阶段往往是完全内隐的，是在感知信息的基础上进行的。驾驶人需要快速识别感知信息的重要性和紧急性，解释这些信息对当前驾驶任务的具体意义，并作出决策，如调整车速、变换车道或采取紧急避险措施。这一阶段涉及对信息的加工和理解，需要依赖驾驶人的工作记忆、长期记忆和注意力资源。在此阶段，驾驶人的知识经验、技能水平、认知能力、个性特征、动机以及身心情绪状态等，均会影响驾驶人对信息的分析和决策。因此，面对相同的信息，不同的驾驶人可能会作出不同的决策。

3）控制阶段

控制阶段主要由运动器官完成。驾驶人对汽车的控制可以分为两大类：一是速度控制，影响汽车的纵向运动；二是方向控制，影响汽车的横向运动。这一阶段要求良好的手眼协调能力和反应速度。

4.2.4 注意力机制

驾驶行为中的注意力机制是一项复杂的认知功能，对安全驾驶至关重要。注意力在驾驶过程中的作用可以从多个维度来理解，包括选择性注意、持续性注意、分散注意和执行性控制。这些机制共同作用，使驾驶人能够有效地处理大量信息，作出快速决策，并执行相应的驾驶操作。

1）选择性注意（selective attention）

选择性注意允许驾驶人在众多刺激中专注于最重要的信息，如前方道路、交通信号和周围车辆的动态。这种注意力的分配使驾驶人能够忽略不相关的信息，减少信息处理的负担。例如，在繁忙的交通中，驾驶人可能需要专注于前车的速度和方向，同时忽略路边的广告牌。

2）持续性注意（sustained attention）

持续性注意是指驾驶人在长时间驾驶过程中维持注意力的能力，特别是在长时间的单调驾驶条件下（如高速公路驾驶）。它对于保持警觉性和及时应对潜在危险至关重要。持续性注意的缺失可能导致驾驶人反应迟钝，甚至出现困倦和注意力漂移的情况，从而增加事故风险。因此，持续性注意的维持对安全驾驶具有重要意义。

3）分散注意（divided attention）

分散注意涉及同时处理多项任务的能力，这在驾驶中极为常见。驾驶人不仅要导航，还要同时留意交通信号、观察其他车辆和行人，甚至可能需要应对车内的干扰，如对话或操作导航系统。有效的分散注意能力要求驾驶人能够在不同任务之间迅速切换注意力，而不损害任何单一任务的执行质量。

4）执行性控制（executive control）

执行性控制涉及规划、决策和抑制不恰当反应的能力。在驾驶过程中，这可能涉及评估当前情境、作出快速决策（如是否变道或减速）以及抑制可能危险的冲动行为（如冲动超车）。执行性控制是驾驶人应对突发事件和维持安全驾驶行为的关键。

驾驶环境的复杂性要求驾驶人能够灵活地调节注意力资源。这包括对内部和外部刺激的敏感性调整，如从静态的道路监控转移到突发的紧急情况处理。此外，驾驶人还需要控制注意力的范围，既能集中注意力处理特定任务，也能广泛地监视整个驾驶环境。从神经科学的角度来看，注意力机制涉及多个大脑区域的协同工作，包括前额叶皮层（负责执行功能）、顶叶（负责处理空间信息）和丘脑（作为感官信息的中继站）。这些区域的相互作用确保了驾驶人能够根据环境变化灵活调整注意力分配。总而言之，驾驶行为中的注意力机制是确保道路安全的关键因素。通过理解和应用这些注意力机制，可以提高智能驾驶系统的决策能力，减少驾驶过程中的错误和事故风险。

4.2.5 驾驶任务负荷

驾驶任务负荷是指驾驶活动对驾驶人认知、感知、情绪和物理能力的总体需求。这个概念来自人因工程和认知心理学，强调在特定的驾驶情境中，驾驶人需要处理的信息量、作出的决策数量以及执行的操作复杂性。驾驶任务负荷的类型具体介绍如下：

（1）认知负荷。在认知心理学中，认知负荷（cognitive load）是指工作记忆资源的使用量。涉及驾驶人在驾驶过程中的信息处理、决策制定和注意力分配。认知负荷过高可能导致信息处理不当，忽略驾驶环境中的重要信号，从而增加事故风险。

（2）感知负荷。感知负荷是指在执行特定任务时，个体必须处理的感知信息（视觉、听觉等）的数量和复杂性所带来的负荷。与驾驶人通过视觉、听觉等感官接收和解释环境信息的能力相关。复杂的路况、恶劣的天气条件或不充分的照明都会增加感知负荷。

（3）物理负荷。驾驶中的物理负荷是指操作车辆所需的物理努力，如转动方向盘、踏动踏板和操作控制系统。长时间驾驶或操作不便的车辆设计都可能导致物理负荷增加。

（4）情绪负荷。驾驶中的情绪负荷是指驾驶过程中产生的情绪压力或负担。它可能源于交通拥堵、驾驶紧张感或与其他道路使用者的互动。高情绪负荷会影响驾驶人的判断和决策能力。

驾驶任务负荷的高低直接影响到驾驶安全性、效率和舒适度，具体阐述如下：

（1）行驶安全性。高负荷的驾驶任务可能导致驾驶人的反应时间延长，注意力分散，增加事故的风险。

（2）驾驶效率。合理的任务负荷可以提高驾驶的效率和准确性，而过高的负荷可能导致疲劳驾驶，过低的负荷可能导致分心驾驶，这都可能导致驾驶效率降低。

（3）驾乘舒适度。长时间处于高负荷状态下驾驶可能导致疲劳、压力增加，长期甚至影响健康。

在智能驾驶系统中，理解和识别驾驶任务负荷，融入有效的驾驶任务负荷管理策略，可以提高驾驶的安全性和愉悦性，减少交通事故的风险，提升整体驾驶体验。

4.3 驾驶行为的认知失误

4.3.1 认知失误的类型

驾驶行为中的认知失误是指在驾驶过程中，由于驾驶人的认知加工错误导致的判断或决策失误。这些失误往往源于对信息的错误解释、注意力分配不当、记忆错误或错误的风险评估等认知过程的问题。认知失误在驾驶中是导致事故的重要因素之一，理解和识别这些失误有助于提高驾驶安全性。认知失误具体包括以下几种类型：

（1）感知失误。驾驶人可能无法准确感知或解释环境中的信息。例如，可能错误地估计其他车辆的速度或距离，或在恶劣天气条件下未能及时识别路况变化。

（2）注意力失误。注意力失误包括分心驾驶，即驾驶人的注意力被非驾驶相关的活动吸引，如使用手机、与乘客交谈或操作导航系统。注意力不集中是指即使驾驶人的视线仍在道路上，但心思可能在别处，导致对重要信息的忽略。

（3）记忆错误。驾驶人可能忘记之前观察到的信息，如忘记后方车道上有车辆即将换道或交通信号灯的状态。

（4）规划失误。驾驶人在规划行车路线或策略时的失误，可能因为对路况的错误判断或对旅行时间的不合理估计。

（5）决策失误。决策失误由多种因素引发，如包括过度自信，即驾驶人对自己的驾驶技能或对特定驾驶情境的控制能力评估过高，可能导致冒险的驾驶行为；也可由风险评估失误引发，如错误地评估了某个动作的风险，在不安全的情况下超车或以过高的速度行驶。

（6）执行错误。即使决策正确，但驾驶人在执行过程中也可能出错，如操作失误导致车辆失控。

4.3.2 认知失误的影响因素

驾驶行为中的认知失误受多种因素的影响，这些因素可以是内在的，也可以是外在的，它们相互作用，影响驾驶人的感知、注意力、记忆、决策和执行能力。下面是一些主要的影响因素，主要包括内在因素、外在因素、技术与信息因素，具体如下。

内在因素主要包括以下几种：

（1）驾驶人的经验。新手驾驶人由于缺乏经验，更容易在复杂或紧急的驾驶情境中犯错。经验丰富的驾驶人通常更擅长预测和应对潜在的风险，但也可能因过度自信而忽视风险。

（2）认知能力。认知能力包括处理信息的速度、注意力分配、工作记忆和执行功能等。年龄、健康状况和个体差异都可能影响这些认知能力。

（3）情绪状态。情绪状态，如愤怒、焦虑或压力，可以显著影响驾驶行为和决策过程，导致更多的认知失误。

（4）疲劳状态。长时间驾驶或缺乏睡眠会导致疲劳，影响驾驶人的反应时间、注意力和决策能力。

外在因素主要包括道路条件、环境因素、车辆因素等，具体如下：

（1）道路条件。复杂的道路布局、不良的道路状况或不可预测的交通流量都会增加驾驶任务的难度，增加认知负荷。

（2）环境因素。极端天气条件（如雨、雪、雾）和夜间驾驶会影响驾驶人的视觉感知能力，增加错误判断的可能性。

（3）车辆因素。车辆性能（如制动系统、转向灵敏度）以及车内干扰（如噪音、乘客交谈、电子设备的使用）都会影响驾驶人的认知和注意力分配。

（4）社会文化背景。社会和文化背景也会影响驾驶行为，包括对交通规则的遵守程度、对风险的态度以及驾驶习惯。

（5）交通法规和标志。不清晰或混乱的交通标志和信息系统可能增加驾驶人的解释难度，导致错误的决策。

技术与信息因素主要包括信息过载、驾驶辅助系统等方面的影响。例如，信息过载，即驾驶时接收到过多的信息（如复杂的导航指令、多功能仪表盘上的信息）可能导致认知过载，影响决策的质量。虽然驾驶辅助技术旨在提高驾驶安全，但过度依赖或对系统功能的误解也可能导致认知失误。

4.3.3 认知失误的后果

驾驶中的认知失误可能导致一系列严重的后果，这些后果不仅影响驾驶人本人，也可能对其他道路使用者和整个交通系统产生影响。下面列举几个典型的后果。

1) 交通事故

最典型的交通事故之一为碰撞事故。由于认知失误,如误判他车速度或距离,可能导致与其他车辆、行人或道路边缘的碰撞。另外,由于分心或注意力不集中可能导致车辆偏离预定车道,增加与对向车辆相撞或驶出道路风险的车辆偏离车道事故。此外,后方碰撞事故也较为典型,主要由于反应时间延长或对前车动态的误判,从而导致追尾事故。

2) 驾驶技能下降

首先,认知失误会导致驾驶人反应时间延长。这是由于认知失误会增加驾驶人的认知负担、分散注意力,从而导致决策困难,增加驾驶人的焦虑和压力,认知处理速度极速下降,使驾驶人对紧急情况的反应时间延长,减少有效应对的时间窗口。其次,认知失误也会降低决策质量。这是由于错误的信息处理和风险评估可能导致不恰当的决策,如不适当的车速选择或不必要的车道变换。最后,认知失误的最终后果是导致操作失误,包括不准确的转向、错误的加速或制动操作。这些都可能增加交通事故的风险。

3) 心理健康影响

显而易见地,认知失误容易增加驾驶人的心理压力和焦虑。频繁的认知失误和紧张的驾驶环境可能导致驾驶人感到压力和焦虑,长期可能对心理健康产生负面影响,进而导致自信心下降。这是由于驾驶人经历了由认知失误导致的交通事故或近失事件后,驾驶人的自信心可能会受损,影响其未来的驾驶行为。

4) 其他后果

驾驶人的认知失误也会带来相应的法律和经济后果,如罚款和法律责任、保险费用增加、车辆损坏和维修成本;对社会和环境造成一定的影响,如交通拥堵;公共安全风险,如驾驶行为中的认知失误不仅威胁到驾驶人和乘客的安全,也对其他道路使用者(如行人和骑自行车者)构成风险。

4.3.4 认知失误的后果与防范措施

为了避免认知失误可以从以下几个方面采取措施:

(1) 驾驶人教育与培训。通过驾驶人教育与培训,可以提高其认知意识,包括分心驾驶、疲劳驾驶和过度自信的风险,特别是在模拟紧急情况下的决策制定和操作技能,以增强驾驶人处理复杂情况的能力。

(2) 提升车辆设计与技术。一方面,可以通过先进的驾驶辅助系统,如自适应巡航控制、车道保持辅助和碰撞预警系统,减轻驾驶人的认知负荷并提供实时反馈和警告;另一方面,可以通过优化车辆内部界面设计,确保信息显示直观易懂,减少驾驶人在查看信息时的分心,限制内部干扰。

（3）道路设计与交通管理。一方面，可以通过改善道路标志和信号，确保道路标志和信号清晰可见、易于理解，减少驾驶人解释道路信息的难度；另一方面，可以优化道路环境，设计直观的道路布局和交通流动模式，减少驾驶人在导航和决策中的认知负荷。另外，也可以通过实施相关的交通安全措施，如通过限速、施加道路安全设计和交通疏导措施，降低驾驶环境的复杂性。

（4）相关法律与政策制定。一方面可以通过制定和执行相关交通法规（如禁止酒驾等）并加强执法来减少认知失误的发生；另一方面，也可以通过公共教育和宣传，如利用媒体和公共宣传活动提高公众对驾驶安全的认识，特别是关注认知失误问题。

4.4 智能决策理论与智能驾驶决策方法

　　自动驾驶汽车是一个集环境感知、路径规划、决策和运动控制于一体的综合智能系统。智能决策系统需要考虑周围环境信息、其他交通参与者的状态与行为以及自身车辆的状态估计，作出符合人类驾驶思维的安全合理驾驶行为，从而借助运动控制系统实现自动驾驶车辆的高效运行。

　　智能决策系统作为自动驾驶汽车的"大脑"，其对车辆的安全、高效行驶具有重要意义。如何设计更智能的决策系统逐渐成为自动驾驶领域的研究热点。本节首先对决策模型与框架进行综述，其次介绍决策环境与条件，最后介绍传统机器学习、深度学习和强化学习在驾驶决策中的应用。

4.4.1 决策模型与框架

　　自动驾驶车辆的决策系统作为环境感知系统和运动规划系统的中间过程。一般情况下，将通过各种车辆传感器接收的周边环境信息、自身车辆的状态和高精度地图作为输入，在决策模块中参照设计准则和约束，输出一系列高层行为策略和底层控制命令。一个完整的决策系统（图4-5）至少由以下3部分构成：

　　（1）输入端。周边环境信息是指用不同类型传感器（激光雷达、摄像头等）收集原始数据处理得到的包含静态和动态物体信息、道路信息和交通标志信息；自身车辆状态主要是指由全球卫星导航系统和惯性传感器获取的位置和运动信息；高精度地图作为环境感知的辅助，用来提高感知精度并降低计算成本。

（2）决策模块。决策准则和驾驶约束主要是指系统作出最优决策的基准规则和需要考虑的环境、法律法规、车辆动力学等约束。

（3）输出端。高层行为策略主要是指并道、换道、保持车道和超车等；低层控制命令主要是指速度、加速度、横摆角速度和横摆角加速度等。

例如，当自动驾驶车辆进行自由换道时，由激光雷达、视觉摄像头等传感器组成的环境感知系统获取周围车辆的状态信息，与自身车辆的 CAN 总线数据作为决策系统的输入；决策系统通过匹配各种驾驶决策知识经验，如考虑当前车道是否拥挤、目标车道是否通畅、自身换道行为是否会造成危险等，从而作出决策（换道/保持车道）并生成规划路径。

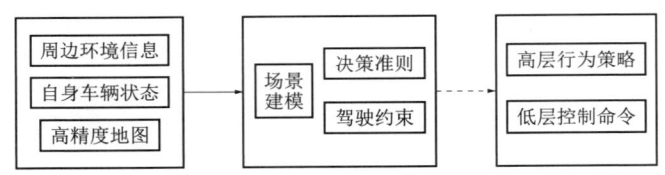

图 4-5 决策系统设计框架

4.4.2 决策环境与条件

在自动驾驶车辆运行状态下，几乎所有的场景都需要决策。随着驾驶环境复杂性的增加，对决策系统的要求越来越高，相关研究主要集中在一般直线行驶路段、高速公路、城市交叉路口、合流交通、环岛等典型场景中。考虑到单车堆砌传感器的高成本与局限性，在场景中应用车联网（V2X）技术，借助与周围车辆（V2V）、道路设施（V2I）和行人（V2P）进行信息交互与协作已经成为搭建决策环境的关键技术。

在搭建决策环境的过程中，车载平台在接收到来自车辆、道路设施等传感器的原始数据后，需要对其进行数据处理和特征提取，以便传输到决策模块。下面主要介绍车载传感器原始数据的处理与动态驾驶环境中的要素检测与追踪。

1）数据储存

传感器得到的所有原始数据可以在 ROS 框架下根据不同话题进行离线储存。车载传感器数据的储存通常是为了记录车辆行驶过程中的各种信息，以便实现后续分析、故障诊断、驾驶行为评估等目的。这些数据包括车辆速度、加速度、转向角度、车身姿态、车辆位置、周边环境信息等。常用的数据储存方法有本地储存、云端储存、远程服务器储存、内置储存、周期性储存等。

2）时间戳同步

车载传感器时间戳同步是确保车载传感器采集到的数据具有一致的时间标

记,以便于后续数据分析和整合。时间戳同步的目的是使各个传感器采集到的数据能够在时间上对齐,从而提高数据的可用性和可靠性。由于不同传感器采集频率不同,如视觉相机采集频率一般为 25 Hz,而激光雷达采集频率一般为 10 Hz,所以自动驾驶车辆常采用 GPS 信号对数据时间戳进行同步。常见的车载传感器同步方法主要有 GPS 时间同步、网络时间同步、主从时钟同步、内部时钟同步以及硬件时间同步等。

3)动态要素检测与追踪

对于动态要素(如车辆、行人等),需要融合视觉相机和激光雷达等数据,运用先进的机器学习或人工智能技术对其进行提取和三位包围盒拟合,随后对动态要素相关数据进行匹配与状态估计,实现对动态要素的精准追踪。

4.4.3 机器学习、深度学习和强化学习在智能驾驶决策中的应用

为了处理决策环境的复杂性和多种不确定度,目前自动驾驶车辆的智能决策模块更倾向采用基于机器学习的方法。机器学习过程一般需要首先建立数据样本或者选用已有的自然驾驶数据集,然后采用不同的学习方法或网络结构来实现自动驾驶车辆的自主学习,根据不同的环境信息生成更合理的行为决策。本节将介绍传统机器学习、深度学习和强化学习的理论知识及其在智能驾驶决策中的应用。

1. 传统机器学习与驾驶决策

传统机器学习是指使用统计学、线性代数、优化算法等数学方法,从已有数据中学习并构建预测模型,进而用于对未知数据的预测和分类。传统机器学习的主要特点是需要手动设计特征,并使用传统的机器学习算法(如支持向量机、线性回归、决策树等)来训练模型,使自动驾驶车辆能够通过大量的训练数据掌握类人的决策能力。下面以支持向量机为例,介绍其算法原理和在自动驾驶决策中的应用。

支持向量机(support vector machine,SVM)是一种二类分类模型。它的基本模型是定义在特征空间上的间隔最大的线性分类器,其学习策略是间隔最大化,可形式化为一个求解凸二次规划的问题并求解。

在智能驾驶决策的应用中,支持向量机被用来根据收集的测试车辆数据进行训练,从而根据特定驾驶人的偏好预测换道启动的时刻,随后将此决策逻辑集成到模型预测控制(MPC)框架中,以完成更个性化的自由换道,同时满足安全性和舒适性约束。其车道变更决策与运动规划器结构示意图如图 4-6 所示。

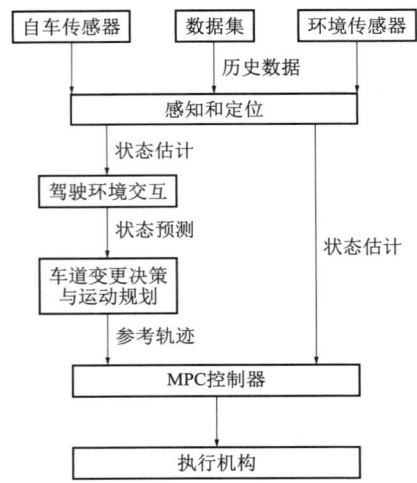

图 4-6　车道变更决策与运动规划器结构示意图

2. 深度学习与驾驶决策

深度学习（deep learning）方法的框架与传统机器学习的框架类似，主要区别在于深度学习方法利用神经网络结构来学习数据的特征，并生成分类或回归结果。比较常见的神经网络是卷积神经网络（convolutional neural networks，CNN），其作为理解图像内容的最佳学习算法之一，在图像分割、分类、检测和检索相关任务中取得了较好的效果。

卷积神经网络是一种带有卷积结构的前馈神经网络；卷积结构可以减少深层网络占用的内存量。其中，3 个关键操作——局部感受野、权值共享、池化层，有效地减少了网络的参数个数，缓解了模型的过拟合问题。卷积层和池化层一般会取若干个，采用卷积层和池化层交替设置，即一个卷积层连接一个池化层，池化层后再连接一个卷积层，依此类推。由于卷积层中输出特征图的每个神经元与其输入进行局部连接，并通过对应的连接权值与局部输入进行加权求和再加上偏置值，得到该神经元输入值。该过程等同于卷积过程，卷积神经网络也由此而得名。得益于卷积神经网络在图像处理方面的优势，端到端系统得以实现自动驾驶车辆的决策。通常，选择传感器数据作为输入，并通过训练完成的神经网络生成低级控制命令。例如，系统选择前置摄像头捕获的图像作为输入，使用人类驾驶人在模拟驾驶环境中 12 h 的记录数据来训练卷积神经网络，最终得到由输入图像直接映射到驾驶动作的端到端行为决策方法。

3. 强化学习与驾驶决策

强化学习（reinforcement learning）方法是目前最常用的基于学习的决策方法之一，其目标是通过尝试各种行为来学习最大化奖励函数的策略，同时智能体可以根据奖励函数进行调整。在这个迭代过程中，现有数据以及通过尝试探索获得的新数据可用于循环更新和迭代现有训练模型。强化学习过程通常将自动驾驶车辆与环境的交互状态描述为马尔可夫决策过程（markov decision process，MDP）或部分可观察马尔可夫决策过程（partially observable markov decision process，POMDP），这取决于状态能否被完全观察到。MDP 由 $<S, A, P, R, \gamma>$ 构成。其中，S 是一个有限的状态集合；A 是一个有限的动作集合；P 是状态转移概率；R 是基于状态和动作的奖励函数；γ 是在 [0, 1] 内的衰减因子。在马尔可夫决策过程中，智能体依据策略对动作 A_t 的选择与历史无关，只与当前时刻 t 的状态 S_t 有关。在不同状态下智能体大概率产生不同动作，而在同一状态下也可能因为策略制定的不同而产生不同的动作。

POMDP 是 MDP 的泛化。在 POMDP 模型中，系统的动力学仍然是由 MDP 描述的，但是系统并不能直接观测到当前的状态，就是系统不确定现在处于哪个状态。因此，系统需要通过一系列观测空间和观测函数得到一个可能状态集合的概率分布。

以自动驾驶车辆决策为例，车辆需要在城市环境中自动行驶，并且需要决定何时加速、减速、转弯或者换道。因为传感器（如雷达、摄像头等）不能提供完全准确的信息（如在雾天或夜间），这就变成了一个 POMDP。可以按照如下步骤对该问题进行构建：首先，需要准确定义 POMDP 模型的状态、动作和观测空间，其中状态包括车的速度、附近车辆的速度与相对位置等；动作包括加速、减速、保持速度、转弯等；观测空间可以由摄像头和雷达等传感器的感知信息构成。其次，需要根据具体的驾驶任务定义奖励函数，一般情况下，奖励函数主要考虑行驶效率和驾驶安全性。再次，选择合适的模型求解算法，保证模型计算的实时性，一般考虑使用在线规划算法，如 POMCP（partially observable monte carlo planning）算法。最后，执行模型更新和决策，每当车辆接收到新的观测信息时，都会使用 POMCP 来实时更新状态和选择最佳决策动作。

与传统机器学习方法相比，POMDP 在处理不确定性和部分可观察性方面具有独特的优势，允许系统在不完全信息情况下作出有效决策，提高行驶的安全性和效率。

4.5 驾驶决策辅助系统案例

4.5.1 基于位置服务的智能导航系统

面对日益增加的交通拥堵时间，基于位置服务的智能导航系统选择了不同的角度：系统没有研究如何减少道路交通拥堵程度，而是更关心个体乘客的需求，帮助用户有效组织拥堵时的空闲时间，从而减少现有交通拥堵造成的时间浪费。在大多数情况下，一个人在一次旅程中会有多个需求。例如，一个从家里出发去办公室的人可能需要去银行、超市等。因此，他在到达最终目的地之前需要在沿途的几个地方停车。该系统帮助驾驶人选择沿途中最方便的银行分行和超市，然后驾驶人可以利用拥堵时间去购物或去银行，而不是浪费在交通堵塞中。为了实现此功能，系统采用数据挖掘的方法产生决策所需的结果，跟踪不同时间段的车辆位置，识别车辆的移动模式，从而预测沿途不同时间段的交通拥堵程度。随后借助此预测结果，对驾驶人的最佳选择作出建议，并根据实时结果更新预测模型，从而实现更准确的预测。

系统一般由移动设备、社交网络服务器、系统网络服务器、中央处理器、数据处理节点、车辆跟踪服务器和外部服务器构成。其中，系统网络服务器、中央处理器、数据处理节点创建了一个应用程序平台，为其他系统提供程序接口。基于位置服务的智能导航系统结构示意图如图 4-7 所示。

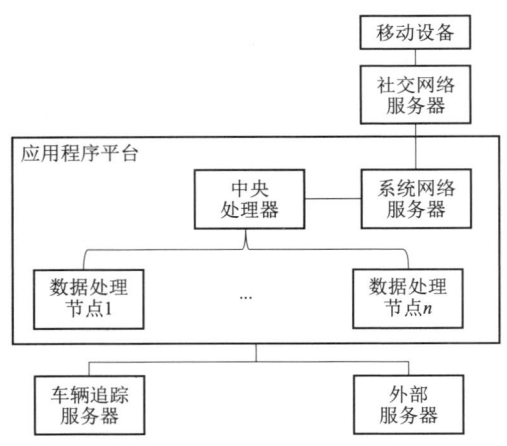

图 4-7 基于位置服务的智能导航系统结构示意图

4.5.2 智能驾驶决策支持系统

根据统计数据,一半以上的交通事故是人为因素导致的,且其中由于驾驶人疲劳或驾驶注意力不集中而引起的事故数量每年都在增加。为此,智能驾驶决策支持系统希望通过监控驾驶人的行为来预防紧急情况,并及时评估驾驶人当前情况并进行通知。智能驾驶决策支持系统是一种集成了传感器技术、数据处理、算法分析等多种技术的系统,旨在帮助驾驶人作出更加安全和有效的驾驶决策。这些系统可以提供实时的交通信息、车辆状态、道路状况等数据,以辅助驾驶人在复杂的驾驶环境中作出正确的决策。图4-8中展示了系统检测到驾驶人瞌睡的风险后,通过车辆屏幕和声音向驾驶人发送提醒通知。

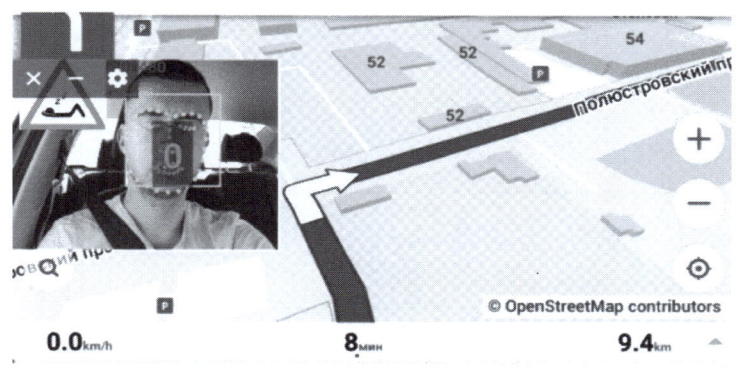

图4-8 瞌睡风险预警(附彩图)

在该系统中,决策模块应当考虑驾驶人的行为、车辆运动的状态以及当前的环境条件,其中包括对驾驶人一般信息、背景、能力以及与驾驶决策支持系统交互的历史以及驾驶人驾驶风格分类的分析。该系统由以下主要组件组成:驾驶人信息采集模块、智能手机、云服务端、数据模块。

1)驾驶人信息采集模块

一般使用手机前置摄像头和传感器向系统提供驾驶人的心理生理特征。另外,可以通过车载传感器和摄像头监测车辆周围的环境,包括其他车辆、行人、障碍物等。

2)智能手机

安装在智能手机上的移动应用程序是系统的主要模块,其从前置摄像头和传感器读取信息、识别驾驶人的危险事件,为驾驶人校准系统、生成建议、搜索和构建路线休息的地方(如咖啡馆、酒店或加油站)。

3)云服务端

云服务端从智能手机上的移动应用程序接收驾驶人的驾驶特性(如加速、

制动、平稳性、重建、路线等)、运动过程中的危险事件以及应用程序使用统计等信息。基于从驾驶人移动设备收集的数据，分析驾驶人的独特驾驶风格。

4) 数据模块

数据模块通过存储各种来源数据，以提高本地收集的数据处理质量。

4.5.3 预测巡航控制系统

预测巡航控制（predictive cruise control，PCC）系统是一种智能驾驶辅助系统，旨在根据车辆前方道路和交通状况的预测，提前调整车速以实现更加平稳和高效的驾驶体验。该系统通常结合了传感器技术、车辆动力学模型、实时交通数据和预测算法，以预测未来的路况并调整巡航速度，从而改善驾驶舒适性和燃油经济性。预测巡航控制系统可以通过诊断预测来为车辆选择最佳的运行模式，从而降低事故风险。

在该系统中，应用程序首先需要根据提前获取的未来道路交通态势，在线评估车辆的运行状况，如图4-9所示。

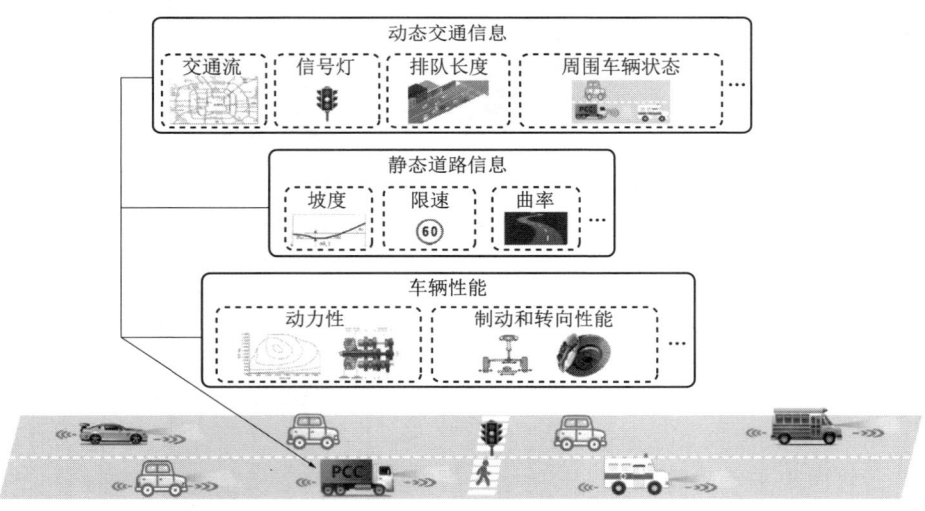

图4-9 预测巡航控制（PCC）系统采集数据内容（附彩图）

大量研究表明，PCC的控制效果与静态道路信息的几何分辨率、动态交通信息的预测精度、动力系统构型、预测范围及步长等诸多因素密切相关。然而，交通环境动态多变难以预测，以及约束边界的多样性与求解的复杂性，制约了PCC技术应用效果的进一步提升。因此，研究如何提高交通态势预测的精准性和求解最优控制问题的快速性，成为当前PCC技术的关键研究领域。

基于上述静态道路信息，结合驾驶人动态历史数据，该系统可以对驾驶人的智力活动进行建模，从而实现对当前交通状况下特定车辆控制模式的预测并提出建议。与其他现有车载控制系统不同，它不是事后检测故障，而是预防可能的故障。

4.6 认知与智能决策的交互作用

考虑到目前无人驾驶车辆发展遇到的一些难以解决的技术性与伦理性问题，构建一个自动化系统来辅助支持而不是取代人类驾驶人已成为当前智能汽车研究的一个新趋势。这类系统一般通过增强驾驶人的感知能力以及在出现危险驾驶情形时发出警告并减少驾驶人的控制来实现驾驶辅助功能。这类自动化系统被称为高级驾驶辅助系统（advanced driving assistance system，ADAS）。

由此，研究者也提出了一个新的概念，即驾驶认知，将其定义为结合多学科工程的认知科学，通过辅助驾驶人认知环境而减轻驾驶人驾驶压力。驾驶认知作为高级驾驶辅助系统的主要研究内容，研究其与智能决策的相互作用具有重大意义。现阶段驾驶认知方面的研究主要包含两个方向：通过研究"刺激-决策-行动"作用机理以研究驾驶认知对智能决策的影响和设计智能决策系统以实现对驾驶认知的主动调节。

4.6.1 驾驶认知对智能决策的影响

研究人员通过研究驾驶认知对智能决策的作用机理，从而提出相应的优化方案，提升智能决策系统的安全性与效率。

1. "刺激-决策"研究

随着视觉信息处理方法的发展，研究人员正在将更多精力投入到对环境和驾驶人的监控，旨在研究实时刺激是如何影响驾驶人的行为决策。

一方面，研究人员开发了对头部、面部和视线的识别与追踪技术，可以估计驾驶人眼睛注视的方向并重建他们的视野范围。结合外部传感器的视频数据，从而可以重建驾驶过程中的视觉搜索区域，并预测驾驶人在何条件下何时作出特定的决策。除此之外，驾驶人四肢和躯干的识别追踪也有助于正确应用安全气囊、评估驾驶人身体负担以及培训驾驶人驾驶技能。同样，也有一些研究同时考虑了神经肌肉动力学以进行融合分析。

另一方面，研究人员针对驾驶人的生理和心理状态也开展了一系列研究。

其中，针对驾驶人的疲劳检测是目前最富有成效的课题。

2. "决策-行为"研究

驾驶人"刺激-决策"研究是为了研究驾驶人面对刺激如何作出决策，而"决策-行为"研究则是重点研究驾驶人如何执行决策。目前相关研究工作主要分为对纵向驾驶行为、横向驾驶行为、综合驾驶行为和驾驶动作切换的研究。

纵向驾驶行为重点研究驾驶人保持期望速度或期望车距的过程。一般来说，将期望速度和车距定义为输入，实际速度和车距定义为输出，这样就构建了描述跟车过程的一个控制系统，并根据输入输出关系建模为频域传递函数，即

$$G(s) = \frac{b_2 s^2 + b_1 s + b_0}{a_2 s^2 + a_1 s + a_0} e^{-\tau s} \tag{4.3}$$

这种分析模型一般需要满足从经验数据中容易识别、兼顾准确性和灵活性、可以提供足够参数以进行调整和考虑人类驾驶行为不确定性的标准。

横向驾驶行为的运动控制器通常目标是减小车辆运动方向与道路中心线之间的偏差并快速达到零横摆角速度。其建模标准与纵向控制器相同，但由于其控制参考点较难确定，需要建立一个更复杂的四阶频域模型，即

$$G(s) = \frac{b_4 s^4 + b_3 s^3 + b_2 s^2 + b_1 s + b_0}{a_4 s^4 + a_3 s^3 + a_2 s^2 + a_1 s + a_0} e^{-\tau s} \tag{4.4}$$

综合驾驶行为是将驾驶人监控与横向运动控制结合起来，从而有助于研究车辆在行驶过程中何时开始换道以及如何换道。

驾驶动作切换是研究驾驶人从一种主导行为切换到另一种主导行为的过程，从而有助于理解驾驶人如何实时改变决策以确定在线系统中应该使用哪种模型。

4.6.2 智能决策系统对认知过程的主动调节

在通过驾驶认知提升智能决策系统效率和安全性的同时，智能决策也会对认知过程进行主动调节，从而促进驾驶认知过程。下面介绍智能决策系统通过驾驶人感知增强和行为建议的方法，实现对驾驶认知过程的主动调节。

1. 驾驶人感知增强

驾驶人感知增强系统是一种提供环境信息的高级辅助驾驶系统，输出信息直接提供给驾驶人，驾驶人全权负责决策。驾驶人视觉增强是该领域的一个重要主题，目前主要有两种视觉增强方法：

一是车内显示器（即人机交互系统），可以动态捕捉车辆前方的场景，增强图像并将其转发给驾驶人。例如，倒车影像和红外显示器，前者将从红外摄像机获得的场景显示在位于仪表板顶部的屏幕上，后者通过后置摄像头辅助驾驶人倒车。二是增加车外照明系统，通过动态调整车灯的范围和强度，以实现近光/远光照明之间的连续过渡，检测可能存在的驾驶人不宜观察到的障碍物。车内显示器可以为驾驶人提供通常不可见的附加信息，但也增加了驾驶人的识别负担，而车外照明系统更加自然，更容易被驾驶人接受。

由于系统输出的信息存在干扰驾驶人驾驶的风险，因此研究如何帮助驾驶人在虚拟和现实之间保持清晰的意识是一个很有意义的问题。另外，经常被忽视的问题是如何让驾驶人免受环境干扰，从而间接增强驾驶人的敏感性。例如，雨滴检测可用于智能雨刷速度调节系统，以便在下雨时为驾驶人提供更好的视觉效果；应用智能前照灯调节系统，以便在检测到其他接近的车辆时，降低车辆前照灯的强度，提高安全性。

2. 驾驶人行为建议

与驾驶人感知增强相比，驾驶人行为建议系统提供基于感知的行为建议，但仍允许驾驶人自由选择是否执行这些建议。在这个过程中，人车交互方式是一个重点研究方向，其根据感官层面可以分为视觉信息显示和语音导航引导及警告两类。后者相比前者可以相对较少地分散注意力，但可以传输的信息量较少，目前只能有效地传达"左转""直行"等路线建议。

4.7 高级驾驶辅助系统设计与优化

4.7.1 基于认知模型的高级驾驶辅助系统设计

为什么要设计基于认知模型的驾驶辅助系统？设计基于认知模型的 ADAS 的目的是为了更深入地理解和模拟驾驶人在实际驾驶中的认知过程，从而开发出更加人性化、高效和安全的辅助技术，其优点具体如下：

（1）提高系统的人机交互（HMI）效率。基于认知模型的设计能确保 ADAS 与驾驶人的交互更自然和直观，使系统提供的信息和反馈更符合人类认知习惯，从而减少驾驶人的理解和响应时间。

（2）减少认知负荷。驾驶是复杂的认知任务。基于认知模型的 ADAS 可以有效减少信息过载和认知负荷,通过识别并优化信息的呈现方式,使驾驶人在特定情境下仅接收最重要的信息。

(3) 提高驾驶安全性。通过模拟驾驶人的认知过程,基于认知模型的ADAS能够预测潜在的错误和失误,提前进行警告或干预,从而提高整体驾驶安全性。

(4) 促进技术的接受和适应性。基于认知模型的ADAS能够更好地理解和适应不同驾驶人的行为和偏好,提供个性化的辅助,从而增加驾驶人对这些技术的接受度。

(5) 支持持续学习和适应。基于认知模型的ADAS通过持续学习和适应,不断优化其性能,以提供持续有效的支持。

(6) 为完全自动驾驶技术提供基础。深入理解人类认知过程为完全自动化驾驶技术的发展提供了宝贵的基础,帮助预见和解决自动驾驶系统在与人类交互时可能遇到的挑战。

设计基于认知模型的ADAS能够使这些系统更加人性化、有效和安全,满足驾驶人的实际需要,为未来完全自动驾驶技术的实现奠定坚实的基础。

基于认知模型的ADAS是指在设计和开发过程中,融入了对人类认知过程模拟和理解的高级驾驶辅助技术。这些系统通过模拟驾驶人在驾驶过程中的认知活动(如感知、注意力分配、记忆、决策制定和执行等)来提高安全性、舒适性和效率。

下面是基于认知模型的ADAS的几个关键特征:

(1) 认知过程的模拟。基于认知模型的ADAS使用来自心理学和认知科学的理论和数据,构建关于人类认知过程的模型。这些模型可以帮助系统开发者理解驾驶人如何处理来自车辆、道路环境和其他驾驶相关因素的信息。

(2) 驾驶人行为的预测。通过对驾驶人认知过程的深入理解,这些系统能够预测驾驶人在特定情境下的行为和反应。例如,它们可以预测驾驶人可能无视的危险信号或在特定情况下可能采取的行动。

(3) 个性化的辅助和反馈。基于认知模型的ADAS能够根据驾驶人的具体需求和偏好提供个性化的辅助和反馈。这种个性化可以基于驾驶人的历史行为、技能水平和认知特点进行调整。

(4) 动态适应能力。这类系统具有动态适应环境变化和驾驶人状态变化的能力。它们可以实时调整辅助级别,以最有效的方式支持驾驶人,确保驾驶安全和舒适。

(5) 交互界面的优化。基于认知模型的ADAS在其交互界面设计中考虑了人类的认知限制和偏好,旨在减少驾驶人的认知负荷,提高信息的易理解性和易操作性。

基于认知模型的 ADAS 设计可以提高驾驶人状态监测、预警能力和控制介入性能。例如，基于对驾驶人疲劳状态下认知能力下降的模拟，这种系统可以监测驾驶人的疲劳程度，并在必要时提醒驾驶人休息；基于驾驶人对潜在危险感知的认知模型，预警系统可以在驾驶人未能及时识别危险情况时提供警告；通过分析驾驶人在长时间驾驶中注意力分散的模式，车道保持系统可以在适当的时候提供辅助，防止车辆偏离车道。总之，基于认知模型的 ADAS 通过模拟和理解人类的认知过程，能够为驾驶人提供更加智能、个性化和有效的支持。

4.7.2 基于认知模型的高级驾驶辅助系统优化案例

1. 车道偏离预警系统

车道偏离行为是一种驾驶人无意识地致使车辆偏离车道的行为，经常发生在当驾驶人疲劳和困倦的时候，成为导致事故发生的主要因素之一。为了防止这种事故的发生，研究人员开发了车道偏离预警（lane departure warning，LDW）系统。当驾驶人驾驶车辆偏离车道时，LDW 系统就会给该驾驶人发出预警信号，提醒驾驶人将车辆控制在车道内，从而保证交通系统的安全。该预警信号可以由不同的形式来进行传达，如听觉、触觉和视觉。但是，LDW 系统的主要挑战之一是如何避免或减少该系统的误预警率。该误预警的情况经常发生，其中主要包括以下两种状况：一种是虽然驾驶人能够通过自己的操作将车辆控制在车道线内或将车辆从车道线边缘控制回中心线，但 LDW 系统仍然给出预警；另一种是该驾驶人已经意识到车道偏离的状态，但 LDW 系统仍给出预警。较高的误预警率会使驾驶人感觉到该系统的骚扰，以致降低驾驶人对 LDW 系统的信任度。因此，为了减少 LDW 系统的误预警率，我们需要准确判断和预测驾驶人是否能够通过自身能力将车辆控制在车道线以内，从而判断是否需要对驾驶人进行预警，如图 4-10 所示。

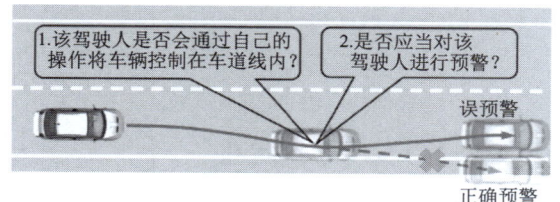

图 4-10 LDW 系统的正确预警和误预警（附彩图）

目前，较多的 LDW 系统采用车辆穿过车道线所用的时间（time to lane crossing，TLC）来判断是否需要对该驾驶人进行预警。然而，一些文献指出，由于基于 TLC 的方法极大地简化了模型结果，导致其不能够正确地预测驾驶人的驾驶意图和行驶轨迹，从而产生较高的误预警率。

基于 TLC 的车道偏离预测算法通过视觉信息（如摄像头等）对道路的参数进行估计，同时结合车辆的状态信息，对 TLC 值利用不同的算法进行估计，以此来决定是否需要对驾驶人进行预警。当估计的 TLC 值达到预定的阈值时，则 LDW 系统开始对驾驶人进行预警。一般而言，研究人员经常通过估计道路边界轨迹和车辆运动轨迹，然后计算两条轨迹相交的时间来对 TLC 进行计算。当行驶的路段曲率较小时，则 TLC 可由下式计算，示意图如图 4-11 所示。

当车辆偏向右侧车道线时，有

$$t_{\text{TLC}} = \frac{\Delta y - (D/2 - l_f \tan\psi)}{v \sin\psi} \quad (4.5)$$

或当车辆偏向左侧车道线时，有

$$t_{\text{TLC}} = \frac{\Delta y - (D/2 + l_f \tan\psi)}{v \sin\psi} \quad (4.6)$$

式中：Δy 为车辆重心到将要穿过的车道线的横向距离；ψ 为车辆纵向坐标与行驶道路当前位置切线的夹角；v 为车辆行驶速度；D 为车辆宽度；l_f 为车辆重心到前轴的距离。

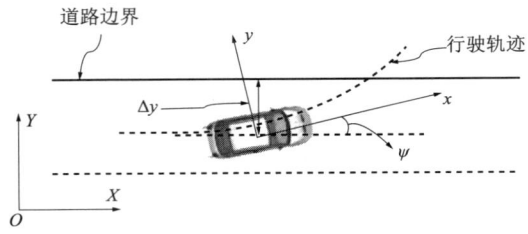

图 4-11　TLC 计算方法示意图

在传统方法中，主要基于 TLC 指标对驾驶人进行预警。该预警方法主要是利用预先设定的 TLC 值，当式（4.7）满足时，即

$$t_{\text{TLC}} < \tau \quad (4.7)$$

则对该驾驶人预警。其中，阈值 $\tau = 0.1\text{s}$。

2. 基于驾驶人模型的 LDW 系统优化

传统的 LDW 系统以"道路为中心"，侧重车道几何结构参数的获取，单一考虑车道偏离对车辆行驶的危险性，忽略对驾驶行为和车辆响应特性的研究，因而存在误预警率高、适应性差的缺点。个性化 LDW 系统就是在传统 LDW 系统的基础上加入人-车-路系统中有关人的因素，也就是考虑驾驶人的驾驶行为。从驾驶行为闭环系统模型的角度分析，LDW 系统应在获取道路环境、车辆状态参数、驾驶人状态之后，进行相应的车道偏离预警环境感知，依据相应的决策模型作出安全预警。

由于受到外界驾驶因素（如驾驶环境、车辆性能参数等）和驾驶人自身状态因素（如驾驶人的精神状态、身体和心理状态等）的影响，驾驶人的驾驶行为通常具有高度随机性和复杂动态性的特点。另外，相关文献也表明，在驾驶控制过程中，驾驶人通常运用类似于基于随机过程的概率混合权重模型应对这种随机不确定性情形。为使建立的驾驶人模型能够较好地描述该空间分布随机性和随时间变化动态性的双重特征，可通过引入并结合两种随机动态模型，提出一种可同时描述这种双重特征驾驶行为的个性化驾驶人模型。

基于提出的个性化驾驶人模型（personalized driver model，PDM）设计一种 LDW 系统。该算法主要基于个性化驾驶人模型和基本的 TLC，所以称为 TLC-PDM 算法。为了减少 LDW 系统的误预警率，利用预测的车辆轨迹设计了一种基于模型 TLC-PDM 的个性化预警系统。利用提出的 PDM，基于当前时刻 t 对未来时刻 $t+q\Delta t$ 的车辆轨迹进行预测，从而可知该驾驶人是否能够将车辆保持在车道线内。当 TLC 超过设定的阈值时，则给该驾驶人预警。

若车辆向右偏离，则 $\tilde{y}_{t+q\Delta t} = D/2 - l_f \tan\psi_t$，否则 $\tilde{y}_{t+q\Delta t} = D/2 + l_f \tan\psi_t$。当式（4.8）所有条件均满足时，则给该驾驶人预警信号。

$$\begin{cases} t_{\text{TLC}} < \tau \\ \min\{\hat{y}_{t:t+q\Delta t} - \tilde{y}_{t:t+q\Delta t}\} < \gamma_1 \\ \hat{y}_{t+q\Delta t} - \tilde{y}_{t+q\Delta t} < \gamma_2 \end{cases} \quad (4.8)$$

具体解析如下：

（1）条件 $t_{\text{TLC}} < \tau$ 用于监测驾驶人的车道偏离行为是否超出预警值。

（2）条件 $\min\{\hat{y}_{t:t+q\Delta t} - \tilde{y}_{t:t+q\Delta t}\} < \gamma_1$ 用于预测并监测驾驶人在未来时间 $t+q\Delta t$ 内的车辆轨迹。

（3）条件 $\hat{y}_{t+q\Delta t} - \tilde{y}_{t+q\Delta t} < \gamma_2$ 用于监测并判断该驾驶人是否能够将已偏离车道的车辆控制回到当前的车道中心。

4.7.3 高级驾驶辅助系统的适应性与个性化设计

1. 高级驾驶辅助系统的适应性

高级驾驶辅助系统（ADAS）的设计目标是提高道路安全、提升驾驶舒适度以及增加交通效率。为了实现这些目标，ADAS 需要在不同的驾驶环境和情境中有效地支持驾驶人，这就要求系统不仅技术先进，而且必须适应人的行为、认知和情感需求。下面是 ADAS 需要适应人的几个关键原因，包括提高系统使用率和接受度、减少认知负荷、优化决策支持、增强安全性能、提升整体驾驶体验。适应人的 ADAS 是实现其提高安全、效率和驾驶满意度目标的关键。通过理解和适应人的行为和认知过程，ADAS 能够更有效地服务驾驶人，成为真正的驾驶伙伴。

2. 高级驾驶辅助系统个性化设计的定义

"个性化"一词通常指根据个人的需求和喜好来定制产品或服务。人们开发汽车的初心，就是要满足人的需求。从传统汽车到未来的高级别全自动驾驶汽车，都是为了更好地服务人。也就是说，在整个汽车发展过程中，人始终是核心，车始终要服务于人。人的需求是多样的、个性化的。在人的个性化需求推动下，汽车由外观统一的黑色 T 型车发展为各式各样的汽车。传统汽车主要以机械为基础，通过电控技术进一步提升性能，而通过改变机械系统的不同配置来部分满足驾驶人的个性需求。例如，人们可以选择不同颜色、不同车型、不同排量发动机及变速器类型等来满足自己的需求。因此，人的需求千人千面，正是在个性化需求牵引下，推动了汽车技术的不断发展。由于驾驶人基数庞大，驾驶习性的影响因素复杂多变，不同驾驶人在年龄、性格、心理状态、熟练程度等方面具有明显不同，导致均一化的驾驶系统难以满足不同驾驶人的个性化需求，因此个性化驾驶系统应运而生，其目标是使车辆驾驶系统匹配不同人的个性化需求，满足"车服务于人"的核心要求。

3. 个性化与不同自动化级别车辆

美国国家公路交通安全管理局（National Highway Traffic Safety Administration，NHTSA）将车辆智能化进程分为以下 5 个级别：L0 级表示人工驾驶，驾驶人承担对车辆的全部控制，装配有驾驶人预警系统的车辆仍然属于这一级别；L1 级为特定功能智能驾驶，车辆不能同时承担对纵向加速/制动和侧向转向的控制，驾驶过程中需要由驾驶人负责另外一个运动方向的控制；L2 级表示组合功能智能驾驶，车辆能够同时对方向盘、驱动和制动进行自动控制，完成特定环境下的自动驾驶，驾驶人可以同时释放手和脚，但不能完全脱离驾驶任务，需要关注周围行驶环境并准备随时接管车辆；L3 级为有限度的智能驾驶，在某些特定环境下可以完全由车辆自动驾驶，驾驶人不需要始终关注当前行驶环境；L4 级表示完全自主驾驶，车辆能够从起始地自主驶向目的地，不需要驾驶人的参与。

美国汽车工程师学会（Society of Automotive Engineers，SAE）在 J3016 中将

智能化程度分为了 6 个等级，对不同级别的智能驾驶技术进行了定义。其前 4 个级别与 NHTSA 定义的前 4 个等级类似；L4 级为高度自动化级别，由车辆自动完成所有驾驶操作，驾驶人不一定需要对所有系统请求作出响应；L5 级表示完全自动化等级，车辆能够实现全工况下的完全自主驾驶。

我国将车辆智能化分为 4 个级别，分别为 DA 级、PA 级、HA 级和 FA 级。车辆智能化等级划分如表 4-5 所示。按照 SAE 的分级，在汽车驾驶自动化分级中，L0 到 L4 级有驾驶人参与，L5 级没有驾驶人，人作为乘客。不同驾驶人对于动力性、舒适性的评判标准不同，因而产生了个性化自动驾驶需求。在 L5 级自动驾驶中，当无人车运动能匹配乘客的个性化需求时，乘客感到更加安全和舒适，有利于无人驾驶技术的落地与推广。综上所述，个性化自动驾驶的核心始终是以人为中心，服务于人。

表 4-5 车辆智能化等级划分

NHTSA	SAE	我国分级	名称	定义	驾驶操作执行者	环境监控执行者
L0 级	L0 级	—	人工驾驶	完全由驾驶人完成驾驶操作	驾驶人	驾驶人
L1 级	L1 级	DA	辅助驾驶	车辆仅能控制转向和驱动/制动中的一个方向	驾驶+机器	驾驶人
L2 级	L2 级	PA	部分自动驾驶	车辆能够协同控制转向和驱动/制动	驾驶+机器	驾驶人
L3 级	L3 级	HA	有条件自动驾驶	能够实现特定环境下的自动驾驶，需要驾驶人随时响应	驾驶+机器	驾驶人
L4 级	L4 级	FA	高度自动驾驶	车辆完成特定环境下自动驾驶，需要驾驶人介入时，驾驶人不一定需要响应	机器	机器
	L5 级		完全自动驾驶	车辆完成全工况下的完全自动驾驶	机器	机器

4. 高级驾驶辅助系统的个性化设计

实现自动驾驶的途径分为跨越式和渐进式（图 4-12）。在渐进式过程中，人类驾驶人与车共时共驾，此时驾驶系统为辅助式，人与系统共同对车辆控制产生影响。人类驾驶人有激进的也有温和的，有老手也有新手，驾驶场景有学校周边也有旷野，多元化的驾驶人面对不同的复杂场景时，将会产生各种不同的个性化驾驶需求，此时个性化驾驶辅助系统需要准确感受不同场景下不同驾驶人的需求，做到个性化"共驾"，具有很高的挑战性。

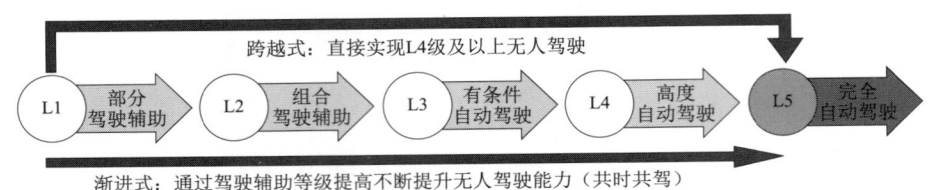

图 4-12 跨越式与渐进式

5. 个性化与自动驾驶系统

在最高等级的自动驾驶中，车辆将充分考虑乘客感受，其运动与乘客的驾驶习惯和交互行为保持一致，做到个性化出行。未来会更多从生理认知角度去分析乘客本身的驾驶习惯和决策方式等，同时在换道、超车等复杂交互场景中，需要理解乘客期望与其他交通要素的交互模式，并为乘客提供可接受的交互行为，最终实现个性化自动驾驶，满足不同人的驾乘需求。

4.7.4 典型案例——个性化预测巡航控制

1. 巡航控制系统原理

自适应巡航控制（adaptive cruise control，ACC）系统是一种起源于20世纪70年代末期的车辆驾驶辅助系统。其是在传统定速巡航控制（cruise control）基础上结合安全间距保持系统（safety distance keeping system，SDKS），既有定速巡航功能，又可以通过位于车身前部的雷达传感器测量前方行驶环境（如前方有无车辆、前车车距、相对速度等），通过控制相应的节气门（油门）驱动和制动自动调整车速，保证本车以安全车距行驶，如图 4-13 所示。

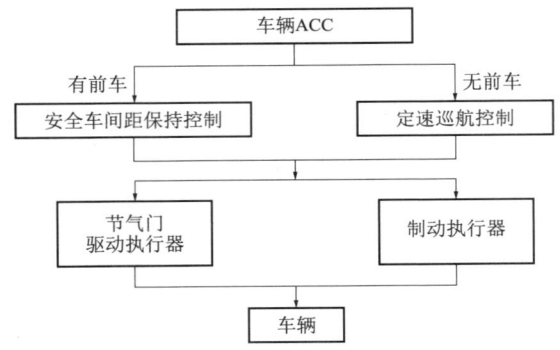

图 4-13 车辆 ACC 系统示意图

车辆 ACC 系统的架构已趋于标准化，通常由信息采集单元、信号控制单元、执行单元和人机交互界面 4 部分组成，如图 4-14 所示。信息采集单元主要用于检测本车状态及周围行车环境等信息，如车辆间距、相对速度等；信号控制单元根据车载传感器检测到的当前行驶状况，决策出车辆的控制作用，并输出给节气门（油门）驱动或制动执行单元；执行单元主要由油门踏板、制动踏板以及车辆传动系等执行器组成，执行信号控制单元发出的命令；人机交互界面主要用于驾驶人对 ACC 系统的功能选择及参数设定。

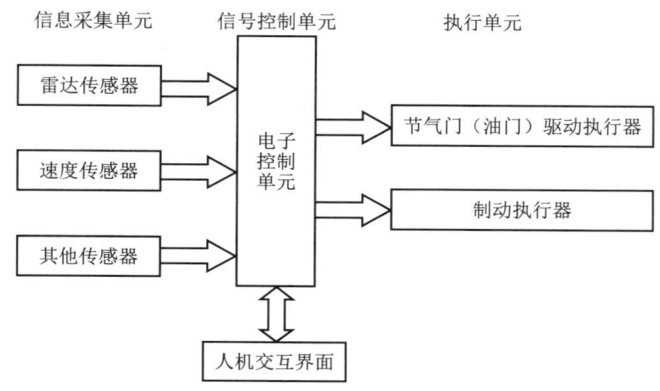

图 4-14　ACC 系统的架构

信号控制单元是 ACC 系统的"大脑"，而间距策略和 ACC 系统控制算法是其核心组成部分，如图 4-15 所示。间距策略根据当前行驶环境决定期望的安全车距，为 ACC 系统控制算法的间距控制提供参考输入值；ACC 系统控制算法通过控制相应的驱动或制动执行机构，使车辆在实际行驶过程中保持期望的安全间距。

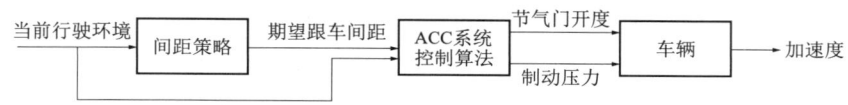

图 4-15　ACC 系统的信号控制单元框图

2. 巡航控制策略设计

在 ACC 系统的信号控制单元中，间距策略决定了行驶过程中采取的安全跟车间距，为后续的 ACC 控制算法提供参考间距输入值，是涉及 ACC 控制系统的第一步。过小的间距策略容易引发交通事故，而过大的间距策略不仅损失道路的交通通行能力，而且容易导致邻近车道车辆的换道插入。可见，间距策略设计的好坏，直接决定了行驶过程中的安全性和道路的使用效率等。

现有的间距策略主要可以分为两大类，即固定间距策略和可变间距策略。

固定间距策略，就是在行驶的过程中始终保持一个恒定的车间距，而与当前行驶环境无关。这种间距策略结构简单，计算量小，但对间距值的选择提出了极大的挑战，既要兼顾到各种复杂的行驶环境，又要尽可能地保证行驶安全并改善交通流。研究发现，这种固定间距策略无法适应一些复杂多变的行驶环境，无法平衡行驶过程中的多个控制目标，且在缺乏车联网通信的情况下，会导致 ACC 系统队列的不稳定。针对固定间距策略的不足与缺点，研究人员提出随环境变化的可变间距策略。

在可变间距策略中，具有代表性的主要有基于车间时距的安全间距策略以及仿人间距策略。其中，基于车头时距的间距策略又可分为恒定车间时距（constant time headway，CTH）策略和可变车间时距（variable time headway，VTH）策略。

CTH 策略最早起源于针对微观手动驾驶行为提出的安全距离模型，即

$$x_{des} = h_1(v_{ego}^2 - v_p^2) + t_h v_{ego} + x_0 \tag{4.9}$$

式中：x_{des} 为期望的安全距离；v_{ego} 和 v_p 分别代表本车和前车速度；h_1 为参数，主要取决于车辆的最大减速能力；t_h 为车间时距；x_0 为最小安全间距，一般包括一个车身长度及车间最小距离。

在 ACC 系统行驶过程中，车辆一般处于跟随状态，因此可认为前后两车速度近似相等，因而式（4.9）可简化为

$$x_{des} = t_h v_{ego} + x_0 \tag{4.10}$$

如式（4.10）所示，期望车间距与本车速度成正比，比值为车间时距 t_h。本车速度越大，相应的车间距就越大，因为一旦前车发生紧急制动，本车车速就越大，就越需要充足的制动距离来避免碰撞。

当式（4.10）中的车间时距 t_h 为恒值时，即为 CTH 策略。随着 ACC 系统的应用，CTH 策略已被证明在许多复杂的行驶环境下不尽理想，如高速路、快速路和城市道路应采取不同的车间时距。与 CTH 策略不同，VTH 策略认为式（4.10）中的 t_h 不再维持恒定，而是随着周围行驶环境变化，这种思想使得 VTH 策略更适应复杂驾驶环境。一般认为行驶过程中的 t_h 应和自身车速成正比，强调了本车车速对车间距的重要影响，即

$$t_h = h_2 + h_3 v \tag{4.11}$$

式中：h_2 和 h_3 为参数。

从宏观交通流角度考虑，t_h 应与所在道路的拥堵密度及自由流速度有关，即

$$t_h = \frac{1}{\rho_{jam}(v_{free} - v)} \tag{4.12}$$

式中：ρ_{jam} 为交通流拥堵密度；v_{free} 为交通流处于自由流状态时的速度。

3. 个性化预测巡航控制策略方法与设计

本部分主要研究基于个性化的纵向预测巡航控制（predictive cruise control，PCC），针对不同的驾驶风格制定不同的安全间距策略，旨在提高 PCC 的个性

化适应能力。

安全间距策略是 PCC 的重要组成部分。较大的安全间距虽然使得驾驶人有足够的时间处理突发事件,但可能会造成交通堵塞或交通事故等风险;较小的安全车间距虽然可以提高道路利用率,但对车辆的控制要求较高且又容易造成追尾,这会使得驾驶人对 PCC 的可靠性和安全性产生怀疑。

因此,选择合适的安全车间距要考虑多方面因素。一方面,在保持安全性的前提下车间距要求尽可能小,以提高通行效率;另一方面,安全间距策略需要考虑驾驶风格因素,针对不同的驾驶风格设定不同的安全车间距,以提高驾驶人对 PCC 系统的接受度。安全间距策略主要分为固定车距时距和可变车距时距两类。基于固定车间时距的安全间距策略能设置随车速而变化的安全车间距,故被广泛地应用于自适应巡航控制策略。本节选择基于固定车间时距的安全间距策略[式(4.10)]进行个性化设计安全车间距。

驾驶人在驾驶车辆时,根据前车行驶状态和周围交通信息改变车间距,车间距通常会维持在固定值附近。通过分析不同风格的车间时距,发现越激进的驾驶人,其行驶的车间时距越小。谨慎型驾驶人 t_h = 3.0021,中性型驾驶人 t_h = 2.1267,激进型驾驶人 t_h = 1.4921。与此同时,对不同风格驾驶人的 x_0 进行统计分析,如图 4-16 所示。不同风格的驾驶人在巡航跟车至减速停车时,与前方车辆保持的车间距是不同的。谨慎型驾驶人在行驶停止后,和前车保持的车间距较大,主要分布在 4.6m 附近;中性型驾驶人在行驶停止后,和前车保持的车间距相对较小,主要分布在 3.3m 附近;激进型驾驶人行驶比较激进,和前车保持的车间距是最小的,主要分布在 2.1m 附近。综合分析不同驾驶风格下车辆行驶的车间时距和巡航停止的车间距,确定个性化安全间距策略,如下表 4-6 所示。不同风格的驾驶人设定不同的安全车间距,这将极大提高驾驶人对 PCC 系统的接受度。

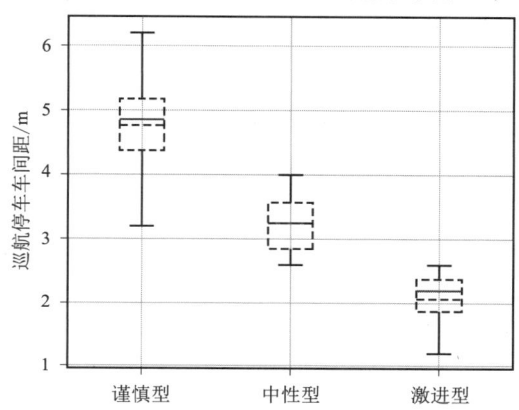

图 4-16 不同风格巡航停车车间距

表 4-6　个性化安全车间距

驾驶风格	谨慎型	中性型	激进型
间距策略/m	$x_{des}=3.002\ 1v_{ego}+4.6$	$x_{des}=2.126\ 7v_{ego}+3.3$	$x_{des}=1.492\ 1v_{ego}+2.1$

基于数据驱动对前方车辆的速度进行预测，这能帮助主车预知未来的交通情况，从而使主车能够提前执行相应操作，避免降低驾驶性能。现有的相关研究主要使用前车速度作为目标速度控制主车进行巡航。研究表明，把预测前车的未来信息融入控制算法中，有助于节省燃料。因此，在本小节 PCC 设计中，把预测前车的车速作为目标速度，让主车执行可预测的巡航，从而改善巡航控制性能。

下面介绍基于 BILSTM 网络对车辆未来速度进行预测。BILSTM 由前向和反向 LSTM 组成，前向 LSTM 提取正序时间序列信息，而反向 LSTM 提取反序时间序列信息。BILSTM 能够紧密联系时间序列上下时刻的信息，对时间序列特征进行深入编码，提高预测性能。速度预测模型结构如图 4-17 所示，模型输入加速度和速度两个特征值，输出未来速度的预测值。图中 FC 表示全连接层，数字表示网络层的神经元数量，每个 FC 网络后使用 LeakyRelu 激活函数处理增加网络间的非线性，缓解过拟合。

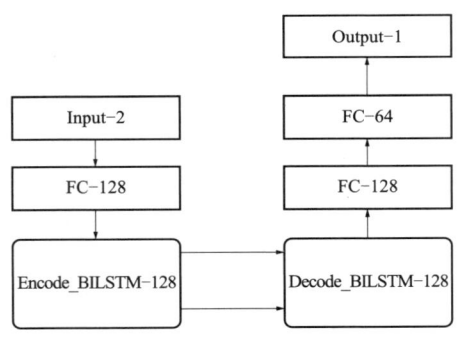

图 4-17　速度预测模型结构

速度预测模型以均方损失函数进行迭代训练后，使用测试样本对真实速度和预测速度进行可视化。如图 4-18 所示，红色曲线表示真实速度轨迹，蓝色曲线表示预测速度轨迹。从曲线变化可以看出，模型具有良好的预测性能，能够应用于预测巡航控制系统。

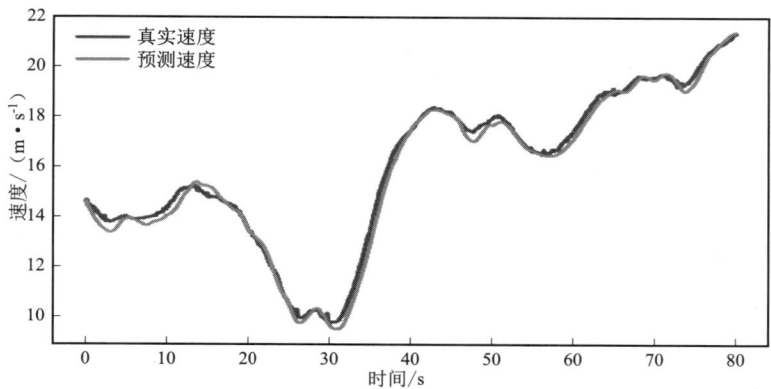

图 4-18 速度预测轨迹（附彩图）

第 5 章
智能车辆运动规划

　　通常来讲，智能车辆的运动规划问题指的是通过优化某些目标函数（如最短路径、最小燃油消耗、最短到达时间、最平顺），使其同时满足环境几何约束（路径必须位于自由空间）、任务约束（需要访问中间目标点）、车辆运动学和动力学约束，生成一条从当前状态到达目标状态无碰撞的、平滑舒适的、车辆运动学和动力学可行的最优轨迹。本章第 5.1 节首先对智能车辆三大类运动规划算法进行了概述;第5.2节介绍了考虑地形特性的三维局部路径规划方法;第5.3节介绍了考虑能量消耗的电动履带车辆路径规划方法;第5.4节介绍了考虑动力学的多约束速度规划方法。

5.1 概述

智能车辆所采用的运动规划算法大致可以分为以下三大类：基于采样的运动规划算法、基于搜索的运动规划算法和基于优化的运动规划算法。

5.1.1 基于采样的运动规划算法

基于采样的运动规划算法可进一步分为基于随机性采样方法和基于确定性采样方法。

1. 随机性采样方法

随机路径图（probabilistic roadmap，PRM）法和快速探索随机树（rapidly-exploring random tree，RRT）法是两种代表性的随机性采样方法。

RRM法不需要显性构建环境的数学模型，而是通过碰撞检测结果在自由空间里选取无碰撞的可行采样点，构建一个包含丰富可行路径的道路图，然后在该图中搜索出一个可行路径。随着用于构建路图的点数增加，搜索路径失败的概率以指数速率衰退为零。PRM法并不能保证渐近最优，在构建路图的时候采用固定半径连接节点，导致计算效率不高。Karaman等人提出了PRM∗法，其算法整体流程与PRM类似，只是在构建路图时，连接半径是一个关于当前采样点数量的函数。该策略被证明是渐近最优。图5-1为概率路图方法的规划结果示意图。

RRT法由于不需要提前设定采样点数量，只需要不断在线生成随机采样

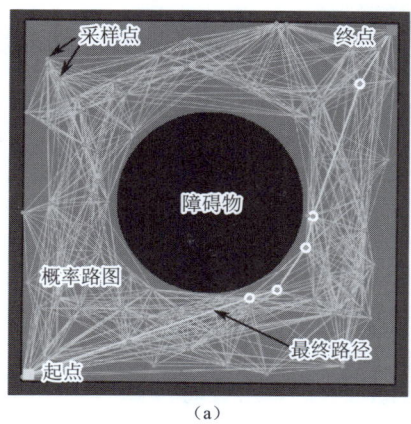 

图 5-1　概率路图方法的规划结果示意图（附彩图）

（a）PRM；（b）PRM*

点，构建树状路径，当路径足够丰富并且有分支到达目标位置时，返回规划路径。该方法不需要准确连接两状态，因此有足够的自由度处理有微分约束的系统。尽管不同的采样策略和措施被用来提高 RRT 法的性能，但是其生成的路径仍然不能保证是最优解。Karaman 等人在典型的 RRT 法中引入重连接操作，开发了一种能逐渐收敛到最优解的 RRT* 法。虽然重连接导致规划消耗的时间变长，但是该方法能够快速给出到达目标点的次优解。该算法能持续改进规划结果直至达到最优解或是时间耗尽。与 RRT 相比，RRT* 法需要更多的迭代步数来避免局部极值得到最终解，并且需要消耗更多的内存。图 5-2 展示了不同类型的快速探索随机树方法的规划结果。

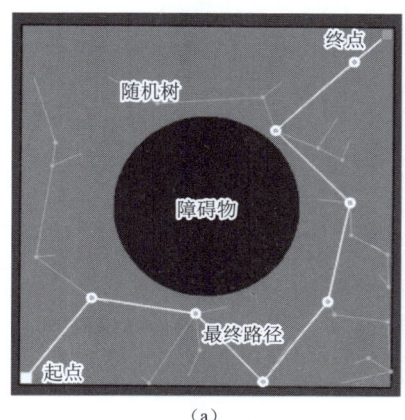 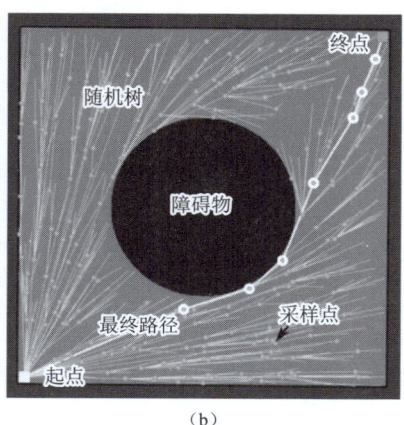

图 5-2　不同类型的快速探索随机树方法的规划结果

（a）RRT；（b）RRT*

Karaman等人在该算法中引入分支定界法和Dubin运动单元以更有效地构建满足车辆运动动力学约束的随机树,以解决包含车辆非完整性约束的叉车运动规划问题。Hwan等人结合基于动力学半车模型的快速局部转向算法和RRT*法开发出一个可生成动力学模型,用于快速通过弯道场景的路径规划算法。基于随机采样的规划算法通常情况下采用控制空间路径随机采样工作空间,然后通过快速碰撞检测生成可行路径的方式,体现了其善于探索复杂环境下自由空间到达性的特性。

RRT法及其变种通过采用随机策略生成运动单元的树状结构很好地近似了自由空间的连通性而不用显性地描述自由空间的几何模型。部分基于随机性采样的运动规划算法(如RRT、PRM*、RRT*等)具有概率完备性。如果最优路径存在并且给予足够的时间和足够多的采样点,则该类方法失败的概率以指数速率退化为零,且最终能够找到解或最优解。由于随机选择中间状态或控制量,所以该类方法生成的路径通常情况下不平滑、不稳定、冗余、曲率不连续。与此同时,该类方法的求解时间无上界且不可预测。

2. 确定性采样方法

确定性采样方法,其采样策略根据应用提前给定。这类方法主要包含控制空间采样和状态空间采样两类,采样示意图如图5-3所示。该类方法的基本思想是从当前车辆状态向不同的目标点生成一簇参考路径采样车辆周围空间,然后通过不同因素(如碰撞检测结果、目标点到参考路径或车道中心线的距离)选择最终路径。控制空间采样法通常按照某个转向控制量运行一定周期,生成不同圆弧采样工作空间。状态空间采样法根据规划窗口从参考路径或道路中心线选取目标状态,然后通过求解用预先定义的曲线模型连接当前车辆状态和目标状态的两点边界值问题生成参考路径。用于采样不同空间的曲线模型可以是圆弧(根据控制空间离散控制量生成)、螺旋线、样条曲线、多项式曲线。除了圆弧,其他曲线模型都需要来自参考路径上的目标状态信息(如位置、航向、曲率),进而构建候选路径。目标状态对生成路径的形状有着不可忽略的影响。

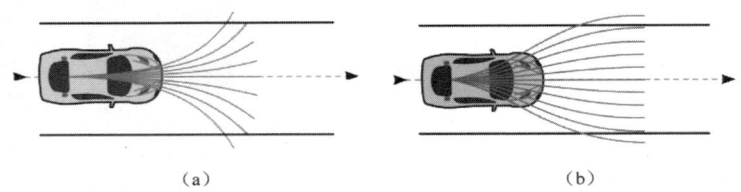

图5-3 采样示意图
(a) 控制空间采样;(b) 状态空间采样

Fox 等人提出了基于控制空间采样的动态窗口法。该方法通过采用多个固定的平移速度和横摆角速度控制量组合，并进行前向仿真生成多个候选圆弧轨迹，对车辆周围空间进行采样，考虑与目标位置航向偏差、离障碍物的距离及车辆的速度等目标函数，选择代价最小的轨迹。Hundelshausen 等人提出了触须路径规划算法。该算法采用不同的给定速度下预先计算的 81 个圆弧运动单元对周围二值地图进行采样，以运动单元离障碍物的距离、运动单元所占据区域的平坦程度及候选路径与全局路径偏差的线性组合目标函数选择代价最小的轨迹。Broggi 等人根据当前车辆前轮偏角对应的曲率和动力学约束计算轨迹终点处最大曲率变化范围，然后以回旋曲线（clothoid，即线性变化曲率曲线）连接当前曲率和终点曲率生成若干候选轨迹采样周围空间，以离障碍物的距离作为目标函数选取最优轨迹。

前述基于控制空间采样法没有引入终点状态，只是单纯采用给定固定控制量结合车辆模型前向仿真一段时间生成候选路径，其方法本身并不能控制终点状态采样点的分布。状态空间采样法引入全局路径信息以引导路径生成方向，使生成路径最终与全局路径或道路方向一致，其采样更有目的性，更有效率。Piazzi 等人提出了笛卡尔坐标系求解五次多项式曲线的两点边界值求解方法用于生成满足终点位置、航向和曲率约束的采样路径，该方法能够提供解析解。Resende 等人采用五次多项式曲线对不同的车道进行采样和碰撞检测，用于生成高速公路场景变道和车道保持的轨迹。在美国 2007 年举办的城市挑战赛中，Urmson 和 Howard 等人采用更平坦的、对运动描述更丰富的三次或五次螺旋线表示路径，首先对处于道路中心或是全局路径上的终点状态进行等距横偏生成终点状态集，然后结合车辆运动学模型，采用梯度下降法生成连接终点状态集的候选路径，最后根据时间最优性、与原终点状态的距离以及离障碍物的距离等目标函数选取最终轨迹。前述两类方法都是在笛卡尔坐标系下进行路径生成，并未利用道路形状的全部信息。Chu 等人在全局路径定义的 Frenet 坐标系（也称曲线坐标系、Curvilinear 坐标系）下，以事先给定的全局路径作为 Frenet 坐标系的纵轴，对横向距采用多项式参数化表示，以定义车辆回归全局路径或道路中心线的平滑运动。在采样策略上，该方法与前述方法类似，对终点状态进行等距横偏生成候选路径，根据安全性、平滑性及前后规划结果一致性评价指标选择最优路径用于越野环境下的无人驾驶。

5.1.2 基于搜索的规划算法

基于搜索的规划算法指的是图搜索方法。这类方法通常通过构建有向图的方式均匀采样整个构型空间，然后根据不同搜索策略搜索该有向图。与基于随机性采样的运动规划方法通过在运行时探索自由空间特性不同的是,基于图搜索方法通常使用固定数量的运动单元离散构型空间,在规划之前就已经构建了用于搜索的有向图。针对给定的目标函数,采用不同的搜索策略在给定有向图中搜索全局最优的路径。

Dijkstra 是一种常用的在给定图中搜索最短路径的方法,其扩展节点的原则是根据下一步的消耗 $c(i+1)$ 和当前实际消耗 $m(i)$ 的总代价 $g(i+1)$ 最小选择子节点,即

$$g(i+1) = m(i) + c(i+1), i \geq 0 \tag{5.1}$$

A * 算法在 Dijkstra 的基础上引入下一步离目标距离的启发值 $h(i+1)$,以每一步的实际消耗 $g(i+1)$ 与启发值 $h(i+1)$ 的总代价 $f(i+1)$ 选择最佳子节点,而启发值通常采用欧氏距离、曼哈顿距离或对角线距离。

$$f(i+1) = g(i+1) + h(i+1) \tag{5.2}$$

由于 A * 算法要求启发值不高于到达目标点的实际消耗。当最优解存在时,A * 算法能够保证搜索出最优路径;当无解时,A * 算法返回空集,因此该算法也具备完备性。通过对启发值进行膨胀,即对启发函数乘以 $\eta(\eta>1)$ 比例因子后进行宽松搜索可得权重 A *(weighted A *)算法,该算法可以在一定程度上减少搜索时间,但是所得解为次优解,且次优解的消耗不多于最优消耗的 η 倍。为了改进 A * 算法的实时性,Likhachev 等人提出 Anytime A * 算法,该算法与权重 A * 算法类似,对启发值引入比例因子 $\eta(\eta>1)$,采取宽松搜索,先快速得到一条次优路径。当给定的搜索时间有剩余时,不断缩小 η,以改进搜索出的路径,逼近或是达到最优解,直至时间耗尽。

在动态环境中,环境地图不断更新,地图中拓扑结构节点的消耗在不断地变化,Lifelong Planning A *(LPA *)(正向搜索)、D *、D * Lite(反向搜索)等算法被提出以利用之前的搜索信息进行重规划。当节点之间的消耗改变时,重新建立节点间的连接关系,而不需要从头开始搜索,这样大大节省了动态场景下的重规划时间。给定一个精心设计的搜索空间和可容许的启发函数,在某些特定的无人驾驶场景下,基于搜索的算法能够实时求解出全局最优或次优路径。

在 2007 年美国举办的城市挑战赛中,卡内基梅隆大学 Boss 车队采用的 AD * 算法已展示了该类方法在非结构化道路场景下(停车场自动泊车)实时求解考虑车辆运动学约束路径规划问题的优势。AD * 算法兼顾 ARA * 和 LPA * 算法的优点,是一种实时、增量式的启发式搜索算法。

传统 A * 算法基本上都是在由直线构成的拓扑图中进行路径搜索,所得路径并不满足运动学约束。为了处理车辆系统的微分约束,Pivtoraiko 等人提出

了状态网格（state lattices）概念，考虑车辆的运动学约束生成用于构建拓扑图（状态网格）的边，通过一定的连接关系构建状态网格，然后在状态网格中搜索出一条最优路径。Ziegler等人将状态网格概念扩展到城市道路驾驶环境中，在Frenet坐标系下构建时间-空间状态网格，采用五次多项式曲线作为状态网格中连接顶点的曲线模型，采用穷尽搜索得到代价最小的轨迹。McNaughton等人采用类似的思想，使用三次螺旋线作为状态网格的边构建沿道路坐标系的时间-空间状态网格，并采用GPU并行加速运算，开发了一个车辆行为与车辆规划集成的实时规划算法。上述算法的部分示意图如图5-4所示。

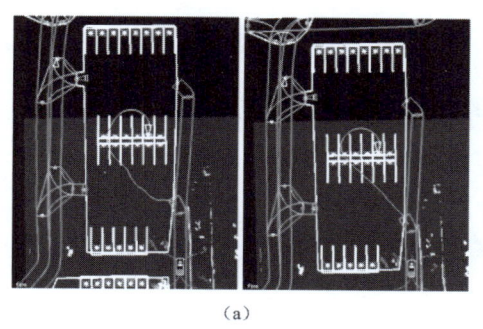 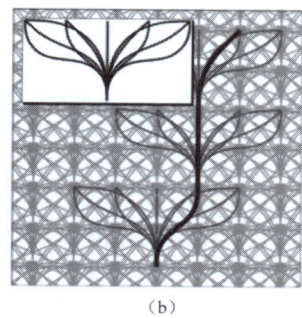

图5-4 部分搜索算法示例图
（a）AD*；（b）均匀状态网格

5.1.3 基于优化的规划算法

基于优化的规划算法在相关文献中通常与轨迹规划紧密联系在一起，其本质是考虑车辆的非线性动态系统的状态、控制量、等式约束和不等式约束求解使得性能指标最小的最优控制问题。

该最优控制的本质是求解动态数学优化问题，其采用的求解方法主要分为三大类，即动态规划法、间接法、直接法。动态规划法主要是利用贝尔曼最优性原则采用代价函数的反向搜索，将具有最优子结构的最优控制问题分解成若干子问题，迭代求解最优策略。对于连续空间最优控制问题，动态规划本质是求解非线性偏微分方程（partial differential equation，PDE）和汉密尔顿-雅可比-贝尔曼（hamilton-jacobi-bellman，H-J-B）方程。该方法虽然能够处理离散和连续参数，理论上保证全局最优性，但当问题规模较大时，该方法面临"维度灾难"困境。

间接法主要利用最优控制的极小值原理，即最优化的一阶必要条件，给出到达最优解的系统微分方程需要满足的优化条件，求解该优化条件导出的边界值问题以得到原问题的最优解。其基本思想是"先优化再离散"近似求解。

直接法采用参数化方法离散近似系统控制量或系统状态量、约束和目标函数，将连续空间无限维度的最优控制问题转化成有限维度参数空间的非线性优化问题。其基本思想是"先离散再优化"。这类方法通常采用某种参数化的曲线模型（如样条曲线、螺旋线、多项式曲线、分段线性曲线）来表示车辆的路径，同时在满足给定边界约束、路径约束的条件下，针对不同的应用场景，在有限维度的参数向量空间最优化给定的性能指标，进而生成最优路径或轨迹。

5.2 考虑地形特性的三维局部路径规划

5.2.1 三维地形可通行度特性

地形可通行度是由车辆特性与地形特性二者共同决定的，而其中利用车辆和地形面的几何特征进行可通行度分析是其中的重要手段之一。为了描述一些高阶几何特征（如曲率），微分几何的知识是必要的。另外，当在三维空间中进行运动规划时，三维空间中的点、线、面均是运动规划研究的基本对象。因此，为了后续能方便地描述与分析问题，本节将介绍三维空间中基本的几何特征。

1. 空间位姿表示

当给定了三维欧氏空间中的一个参考坐标系后，空间中的任意质点均可以用一个三维向量 $\boldsymbol{p}=(x, y, z)$ 来描述，这个三维向量表示了质点在空间中的位置。对于空间中的刚体，除了描述其位置外还需要描述其姿态。为了描述刚体的姿态就需要建立刚体坐标系，而刚体在参考系中的位姿即表示刚体坐标系到参考系的旋转、平移变换。在图 5-5 中，建立了以车辆后轴中心为原点、车辆正前方为 x 轴的右手系车辆坐标系。

车辆坐标系经过旋转和平移变换后能够与参考坐标系重合，经过的变换就表示车辆在参考坐标系中的位姿。三维空间中刚体 A 在参考系 B 中的位姿（刚体系 A 到参考系 B 的变换）可以用一个 4×4 矩阵表示，即

$$\boldsymbol{T}_B^A = \begin{bmatrix} \boldsymbol{R}_B^A & \boldsymbol{t}_B^A \\ 0 & 1 \end{bmatrix} \tag{5.3}$$

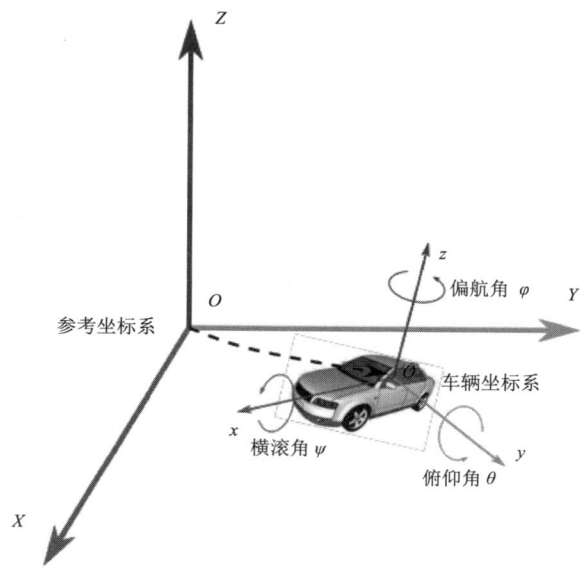

图 5-5 车辆位姿示意图

式（5.3）中的 t_B^A 表示平移变换的 3×1 向量，是 A 系原点在 B 系中的坐标表示。左上角的 $R_B^A = [x_B^A, y_B^A, z_B^A]$ 是一个 3×3 正交矩阵，表示将 A 系中的向量旋转至 B 系中。其中，矩阵的 3 个列向量 x_B^A、y_B^A 和 z_B^A 正好构成了 A 系的 3 个坐标轴单位向量（表示在 B 系中）。变换矩阵 T_B^A 的逆矩阵表示从 B 系到 A 系的变换，即

$$T_A^B = (T_B^A)^{-1} = \begin{bmatrix} (R_B^A)^T & -(R_B^A)^T t_B^A \\ 0 & 1 \end{bmatrix} \quad (5.4)$$

当给定了 A 系中表示的一个向量 v_A，左乘变换矩阵可以将其变为在 B 系中表示的 $v_B = T_B^A \cdot v_A$。当给定了一个从 C 系到 A 系的变换 T_A^C 时，可以得到 C 系到 B 系的变换 $T_B^C = T_A^C \cdot T_B^A$。

实际智能车辆由组合导航系统获得的车辆相对于地面坐标系的位姿是由经度、纬度、海拔构成的位置和横滚角 ψ、俯仰角 θ、航偏角 φ（图 5-5）构成的旋转量组成的。前者一般通过墨卡托投影将经纬度转化为平面直角坐标，再结合海拔值构成了相对于地面坐标系的平移量。后者的 3 个姿态角分别表示绕 3 个坐标轴的旋转量，按照 z-y-x 的旋转顺序可以得到对应的旋转矩阵为

$$\begin{bmatrix} \cos\varphi\cos\theta & \cos\varphi\sin\theta\sin\psi - \sin\varphi\cos\psi & \cos\varphi\sin\theta\cos\psi + \sin\varphi\cos\psi \\ \sin\varphi\cos\theta & \sin\varphi\sin\theta\sin\psi + \cos\varphi\cos\psi & \sin\varphi\sin\theta\cos\psi - \cos\varphi\sin\psi \\ -\sin\theta & \cos\theta\sin\psi & \cos\theta\cos\varphi \end{bmatrix} \quad (5.5)$$

2. 空间曲线基本参数

给定空间曲线的参数表示形式 $r(p) = [x(p), y(p), z(p)]$，并且 $r(p)$ 是二阶连续可微函数，即 C^2 类曲线。当使用弧长 s 作为参数时称为自然参数。为表示区别，本节使用"·"表示函数对一般参数 p 的导数，"′"表示函数对自然参数 s 的导数，即 $\dot{r} = \dfrac{\mathrm{d}r}{\mathrm{d}p}$，$r' = \dfrac{\mathrm{d}r}{\mathrm{d}s}$。根据弧微分公式可以得到一般参数与自然参数之间的关系为

$$\mathrm{d}s = \sqrt{\dot{x}^2 + \dot{y}^2 + \dot{z}^2}\,\mathrm{d}p \Rightarrow \frac{\mathrm{d}s}{\mathrm{d}p} = \|\dot{r}\|_2 \tag{5.6}$$

曲线 $r(p)$ 上一点处的单位切向量定义为

$$\boldsymbol{\alpha} = \frac{\dot{r}}{\|\dot{r}\|_2} \tag{5.7}$$

当使用自然参数时，带入式（5.6）可以得到 $r(p)$，即曲线对自然参数的一阶导数即表示曲线的切向量。

曲线在某点的弯曲程度可以用曲率来刻画，将曲率定义为曲线切向对弧长参数的转动速率，即

$$\kappa = \lim_{\Delta s \to 0} \left\| \frac{r'(s + \Delta s) - r'(s)}{\Delta s} \right\|_2 = \|r''\|_2 \tag{5.8}$$

曲线对自然参数的二阶导向量模长即表示曲线的曲率值。由于 r' 是单位向量，所以有 $r'^{\mathrm{T}} \cdot r' = 1$，两边同时求导有 $r'^{\mathrm{T}} \cdot r'' = 0$，即 r'' 正交于曲线的切向，因此定义曲线一点处的单位主法向量为

$$\boldsymbol{\beta} = \frac{r''}{\|r''\|_2} = \frac{\boldsymbol{\alpha}'}{\kappa} \tag{5.9}$$

向量 r'' 指向了曲率中心并且其模长正好是曲率值，因此也称曲率向量。结合式（5.9）可以推导出一般参数表示下的曲率向量为

$$r'' = \frac{\mathrm{d}r'}{\mathrm{d}s} = \frac{\mathrm{d}\dfrac{\dot{r}}{\|\dot{r}\|_2}}{\mathrm{d}p} \cdot \frac{\mathrm{d}p}{\mathrm{d}s} = \|\dot{r}\|_2^{-2}\left(\ddot{r}\|\dot{r}\|_2 - \frac{\mathrm{d}\|\dot{r}\|_2}{\mathrm{d}p}\dot{r}\right) \cdot \frac{1}{\|\dot{r}\|_2}$$

$$= \|\dot{r}\|_2^{-2}\left(1 - \frac{\dot{r} \cdot \dot{r}^{\mathrm{T}}}{\|\dot{r}\|_2^2}\right)\ddot{r} \tag{5.10}$$

由式（5.7）和式（5.9）得到了曲线的单位切向量和单位主法向量后，定义曲线的单位副法向量为二者的叉积，即

$$\boldsymbol{\gamma} = \boldsymbol{\alpha} \times \boldsymbol{\beta} \tag{5.11}$$

曲线上一点处由切向 $\boldsymbol{\alpha}$ 和主法向 $\boldsymbol{\beta}$ 确定的平面称为密切平面；由切向 $\boldsymbol{\alpha}$ 和副

法向 γ 确定的平面称为从切平面；由主法向 β 和副法向 γ 确定的平面称为法平面。

由于空间曲线不仅会弯曲还可能会扭转，所以可以采用挠率来描述曲线的扭转程度。类比曲率向量的定义，采用单位副法向量对弧长参数的转动速度定义挠率向量为

$$\gamma' = \kappa\beta \times \beta + \alpha \times \beta' = \alpha \times \beta' \tag{5.12}$$

由于 γ 是单位向量，所以 $\gamma' \perp \gamma$ [推导过程同式（5.9）]。由于 γ' 同时正交于 γ 和 α，所以 γ' 与 β 平行。根据主法线方向 β 定义曲线的挠率为

$$\lambda = \begin{cases} \|\gamma'\|_2, & \gamma \text{ 与 } \beta \text{ 异向时} \\ -\|\gamma'\|_2, & \gamma \text{ 与 } \beta \text{ 同向时} \end{cases} \tag{5.13}$$

挠率可以看作是曲线离开密切平面的速度。当曲线的挠率为 0 时，整条曲线都位于同一个密切平面内，车辆跟踪这样的曲线行驶时，其横滚角不会发生变化。当给定一条空间曲线的曲率和挠率后，空间曲线的形状也就唯一确定了。

3. 空间曲面基本参数

本部分以参数方程为例介绍曲面的基本几何知识。由参数方程可以看出，曲面将平面上的点 (u, v) 映射到了三维空间中 (x, y, z)。平面上的坐标直线 $u=$ 常数或 $v=$ 常数在三维空间中的像构成了曲面上的曲纹网格，因此 (u, v) 也称为曲面的曲纹坐标（如球面上的 ϕ 曲面和 θ 曲线分别构成了球面上的经线和纬线）。过曲面 S 上一点 (u_0, v_0) 处两条坐标线分别为 u 曲线 $r(u, v_0)$ 和 v 曲线 $r(u_0, v)$，该点处两条坐标曲线的切向量分别为

$$r_u(u_0, v_0) = \begin{pmatrix} \frac{\partial x}{\partial u}(u_0, v_0) \\ \frac{\partial y}{\partial u}(u_0, v_0) \\ \frac{\partial z}{\partial u}(u_0, v_0) \end{pmatrix}, r_v(u_0, v_0) = \begin{pmatrix} \frac{\partial x}{\partial v}(u_0, v_0) \\ \frac{\partial y}{\partial v}(u_0, v_0) \\ \frac{\partial z}{\partial v}(u_0, v_0) \end{pmatrix} \tag{5.14}$$

若切向量 r_u 和 r_v 不平行，则称点 (u_0, v_0) 为正则点。

参数空间上的一条平面曲线 $[u(t), v(t)]$ 映射到三维空间中时是位于曲面 S 上的一条曲线 $r(t) = [x(t), y(t), z(t)]$。该曲线在正则点处的切向量为

$$\dot{r}(t) = \frac{du}{dt}r_u + \frac{dv}{dt}r_v = \frac{dv}{dt}\left(\frac{du}{dv}r_u + r_v\right) \tag{5.15}$$

可以看到曲面上正则点处的切方向都可由 r_u 和 r_v 加权和得到，因而把由切向量 r_u 和 r_v 所决定的平面称为曲面在正则点处的切平面。当给定了曲面方程后，r_u 和 r_v 是已知的，因而当给出曲面上一点处的一对比值 $d_u : d_v$ 时就相当于给

出该点处的一个切方向。

曲面上正则点处垂直于切平面的方向称为曲面在这一点处的法向量，定义单位法向量为

$$n = \frac{r_u \times r_v}{\| r_u \times r_v \|_2} \tag{5.16}$$

定义曲面上的曲线弧微分的平方为曲面的第一基本形式，记作 I。结合式（5.6）和式（5.15）可以得到曲面第一基本形式表达式为

$$I = ds^2 = dr^2 = (du r_u + dv r_v)^2$$
$$= E du^2 + 2F du dv + G dv^2 \tag{5.17}$$

其中，

$$E = r_u^T \cdot r_u, F = r_u^T \cdot r_v, G = r_v^T \cdot r_v \tag{5.18}$$

称为曲面的第一类基本量。曲面第一基本形式的物理意义就是其决定了曲面上曲线的弧长。实际上，还有曲面上两方向的夹角和曲面域的面积都可以用第一类基本量 E、F、G 表示。只用第一类基本量就能描述的性质称为曲面的内蕴性质。

除了内蕴性质外，还需描述曲面的弯曲程度。实际上，曲面上一点处在不同的方向弯曲程度可能是不一样的，这可以用曲面上过给定点曲线的曲率来刻画。给定曲面上一点 P 处的一个切方向 $du:dv$，曲面上以该方向过 P 点的曲线有无数条。其中，任意一条曲线 r_i 在点 P 处的曲率向量与该点处的曲面法向量点积为

$$n^T \cdot r_i'' = \kappa_i \cos\langle n, \beta_i \rangle \tag{5.19}$$

另外，对式（5.15）直接求导可以进一步得到点积的表达式为

$$n^T \cdot r_i'' = n^T \cdot \left(r_{uu} \frac{du_i^2}{ds_i^2} + 2 r_{uv} \frac{du_i dv_i}{ds_i ds_i} + r_{vv} \frac{dv_i^2}{ds_i^2} + r_u \frac{du_i^2}{ds_i^2} + r_v \frac{dv_i^2}{ds_i^2} \right)$$
$$= L \frac{du_i^2}{ds_i^2} + 2M \frac{du_i dv_i}{ds_i ds_i} + N \frac{dv_i^2}{ds_i^2} \tag{5.20}$$

其中，

$$L = n^T \cdot r_{uu}, M = n^T \cdot r_{uv}, N = n^T \cdot r_{vv} \tag{5.21}$$

称为曲面的第二类基本量。定义曲面的第二基本形式为

$$II = n^T \cdot d^2 r = L du^2 + 2M du dv + N dv^2 \tag{5.22}$$

结合式（5.22）、式（5.17）、式（5.19）和式（5.20）可以得到

$$n^T \cdot r_i'' = \kappa_i \cos\langle n, \beta_i \rangle = \frac{II}{I} = \frac{L \frac{du_i^2}{dv_i^2} + 2M \frac{du_i}{dv_i} + N}{E \frac{du_i^2}{dv_i^2} + 2F \frac{du_i}{dv_i} + G} \tag{5.23}$$

由于所有曲线 r_i 都是按同一方向经过点 P,在点 P 处都有相同的比值 $\mathrm{d}u_i : \mathrm{d}v_i$,所以式（5.23）最右端的结果都相同。也就是说,尽管以同一切方向经过曲面上一点 P 的曲线在点 P 处有不同的曲率向量,但它们在曲面法向上的投影都相同。因此,可以选择主法向方向与曲面法向平行的曲线的曲率来表示曲面在这一方向上的曲率。

如图 5-6 所示,给出曲面上 P 点处的一个方向 $\mathrm{d}u : \mathrm{d}v$,由该方向和该点处曲面法向所确定的平面称为法截面,该法截面和曲面的交线称为曲面在 P 点处沿方向 $\mathrm{d}u : \mathrm{d}v$ 的法截线 r_0。法截线 r_0 在点 P 处的主法向量 $\boldsymbol{\beta}_0 = \pm \boldsymbol{n}$,在该点处的曲率为 $\kappa_0 = \pm \dfrac{II}{I}$。据此定义曲面上 P 点处沿方向 $\mathrm{d}u : \mathrm{d}v$ 的法曲率 κ_n 为

$$\kappa_n = \frac{II}{I} = \begin{cases} +\kappa_0, \boldsymbol{\beta}_0 \text{ 与 } \boldsymbol{n} \text{ 同向} \\ -\kappa_0, \boldsymbol{\beta}_0 \text{ 与 } \boldsymbol{n} \text{ 异向} \end{cases} \tag{5.24}$$

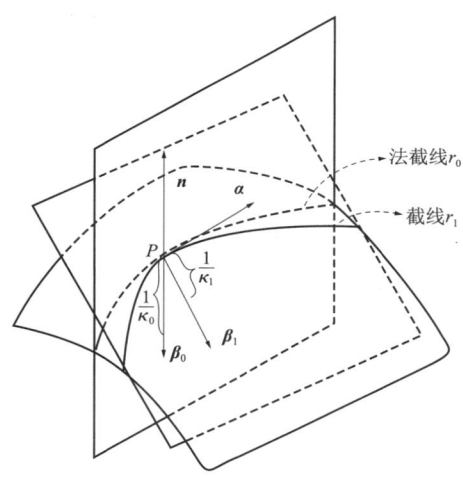

图 5-6　曲面上一点处不同的截线

5.2.2　三维参考路径生成

大多数智能车辆运动规划算法都需要提供一条参考线。例如,需要在给定参考路径上选择目标状态并沿横向偏移得到多个目标状态,然后针对每个目标状态求解两点边值问题生成候选路径再从中选择最优路径。这些方法应用于城市环境并采用道路中线作为参考线。使用道路中线作为参考线的意义如下:

（1）参考线不仅反映了道路几何形状,还包含了一些道路几何信息（如曲率）,利用这些信息就能够快速得到与道路形状一致的安全路径。实际上,若参考线与实际道路可通行区域形状差异较大,那么上面列举的算法很难成功

规划出足够长的可行路径。

（2）车辆只会在参考线附近行驶，因而可以利用参考线限定求解范围，无须在整张地图上求解规划问题，可以大大缩短规划时间。

本小节借鉴城市道路路径规划方法中参考线这一思想，采用空间探索算法首先规避地形中的典型障碍物，然后选择自由通道的中线作为参考线，为后面层次的规划提供引导信息。参考线除了必须位于自由空间内，其连续性也在很大程度上影响后面的规划结果（如利用参考线建立 Frenet 坐标系时，要求参考线必须满足曲率连续）。因此，本小节采用一种迭代平滑算法减少路径长度，再使用三次样条插值得到曲率连续的三维参考路径。

1. 基于曲面的启发式空间搜索

本小节参考路径的生成是基于空间探索算法并采用切平面的方法将其扩展到三维曲面上。本小节首先回顾了空间探索算法（伪码如算法 1 所示）的基本思路，然后再解释将其应用到离散三维曲面上的细节。当给定了地形面上的起始位姿和目标位姿时，空间探索算法通过构建搜索图并使用 A * 算法搜索得到连接起始点和目标点的路径。A * 算法首先将到达目标点代价值 f_{goal} 设为无穷大并将起始节点作为当前节点，然后 ExpandNode（n_i）函数将扩展出当前节点的一系列子节点，并将这些子节点放入优先队列集合 S_{open} 中，表示待探索节点。扩展完子节点后根据当前节点是否到达目标点附近来更新到达目标点代价值 f_{goal}，并将当前节点置入集合 S_{closed} 中，表示已探索节点。结束这一循环后，从待处理节点集合 S_{open} 中挑选出代价值 f 最小的节点作为当前节点重复上述过程，直到 S_{open} 中没有节点或者出现了比 f_{goal} 更高的代价值时算法停止。算法 1 为一个通用的 A * 算法框架，而代价函数的定义以及将其扩展到三维曲面上的关键在于扩展子节点操作 ExpandNode（n_i）函数（伪码如算法 1 所示）。

节点扩展模式如图 5-7 所示。节点扩展算法先在当前节点的切平面上生成 N 个平面子节点，这些平面子节点以 $\Delta\theta$ 为间隔均匀地分布在父节点 n_{parent} 四周。每一个平面子节点距离父节点的距离 d_j 由这一方向上的曲面曲率决定（算法 2 中第 17 行代码），而地形面在某一方向上的曲率可以根据定义"弧长与圆心角之比"计算得到。算法 2 中根据定义采用近似的方式计算，在地形面上求出 θ_j 方向上距父节点距离为 1m 处位置的法向量，用其与父节点处的法向量夹角（图 5-7 中的 $\Delta\varphi_j$）作为 θ_j 方向上的曲率。依据地形面曲率来决定扩展节点的步长在比较平坦的地方能够以大步长扩展，而在地面凸起或凹陷的地方谨慎地使用小步长，比起定步长的方式具有更高的搜索图构建效率。得到切平面上的子节点后，将其投影到地形面上并计算相应地形处的粗糙度值。为了

```
算法1：空间探索算法
1   输入：起始节点$n_{start}$，目标节点$n_{goal}$
2   输出：由节点构成路径
3   操作：Sort按总代价值升序排序
4          PoptTop 取出优先队列中堆顶元素
5          ExpandNode 生成当前节点的子节点
6          Overlap 判断当前节点是否到达目标节点附近
7   $S_{open} \leftarrow n_{start}$;
8   $S_{closed} \leftarrow \emptyset$;
9   $f_{goal} = \infty$;
10  while $S_{open} \neq \emptyset$ do
11  |    Sort($S_{open}$);
12  |    $n_i \leftarrow$ PopTop($S_{open}$);
13  |    if $f_{goal} < f_i$ then
14  |    |    14
15  |    else if $n_i \notin S_{closed}$ then
16  |    |    $S_{children} \leftarrow$ ExpandNode ($n_i$);
17  |    |    $S_{open} \leftarrow S_{open} \cup S_{children}$;
18  |    |    if Overlap $\{n_i, n_{goal}\}$ then
19  |    |    |    $f_{goal} = \min\{f_i, f_{goal}\}$;
20  |    |    $S_{closed} \leftarrow S_{closed} \cup \{n_i\}$;
21  |    else
22  |    |    continue;
23  if $f_{goal} < \infty$ then;
24  |    return $\{n_{start}, \cdots, n_{goal}\}$;
25  else
26  |    return $\emptyset$;
```

避开典型的地形障碍，只有粗糙度值 τ_j 小于设定的 τ_{max} 的节点才会作为子节点放入集合 $S_{children}$ 中，每一个子节点的代价值和启发值均采用简单的欧氏距离计算。实际应用时不用在整个圆周上都生成子节点，而是要根据运用需求，如不允许倒车时，则可以根据当前航向设定一个角度范围，保证只向车前方扩展节点。

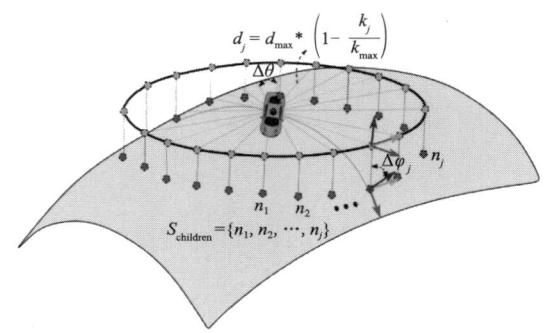

图 5-7　节点扩展模式（附彩图）

```
算法2：节点扩展算法
1   输入： 父节点 $n_{parent}$
2   输出： 可行子节点集合 $S_{children}$
3   操作： Sort按总代价值升序排序
4         $k_{max}$ 最大曲面曲率值
5         $\tau_{max}$ 最大地形粗糙度值
6         $d_{max}$ 节点最大步长
7         $n_{ogal}$ 目标节点
8   操作： GetCurvature获得地形面某位置处指定方向上的曲率
9         GetPlanePose生成切平面上指定方向、步长处的子节点
10        ProjectOnTerrain将位姿投影到地形面上得到真实位姿
11        GetRoughness获取指定位姿处的地形粗糙度值
12        EculicdDistance求两个节点的欧氏距离
13  $\Delta\theta = 2\pi/N$;
14  for $j \in [0 \to N-1]$ do
15      $\theta_j = \Delta\theta * j$;
16      $k_j$ = GetCurvature ($\theta_j$, $n_{parent}$);
17      $d_j = d_{max} * (1 - \frac{k_j}{k_{max}})$;
18      $n_j.T$ = GetPlanePose($n_{parent}$, $\theta_j$, $d_j$);
19      $n_j.T$ = ProjectOnTerrain($n_j.T$);
20      $n_j.\tau$ = GetRoughness($n_j.T$);
21      if $n_j.\tau < \tau_{max}$ then
22          $n_j.g = n_{parent}.g + d_j$;
23          $n_j.h$ = EculicdDistance($n_{goal}$, $n_j$);
24          $n_j.f = n_j.g + n_j.h$;
25          $S_{children} \leftarrow S_{children} \cup \{n_j\}$
26  return $S_{children}$
```

该算法输出的是一系列位于地形面上的、连接起始点和目标点的、位于无碰撞区域的稀疏离散路点（$T_0, T_1, \cdots, T_{n-1}$），每一个路点 T_i 均由一个6自由度位姿表示，稀疏路点间以直线连接构成折线路径。由于构建搜索图时是将角度离散生成子节点，得到的折线路径可能不是最短路径（路径可能存在不必要的弯曲现象），因而还需进一步优化，再采用曲线拟合的方式恢复出离散节点间的几何信息，最终得到光滑、曲率连续的三维参考路径。

2．三维参考曲线构建

为了得到一条曲率连续的参考路径，需要利用上一步得到的稀疏路点构建出连续路径。

1）节点平滑

由离散数据点构建连续路径的方法有插值和拟合两大类，而只有插值能保证曲线经过数据点。应用插值法时数据点的位置决定了最终曲线形状，为了避免最终曲线出现多余弯曲现象，需要对上一步得到的数据点位置调整优化后再使用插值法。本部分采用一种迭代算法来调整各节点位置，其核心思想是减小路径长度。其操作类似于将一根松散的绳子两端固定，然后减少绳子长度逐渐

使绳子绷紧。路径平滑算法如算法3所示。

算法3：路径平滑算法
```
1  输入：{n_i}由节点组成的离散路径
2  输出：smooth_path
3  操作：Length 获取路径长度
4  do
5      smooth_path ← {n_i};
6      L_prev = Length(smooth_path);
7      foreach p_i ∈ {n_i}\{n_start, n_goal} do
8          E ← (p_i-1 p_i+1 ⊥ p_i E)∧(E ∈ p_i-1 p_i+1);
9          F ← E;
10         do
11             F_terrain.T = ProjectOnTerrain(F.T);
12             F_terrain.τ = GetRoughnes(F_terrain.T);
13             if F_terrain.τ < τ_max then
14                 p_i ← F_terrain;
15                 break;
16             else
17                 F ← (F+p_i)/2
18         while EculicDistance(F, p_i+1) > residual;
19         smooth_path ← {p_i};
20         L_new = Length(smoot_path);
21         ΔL = |L_new - L_prev| / L_new;
22         if ΔL < threshold then
23             break;
24  while L_new < L_prev;
25  return smooth_path
```

算法 3 依次调整除起始点和目标点外的每一个节点位置，调整节点的方式如图 5-8 所示。节点 n_{i-1}、n_i、n_{i+1} 构成三角形，首先找到待调整节点 n_i 在边 $\overrightarrow{n_{i-1}n_{i+1}}$ 上的投影点 E，由 n_i 向 E 移动必定会使路径 $n_{i-1}n_i n_{i+1}$ 变短。算法采用二分法的方式在直线 $\overrightarrow{En_i}$ 上生成中间点 F，直到将其投影到地形上位置处的地形粗糙度值小于设定值，算法停止，将地形位姿 $F_{terrain}$ 作为新的节点 n_i。整个调整节点的过程如算法 3 中第 8~18 行代码所示。每一个循环周期调整完所有节点后，离散路径 $\{n_i\}$ 的总长都会减少。当所有节点都无法再调整或路径总长几乎不变时，整个迭代平滑算法结束，算法输出平滑后的路径 smooth_path。

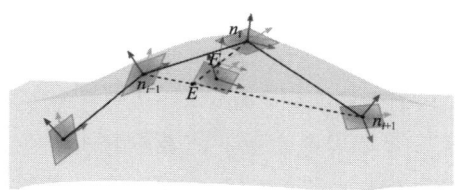

图 5-8 调整节点的方式（附彩图）

2）样条插值

假定从原函数 $f(x)$ 上采样得到了 $n+1$ 个数据点，插值法就是要利用这 $n+1$ 个数据点构造一个足够接近原函数的函数 $g(x)$。与拟合不同的是插值法要求构造的函数 $g(x)$ 必须经过这 $n+1$ 个数据点。由泰勒展开式可以知道，任何一个光滑函数均可以用高阶多项式来近似，因此多项式函数是常用的插值函数模型。插值法构造的多项式函数 $g(x)$ 一般有两种形式。一种形式是将 $g(x)$ 构造为一个经过 $n+1$ 个数据点的 n 次多项式，由柯西定理可知这种方式在指定区间 $[a,b]$ 上的近似误差上限为

$$\left|f(x)-g(x)\right| \leqslant \frac{\max_{\theta \in [a,b]}\left|f^{(n+1)}(\theta)\right|}{(n+1)!} \max_{x \in [a,b]} \left|(x-x_0)\cdots(x-x_n)\right| \quad (5.25)$$

当阶次 n 足够大时，随着 n 增大，在数据点等间距（$x_{i+1}-x_i=$ 常数）情形下式（5.25）的分子增大速度会大于分母增速，近似误差反而会越来越大，即出现龙格现象。为了避免出现龙格现象，可以采用切比雪夫插值点进行插值，但在本部分中数据点是确定好的，无法改变数据点之间的间隔，因而若采用一个高阶多项式来表示整段路径可能无法避免出现龙格现象。函数 $g(x)$ 的另一种形式是采用分段多项式形式，即每两个数据点间使用低阶多项式连接，这样能够避免出现龙格现象。本部分采用分段函数来进行插值，即

$$C(t)=\begin{cases} C_1(t), & t_0 \leqslant t \leqslant t_1 \\ C_2(t), & t_1 \leqslant t \leqslant t_2 \\ \vdots \\ C_n(t), & t_{n-1} \leqslant t \leqslant t_n \end{cases} \quad (5.26)$$

为了保证曲线的曲率连续，每一段曲线 $C_i(t)$ 要求至少二阶可导，因而选用三次参数方程表示，即

$$\begin{cases} x_i(t)=a_{i1}t^3+b_{i1}t^2+c_{i1}t+d_{i1} \\ y_i(t)=a_{i2}t^3+b_{i2}t^2+c_{i2}t+d_{i2} \\ z_i(t)=a_{i3}t^3+b_{i3}t^2+c_{i3}t+d_{i3} \end{cases} \quad (5.27)$$

其中使用弦长作为参数，则每个数据点处的参数值为

$$\begin{cases} t_i=0, & i=0 \\ t_i=t_{i-1}+\|\bm{P}_i-\bm{P}_{i-1}\|_2, & 0<i \leqslant n \end{cases} \quad (5.28)$$

这样共有 $12n$ 个未知参数需要求解，需要构建 $12n$ 个方程求解。由于要求整条曲线满足二阶连续，所以每段曲线在连接点处前两阶导数都得相等，可以得到 $2\times 3(n-1)$ 个方程，即

$$\begin{cases} C'_i(t_i) = C'_{i+1}(t_i) \\ C''_i(t_i) = C''_{i+1}(t_i) \end{cases}, i=1,2,\cdots,n-1 \tag{5.29}$$

由每段曲线必须经过两端的数据点可以列出 $2\times 3n$ 个方程，即

$$\begin{cases} C_i(t_{i-1}) = \boldsymbol{P}_{i-1} \\ C_i(t_i) = \boldsymbol{P}_i \end{cases}, i=1,2,\cdots,n-1 \tag{5.30}$$

再利用起始点和目标点处的切向值可以得到 6 个方程，即

$$\begin{cases} C'_1(t_0) = \boldsymbol{q}_{\text{start}} \\ C'_n(t_n) = \boldsymbol{q}_{\text{goal}} \end{cases} \tag{5.31}$$

利用高斯消元法可以求解上述 $12n$ 个线性方程组，并得到由 n 个参数方程表示的曲率连续的三维参考路径。

5.2.3 三维局部路径生成

参考路径已经提供了地形面上一条无碰撞的通道，但在生成参考路径时只考虑了曲线平滑度、无碰撞和端点位置固定 3 个因素，这样的曲线还无法让车辆直接跟踪。一方面，参考路径没有考虑车辆运动学约束，无法保证车辆能够严格按照参考路径行驶（如参考路径起始点处的切向、曲率等状态可能与车辆实际状态不一致，会产生较大跟踪误差）；另一方面，生成参考路径时没有考虑车辆稳定性问题，因而参考路径的某些部分可能不满足车辆稳定性要求，无法保证车辆能安全地行驶。接下来本小节利用参考线提供的引导信息，进一步生成车辆可跟踪、能安全行驶的路径。

三大类运动规划算法有各自考虑运动学约束的思路。基于优化类算法很自然地就能将车辆运动学方程作为约束项考虑其中，但为了将路径约束到地形面上，则需要提供地形面的函数表达式。图搜索类算法和随机采样算法一般先离线地通过车辆运动学模型模拟车辆向前运动生成一定数量的短路径，称为基本运动单元（简称"基元"），然后在构建搜索图或是随机树时使用基元连接各个节点，最终得到的就是由一系列基元连接起来的路径。本小节采用的是离散地形模型，因而采用离散的基元构建搜索图再应用图搜索类算法较为合适。混合 A* 是目前实际应用最多的考虑车辆运动学的图搜索算法，本小节参照混合 A* 的思路规划得到车辆可安全跟踪行驶的路径。这里算法整体流程和算法 1 一样，仍然采用 A* 搜索策略，不同之处有以下 3 点：

（1）为了满足车辆运动学约束，使用数量较少的基本运动单元作为子节点，而不是空间探索算法中用折线连接的圆周节点。

（2）采用基本运动单元构建搜索图比空间探索算法增加了航向维度，搜

索效率将大大降低。为了提高搜索效率本小节在第二层的局部路径生成算法中重新设计代价值,而不是直接使用欧氏距离。

(3) 当构建搜索图到达目标点一定范围内时,采用曲线直连策略提前结束算法。

1. 基本运动单元设计

基本运动单元(简称"基元")由一系列根据车辆运动学模型生成的很短路径构成。车辆本身位于由 4 个车轮所决定的平面上,因此在局部小范围内可以认为车辆在平面上运动。本研究针对的是阿克曼转向平台。局部平面内的车辆运动学模型如图 5-9 所示。局部平面内的车辆运动学方程可以描述为

$$\begin{cases} \dot{x} = v(t)\cos\varphi(t) \\ \dot{y} = v(t)\sin\varphi(t), v(t) \in [0, v_{\max}], \delta(t) \in [\delta_{\min}, \delta_{\max}] \\ \dot{\varphi} = v(t)\dfrac{\tan\delta(t)}{L} \end{cases} \quad (5.32)$$

其中,(x,y) 为局部切平面上的位置;φ 为车辆航向;前轮偏角 δ 和纵向速度 v 作为控制量。

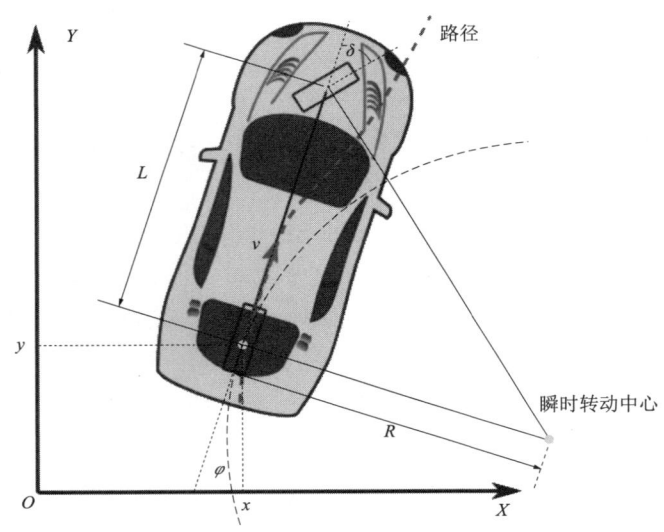

图 5-9 局部平面内的车辆运动学模型

根据式(5.32)可知,只要给定不同控制量就能生成不同的车辆轨迹。一种常用的基元是固定车辆纵向速度 v,给定不同的前轮偏角 δ 让车辆行驶一段时间得到运动基元。混合 A* 算法就是采用这种方式得到 3 种基元(左转、直行、右转)。这种方式得到的基元实际上是半径不同的圆弧。当不同半径的

圆弧拼接到一起时必然会导致曲率突变，最终得到曲率不连续的路径，不利于控制跟踪。式（5.32）是以时间为参数的运动学方程，利用式（5.6）描述的任意参数和弧长参数的关系，可以得到以弧长为参数的车辆运动学方程，即

$$\begin{cases} \dot{x} = \cos\varphi(s) \\ \dot{y} = \sin\varphi(s) \\ \dot{\varphi} = \kappa(s), \kappa(s) \in \left[\dfrac{\tan\delta_{\min}}{L}, \dfrac{\tan\delta_{\max}}{L}\right] \end{cases} \quad (5.33)$$

其中，以曲率 $\kappa(s)$ 作为控制量。

设控制量曲率为弧长的三次多项式，通过给定初始状态和目标状态求解两点边值问题得到控制量 $\kappa(s)$ 的表达式。最终得到的基元能够保证至少二阶连续，至多五阶连续；通过端点约束能够保证拼接起来的整条路径曲率都是连续变化的。显然，通过求解曲率多项式得到的运动基元质量要高于圆弧运动基元。

为了获得高质量的运动基元，本小节基于弧长参数的运动学模型，以五次弧长多项式作为控制量生成运动基元，即

$$\kappa(s) = \kappa_0 + bs + cs^2 + ds^3 + es^4 + fs^5 \quad (5.34)$$

在求两点边值问题时，代入初始状态和目标状态后得到 4 个非线性方程，利用牛顿法迭代正好可以求解出 4 个未知参数 $[b, c, d, s_f]$。本节改用五次螺旋线模型，方程数量少于未知参数数量，无法再使用牛顿法迭代求解。本节添加一个路径平滑度目标函数，采用非线性优化的方式求解未知参数。定义曲线平滑度目标函数为

$$J_{\text{smoothness}} = \int_0^{s_f} \|\kappa(s)\|_2^2 \mathrm{d}s \quad (5.35)$$

最小化该目标函数可以得到平均曲率较小的曲线。

对式（5.33）积分可以得到任意端点状态为

$$\begin{cases} \varphi(s) = \varphi_0 + \int_0^{s_f} \kappa(s)\mathrm{d}s \\ x(s) = x_0 + \int_0^{s_f} \cos[\theta(s)]\mathrm{d}s \\ y(s) = y_0 + \int_0^{s_f} \sin[\theta(s)]\mathrm{d}s \end{cases} \quad (5.36)$$

结合端点状态约束条件就可构成具有等式约束的非线性优化问题，其中决策变量为五次多项式系数 (b, c, d, e, f) 和路径总长 s_f。实际求解时本节为了给决策变量赋予具体的物理意义，不直接求解多项式系数，而是通过一个非线性变换得到新的决策变量，即

$$p = \begin{bmatrix} p_1 \\ p_2 \\ p_3 \\ p_4 \\ p_5 \\ p_6 \end{bmatrix} = \begin{bmatrix} \kappa\left(\dfrac{s_f}{5}\right) \\ \kappa\left(\dfrac{2s_f}{5}\right) \\ \kappa\left(\dfrac{3s_f}{5}\right) \\ \kappa\left(\dfrac{4s_f}{5}\right) \\ \kappa(s_f) \\ s_f \end{bmatrix} = T \cdot \begin{bmatrix} b \\ c \\ d \\ e \\ f \\ s_f \end{bmatrix} \qquad (5.37)$$

其中，

$$T = \begin{bmatrix} \dfrac{s_f}{5} & \left(\dfrac{s_f}{5}\right)^2 & \left(\dfrac{s_f}{5}\right)^3 & \left(\dfrac{s_f}{5}\right)^4 & \left(\dfrac{s_f}{5}\right)^5 & 0 \\ \dfrac{2s_f}{5} & \left(\dfrac{2s_f}{5}\right)^2 & \left(\dfrac{2s_f}{5}\right)^3 & \left(\dfrac{2s_f}{5}\right)^4 & \left(\dfrac{2s_f}{5}\right)^5 & 0 \\ \dfrac{3s_f}{5} & \left(\dfrac{3s_f}{5}\right)^2 & \left(\dfrac{3s_f}{5}\right)^3 & \left(\dfrac{3s_f}{5}\right)^4 & \left(\dfrac{3s_f}{5}\right)^5 & 0 \\ \dfrac{4s_f}{5} & \left(\dfrac{4s_f}{5}\right)^2 & \left(\dfrac{4s_f}{5}\right)^3 & \left(\dfrac{4s_f}{5}\right)^4 & \left(\dfrac{4s_f}{5}\right)^5 & 0 \\ s_f & s_f^2 & s_f^3 & s_f^4 & s_f^5 & 0 \\ 0 & 0 & 0 & 0 & 0 & 1 \end{bmatrix} \qquad (5.38)$$

矩阵 T 的左上角是可逆的范德蒙矩阵（Vandermonde Matrix），这样经过可逆变换后得到的问题与原问题在数学上是等效的，并且新的决策变量 p 的每一项都有了实际物理意义（分别表示曲线在弧长五分点处的曲率值），可以根据实际状况给出决策变量的上下界，缩小求解范围。另外，由于 $p_5 = \kappa(s_f)$ 是已知量，决策变量减少到 5 个，即 $p = [p_1, p_2, p_3, p_4, p_6]^T$，能进一步加快求解时间（生成基元时是提前离线求解，对求解耗时没有要求，但本节后续还会使用到这种方法生成路径，对算法耗时有要求）。

在求曲线上任意一点处的位置 (x, y) 时，式（5.36）中位置表达式为不可解析计算的菲涅耳积分（fresnel integral），需要采用数值积分方法近似求解。本节采用高斯-勒让德求积法，即

$$\int_0^{s_f} f(s)\,\mathrm{d}s = \int_{-1}^{1} f\left[\frac{s_f}{2}(t+1)\right]\frac{s_f}{2}\mathrm{d}t \approx \sum_{i=1}^{N} A_i \cdot f\left[\frac{s_f}{2}(t_i+1)\right]\frac{s_f}{2} \qquad (5.39)$$

其中，$t_i \in [-1, 1]$ 为高斯-勒让德节点；A_i 为相应的节点系数；N 为节

点数量。当给定了节点数量 N 时，节点 t_i 可以通过求解各阶勒让德多项式得到，而系数 A_i 利用正交多项式特性求得。相比于梯形公式和辛普森积分公式采用的等间距节点，非均匀的高斯节点具有更小的近似误差。

当给定了基元末点状态 $q_f = [x_f, y_f, \theta_f, \kappa_f]$，生成基元路径问题可以表示为

$$\begin{cases} \min_{\boldsymbol{p}=[p_1,p_2,p_3,p_4,p_6]^{\mathrm{T}}} J_{\text{smoothness}} = \int_0^{p_6} \|\kappa(p_1,p_2,p_4,s)\|_2^2 \, \mathrm{d}s \\ \text{subject to } -k_{\max} \leqslant p_i \leqslant k_{\max}, \ i=1,2,3,4 \\ \qquad\qquad\quad 0 < p_6 \leqslant s_{\max} \\ \qquad\qquad\quad \theta(p) = \theta_f \\ \dfrac{p_6}{2} \sum_{j=1}^N A_j \cos\left\{\theta\left[p_1,p_2,p_3,p_6,\dfrac{p_6}{2}(t_j+1)\right]\right\} = x_f \\ \dfrac{p_6}{2} \sum_{j=1}^N A_j \sin\left\{\theta\left[p_1,p_2,p_3,p_4,\dfrac{p_6}{2}(t_j+1)\right]\right\} = y_f \end{cases} \tag{5.40}$$

其中，$s_{\max}$ 为用户指定的最大弧长；$k_{\max}$ 是根据车辆最小转向半径给定的常数；t_j 和 A_j 为提前求出的高斯-勒让德节点参数常量。图 5-10 为求解出的基本运动基元示例，包括了前进和后退。其中，步长为 1.5 m、最大曲率为 0.2 m^{-1}。

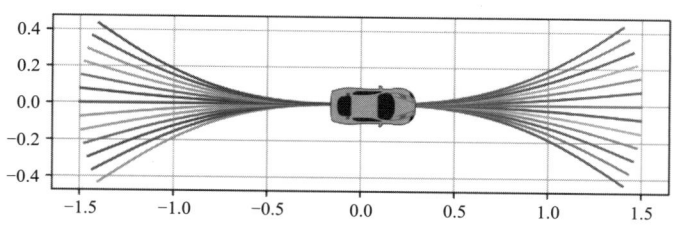

图 5-10　基本运动基元示例

2. 代价值设计

A∗算法的代价值 f 包含两部分，即从起始点到当前节点的累积真实代价值 g 和由目标点决定的启发值 h。累积真实代价值 g 由从起始点到当前点的各条边的代价值累加得到，其设计体现了该路径规划算法的最优准则是什么。启发值 h 影响了算法收敛速度，h 过小无法达到 A∗加速收敛的目的，h 过大无法达到 g 值所设计的最优值。一般通过权重来调节 g 与 h 的比重。

首先是搜索图边的代价设计，在三维地形面上规划时一般希望机器人走一条既短又平稳的路径，参考相关文献中所使用过的一系列代价函数，再结合本节使用的环境模型以及针对的平台，本节将搜索图边的代价值设计为节点距

离、地面粗糙度、车辆倾斜程度、转向代价4项指标的加权和，即

$$J_{\text{edge}} = w_1 \cdot J_{\text{length}} + w_2 \cdot J_{\text{roughness}} + w_3 \cdot J_{\text{slope}} + w_4 \cdot J_{\text{turning}} \quad (5.41)$$

其中，节点距离代价指标 J_{length} 以减少最终路径长度为主，可以使用基元长度近似。地面粗糙度代价 $J_{\text{roughness}}$ 对地形上非平坦区域作出惩罚，需要将平节点投影到地形面上使用第2章中的 Roughness（pi；rplane；rres）方法计算得到。车辆倾斜代价 J_{slope} 惩罚那些让车辆有倾斜现象的路径，定义为

$$J_{\text{slope}} = w_{\text{roll}} \frac{|\psi|}{\psi_{\text{max}}} + w_{\text{pitch}} \max\left(\frac{\theta}{\theta_{\text{min}}}, \frac{\theta}{\theta_{\text{max}}}\right) \quad (5.42)$$

车辆转向代价 J_{turning} 是为了让车辆尽量保持原来方向行驶，对转向行为作出惩罚，可以直接使用基元路径上的最大曲率作为代价值。一般为了惩罚倒车行为，会将后退方向的基元代价值设计为前进方向基元代价值的两倍。

启发值的意义在于能提供目标点的信息引导搜索方向，减少扩展节点的数目。最常用的启发值是当前节点到目标节点的欧氏距离，但这种方法在有局部最小情形时会扩展大量节点降低效率，并且欧氏距离启发值在非欧空间很难取得很好的效果。混合A*算法提出了一种组合式启发值，即无碰撞最短距离启发值和非完整约束路径启发值。混合A*算法先在二值栅格上利用动态规划求出每一个栅格上到目标节点的最短距离，搜索时直接从栅格中读取最短距离作为启发项之一。这个距离几乎就表示了当前节点到目标节点的真实距离。第二项启发值实际上是为了度量流形 SE(2) 上两个点 (x_1；y_1；θ_1) 和 (x_2；y_2；θ_2) 之间的距离，混合A*算法采用当前节点状态到目标节点状态的杜宾曲线（Dubin's Curve）长度作为这一项启发值。实际结果表明，混合A*算法设计的这种启发值能有效减少节点扩展数量，提高搜索效率。本节借鉴这种思路，利用算法第一层得到的三维参考路径提供的引导信息设计启发值。图5-11给出了二维情形求启发值的示意图，三维情形与之相同。

当算法扩展到子节点 n_i 时，先将其投影到三维参考线上得到投影点 n_p，子节点 n_i 到目标状态的真实距离可以表示为 n_i 到参考线的投影距离再加上投影点 n_p 到目标点间的参考线长 s_{ref}。由于参考路径是由分段三次参数曲线表示的，找投影点时需要先确定将会投影到哪一段曲线上 $C_i(t)$ 上，然后利用下式：

$$[n_i - C_i(t)] \cdot \frac{\partial C_i(t)}{\partial t} = 0 \quad (5.43)$$

可以得到投影点 n_p 的位置。其中，式（5.43）是一个关于参数 t 的一元五次方程，可用牛顿法迭代法找到根。由于参考线光滑连续，所以其切向信息也可

以作为启发参考。因此，启发值定义为

$$h = w_l \cdot (\|n_i - n_p\|_2 + s_{\text{ref}}) + w_{\text{heading}} \cdot \Delta\theta \tag{5.44}$$

其中，$\Delta\theta$ 是当前子节点航向和参考线上投影点处切向的差值。

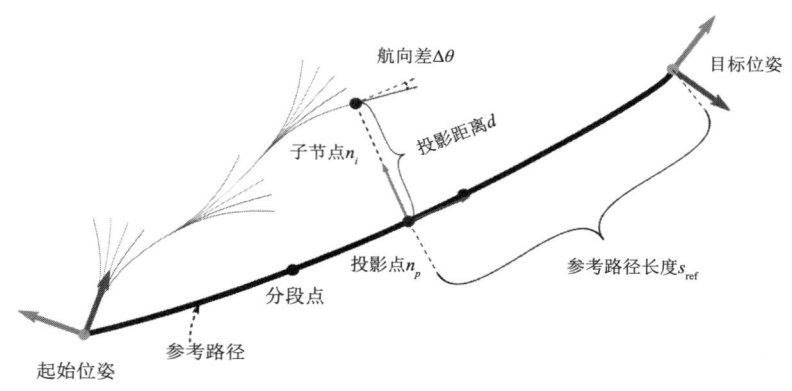

图 5-11 二维情形求启发值的示意图（附彩图）

式（5.44）中相当于只考虑了混合 A * 算法中的最短无碰撞距离启发项。一方面是因为在三维曲面上构造曲线连接两个六自由度位姿难度较大，若对每一个子节点都这样操作最终算法耗时会很大；另一方面由于第一层的参考线位于自由空间中并且足够光滑连续，利用这样的参考线设计启发值已经能大幅减少节点扩展数量，因而无须再设计非完整约束启发项。最终 A * 算法中的代价值定义为启发值和真实代价值的加权组合，即

$$f = w_g \cdot g + w_h \cdot h \tag{5.45}$$

3. 子节点生成

A * 算法扩展节点时，在当前节点的切平面上选取图 5-11 中曲线末端状态作为候选子节点，每个候选子节点存储了从父节点到自身的曲线参数，可以随时利用曲线模型恢复出中间点。将切面上的候选子节点投影到地形面上得到真实地形位姿后，与算法 2 中不同的是，这里不是要检查地形粗糙度，而是要结合车辆静态稳定性检查地形可通行度，只有算法 IsTraversable（TMP；M）判断可通行才能将该节点置于集合 S_{open} 中。当前节点到达目标节点一定范围内时，本节尝试使用前面的五次螺旋线直接连接当前节点和目标节点。若直接连接的曲线满足无碰撞要求和车辆静态稳定性要求，则提前结束 A * 算法。求解式（5.40）生成五次螺旋线时，需要先将目标节点投影到当前节点所在切平面上生成平面曲线，再将平面曲线反投影回三维地形面上作可通行性检查。

5.3 考虑能量消耗的电动履带车辆路径规划

履带车辆多行驶于野外环境，由于路径规划与环境约束相关性强，且野外环境较为复杂，因此对环境进行合理准确描述有助于路径规划的顺利实现。

5.3.1 环境模型

这里建立适用于考虑能量消耗的电动履带车辆路径规划的环境模型，包括多层次地图模型、分层覆盖圆碰撞检测模型和坐标系统模型。

1. 多层次地图模型

由于这里的路径规划非常依赖于环境信息，所以选用栅格地图作为路径规划的地图模型。普通的占据栅格地图（occupancy grid map）中栅格只有占据（occupied）和非占据（free）的属性，只能表达障碍物的信息，但这里考虑能量消耗的路径规划还需要表示不同的地面属性，并在规划中快速查询这些属性。为了充分描述考虑能量消耗的路径规划环境，这里提出一种多层次地图模型，来表示环境中的障碍物状态和不同的地面属性。

图 5-12 为多层次地图模型的原理示意图。多层次地图模型将栅格地图从一层扩充为多层，每一层都可以储存不同的信息，这样可以快速在相应的地图层中查询某个栅格的相应信息。

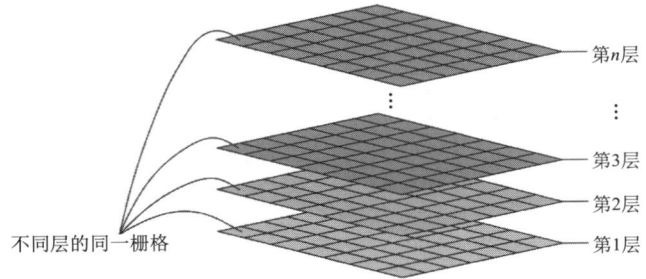

图 5-12 多层次地图模型的原理示意图

这里考虑能量消耗的路径规划所用的多层次地图模型共分为 5 层，分别为障碍物层、障碍物距离层、摩擦阻力系数层、剪切变形模量层和滚动阻力系数层。其中，障碍物层与普通占据栅格地图的作用相同，通过栅格的占据和非占据状态来表达障碍物的信息；障碍物距离层通过距离变换储存了每个栅格到最近障碍物之间的距离,在车辆的碰撞检测以及规划过程中的自适应采样参数调整环节都发挥作用;其他 3 个地面参数地图层分别储存了相应的地面参数值。

2. 分层覆盖圆碰撞检测模型

规划一条无碰撞的安全路径是无人驾驶路径规划最基本的目标。由于履带车辆行驶的环境往往存在着较为复杂的障碍物,并且履带车辆一般尺寸较大,与障碍物碰撞的概率也随之增大,因此为了在环境中安全地行驶,建立合适的碰撞检测模型是非常重要的。为了兼顾碰撞检测的效率和精度,这里采用分层覆盖圆模型作为路径规划的碰撞检测模型。该模型碰撞检测的主要思路是用不同大小的圆覆盖车体,利用覆盖圆的碰撞情况来判断车辆的碰撞情况。

分层覆盖圆碰撞检测模型原理图如图 5-13 所示。图 5-13 中将车体的轮廓抽象为红色矩形框,xoy 为车体坐标系,r_i 是各覆盖圆的半径,(x_i, y_i) 是各覆盖圆在车体坐标系下的圆心位置,其中 i 为各覆盖圆的编号($i=0, 1, \cdots, 6$)。

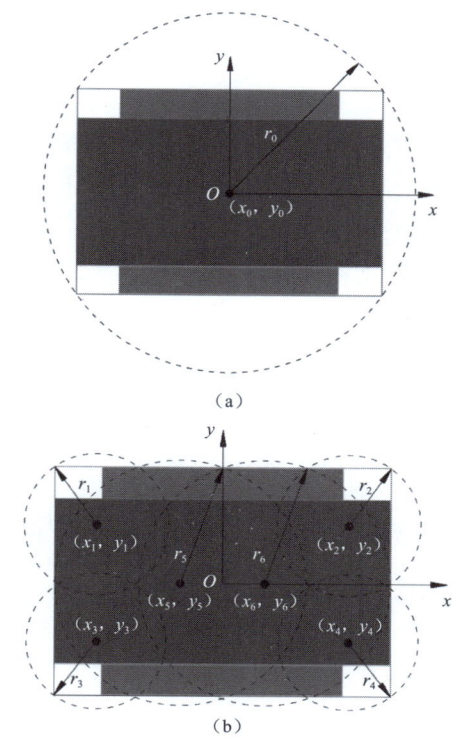

图 5-13 分层覆盖圆碰撞检测模型原理图(附彩图)
(a)第一层检测示意图;(b)第二层检测示意图

图 5-13(a)为第一层检测示意图,该层检测以轮廓矩形的外接圆作为覆

盖圆，覆盖整个车体。如果圆心至最近障碍物的距离大于圆的半径，则认为无碰撞，车辆能够安全通行，否则认为第一层碰撞检测产生了碰撞，进入第二层检测。图 5-13（b）为第二层检测示意图，该层采用 6 个覆盖圆覆盖车身。由于车身 4 个角最容易发生碰撞，所以用较小的 4 个圆（编号 1~4）覆盖车身四角位置，再用较大的 2 个圆（编号 5、6）覆盖车身中部位置。如果所有圆的圆心至最近障碍物的距离都大于圆的半径，则认为无碰撞，否则认为车身发生碰撞，该车辆位姿不可取。该方法将碰撞检测分为粗检测（第一层检测）与精检测（第二层检测），从而在保证安全的前提下提高碰撞检测效率。

3. 坐标系统模型

这里的坐标系统模型主要包括 3 部分，分别为地理坐标系、UTM 坐标系和车体坐标系。地理坐标系用三维球面形式来定义地球上的位置，使用经纬度坐标来定义位置坐标。UTM 坐标系是一种平面直角米制坐标系，它将地理坐标系的经纬度位置利用 UTM 方法投影至一个圆柱表面，从而将球面上的坐标在小范围内展开到平面上。这种小范围内的平面坐标便于路径规划并进行操作。车体坐标系是以车辆位置为原点建立的平面直角米制坐标系。该坐标系会随着车辆的运动而移动，用于表示路径与车体之间的位置关系。

在野外环境中，车辆往往只能够通过定位模块获取地理坐标系中的经纬度坐标，但经纬度坐标是在地球球面上定义的坐标。相比于整个地球球面而言，路径规划工作是在小范围的平面内进行的，而 UTM 坐标是小范围内的 (x, y) 形式的平面坐标。为了实现路径规划，需要建立地理坐标系与 UTM 坐标系之间的转换关系。这里利用式（5.46）、式（5.47）和式（5.48）将经纬度坐标转换为 UTM 坐标，如下所示：

$$x_{\text{UTM}} = k_0 N \left[A + \frac{(1-T+C)A^3}{6} + \frac{(5-18T+T^2+72C-58e'^2)A^5}{120} \right] \quad (5.46)$$

$$y_{\text{UTM}} = k_0 \left\{ M - M_0 + N\tan\varphi \left[\frac{A^2}{2} + \frac{(5-T+9C+4C^2)A^4}{24} + \frac{(61-58T+T^2+600C-330e'^2)A^6}{720} \right] \right\} \quad (5.47)$$

$$k = k_0 \left[1 + \frac{(1+C)A^2}{2} + \frac{(5-4T+42C+13C^2-28e'^2)A^4}{24} + \frac{(61-148T+16T^2)A^6}{720} \right] \quad (5.48)$$

其中，x_{UTM}、y_{UTM} 为 UTM 坐标值；k_0、A、T、C、e'、M、M_0、N 为经纬度坐标的相关参数。

这里的路径规划在 UTM 坐标系下进行，规划出的路径坐标为 UTM 坐标系下的平面直角米制坐标，但该路径还不能直接输入控制模块进行路径跟踪，还需要将路径坐标转换至车体坐标系，才能作为控制模块的输入量。UTM 坐标系与车体坐标系的关系如图 5-14 所示。图 5-14 中 $X_{UTM}O_{UTM}Y_{UTM}$ 为 UTM 坐标系；$X_{local}O_{local}Y_{local}$ 为车体坐标系，车体坐标系与车体固连，随车体移动和旋转，X_{local} 轴与车头同向，Y_{local} 轴指向车辆左侧；x_{ego} 和 y_{ego} 分别为车体坐标系原点在 UTM 坐标系中的横纵坐标，θ_{ego} 为车辆在 UTM 坐标系中的航向；p 为环境中某一点，x_{UTM} 和 y_{UTM} 分别为点 p 在 UTM 坐标系中的横纵坐标，x_{local} 和 y_{local} 分别为点 p 在车体坐标系中的横纵坐标。点 p 坐标由 UTM 坐标系转换至车体坐标系的关系式如式（5.49）所示，利用式（5.49）可以将 UTM 坐标系下的任意一点坐标转换至车体坐标系，实现路径坐标系的转换。

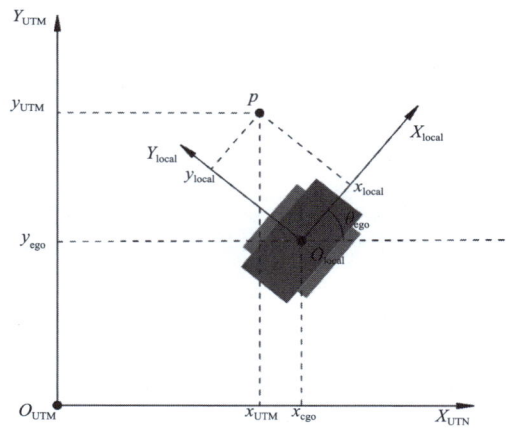

图 5-14　UTM 坐标系与车体坐标系的关系

$$\begin{bmatrix} x_{local} \\ y_{local} \end{bmatrix} = \begin{bmatrix} \cos\theta_{ego} & \sin\theta_{ego} \\ -\sin\theta_{ego} & \cos\theta_{ego} \end{bmatrix} \begin{bmatrix} x_{UTM} - x_{ego} \\ y_{UTM} - y_{ego} \end{bmatrix} \quad (5.49)$$

5.3.2　基于粒子群优化算法的地面参数拟合

1. 自适应粒子群优化算法

这里利用粒子群优化算法对相关参数进行拟合，包括摩擦阻力系数、剪切变形模量和滚动阻力系数，这些参数都与地面类型相关。

解决参数拟合问题的方法有很多，如遗传算法、牛顿法等方法能够在某些场景下实现参数拟合，但当优化的函数是多维、非线性、不可微、多峰值的复杂函数时，上述参数拟合方法的效果不够理想，而粒子群优化（particle swarm optimization，PSO）算法相较于上述方法能够更快速、更精准地解决这类复杂的参数拟合问题。该算法不依赖于优化问题本身的严格数学性质和所求问题本身的结构特征。考虑到这里建立的履带车辆动力学模型中存在二重积分，且同时存在3个待拟合参数，使用粒子群算法进行参数拟合能够免去对模型的调整和简化工作，并更好地拟合出最优的参数值。同时，它作为一种非确定算法，能有更多机会求解全局最优解，且与其他仿生群体优化算法（如蚁群算法）相比，能够更加充分地利用全局信息，且搜索速度更快。

粒子群优化算法是一种仿生群体优化算法，其基本思想是通过群体中个体之间的协作和信息共享来寻找最优解。在粒子群优化算法中，将每一组参数都看作是空间中的一个粒子，每个粒子具有两种属性，即位置和速度。将具体的参数值看作是粒子的位置，通过不断进行迭代操作使得粒子接近最优位置；将粒子的位置代入优化函数计算得出的值称为该粒子的适应度，最优适应度对应的粒子位置即为最优的参数值。若待拟合参数个数为 d，则创建一个 d 维空间，并在该空间中生成 n 个粒子，每个粒子的初始状态在空间内随机生成，设定最大迭代次数为 m，则粒子 p_i 在第 k 次迭代时的位置状态表示为

$$x_i(k) = [x_{i1}(k), x_{i2}(k), \cdots, x_{id}(k)] \tag{5.50}$$

其中，$i=1,2,\cdots,n$；$k=1,2,\cdots,m$；$x_i(k)$ 为第 k 次迭代时 p_i 的位置；$x_{ij}(k)$ 为第 k 次迭代时位置状态的第 j 维分量（即第 j 个待拟合的参数值），$j=1,2,\cdots,d$。每一次迭代中记录下每个粒子 p_i 自身的历史最优位置 $p_{\text{best}i}$ 和所有粒子的历史最优位置 g_{best}（最优位置即为适应度最优的位置），即

$$p_{\text{best}i} = (p_{\text{best}i1}, p_{\text{best}i2}, \cdots, p_{\text{best}id}) \tag{5.51}$$

$$g_{\text{best}} = (g_{\text{best}1}, g_{\text{best}2}, \cdots, g_{\text{best}d}) \tag{5.52}$$

第 k 次迭代时粒子 p_i 的位置变化与当前粒子位置 $x_i(k)$ 和粒子速度 $v_i(k+1)$ 相关，变化规则如式（5.53）所示：

$$x_{ij}(k+1) = x_{ij}(k) + v_{ij}(k+1) \tag{5.53}$$

其中，下标 j 表示该项为粒子位置或速度对应的第 j 维分量，粒子速度的变化规则如式（5.54）所示：

$$v_{ij}(k+1) = wv_{ij}(k) + c_1 r_1 [p_{\text{best}ij} - x_{ij}(k)] + c_2 r_2 [g_{\text{best}j} - x_{ij}(k)] \tag{5.54}$$

其中，w 称为惯性因子；c_1、c_2 称为学习因子，学习因子是两个非负常数；r_1、r_2 是两个介于 [0，1] 的随机数。结合式（5.53）和式（5.54）可以看出，迭代中粒子位置变化结果取决于粒子自身速度 v_i、粒子自身的历史最优位置 $p_{\text{best}i}$ 和所有粒子的历史最优位置 g_{best}，即粒子会带有一定的"惯性"朝着 $p_{\text{best}i}$ 和 g_{best} 的方向移动。

粒子群优化算法具有很多优秀的性质，但在处理多峰值的复杂优化问题时

容易陷入局部最优解，解决这个问题的有效方法是让粒子在迭代过程中受到一定的扰动，使其能够离开局部最优位置。在式（5.53）和式（5.54）中，粒子的速度属性 v 就可以看作是一种扰动量，惯性因子 w 是速度的权重，因此惯性因子很大程度上决定着算法全局寻优与局部寻优能力的强弱。

对于同一个优化问题，惯性因子越大，则全局寻优能力越强，更不容易陷入局部最优，但局部寻优能力随之变差；惯性因子越小，则局部寻优能力越强，全局寻优能力越差。基本粒子群优化算法中的惯性因子是一个事先设定的常数，无法兼顾算法的全局寻优能力与局部寻优能力，这是粒子群优化算法的一个主要缺陷。

为了解决粒子群优化算法容易陷入局部最优解的问题，这里采用一种自适应粒子群优化算法。在迭代过程中不断对惯性因子进行调整，具体调整方法如式（5.55）、式（5.56）和式（5.57）所示：

$$w(k) = e^{-\frac{a(k)}{a(k-1)}} \tag{5.55}$$

$$a(k) = \frac{1}{n}\sum_{i=1}^{n}|f[x_i(k)] - f[x_{\min}(k)]| \tag{5.56}$$

$$f[x_{\min}(k)] = \min_{i=1,2,\cdots,n} f[x_i(k)] \tag{5.57}$$

其中，(k) 表示该数值是第 k 次迭代时的数值；w 为惯性因子；a 为自适应调整参数；x_i 为第 i 个粒子的位置；f 为优化问题的优化函数；$f(x_i)$ 为第 i 个粒子的适应度。自适应调整参数 a 体现了迭代过程中粒子适应度的不平整程度，a 越小，则适应度的不平整程度越小，各粒子间的差异越小。由于算法会随着迭代收敛，所以 a 值也一定会随着迭代的进行越来越小。当式中 $a(k)/a(k-1)$ 较小时，说明 a 在快速减小，即粒子正在快速趋向极值点，此时 $w(k)$ 会是一个较大值，使得粒子的速度对粒子状态变化的影响较大，从而保证算法的全局寻优能力；当式中 $a(k)/a(k-1)$ 较大时，说明 a 减小得较为缓慢，即粒子已经接近全局极值点，此时 $w(k)$ 会是一个较小值，使得粒子的速度对粒子状态变化的影响较小，从而保证算法的局部寻优能力。

这里采用的自适应粒子群优化算法根据优化状态实时调整惯性因子，提升算法的全局寻优与局部寻优能力，避免算法陷入局部最小值的同时，保证算法的收敛能力，同时在调整惯性因子时充分考虑到优化函数和粒子适应度的信息，对优化过程的方向起到了启发作用。

2. 基于自适应粒子群优化算法的地面参数拟合

为了进行参数拟合，必须首先采集真实情况下的数据，用于评价参数的准确性。这里地面参数拟合所需要的数据为不同转向半径情况下车辆的电机转矩值。为了获取需要的数据,建立如图 5-15 所示的车辆行驶转向半径约束,将锥桶以圆弧形状摆放,利用内侧和外侧的锥桶模拟一个简易的车道,履带车辆只能在该简易车道的两侧边界内行驶。通过改变两侧锥桶围成圆的半径大小来改变车辆行驶的转向半径。例如,当采集车辆转向半径为 5 m 的数据时,则搭建一个内侧边界半径 2.5 m,外侧边界半径 7.5 m 的简易车道,简易车道宽度固定为 5 m。

搭建不同半径的简易车道,由驾驶人驾驶履带车辆在简易车道内过弯,同时记录车辆左右电机的转矩值。每一种半径下记录若干组数据,其中一些用于参数拟合,另一些用于拟合结果验证。

图 5-15 车辆行驶转向半径约束

自适应粒子群优化算法相关参数设置情况如下:

(1) 粒子维度。粒子维度设置为 3,与待拟合参数个数相同。3 个维度分别对应摩擦阻力系数、剪切变形模量和滚动阻力系数。

(2) 粒子数量。粒子数量过少会导致难以找到全局最优解,而粒子数量过多会导致拟合时间过长。为了兼顾拟合精度与速度,设定粒子数量为 50。

(3) 最大迭代次数。最大迭代次数过小会导致拟合精度低,而过大会增大拟合时间。设定最大迭代次数为 200 次。

(4) 惯性因子。与传统粒子群优化算法不同,这里的惯性因子根据式 (5.55)、式 (5.56) 和式 (5.57) 动态确定。

(5) 学习因子。c_1 用于调整粒子向自身最优历史状态移动的趋势,c_2 用于调整粒子向全体粒子的最优状态移动的趋势。

(6) 粒子位置限制。摩擦阻力系数 $\mu \in [0, 1]$,剪切变形模量 $K \in [0, 1]$,滚动阻力系数 $c \in [0, 0.1]$。

(7) 粒子速度限制。速度限制范围通常是相应的位置限制范围的正负十分之一,摩擦阻力系数速度 $v_\mu \in [-0.1, 0.1]$,剪切变形模量速度 $v_k \in [-0.1, 0.1]$,滚动阻力系数速度 $v_c \in [-0.01, 0.01]$。

(8)优化函数。参数拟合的优化函数如式(5.58)所示:

$$f(x_i) = \frac{\sum_{j=1}^{a}\left|\frac{M_{lj}^{cal} - M_{lj}^{real}}{M_{lj}^{real}}\right| + \sum_{j=1}^{a}\left|\frac{M_{rj}^{cal} - M_{rj}^{real}}{M_{rj}^{real}}\right|}{2a} \quad (5.58)$$

其中,$f(x_i)$ 为某个粒子以位置 x_i 计算得到的适应度;a 为电机转矩数据所对应的转向半径类型个数,本次拟合中的电机转矩数据对应的转向半径包括 5 m、6 m、…、34 m,共 30 类,故 $a=30$;$j=1$,2,…,a,不同的 j 对应不同的转向半径;M_{lj}^{real} 和 M_{rj}^{real} 分别表示左侧和右侧电机的第 j 类转向半径下实测的转矩值,即转矩测量值;M_{lj}^{cal} 和 M_{rj}^{cal} 分别表示左侧和右侧电机的第 j 类转向半径下通过动力学模型计算得出的转矩值,即转矩理论值。该优化函数计算出的适应度体现了转矩理论值与转矩测量值之间的相对误差大小,这等价于地面参数拟合值与实际值之间的误差大小,因此在迭代过程中更小的适应度更优。

上述参数设置完成后,输入采集的数据,进行参数拟合。

5.3.3 基于控制空间采样的模型嵌入式路径规划算法

为了更好地利用车辆模型与环境约束,这里提出一种基于控制空间采样的模型嵌入式路径规划算法。该算法能够有效地将车辆模型与路径规划相结合,并根据环境约束进行规划参数的自适应调整,在目标导向优化策略的引导下规划一条符合车辆模型约束且节能的路径。

1. 基于控制空间采样的模型嵌入式路径规划算法原理

考虑能量消耗的电动履带车辆路径规划与车辆模型和地面属性关系密切,为了在路径规划中考虑能量消耗因素,规划算法需要与相关的模型有效配合。传统基于状态空间采样的路径规划方法存在不能保证状态可达、采样缺乏目的性、难以与车辆模型相结合的缺陷。为了弥补这些缺陷,并有效地实现考虑能量消耗的电动履带车辆路径规划,这里提出一种基于控制空间采样的模型嵌入式路径规划算法,能够在规划过程中充分利用车辆模型规划一条车辆实际可达且节能的路径。

基于控制空间采样的模型嵌入式路径规划算法基本原理如图 5-16 所示,嵌入的模型包括状态转移模型、代价值计算模型和启发值计算模型。目标导向优化策略用于引导路径树向符合优化目标的方向扩展,优化目标可以是路径最短、用时最少、能量消耗最低等。首先在车辆的控制空间进行采样,结合环境约束和车辆相关约束生成一组采样控制量,将控制量输入状态转移模型;然后状态转移模型为路径树的扩展提供扩展方式,进而获取一组子节点的状态;再将子节点与父节点的状态关系输入代价值计算模型,得到父节点到子节点的转移代价值,将子节点与终点状态关系输入启发值计算模型,得到子节点的启发值;将状态转移代价值与启发值应用于目标导向优化策略之中,引导路径树向满足优化目标的方向进行扩展,直至获取一条满足设定需求的路径。

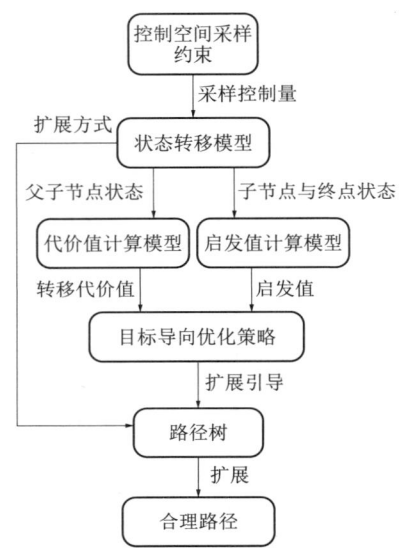

图 5-16 基于控制空间采样的模型嵌入式路径规划算法基本原理

基于控制空间采样的模型嵌入式路径规划算法规划流程示意图如图 5-17 所示。图 5-17 中 p_{start} 为路径规划起点,p_{goal} 为路径规划终点,obs 表示不可通行的障碍物。规划流程如下:图 5-17(a)为路径规划的第一层采样阶段,在车辆的控制空间进行控制量采样,采样的范围和采样控制量个数由车辆约束和环境约束决定。将采样得到的控制量输入规划算法中的状态转移模型,即得到相应数量的子节点状态以及父节点到子节点之间的扩展方式,图中节点 a、b、c、d、e 即为生成的子节点,它们与 p_{start} 之间的连线即为扩展方式。将这几个子节点的状态与 p_{start} 之间的关系输入代价值计算模型,获取每个子节点的状态转移代价值;将这几个子节点的状态与 p_{goal} 之间的关系输入启发值计算模型,获取每个子节点的启发值。目标导向优化策略利用各子节点的代价值和启发值,选出最优的节点作为第二层采样的起点状态。图 5-17(b)为路径规划的第二层采样阶段。以上一层采样获取的最优节点为采样起点(图中为节点 d),将新的采样控制量输入状态转移模型得到 9 个新节点 $f \sim n$，用与第一层采样时相同的方法求出每个节点的代价值与启发值，此时路径树中未扩展的节点有 13 个，从中选出最优的节点作为下一次采样的起点状态（图中为节点 i）。每一层采样都取未扩展节点中的最优节点作为采样的起点状态，如此循环，直至节点扩展至终点 p_{goal} 附近预设的范围内，则规划流程结束。图 5-17（c）中绿色曲线即为最终规划的路径（图中各层采样阶段的采样数与采样路径长度发生了变化，变化原因已在第 5.2.3 小节中说明），它是一条符合目标导向优化策略的合理路径。

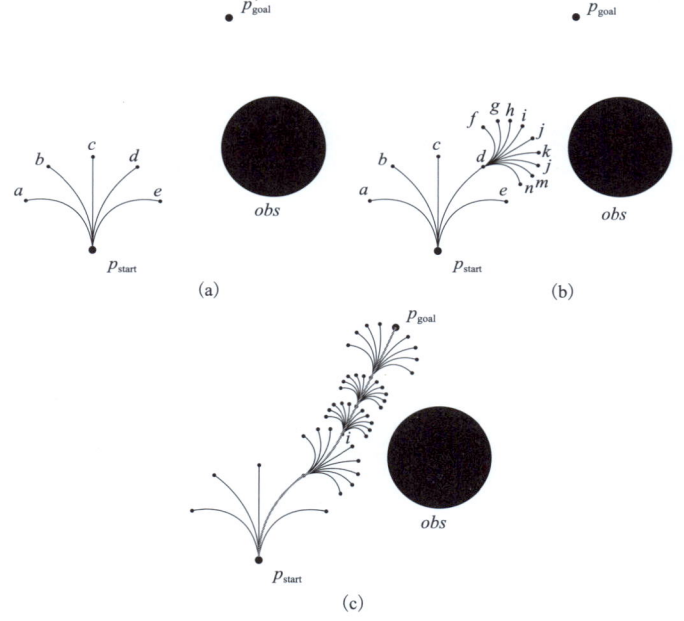

图 5-17 基于控制空间采样的模型嵌入式路径规划算法规划流程示意图（附彩图）
（a）第一层采样；（b）第二层采样；（c）规划完成

2. 基于 Halton 序列的采样方法

采样方法的选择会影响基于采样的路径规划算法的规划效果。如果采样方法选择不当，则最终得到的路径可能无法满足期望要求，甚至可能无法找到可行路径。对于基于控制空间采样的模型嵌入式路径规划算法，输入的采样控制量一定要尽可能均匀地分布于整个控制空间，从而提高找到合理路径的概率。为了实现这个目的，这里采用基于 Halton 序列的采样方法作为控制量的采样方法。

基于 Halton 序列的采样方法能够较为均匀地在多维采样空间内生成采样点，并且可以很方便地改变采样点的个数，有利于实现基于环境约束的自适应采样参数调整。Halton 序列的生成步骤如下所述：

（1）选择一个正整数 b 作为基底，则任意一个非负整数 x 都能够表示为该基底的一个相关的表达形式，如式（5.59）所示：

$$x = \sum_{i=0}^{k} a_i b^i \tag{5.59}$$

式中：$a_i \in \{0, 1, \cdots, b-12\}$；$i = 0, 1, \cdots, k$。

（2）定义计算 $H_b(x)$，即

$$H_b(x) = \begin{bmatrix} b^{-0-1} & \cdots & b^{-k-1} \end{bmatrix} \begin{bmatrix} a_0 \\ \vdots \\ a_k \end{bmatrix} = \sum_{i=0}^{k} a_i b^{-i-1} \tag{5.60}$$

（3）令 x_i 依次取非负整数值，得到序列 $\{x_i\}$，即

$$\{x_i\} = \{x_0, x_1, \cdots, x_n\} = \{0, 1, \cdots, n\} \tag{5.61}$$

对 $\{x_i\}$ 序列中每一个值都根据式（5.60）求出相应的 $H_b(x_i)$，则得到序列 $S_{v,b}$，即

$$S_{v,b} = \{H_b(x_i)\} = \{H_b(x_0), H_b(x_1), \cdots, H_b(x_n)\} \tag{5.62}$$

其中，$S_{v,b}$ 是以 b 为基底，有 n 个元素的 Van der Corput 序列，$H_b(x_i) \in [0, 1)$。

（4）在每个维度上都计算一个 Van der Corput 序列，得到 Halton 序列 S_{Halton}，即

$$S_{\text{Halton}} = \begin{bmatrix} S_{v,b_1} \\ S_{v,b_2} \\ \vdots \\ S_{v,b_m} \end{bmatrix} \tag{5.63}$$

其中，S_{Halton} 为 m 维的 Halton 序列，且 b_1、b_2、$\cdots$、b_m 都是互质的正整数。

3. 基于环境约束的自适应采样参数调整

履带车辆一般是在环境较为复杂的野外环境下行驶。在野外环境的非结构化道路中，环境约束（主要是障碍物约束）较为复杂且没有规律，这使得想要找到一套通用的采样参数在野外环境进行路径规划是非常困难的。如果路径规划过程中的采样参数不能随着环境约束进行自适应调整，则路径规划算法会缺乏适应性与灵活性，难以应对野外环境。因此，这里提出基于环境约束的自适应采样参数调整方法，主要包括两个方面的调整，即采样数的调整与采样路径长度的调整。采样参数调整的基本原则：一个节点处的采样数与该节点到最近障碍物的距离负相关，而采样路径长度与到最近障碍物的距离正相关，效果如图 5-17（c）所示。

1) 采样数自适应调整

路径规划采样数调整遵循的原则：节点距最近障碍物的距离越短，则以该节点为起点状态的采样阶段的采样数越多，这样做是为了增大规划问题的解空间，提高找到可合理扩展的子节点和可行路径的概率。

图 5-18 和图 5-19 展示了节点处于障碍物附近的两种规划场景，分别为狭窄通路场景和朝向障碍物场景。图 5-18 和图 5-19 中灰色部分（obs）为不可通行的障碍物，点 p 为当前采样阶段的起点状态，p_{goal} 为规划终点。图 5-18 展示了一个节点处于狭窄通路处的规划场景。图 5-18（a）中该采样阶段的采样数为 3，若在新扩展的 3 个子节点基础上继续扩展，将无法找到能够通过狭窄通路并到达终点的路径；图 5-18（b）中将采样数增加至 9，则成功找到了图中可继续合理扩展的子节点 p_s，并获得了如绿色线条所示的无碰撞路径。图 5-19 展示了一个节点朝向障碍物扩展时的规划场景。图 5-19（a）中采样数为 3，若在新扩展的 3 个子节点基础上继续扩展，新的采样路径都会与迎面的障碍物发生碰撞；图 5-19（b）中将采样数增加至 9，则成功找到了图中绿色线条所示的绕开前方障碍物的采样路径。

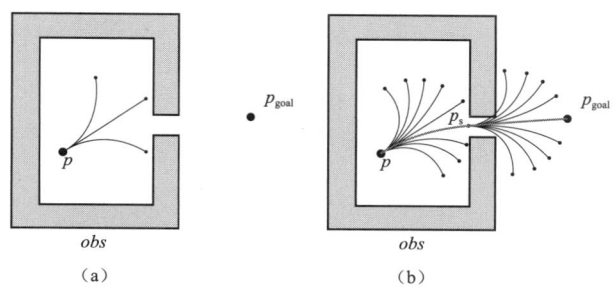

图 5-18 狭窄通路场景下的采样数调整（附彩图）

(a) 3 采样数规划示意图；(b) 9 采样数规划示意图

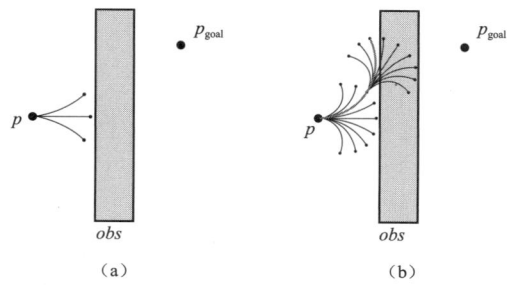

图 5-19 朝向障碍物场景下的采样数调整（附彩图）

(a) 3 采样数规划示意图；(b) 9 采样数规划示意图

2）采样路径长度自适应调整

路径规划采样路径长度调整遵循的原则：节点距障碍物的距离越短，则以该节点为起点状态的采样路径长度越短，这样做是为了减少无效采样。图 5-20 为基于环境约束的自适应采样路径长度调整。图 5-20 中 p_{start} 为规划起点，p_{goal} 为规划终点，obs 为障碍物。图 5-20（a）为采样路径长度不变的规划场景，每层采样的采样路径长度都是相同的，第二层采样中存在着部分会与障碍物产生位置干涉的子节点，这些都是无效的采样节点。为了减少无效采样节点的出现，在规划过程中将采样路径长度基于障碍物信息进行缩放。在以某采样点 p 为起点状态的采样阶段中，采样路径长度的缩放比例因子 λ 如式（5.64）所示：

$$\lambda = \frac{d-\varepsilon}{l_{\max}} \tag{5.64}$$

其中，d 为当前节点 p 距环境中最近障碍物的距离；ε 为预设的安全阈值；$l_{\max}$ 为一簇采样路径中最长的路径长度（通常为直行采样路径的长度）。对于某个采样路径 r，其缩放后的长度 l_{rs} 为：

$$l_{rs} = \begin{cases} l_r, & d \geq l_{\max}+\varepsilon \\ l_r\lambda, & l_{\max}+\varepsilon > d \geq \varepsilon \\ 0, & d < \varepsilon \end{cases} \tag{5.65}$$

其中，l_r 为采样路径 r 缩放前的长度。当节点距最近障碍物的距离 d 小于 ε，则采样路径长度为 0（即不进行该节点的进一步扩展）。采样路径长度随环境约束调整如图 5-20（b）所示。图 5-20（b）中第一层采样时节点 p_{start} 距障碍物距离大于 $l_{\max}+\varepsilon$，路径长度不缩放；第二层采样时节点 p_s 距障碍物距离在 $l_{\max}+\varepsilon$ 到 ε 之间，采样路径长度根据式（5.65）进行了缩短，避免了无效采样子节点的出现。

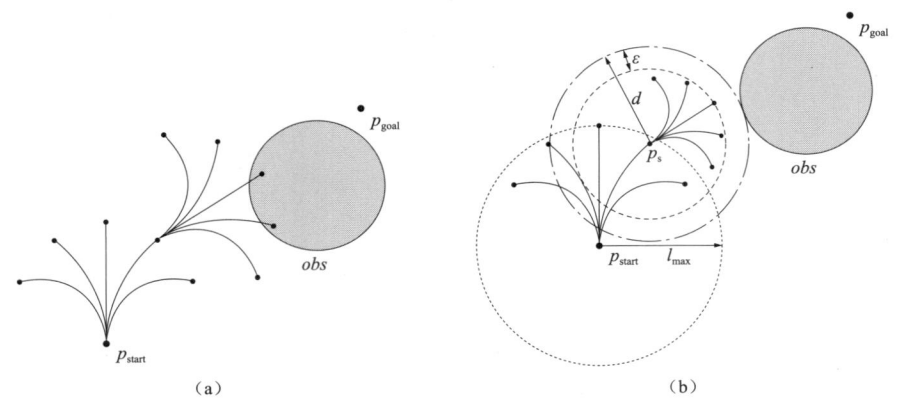

图 5-20 基于环境约束的自适应采样路径长度调整

（a）采样路径长度不变；（b）采样路径长度随环境约束调整

4. 隐式状态网格

基于控制空间采样的路径规划算法存在许多优势，但同时也存在一些缺陷，本部分首先对这些缺陷进行介绍和分析，然后在规划算法中引入隐式状态网格，用于解决基于控制空间采样的路径规划算法存在的问题。

1) 基于控制空间采样的路径规划算法缺陷

基于控制空间采样的路径规划算法能够保证采样路径是车辆能够实际跟踪的，但并不能保证采样生成的车辆状态是均匀离散的。这是因为不同的输入控制量可能会使车辆到达相似的车辆状态，这个特性可能会导致规划算法陷入局部最小，同时使目标导向优化策略中的节点更新操作无法进行。

图 5-21 为基于控制空间采样的路径规划算法的一个规划场景，即凹障碍处的规划场景。当前可扩展节点前方存在一个凹障碍，假设目标导向优化策略中的优化目标为路径长度最短，由于目标导向优化策略的指引，路径扩展方向会偏向凹障碍的内部，规划算法可能需要探索如图中红色区域的所有状态，才能最终找到如虚线所示的可行路径。由于控制空间采样生成的车辆状态不是均匀离散的，红色区域中的车辆状态数是无穷多的，所以规划算法可能陷入局部最小而导致路径规划失败。为了避免规划陷入局部最小，需要引入一种机制使采样得到的车辆状态更加均匀离散。

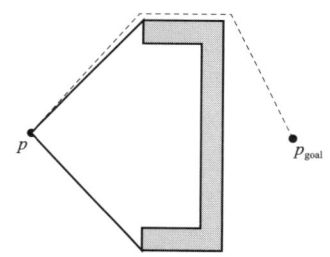

图 5-21 凹障碍处的规划场景（附彩图）

目标导向优化策略会在规划过程中指引路径树以期望方式进行扩展，为了得到最优的路径，在扩展过程中需要对路径树中的节点进行更新操作。在 A* 算法（一种基于搜索的路径规划算法）中为了规划出最优的路径，也利用到了目标导向优化策略，即选择待扩展节点列表中代价值最小的节点进行扩展，并且在扩展过程中对待扩展的节点进行代价值和父节点的更新。图 5-22 为在栅格地图上的 A* 算法中的一个节点更新场景示意图。假设该算法的目的是规划一条长度最短的路径，则其优化策略中的代价值就是路径的长度，从节点 p_{start} 开始扩展节点，首先选择了①号路径（图中红色路径）得到了扩展子节点 p_{son}，其父节点为节点 p_1，代价值为红色路径的长度，之后又通过路径②（图中绿色路径）再次扩展到了相同子节点 p_{son}。由于路径②比路径①更短，所以 A*算法会将子节点 p_{son} 的代价值更新为路径②的长度，并将 p_{son} 的父节点由 p_1 改为 p_2，从而完成节点更新操作。A*算法通过划分显式的离散网格来确定扩展到了相同节点，但基于控制空间采样的路径规划算法输出的车辆状态不是均匀离散的，很难找到两个完全相同的节点，也就无法进行节点的更新操作，因此需要引入一种机制来帮助识别采样过程中相同的车辆状态。

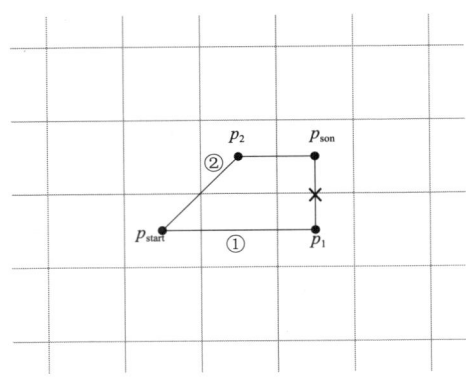

图 5-22　在栅格地图上的 A*算法中的一个节点更新场景示意图（附彩图）

2）隐式状态网格与相同节点状态阈值

为了解决上述两个问题，在基于控制空间采样的模型嵌入式路径规划算法中引入隐式状态网格的概念，并设定一个状态阈值。当两个节点的状态差值在该阈值以下时，就将这两个节点识别为相同节点，并将该阈值称为相同节点状态阈值。这样能够按照状态的相似度将输出空间离散化，从而大大减少路径树中节点的密集程度，避免规划陷入局部最优，同时提供了识别相同节点的手段，便于进行节点更新操作。图 5-23 为隐式状态网格应用场景。图 5-23 中 p_{start} 为规划起点，p_{goal} 为规划终点，p_1 为第一层采样阶段生成的一个子节点，p_2 为第二层采样阶段生成的一个子节点。假设该场景下隐式状态网格只考虑节点的位置，当两个节点之间的位置距离小于阈值时则被认为是相同节点，阈值设定为 0.2 m，目标导向优化策略中代价值只考虑路径长度。当节点 p_2 生成后，发现在其半径 0.2 m 范围内存在节点 p_1，因此 p_1 与 p_2 被认为是相同节点，进行节点更新操作。因为起点到 p_1 的路径长度小于起点到 p_2 的路径长度，所以保留 p_1 节点，删除 p_2 节点和其对应的采样路径。

需要注意的是，A*算法划分的显式网格只能将节点的位置状态离散化，而隐式状态网格不一定只考虑节点位置，还可以考虑节点的其他状态（如航向、速度和能量消耗等），因此可以将节点在多维状态空间进行离散化处理。

通过调节相同节点状态阈值的大小，能够使规划算法在计算速度与路径质量之间作出权衡。阈值越小，网格分辨率越高，则路径质量越高，但计算速度降低；阈值越大，网格分辨率越低，则计算速度提升，但路径质量降低。因此，可以通过调节隐式状态网格的相同节点状态阈值来适配性地调整规划算法的表现。

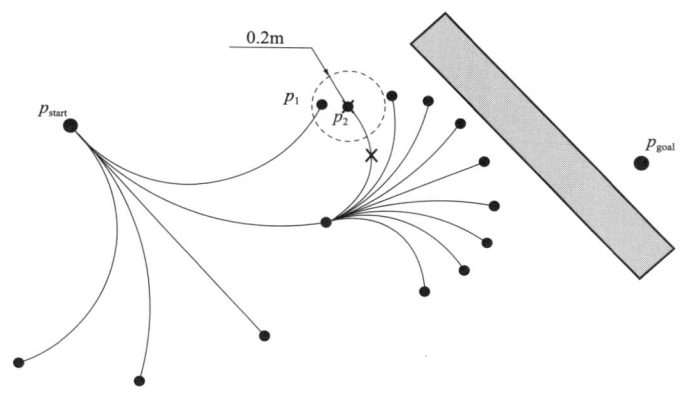

图 5-23　隐式状态网格应用场景

5.3.4　考虑能量消耗的电动履带车辆路径规划实现方法

第 5.3.3 小节介绍了基于控制空间采样的模型嵌入式路径规划算法的原理和优势，将该算法与第 2 章建立的相关模型相结合，利用目标导向优化策略作为引导，就能够实现考虑能量消耗的电动履带车辆路径规划。这里详细介绍考虑能量消耗的电动履带车辆路径规划的实现方法，内容包括规划算法与模型的结合形式、多目标导向优化策略的设计方法、路径拟合与平滑方法和利用提出的规划算法进行路径规划的流程。

1. 路径规划算法与运动学模型的结合

基于瞬时转向中心理论的履带车辆运动学模型，在履带车辆瞬时转向中心参数确定的情况下，将两侧履带的卷绕速度输入运动学模型，就可以预测车辆未来的运动状态。在基于控制空间采样的模型嵌入式路径规划算法中，运动学模型担任的角色是状态转移模型，用于获取路径树中的子节点状态以及相应的扩展方式，运动学模型的输出量会用于代价值计算模型和启发值计算模型的计算。

运动学模型在规划算法中的应用方法如图 5-24 所示。运动学模型的输入量包括瞬时转向中心参数、履带卷绕速度采样值和积分时间长度，输出量包括子节点状态和采样路径。将瞬时转向中心参数与履带卷绕速度代入运动学模型，可以得到车辆的运动微分状态，再根据输入的积分时间长度进行积分计算，获取采样路径和子节点的状态，利用分层覆盖圆碰撞检测模型，筛除与障碍物存在碰撞的路径和子节点。采样路径和子节点状态用于路径树的扩展以及目标导向优化策略中代价值和启发值的计算。

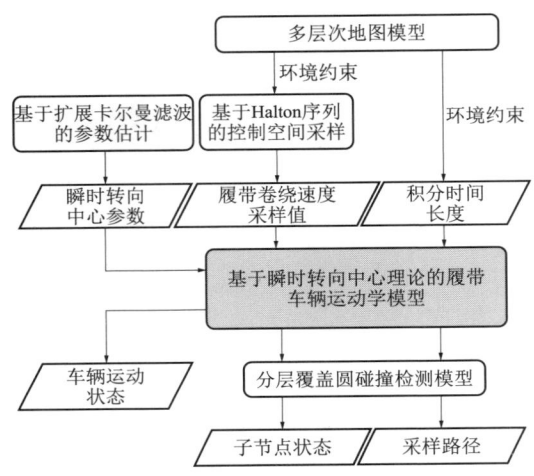

图 5-24　运动学模型在规划算法中的应用方法

2. 路径规划算法与动力学模型的结合

这里建立了考虑滑动转向特性与地面属性的履带车辆动力学模型，在基于控制空间采样的模型嵌入式路径规划算法中，动力学模型是代价值计算模型与启发值计算模型的组成部分。动力学模型在规划中会结合车辆属性、地面属性和车辆运动状态，计算车辆沿采样路径行驶的电机转矩和能量消耗，便于对路径的代价值进行评估。

动力学模型在规划算法中的应用方法如图 5-25 所示。动力学模型的输入量包括车辆参数、车辆运动状态和地面参数，车辆参数包括车辆质量、履带中心距、履带宽度、履带接地长度、传动系统传动比、传动效率和电机峰值转矩；车辆运动状态包括两侧履带的卷绕速度、履带车辆角速度与转向半径；地面参数包括地面的摩擦阻力系数、剪切变形模量和滚动阻力系数。动力学模型的输出量为沿某条采样路径行驶时车辆的电机转矩，结合车辆参数进行能量消耗分析，再对采样路径的能量消耗进行预估，同时输出的电机转矩与车辆电机峰值转矩进行比较，可以计算出车辆在路面上的最小转向半径，可将其作为规划过程中的一个约束量。

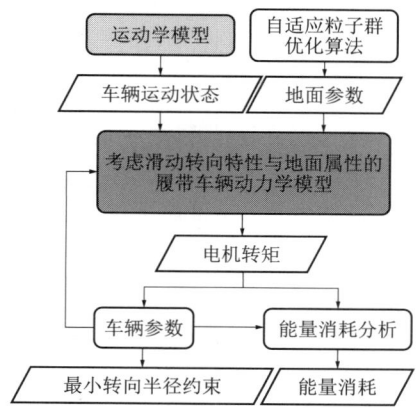

图 5-25 动力学模型在规划算法中的应用方法

3. 多目标导向优化策略设计

为了得到符合规划目标的路径,目标导向优化策略是必不可少的。传统的路径规划大多只以路径长度最短或时间最短为路径规划目标,而考虑能量消耗的履带车辆路径规划属于多目标导向路径规划,需要设计多目标导向优化策略。这里路径规划的多目标导向优化策略的优化目标包含路径长度和能量消耗两个部分,每个部分又包括代价值与启发值两个内容。

图 5-26 为考虑能量消耗的电动履带车辆路径规划过程中的一个场景,即代价值与启发值计算。图 5-26 中 p_{start}、p_{goal} 分别为规划起点和规划终点,obs 为不可通行的障碍物,p 为路径树扩展过程中的一个节点。节点 p 的路径长度代价 J_l 计算方法如式(5.66)所示:

$$J_l = g_l + h_l \tag{5.66}$$

其中,g_l 为路径长度代价值;h_l 为路径长度启发值。g_l 的大小为规划起点 p_{start} 到节点 p 的路径长度,即图中红色路径的长度。该路径长度由运动学模型的输出量在积分时间长度上作积分计算得到。h_l 的大小为节点 p 到规划终点 p_{goal} 的欧氏距离,即图中绿色虚线的长度。启发值计算时不考虑障碍物的影响。节点 p 的能量消耗代价 J_e 计算方法如式(5.67)所示:

$$J_e = g_e + h_e \tag{5.67}$$

其中,g_e 为能量消耗代价值;h_e 为能量消耗启发值。g_e 的大小即图中从起点 p_{start} 沿着红色路径行驶至节点 p 所对应的总能量消耗。h_e 的大小为从当前节点沿直线以当前节点处的车速匀速行驶至规划终点所消耗的能量,即图中从节点 p 沿绿色虚线行驶至规划终点 p_{goal} 所消耗的能量。计算能量消耗启发值时假设行驶车速与节点 p 点处的采样车速相同。

在式（5.66）、式（5.67）的基础上，设计如式（5.68）的多目标导向优化代价函数：

$$J = w_l J_{ln} + w_e J_{en} \tag{5.68}$$

其中，J 为某个节点的总代价；J_{ln} 表示归一化（normalize）后的路径长度代价；w_l 为路径长度代价权重值；J_{en} 表示归一化后的能量消耗代价；w_e 为能量消耗代价的权重值；w_l 与 w_e 的取值范围都为 [0, 1]，且 w_l 与 w_e 的和为 1。归一化是将数据值利用线性变换映射至 [0, 1] 区间的操作。此处归一化处理的目的是将代价去量纲化，使不同单位、不同量级的两种代价值能够加权组合进行比较，防止数值较大的代价值削弱其他代价值对结果的影响。规划过程中某个待计算节点的路径长度代价的归一化方式如式（5.69）所示：

$$J_{ln} = \frac{J_l - J_{lmin}}{J_{lmax} - J_{lmin}} \tag{5.69}$$

其中，J_{ln} 为待计算节点的归一化路径长度代价；J_l 为待计算节点的路径长度代价原始值（即归一化前的值）；J_{lmin} 和 J_{lmax} 分别为目前路径树中所有路径长度代价值中的最小值和最大值。同理，能量消耗代价的归一化方式如式（5.70）所示：

$$J_{en} = \frac{J_e - J_{emin}}{J_{emax} - J_{emin}} \tag{5.70}$$

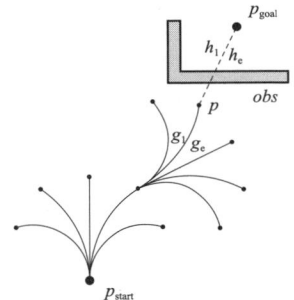

图 5-26　代价值与启发值计算（附彩图）

综上所述，这里路径规划的多目标导向优化策略为使式（5.68）所示的代价函数值最小。

4. 路径拟合与平滑

通过控制空间采样并积分能够得到一系列车辆位姿状态。这些车辆位姿状态都是符合车辆运动学约束的，是车辆能够实际到达的，但仍然不能直接作为路径让车辆进行跟踪，原因如下：

(1)虽然积分得到的位姿状态点较为密集,但还是离散的状态点,需要利用合适的方法对状态点之间的几何信息进行重构,才能作为一条连续的路径供车辆跟踪。

(2)每个采样阶段获取的采样路径内部是曲率连续的,但各采样路径的连接处存在曲率突变,而车辆的控制量(如电机转速)是连续变化的,这意味着车辆无法跟踪曲率存在突变的路径。因此,需要对重构后的连续路径进行平滑处理,才能让车辆顺利沿着规划路径行驶。

为了获得能够让车辆跟踪的连续且平滑的路径,本部分对路径进行重构和平滑处理。在无人驾驶路径规划领域,常用的路径重构方法有曲线拟合和曲线插值,这两种方法都能得到连续平滑的曲线。两种方法的区别在于:曲线拟合方法获得的曲线并不会严格通过待拟合的离散点,当离散点较稀疏时曲线只会沿着离散点的排布走势进行分布,但曲线的抗干扰能力强;曲线插值法能够保证曲线严格经过离散点,但曲线是由固定的数学模型得出,不够灵活,并且抗干扰能力弱,当离散点较为密集且质量不高时,曲线插值得出的曲线可能产生震荡。考虑到在障碍物较多且分布不规律的野外环境中,曲线插值法凭借固定的数学模型可能无法获得可行解,并且通过控制空间采样得到的车辆位姿状态点较为密集。为了保证曲线的灵活性和抗干扰能力,这里采用曲线拟合法进行路径拟合和平滑。

在曲线拟合法中,B样条曲线拟合是较为常用的一种方法。B样条曲线具有许多好的性质,它可以进行局部调整而不影响曲线的全局形状,旋转平移操作都不会改变曲线形状,并且曲线的次数与控制点的个数不是强相关的,比较灵活。在B样条曲线中,三次B样条曲线能够保证曲线曲率连续,故这里使用三次B样条曲线对路径进行重构和平滑操作。图5-27为三次B样条曲线路径拟合结果。从图5-27可以看出,由于离散点较为密集,拟合得到的曲线与拟合前的离散点基本重合,说明这里的路径拟合与平滑方法能够在重构连续平滑路径的同时,保留路径规划结果能量消耗低的特性。

5. 路径规划流程

考虑能量消耗的电动履带车辆路径规划流程如图5-28所示。基于Halton序列的控制空间采样方法结合多层次地图模型输出采样控制量、积分时间长度和地面参数,将这些量输入运动学模型与动力学模型;运动学模型与动力学模型为多目标导向优化策略提供路径长度代价与能量消耗代价,由多目标导向优化策略来引导路径树向能量消耗代价和路径长度代价较低的方向扩展;同时运动学模型通过积分计算为路径树提供采样路径和子节点状态,利用分层覆盖

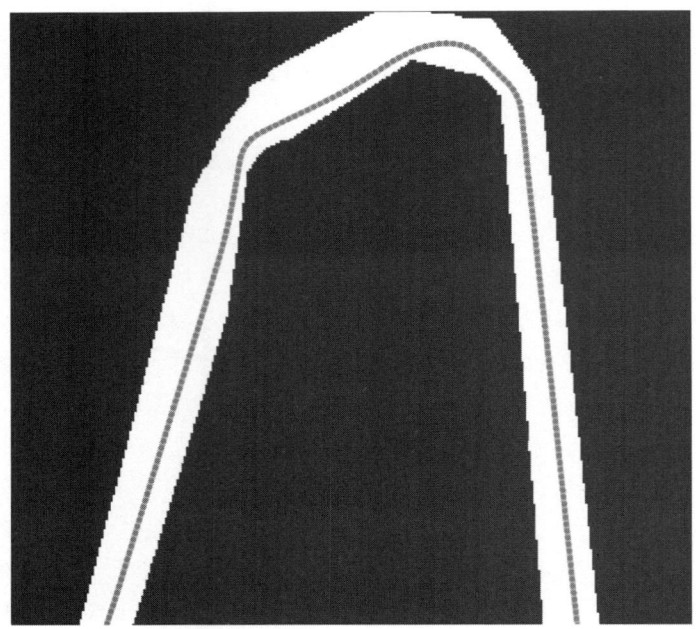

图 5-27　三次 B 样条曲线路径拟合结果

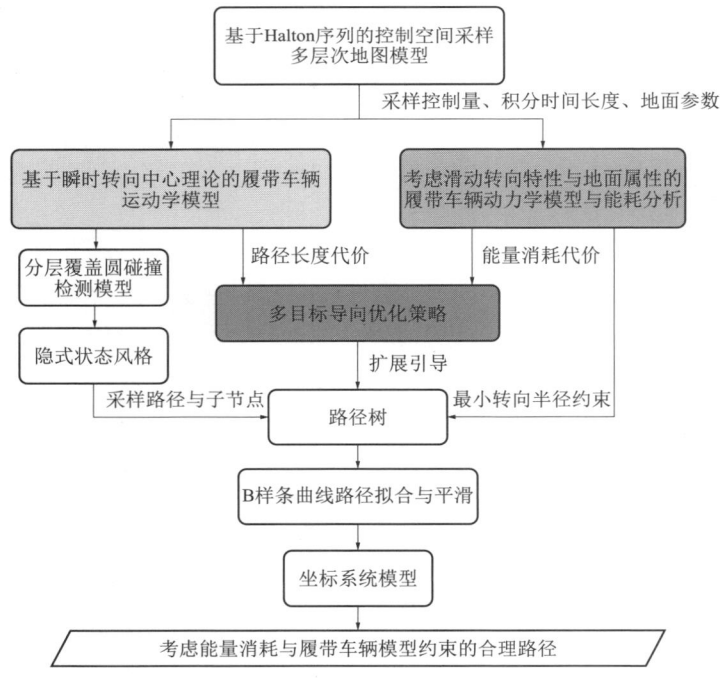

图 5-28　考虑能量消耗的电动履带车辆路径规划流程

圆碰撞检测模型和隐式状态网格对路径和子节点进行筛选；动力学模型为规划提供最小半径约束，将不满足车辆运动性能要求的路径筛除。通过路径树的不断扩展，获取一系列离散的路点，利用 B 样条曲线对路径进行拟合和平滑，再基于坐标系统模型将路径位置转换至合适的坐标系下，最终获取一条考虑能量消耗与履带车辆模型约束的合理路径。此处的合理是指规划出的路径不仅是一条能量消耗低的路径，同时与路径长度最优的规划结果相比，路径的长度差异较小。

5.4 考虑动力学的多约束速度规划

在分层次的运动规划框架中，路径规划层以考虑环境约束和车辆静态稳定性约束为主，即保证车辆能够稳定静止于地形面上。但是，保证车辆跟踪路径稳定行驶还需要速度规划层规划出一条合适的速度曲线才能做到。在不同的场景应用中对速度规划有不同的要求，但一条合适的速度曲线应该满足的最基本要求有两点：一是车辆的运动能力能够达到设定速度；二是车辆按规划的速度行驶时不会发生翻车、侧滑等不稳定现象。本节首先回顾常用速度规划方法，总结出越野环境中速度规划应该满足的约束以及性能指标。针对所总结的一系列约束和性能指标，采用分治法的思想，首先解决其中安全相关约束生成一条粗糙的初始速度曲线，其次考虑其中性能相关指标对速度曲线进行平滑调整，最终得到满足要求的速度曲线。

5.4.1 速度规划的约束类型与度量指标

任务约束是常见的基本约束之一，而在城市环境中最常见的就是不同路段的限速，即执行不同的场景任务时不同的限速。越野环境中执行不同的任务也会要求有不同的限速，如巡逻、采集、运输时的最大限速都不相同。路径终点处停车是速度规划最基本的要求之一。路径规划的终点后可能是障碍物，为保证安全，速度规划在路径终点处的速度必须为零，这也称为终点边界值约束。侧滑约束是直接关于车辆稳定性方面的约束。有的文献通过限制最大横向加速度来避免发生侧滑，这样做的效果就是路径上对应弯曲的地方最大速度能够得到限制，路径曲率越大对应的最大速度越低。有的文献采用摩擦圆的形式来避免发生侧滑，只要车辆受到的摩擦力合力在摩擦圆内就能保证车辆不发生侧滑。相比于只考虑横向加速度，摩擦圆更好地利用了车辆的运动能力，并且当道路条件变化时，只要能识别出地面摩擦系数的变化就能根据道路条件灵活地改变摩擦圆大小，确保在不同的道路条件下生成的速度曲线可以保证车辆不发生侧滑。在城市环境中为了躲避动态障碍物，还考虑了时间窗口约束，即规定了车辆到达路径上某点处的时间段。

以上几个指标和约束是目前城市环境中速度规划算法最常用到的，也同样适用于越野环境，但越野环境显然比城市环境更加复杂，速度规划应该满足更多的约束。对于速度规划来说，越野环境与城市环境最大的区别在于路面的差异，包括路面的材质和路面的形状。关于路面的材质已在摩擦圆约束中有所体现，因此路面的形状是两种环境最大的不同点。城市环境路面均为平坦路面，在车速不是很高的情况下，一般只考虑车辆的横摆、纵向移动、横向移动即可（事实上几乎所有城市环境中的运动规划算法都是这么做的）。在越野环境中，多为起伏、凹凸不平的路面，车辆经常会有俯仰、侧倾等姿态改变，因此为保证安全，越野环境首先需要考虑的是侧翻约束。实际上，车辆在非平坦路面行驶时，车速一旦过快车辆便会脱离地面。持续的脱离地面会产生更为强烈的颠簸，极大地影响乘坐舒适体验，极端情况下由于车辆腾空产生的失控也会导致翻车。因此，还需要考虑的是车辆与地面的接触约束。除此之外，越野环境由于地面坡度的影响，还需要额外考虑驱动力和制动力的限制约束。

本小节以考虑越野环境中的静态障碍物为主，将上述性能指标概括和分类后，得到一个越野环境速度规划涉及指标及约束，如表 5-1 所示。该表格可作为越野环境速度规划算法的设计需求。

表 5-1 越野环境速度规划涉及指标及约束

约束名称	描述	属性
平滑度	速度曲线应该尽量平滑以保证舒适性	性能
时间效率	到路径终点的时间应该尽量短	性能
任务约束	不同路径段上的速度限制	性能
驱动力约束	车辆所受纵向摩擦力应该位于最大制动力和最大驱动力之间	性能
边界条件	路径端点处的速度或加速度限制	安全
路面接触约束	车辆始终受到地面支持力	安全
倾翻约束	车辆所受合力矩不会使车辆侧翻	安全
侧滑约束	车辆所受摩擦力在地面能够提供的最大摩擦力范围内	安全

5.4.2 初始速度曲线生成

运用迭代类算法生成速度曲线的关键就是要得到每一个路径点处的速度上下界,并将速度值限定到界限中。表 5-1 中所列约束,有的直接就给出了速度边界值,而有的给出了加速度边界值,这时需要利用相邻局部点的递推关系来得到速度区间。本小节首先从车辆动力方面分析各个约束,然后给出迭代规划算法生成初始速度曲线。

1. 动力学分析

车辆在行驶过程中,所受重力作用于车辆质心处,其余所受外力作用在 4 个轮胎上,每个轮胎均受到 3 个坐标轴方向的力。由于悬架作用以及地面形状的变化,每个轮胎上的力可能都不相同,这样共有 12 个未知的力,而三维空间中刚体只能列出每个轴上力的平衡方程和扭矩平衡方程共 6 个方程,自由度不够无法求解出所有的力。因此,本节忽略悬架作用,认为每个轮胎上的力都相同,并将所有力均简化到质心处分析,只在分析车辆侧倾时将力作用到轮胎上。这样的作法较为工程实际一些。一方面,当车速不高时,悬架对车辆左右轮胎的作用差异不明显,而在越野环境中由于地形引起的车辆位姿变化更为明显;另一方面,要精确地建立汽车的轮胎模型和悬架模型是很难的,而实际应用中首先应该保证的是算法实时性。

当车辆位于曲面上沿给定曲线行驶时,车体坐标系并不完全与曲线的 3 个基本向量方向一致,如图 5-29 所示。车体坐标系的 x 轴与曲线切向 $\boldsymbol{\alpha}$ 一致,z 轴与地面法向 $\boldsymbol{n}$ 一致,y 轴方向由右手系定义得到 $\hat{\boldsymbol{\gamma}}=\boldsymbol{n}\times\boldsymbol{\alpha}$,区别于曲线的副法向量 $\boldsymbol{\gamma}$。车辆沿固定曲线行驶时,其速度方向与路径切向方向 $\boldsymbol{\alpha}$ 一致,向心加速度方向沿曲线主法向 $\boldsymbol{\beta}$,重力加速度方向为图 5-29 的 z 方向。简化的车辆力平衡方程为

$$f_t\boldsymbol{\alpha}+f_q\hat{\boldsymbol{\gamma}}+F_N\boldsymbol{n}+mgz-mC_w\dot{s}^2\boldsymbol{\alpha}=m\ddot{s}\boldsymbol{\alpha}+m\dot{s}^2k\boldsymbol{\beta} \tag{5.71}$$

其中,f_t 代表车辆纵向上的摩擦力;f_q 代表车辆横向上的摩擦力;F_N 为地面提供的支持力;弧长对时间的一阶导 $\dot{s}$ 和二阶导数 $\ddot{s}$ 分别表示车辆的纵向速度和纵向加速度;$mC_w\dot{s}^2$ 表示无风时的空气阻力,C_w 为与空气阻力系数、空气密度、迎风面积、车辆质量有关的常数。等式右边的两项分别为线性加速度力和向心加速度力。车辆坐标系下各个轴上的力表示为

$$\begin{cases} f_t = -mgz \cdot \boldsymbol{\alpha}+mC_w\dot{s}^2+m\ddot{s} \\ f_q = -mgz \cdot \hat{\boldsymbol{\gamma}}+m\dot{s}^2k\boldsymbol{\beta} \cdot \hat{\boldsymbol{\gamma}} \\ F_N = -mgz \cdot \boldsymbol{n}+m\dot{s}^2k\boldsymbol{\beta} \cdot \boldsymbol{n} \end{cases} \tag{5.72}$$

经受力分析,本节对表 5-1 中所列部分约束进行分析。

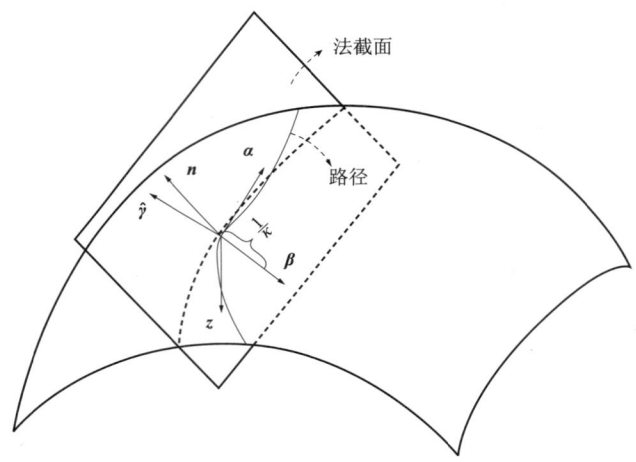

图 5-29 车辆沿规划路径行驶的坐标系

2. 驱动力约束

车辆受引擎驱动时，在车辆与地面的接触点处产生了向前的摩擦力 f_t。车辆受制动力时，车辆与地面接触点处产生了向后的摩擦力 f_t。也就是说车辆所受纵向摩擦力应该在最大驱动力 F_{engine_max} 和最大制动力 F_{brake_max} 之间，即

$$F_{brake\_max} \leq f_t \leq F_{engine\_max} \quad (5.73)$$

将式（5.72）代入式（5.73）中可以得到由驱动力和制动力约束引起的加速度限制，即

$$F_{brake\_max}/m + gz \cdot \boldsymbol{\alpha} - C_w \dot{s}^2 \leq \ddot{s} \leq F_{engine\_max}/m + gz \cdot \boldsymbol{\alpha} - C_w \dot{s}^2 \quad (5.74)$$

可以看到，车辆的最大加速度除了受车辆自身因素决定外，也受地形影响。当车辆在水平面上行驶时，$\boldsymbol{\alpha} \cdot z = 0$，加速度由车辆自身决定。当车辆上坡时，$\boldsymbol{\alpha} \cdot z < 0$，车辆提供的驱动力减小。由于本节采用的是简化模型，式（5.73）的结果并不准确，需要采用工程实验的方法来确定最大驱动力和最大制动力。一种简单的方法是可以根据经验给驱动力和制动力一个定值，但这个定值需要比车辆运行最糟糕情形下能提供的驱动力值还要小，也就是认为车辆有比较弱的加速能力和减速能力。这种方法虽然限制了车辆的加速能力和减速能力，但由于不会出现较大的加速度和减速度能够保证安全，同时也能保证乘坐舒适性。实际上，车辆能够提供的最大驱动力是与车速相关的。还有一种方法是可以通过采集数据建立车辆驱动力与车速的关系。相比于固定值方法，这种方法能提高一些车辆的运动能力。由于受空气阻力影响，因此式（5.74）的加速度区间是随速度变化的。

3. 侧滑约束

在简化的力学模型下,纵向摩擦力与横向摩擦力的合力位于摩擦圆内,即可保证车辆不会发生侧滑,因此

$$f_t^2 + f_q^2 \leq \mu^2 F_N^2 \tag{5.75}$$

将式(5.72)代入式(5.75)可以得到一个二次不等式方程,即

$$\ddot{s}^2 + (2C_w \dot{s}^2 - 2gz \cdot \boldsymbol{\alpha})\ddot{s} + (C_w^2 - c_1)\dot{s}^4 - (2gz \cdot \boldsymbol{\alpha} C_w + c_2)\dot{s}^2 - c_3 + g^2(z \cdot \boldsymbol{\alpha})^2 \leq 0 \tag{5.76}$$

其中,

$$\begin{cases} c_1 = k^2 [(\boldsymbol{\beta} \cdot \boldsymbol{n})^2 \mu^2 - (\boldsymbol{\beta} \cdot \dot{\boldsymbol{\gamma}})^2] \\ c_2 = 2gk[(\boldsymbol{\beta} \cdot \dot{\boldsymbol{\gamma}})(z \cdot \dot{\boldsymbol{\gamma}}) - (\boldsymbol{\beta} \cdot \boldsymbol{n})(z \cdot \boldsymbol{n})\mu^2] \\ c_3 = g^2 [(z \cdot \boldsymbol{n})^2 \mu^2 - (z \cdot \dot{\boldsymbol{\gamma}})^2] \end{cases} \tag{5.77}$$

通过解不等式方程(5.76)可以得到为了不发生侧滑而应有的加速度约束,即

$$gz \cdot \boldsymbol{\alpha} - C_w \dot{s}^2 - \sqrt{c_1 \dot{s}^4 + c_2 \dot{s}^2 + c_3} \leq \ddot{s} \leq gz \cdot \boldsymbol{\alpha} - C_w \dot{s}^2 + \sqrt{c_1 \dot{s}^4 + c_2 \dot{s}^2 + c_3} \tag{5.78}$$

式(5.78)中得到的最大加速度不一定为正值,而最大减速度也不一定为负值,这取决于重力方向 z 和车头方向 $\boldsymbol{\alpha}$ 的夹角(上坡时夹角为负,下坡时夹角为正)。其中的3个参数 c_1、c_2、c_3 仅与地形因素有关。在给定地形条件下,需要保证下列判别式:

$$c_1 \dot{s}^4 + c_2 \dot{s}^2 + c_3 > 0 \tag{5.79}$$

否则意味着式(5.75)的摩擦圆约束不可能被满足,车辆必定发生侧滑。

通过判别式(5.79)还可以确定出合适的速度区间。由判别式可以得到如下几种情形:第一种情形,在极端地形条件下,使得 $c_1 < 0$ 并且 $c_2^2 - 4c_1 c_3 < 0$,则无论以什么速度行驶式(5.79)必定不可能满足。在经过上层感知模块的地形分析和规划模块的可通行度分析后一般能够保证不会出现第一种不稳定的情况。第二种情形,当 $c_1 > 0$ 并且 $c_2^2 - 4c_1 c_3 < 0$,则无论以什么速度行驶均可以保证式(5.79)为正。第三种情形,当 $c_1 < 0$ 并且 $c_2^2 - 4c_1 c_3 \geq 0$ 时,不允许倒车行为,则解的情况为

$$\dot{s} \in \begin{cases} \left[0, \sqrt{\dfrac{-c_2 - \sqrt{c_2^2 - 4c_1 c_3}}{2c_1}}\right], & |c_2| \leq \sqrt{c_2^2 - 4c_1 c_3} \\ \varnothing, & c_2 < -\sqrt{c_2^2 - 4c_1 c_3} \\ \left[\sqrt{\dfrac{-c_2 + \sqrt{c_2^2 - 4c_1 c_3}}{2c_1}}, \sqrt{\dfrac{-c_2 - \sqrt{c_2^2 - 4c_1 c_3}}{2c_1}}\right], & \text{其他} \end{cases} \tag{5.80}$$

可以注意到，侧滑约束同时给出了路径上每一点处的速度区间和加速度区间。其中，速度区间仅与地形因素有关，也就是说一旦上层规划模块给出一条三维路径后，三维路径上每一点处的不侧滑速度区间也就确定了，而每一点处的不侧滑加速度区间则还要根据该点处的速度值计算得到，是动态变化的。

4. 地面接触约束

车辆在起伏路面行驶时一般需要保证车辆能够一直与地面接触，此时地面能够一直为车辆提供支持力。将式（5.72）代入 $F_N \geq 0$ 可以得到

$$\kappa \boldsymbol{\beta} \cdot \boldsymbol{n} \dot{s}^2 - g\boldsymbol{z} \cdot \boldsymbol{n} \geq 0 \tag{5.81}$$

当车辆在地球表面行驶时，地面法向与重力方向的夹角一定为钝角，即 $g\boldsymbol{z} \cdot \boldsymbol{n} < 0$。因此，当二次项系数 $\kappa \boldsymbol{\beta} \cdot \boldsymbol{n} > 0$ 时，无论以什么速度行驶均能保证车辆始终与地面接触。当二次项系数 $\kappa \boldsymbol{\beta} \cdot \boldsymbol{n} < 0$ 时，最大速度限制为

$$\dot{s} \leq \sqrt{\frac{g\boldsymbol{z} \cdot \boldsymbol{n}}{\kappa \boldsymbol{\beta} \cdot \boldsymbol{n}}} \tag{5.82}$$

由于路径主法向 $\boldsymbol{\beta}$ 始终指向曲线凹陷的方向，曲面法向 $\boldsymbol{n}$ 始终指向车辆所在一侧，因此只有在凸起的路面才有可能出现二者点积 $\boldsymbol{\beta} \cdot \boldsymbol{n} < 0$ 的情形，使得地面接触约束有效。这一结果与常识相符合，车辆在凹陷的路面行驶时是始终与地面保持接触的，只有在路面凸起时，车辆速度过高才有可能脱离路面。式（5.82）只与地形因素有关，给定三维路径后就可以确定出为了保证能持续地与地面接触的最大速度限制。

5. 倾翻约束

倾翻约束是指车辆位于侧坡时防止车辆发生倾翻。从临界情形来考虑，假定车辆刚好要发生倾翻，此时车辆仅有一侧轮胎与地面接触而另一侧轮胎刚好离开地面。当临界情形时，支持力与摩擦力作用于车辆一侧轮胎，二者对车辆质心产生的扭矩将使车辆发生旋转。若合力矩产生的旋转与车辆倾翻方向相反，则能保证车辆在临界状态时不会发生倾翻，如图 5-30 所示。

记扭矩顺时针方向为正，则临界情形下车辆不侧翻的条件为

$$\begin{cases} F_N b - f_q h \geq 0, & \text{临界逆时针倾翻时} \\ -F_N b + f_q h \leq 0, & \text{临界顺时针倾翻时} \end{cases} \tag{5.83}$$

可以看到，无论顺时针倾翻还是逆时针倾翻都有相同的临界条件。将式（5.72）代入其中可得到关于速度的临界倾翻条件为

$$c_1 \dot{s}^2 + c_2 \geq 0 \tag{5.84}$$

其中，

第 5 章　智能车辆运动规划

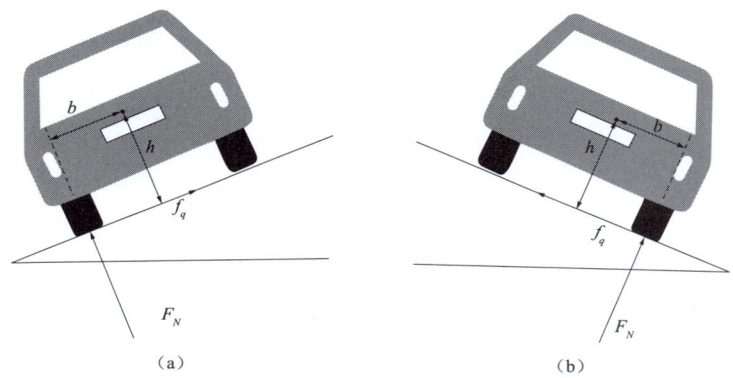

图 5-30　侧倾临界受力示意图
（a）逆时针倾翻；（b）顺时针倾翻

$$\begin{cases} c_1 = \kappa(b\boldsymbol{\beta} \cdot \boldsymbol{n} - h\boldsymbol{\beta} \cdot \hat{\boldsymbol{\gamma}}) \\ c_2 = g(hz \cdot \hat{\boldsymbol{\gamma}} - bz \cdot \boldsymbol{n}) \end{cases} \tag{5.85}$$

求解式（5.84）即可得到速度约束区间为

$$\dot{s} \in \begin{cases} \varnothing, & c_1 \leq 0 \wedge c_2 \leq 0 \\ \left[0, \sqrt{\dfrac{gc_2}{-\kappa c_1}}\right], & c_1 \leq 0 \wedge c_2 \geq 0 \\ \left[\sqrt{\dfrac{-gc_2}{\kappa c_1}}, \infty\right], & c_1 \geq 0 \wedge c_2 \leq 0 \\ [0, \infty], & c_1 \geq 0 \wedge c_2 \geq 0 \end{cases} \tag{5.86}$$

式（5.86）同样只与地形和车辆尺寸参数有关，但需要注意的是，这是在临界情形下推导出的速度约束，并不能用于一般情形。在实际应用时，只有当车辆的滚转角大于设定阈值时才会用该约束计算速度约束区间。

6. 迭代速度规划算法

本节采用迭代算法生成一条能满足任务约束、侧滑约束、地面接触约束、驱动力约束、倾翻约束的初始速度曲线，过程见算法 4。

算法 4 中首先使用 CalculatePathGeometry（P）函数计算离散路径上每一点处需要用到的基本几何量 G，包括单位切向量 $\boldsymbol{\alpha}$、单位主法向量 $\boldsymbol{\beta}$、曲面法向量 $\boldsymbol{n}$ 和曲线曲率 κ，计算方法已经在第 2 章中介绍过。接着分别求出地面接触约束［式（5.82）］、侧滑约束［式（5.80）］和侧翻约束［（式 5.86）］所决定的最大速度 V_{touch}、V_{slide} 和 V_{rollover}，并取这 3 条速度曲线和给定的任务约束速度曲线 V_{task} 的下界作为最大速度 V_{upper}。开始迭代前使用最大速度曲线初

始化 V_f，并使用设定的初始速度 v_0 和终点速度 v_f 来固定 V_f 的端点，迭代时不会修改两个端点处的速度。当要修改第 i 个点处的速度曲线时，首先求得第 $i-1$ 个点处的最大加速度 a_{max} ［由驱动力约束式（5.74）和侧滑约束式（5.80）计算得到］，然后再根据运动学关系方程由 v_{i-1} 和 a_{max} 推导得到 v_i，这样就能保证从第 $i-1$ 个点到第 i 个点的加速度是满足约束的。同时，为了使减速度满足约束，还需要计算第 i 个点处的最小加速度 a_{min}，并由 v_{i+1} 和 a_{min} 反推 v_i。当修改后的速度曲线 V_f 和修改前的速度曲线 V_0 几乎没有变化时，则迭代算法停止并返回 V_f 作为最终的速度曲线。

算法4：初始速度曲线生成

1　输入：　离散路径 P，初始速度 v_0，终点速度 v_f
2　参数：　V_{task} 任务点限速
3　　　　　ε 容许误差
4　　　　　h 质心离地高度
5　　　　　b 车辆半宽
6　　　　　μ 地面摩擦系数
7　输出：速度曲线 V_f
8　　$G \leftarrow$ CalculatePathGeometry(P);
9　　$V_{touch} \leftarrow$ MaxVelFromSildeContraint(G);
10　$V_{slide} \leftarrow$ MaxVelFromSildeContraint(G);
11　$V_{rollover} \leftarrow$ MaxVelFromRolloverContraint(G, h, b);
12　$V_{upper} \leftarrow \inf(V_{touch} \cup V_{slide} \cup V_{rollover} \cup V_{task})$;
13　$V_f \leftarrow V_{upper}$;
14　$V_f[0] \leftarrow v_0$;
15　$V_f[N] \leftarrow v_f$;
16　else
17　　　$V_0 \leftarrow V_f$;
18　　　for $i \in [1, N-1]$ do
19　　　　　$V_f[i] \leftarrow \min(V_f[i], V_{upper}[i])$;
20　　　　　$a_{slide\_min} \leftarrow$ MaxAccFromSlizdeConstraint($V_f[i-1], G[i-1]$);
21　　　　　$a_{eigen\_min} \leftarrow$ MaxAccFromEigenConstraint($V_f[i-1], G[i-1]$);
22　　　　　if $\Delta L <$ threshold then
23　　　　　　$V_f[i] \leftarrow \min(V_f[i], \sqrt{V_f[i-1]^2 + 2a_{min}\|P[i]-P[i-1]\|_2})$;
24　　　　　$a_{slide\_min} \leftarrow$ MinAccFromSlideConstraint($V_f[i], G[i]$);
25　　　　　$a_{igen\_min} \leftarrow$ MinAccFromEigenConstraint($V_f[i], G[i]$);
26　　　　　$a_{min} \leftarrow -\max(a_{slide\_min}, a_{eigen\_min})$;
27　　　　　$V_f[i] \leftarrow \min(V_f[i], \sqrt{V_f[i+1]^2 + 2a_{min}\|P[i+1]-P[i]\|_2})$;
28　while $\|V_f - V_0\|_2 > \varepsilon$;
29　return V_f;

5.4.3　速度曲线平滑

由于算法 4 是从最大速度曲线开始迭代不断向下修改，因此得到的速度曲线刚好处在各个约束的边界上，是一条比较极端的速度曲线。为了平滑速度曲线，本节将速度曲线平滑问题建立为最优控制问题进行求解。

1. 问题建模

使用曲线的速度平方作为系统的状态量,加速度作为系统的控制输入,即
$$x(s) = \dot{s}^2, u(s) = \ddot{s} \tag{5.87}$$

待求解的状态量和控制量均是关于弧长 s 的函数,其中使用速度的平方 $\dot{s}^2$ 而不是速度 $\dot{s}$ 作为状态量可以降低问题的非线性程度,这一点将在之后的推导中体现。

根据速度与加速度的关系可以得到系统的微分方程约束为
$$x'(s) = \frac{dx}{ds} = \frac{d(\dot{s}^2)}{dt} \cdot \frac{1}{\frac{ds}{dt}} = 2\ddot{s}\dot{s} \cdot \frac{1}{\dot{s}} = 2u(s) \tag{5.88}$$

由于使用速度的平方作为系统状态量,因此得到的系统微分方程约束为线性约束。

为了提高速度曲线的平滑度,限制速度曲线的加速度或者加速度变化率是常用的手段。在优化类方法中,通常采用整条曲线加速度平方的积分或者加速度变化率平方的积分作为最小化目标函数。其中,加速度变化率是加速度对时间的一阶导数,在弧长域用式(5.87)中的决策变量表示为
$$j(s) = \frac{du}{ds} \cdot \frac{ds}{dt} = u'(s)\sqrt{x(s)} \tag{5.89}$$

这是一个非凸非线性函数,直接作为目标函数不利于问题求解。为了保证问题能够快速求解,可以去掉式(5.89)中的 $\sqrt{x(s)}$ 部分,仅使用 $u'(s)$ 部分,这一项表示的是曲线加速度对弧长的变化率,实际上也能起到平滑曲线的作用,因此最终平滑项目标函数定义为
$$J_S = \int_0^{s_f} \|u(s)\|_2^2 + \|u'(s)\|_2^2 ds \tag{5.90}$$

这种形式的目标函数也是最优控制问题中最常见的。

上文已经提到只强调曲线整体平滑度会降低速度曲线的时间效率,车辆会行驶得十分缓慢。为了平衡这个问题,还得加入时间效率目标函数。时间效率可以定义为车辆行驶至路径终点处所用时间 $J_T = T = \int_0^T 1 dt$。利用关系式 $ds = \dot{s} dt$ 作变量代换可以得到
$$J_T = \int_0^{s_f} \frac{1}{\dot{s}} ds = \int_0^{s_f} x(s)^{-\frac{1}{2}} ds \tag{5.91}$$

边界约束对起点速度、终点速度和终点加速度作出限制,即
$$x(0) = v_0^2, x(s_f) = v_f^2, u(s_f) = a_e \tag{5.92}$$

将式(5.87)代入式(5.74)中可以得驱动力约束为

$$u(s)^2 + [2C_w x(s) - 2gz \cdot \boldsymbol{\alpha}]u(s) + (C_w^2 - c_1)x(s)^2 -$$
$$(2gz \cdot \boldsymbol{\alpha} C_w + c_2)x(s) - c_3 + g^2(z \cdot \boldsymbol{\alpha})^2 \leqslant 0 \qquad (5.93)$$

剩余其他约束均是对速度作出了限制，可以利用算法 4 中的 V_{upper} 结果，即

$$0 \leqslant x(s) \leqslant V_{\text{upper}}(s)^2 \qquad (5.94)$$

最终可以定义速度曲线平滑问题为

$$\min_{x(s),u(s)} J = \omega_S J_S + \omega_T J_T \qquad (5.95)$$

其中，ω_S 和 ω_T 分别为平滑项和时间效率项的权重，通过调节两个权重值可以调节速度曲线整体的形状。

2. 问题求解

实际上，本节并不需要知道速度关于弧长的表达式 $x(s)$，只需要求解出给定路径上 $N+1$ 个点处的速度即可，因此可采用直接配置点法将问题离散化转变为非线性优化问题求解。

将问题离散化后，优化问题有 $2(N+1)$ 个决策变量 $x = [x_0, x_1, \cdots, x_N]$ 和 $u = [u_0, u_1, \cdots, u_N]$，其中相邻点间的部分采用线性模型近似，即

$$\begin{cases} x_i(s) = x_i + (s - s_i)\left(\dfrac{x_{i+1} - x_i}{s_{i+1} - s_i}\right), s \in [s_i, s_{i+1}] \\ u_i(s) = u_i + (s - s_i)\left(\dfrac{u_{i+1} - u_i}{s_{i+1} - s_i}\right), s \in [s_i, s_{i+1}] \end{cases} \qquad (5.96)$$

将式（5.96）的线性模型代入最优控制问题的目标函数中，并且只在离散点处满足各个约束，于是最终的非线性优化问题为

$$\min_{\substack{x_0, x_1, \cdots, x_N \\ u_0, u_1, \cdots, u_N}} J = \frac{\omega_S}{3} \sum_{i=0}^{N-1} \frac{s_{i+1} - s_i}{u_{i+1} - u_i}(u_{i+1}^3 - u_i^3) + \omega_S \sum_{i=0}^{N-1} \frac{(u_{i+1} - u_i)^2}{s_{i+1} - s_i} +$$
$$\omega_T \sum_{i=0}^{N-1} \frac{2(s_{i+1} - s_i)}{\sqrt{x_{i+1}} + \sqrt{x_i}} \qquad (5.97)$$

其中，
$$u_N = a_e, \quad x_0 = u_0^2, \quad x_N = v_f^2, \quad x_i \in [0, V_{\text{upper}[i]}^2]$$
$$x_{i+1} = x_i + 2u_i(s_{i-1} - s_i)$$
$$F_{\text{brake\_max}}/m \leqslant u_i + C_w x_i - gz \cdot \boldsymbol{\alpha} \leqslant F_{\text{engine\_max}}/m$$
$$u_i^2 + (2C_w x_i - 2gz \cdot \boldsymbol{\alpha})u_i + (C_w^2 - c_1)x_i^2 -$$
$$(2gz \cdot \boldsymbol{\alpha} C_w + c_2)x_i - c_3 + g^2(z \cdot \boldsymbol{\alpha})^2 \leqslant 0$$

求解时需要将算法 4 的结果作为式（5.97）的初值，得到的结果就是算法 4 结果附近的最优值。

第 6 章 智能车辆模型预测控制

本章将介绍智能车辆模型预测控制方法，主要简述车辆动力学预测模型的建立过程、模型预测控制算法的推导及其在智能车辆轨迹跟踪控制中的应用。第 6.1 节定义坐标系，并介绍车辆动力学模型和轮胎模型。第 6.2 节介绍模型预测控制算法的基本特点，在此基础上分别介绍非线性模型预测控制和线性时变模型预测控制。第 6.3 节介绍基于车辆动力学模型的轨迹跟踪控制。第 6.4 节介绍考虑不确定性的鲁棒模型预测控制。

6.1 车辆动力学模型和轮胎模型

车辆动力学模型和轮胎模型的建立是智能车辆轨迹跟踪模型预测控制器的基础。不同复杂度的动力学模型和轮胎模型对车辆动力学行为的描述能力不同,计算求解复杂度也不同。本节以三自由度车辆动力学模型和线性轮胎模型作为预测模型,为后续实现轨迹跟踪提供基础。关于车辆动力学模型更加详细的讨论请参考《无人驾驶车辆模型预测控制》。

6.1.1 坐标系

为实现智能车辆的轨迹跟踪,本节引入了3个坐标系,即大地坐标系、车体坐标系和道路坐标系。大地坐标系用来表示车辆的绝对位置、车辆的横摆角、参考轨迹的目标点位置和轨迹的切向角。通常用车体坐标系表示车辆状态,如纵、横向速度和侧偏角等。道路坐标系用来表示车辆运动轨迹与参考跟踪轨迹之间的横向和横摆角误差。

如图6-1所示,XOY 为大地坐标系,V_{xoy} 为车体坐标,ζ_{xoy} 为道路坐标。χ_x、χ_y 和 χ_θ 分别表示道路坐标系下车辆的纵坐标、横坐标和横摆角的误差。误差计算如式(6.1)所示:

$$\begin{bmatrix} \chi_x \\ \chi_y \\ \chi_\theta \end{bmatrix} = \begin{bmatrix} \cos\theta_{ref} & \sin\theta_{ref} & 0 \\ -\sin\theta_{ref} & \cos\theta_{ref} & 0 \\ 0 & 0 & 1 \end{bmatrix} \begin{bmatrix} x-x_{ref} \\ y-y_{ref} \\ \theta-\theta_{ref} \end{bmatrix} \quad (6.1)$$

第6章 智能车辆模型预测控制

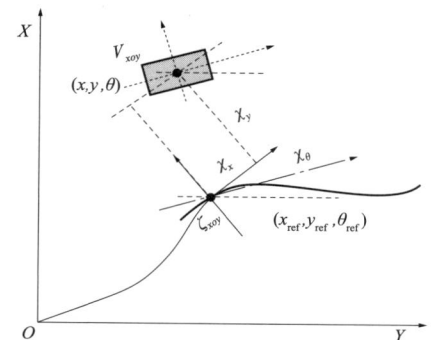

图 6-1 大地坐标系、车体坐标系和道路坐标系

其中，(x, y, θ) 和 $(x_{\text{ref}}, y_{\text{ref}}, \theta_{\text{ref}})$ 分别表示大地坐标系下车辆当前位置和道路参考点位置。

6.1.2 车辆动力学模型

本章在车辆动力学建模时，作如下假设：

（1）假设车辆只做平行于地面的平面运动，即车辆沿 z 轴的位移、绕 y 轴的俯仰角和绕 x 轴的侧倾角均为零。

（2）忽略轮胎回正力矩的作用。

（3）假设悬架系统和车辆是刚性的，忽略车辆的悬架运动。

（4）忽略车辆空气动力学的影响。

（5）假设车辆为前轮转向，即后轮转向角恒为零。

（6）假设左右前轮的转角相等。

（7）忽略车辆的侧倾和俯仰动力学等影响。

根据以上假设，本节建立了单轨车辆动力学模型，如图 6-2 所示。

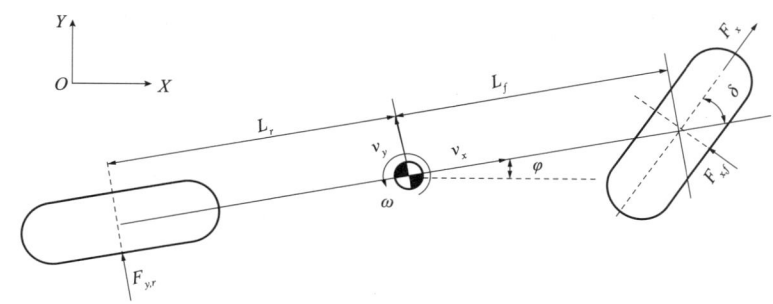

图 6-2 单轨车辆动力学模型

状态量分别为车体坐标下的质心横向速度 v_y、质心纵向速度 v_x、车体横摆

角 φ、车体横摆角速度 ω，大地坐标系下的质心横纵坐标 X 和 Y。控制量为前轮纵向驱动力 F_x 和前轮转向角 δ。在图 6-2 中，L_f 和 L_r 分别为质心到前轴的距离和质心到后轴的距离。

根据牛顿第二定律，分别得到车辆质心沿 x 轴、y 轴和车体绕 z 轴的受力平衡方程，根据坐标变换得到车辆质心在惯性坐标系 XOY 中的平面运动方程如式（6.2）所示：

$$\begin{cases} m(\dot{v}_x - \omega v_y) = F_x\cos\delta - F_{y,f}\sin\delta \\ m(\dot{v}_y + \omega v_x) = F_{y,r} + F_{y,f}\cos\delta + F_x\sin\delta \\ I_z\dot{\omega} = F_{y,f}L_f\cos\delta + F_xL_f\sin\delta - F_{y,r}L_r \\ \dot{X} = v_x\cos\varphi - v_y\sin\varphi \\ \dot{Y} = v_x\sin\varphi + v_y\cos\varphi \end{cases} \quad (6.2)$$

其中，m 为车辆总质量；I_z 为车辆绕 z 轴的转动惯量；F_x、$F_{y,f}$ 和 $F_{y,r}$ 分别为前轮纵向力、前轮横向力和后轮横向力。

6.1.3 轮胎模型

这里采用线性轮胎模型，假设前、后轮胎的侧偏角满足 $\alpha_f \in [-5°, 5°]$、$\alpha_r \in [-5°, 5°]$，则轮胎侧向力计算如式（6.3）所示：

$$\begin{cases} F_{y,f} = C_f\alpha_f = C_f\left(\dfrac{v_y + \omega L_f}{v_x} - \delta\right) \\ F_{y,r} = C_r\alpha_r = C_r\left(\dfrac{v_y - \omega L_r}{v_x}\right) \end{cases} \quad (6.3)$$

其中，C_f 和 C_r 分别为前、后轮胎侧偏刚度；α_f 和 α_r 分别为前、后轮胎侧偏角。

6.2 模型预测控制理论推导与求解

模型预测控制算法于 20 世纪 70 年代末最早出现在美国、法国等工业领域，是一种计算机优化控制算法。根据所采用模型的不同，模型预测控制逐渐衍生出其他分支。1978 年，Richalet 等人提出了基于脉冲响应的模型预测启发控制（model predictive heuristic control，MPHC），后转换为模型算法控制（model algorithmic control，MAC）；1980 年，Cutler 等人提出了基于阶跃响应的动态矩阵控制（dynamic matrix control，DMC）；1987 年，Clarke 等人提出了基于时间序列和在线识别模型的广义预测控制（generalized predictive control，GPC）；Richalet 等人提出了预测函数控制（predictive functional control，PFC）。经过数十年的深入研究和发展，其理论和方法日益完善，并得到了广泛的实际应用。

6.2.1 模型预测控制算法

模型预测控制算法的基本特点是预测模型、滚动优化和反馈校正。

1. 预测模型

预测控制需要一个能描述系统动态过程的模型。这个模型的作用是能根据系统当前信息和未来的控制输入，预测系统未来的动态过程。因此，这个模型称为预测模型。这里系统的未来控制输入，正是用来改变系统未来状态的预测输出，是使预测状态最大限度接近参考状态的最优控制变量。预测模型具有基于当前的状态值预测系统未来动态的功能。预测模型通常包括阶跃响应模型、脉冲响应模型、状态空间模型、传递函数模型和模糊模型等。

2. 滚动优化

预测控制中的优化与通常的离散最优控制算法不同，不是采用一个不变的全局最优目标，而是采用滚动式的有限时域优化策略。在每一采样时刻，根据该时刻的优化性能指标，求解该时刻起有限时段的最优控制率。计算得到的控制量序列也只有当前值是实际执行的，在下一个采样时刻又重新求取最优控制律。也就是说，优化过程不是一次离线完成的，而是反复在线进行的，即在每一采样时刻，优化性能指标只涉及从该时刻起到未来有限的时间，而到下一个采样时刻，这一优化时段会同时向前推移。

采用有限时域的预测是因为实际控制过程中存在模型失配、时变和外部干扰等不确定因素，基于模型的预测不可能准确地与实际被控过程相符。通过滚动优化策略，能及时弥补这种不确定性，始终在实际情况基础上建立新的优化目标，考虑到对未来有限时域内的理想优化和实际不确定性的影响。这要比建立在理想条件下的传统最优控制更加实际和有效。

3. 反馈校正

预测控制求解是一个开环优化问题。在预测控制中，采用预测模型进行过程输出值的预估只是一种理想的方式。对于实际过程，由于存在非线性、时变、模型失配和干扰等不确定因素，基于模型的预测不可能准确地与实际相符。因此，在预测控制中，通过输出的测量值与模型的预估值进行比较，得出模型的预测误差,再利用模型预测误差来校正模型的预测值,从而得到更为准确的预测值。正是这种由模型加反馈校正的过程,使预测控制具有很强的抗干扰和克服系统不确定的能力。根据系统的实际输出对预测输出持续作出修正,使滚动优化不但基于模型,而且利用反馈信息,构成闭环优化控制。

模型预测控制器也称滚动时域控制器。该控制器考虑控制系统的非线性动力学模型,并预测未来一段时间内系统的输出行为,通过求解带约束的最优控制问题,使系统在未来一段时间内的跟踪误差最小,这种方法鲁棒性较强。传统的研究方法往往忽略或者简化了运动学约束以及动力学约束,而这类约束对于控制性能有着显著影响。模型预测控制方法能够通过优化目标函数,显式地将车辆运动学和动力学约束纳入考虑。通过滚动优化和反馈校正特性,能够有效降低甚至消除闭环系统时滞问题所带来的影响,并能够结合规划所给出的未来轨迹信息对运动控制进行优化,提升控制性能。

模型预测控制在智能车辆控制中应用广泛。Ji 等人以智能车辆的运动规划与控制为研究对象,结合模型预测控制理论,提出了基于非线性模型预测控制的轨迹重规划算法和基于线性时变模型预测控制的轨迹跟踪算法。他们分别根据运动学和动力学模型建立线性误差模型,结合约束条件和控制器目标函数,建立基于线性时变模型预测控制的轨迹跟踪控制器和主动转向控制器。在原有的轨迹跟踪控制基础上加入规划层后,形成"轨迹重规划+跟踪控制"的双层控制体系,如图 6-3 所示。该控制系统主要由带避障功能的轨迹重规划子系统和跟踪控制子系统构成。轨迹重规划子系统接收来自传感器的障碍物信息以及来自全局规划的参考轨迹信息,通过模型预测控制算法规划出局部参考轨迹,再发送给跟踪控制子系统。跟踪控制子系统接收来自规划层的局部参考轨迹,输出前轮偏角控制量。

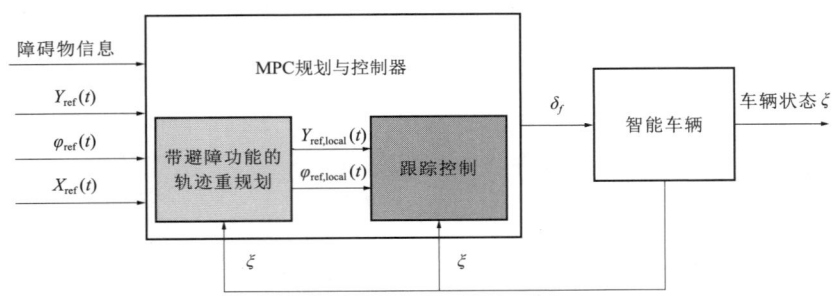

图 6-3 结合规划层的控制系统

Guo 等人利用多约束模型预测控制设计了路径规划与跟踪框架,完成了智能车辆的避障功能。Guo 等人将车辆视为内包络，将道路视为外包络，设计了线性智能车辆路径跟踪模型预测控制器。Moser 等人在车辆巡航场景下设计了换道避障的模型预测控制器。吉林大学梁赫奇设计了随机模型预测控制器，来降低跟驰工况下的油耗。北京理工大学于聪聪采用如图 6-4 所示的分层控制结构，采用包含附加横摆力矩的二自由度模型作为预测模型，用模型预测控制实现了横摆平面内的操纵稳定性。其采用模型预测控制和分层控制思想对汽车制动、转向进行了集成，并采用基于规则的全局集成方案将悬架和水平集成控制算法进行了集成。

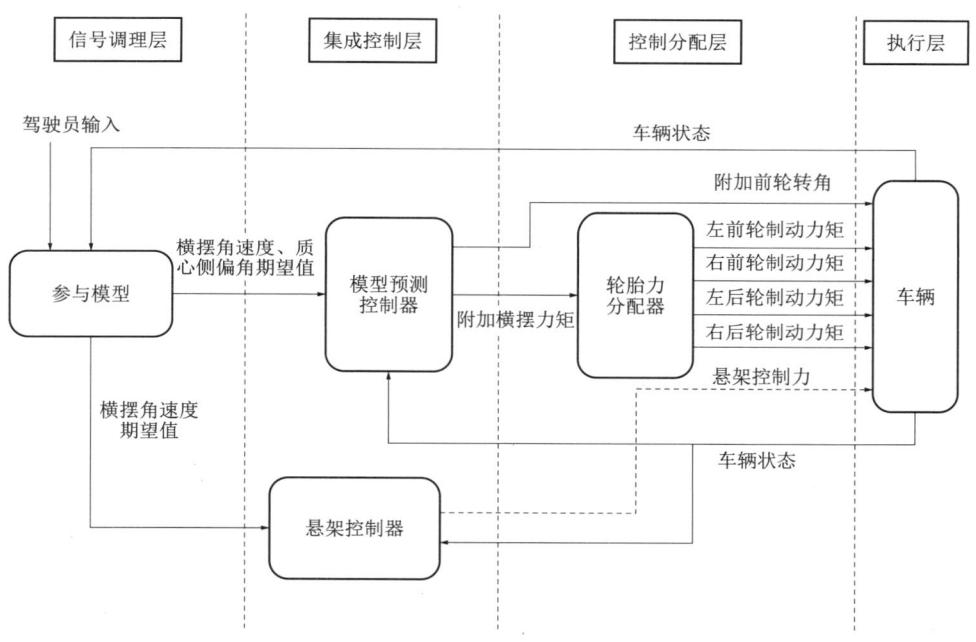

图 6-4 分层控制结构图

综上所述，模型预测控制算法是一类滚动求解带约束优化问题的控制方法，处理约束问题是其主要优势之一。模型预测控制算法结合预测模型、滚动优化和反馈校正 3 项基本原理，滚动求解带约束的目标函数最优值，得到系统最优控制量，对解决智能车辆在高速和冰雪等复杂路面下的控制问题具有独特的优势。

6.2.2 非线性模型预测控制

考虑如下的离散非线性系统：

$$\begin{cases} \boldsymbol{\xi}(t+1)=f[\boldsymbol{\xi}(t),\boldsymbol{\mu}(t)] \\ \boldsymbol{\xi}(t)\in\boldsymbol{\chi} \\ \boldsymbol{\mu}(t)\in\boldsymbol{\Omega} \end{cases} \quad (6.4)$$

其中，$f(\cdot,\cdot)$ 为离散非线性系统的状态转移函数；$\boldsymbol{\xi}(t)\in\mathbb{R}^n$ 为 n 维状态向量；$\boldsymbol{\mu}(t)\in\mathbb{R}^m$ 为 m 维控制输入向量；$\boldsymbol{\eta}(t)\in\mathbb{R}^p$ 为 p 维输出向量；$\boldsymbol{\chi}\in\mathbb{R}^n$ 为状态量集合；$\boldsymbol{\Omega}\in\mathbb{R}^m$ 为控制输入量集合。

假设系统的原点为 $f(0,0)=0$，以该点为系统的控制目标。对于任意 $N\in\boldsymbol{Z}^+$，考虑如下代价函数：

$$J_N[\boldsymbol{\xi}(t),\boldsymbol{U}(t)]=\sum_{k=t}^{t+N-1} l[\boldsymbol{\xi}(t),\boldsymbol{\mu}(t)]+P[\boldsymbol{\xi}(t+N)] \quad (6.5)$$

其中，$J_N(\cdot,\cdot):\mathbb{R}^n\times\mathbb{R}^{Nm}\to\mathbb{R}^+$；$\boldsymbol{U}(t)=[\boldsymbol{\mu}(t),\cdots,\boldsymbol{\mu}(t+N-1)]$ 为 N 时域范围内的控制输入序列；$\boldsymbol{\xi}(k)$（$k=t,\cdots,t+N$）是系统式（6-4）在控制输入序列 $\boldsymbol{U}(t)$ 作用下所得到的轨迹状态量系列。

每一步长所求解的有限时域的优化问题如下：

$$\min_{U_t,\boldsymbol{\xi}_{t+1,t},\cdots,\boldsymbol{\xi}_{t+N,t}} J_N[\boldsymbol{\xi}(t),\boldsymbol{U}(t)]=\sum_{k=t}^{t+N-1} l[\boldsymbol{\xi}(t),\boldsymbol{\mu}(t)]+P[\boldsymbol{\xi}(t+N)] \quad (6.6)$$

$$\boldsymbol{\xi}_{k+1,t}=f(\boldsymbol{\xi}_{k,t},\boldsymbol{\mu}_{k,t}), \quad k=t,\cdots,t+N-1 \quad (6.7)$$

$$\boldsymbol{\xi}_{k,t}\in\boldsymbol{\chi}, \quad k=t,\cdots,t+N-1 \quad (6.8)$$

$$\boldsymbol{\mu}_{k,t}\in\boldsymbol{\Omega}, \quad k=t,\cdots,t+N-1 \quad (6.9)$$

$$\boldsymbol{\xi}_{t,t}=\boldsymbol{\xi}(t) \quad (6.10)$$

$$\boldsymbol{\xi}_{N,t}\in\boldsymbol{\chi}_f \quad (6.11)$$

其中，式（6.8）和式（6.9）分别为状态量和控制量的约束；式（6.10）为初始状态量；式（6.11）为状态量终端约束。通过求解式（6.6）表示的优化问题，可得到 t 时刻的最优控制量序列 $\boldsymbol{U}_t^*=[\boldsymbol{\mu}_{t,t}^*,\cdots,\boldsymbol{\mu}_{t+N-1,t}^*]$，式（6.7）在最优控制量序列 $\boldsymbol{U}_t^*$ 的作用下，可得到最优状态量序列 $\boldsymbol{\xi}_k^*$（$k=t,\cdots,t+N$）。

一般将控制量序列 $\boldsymbol{U}_t^*$ 的首个元素作为实际控制输入作用于式（6.7）。在下一采样周期内，系统以新的采样时刻作为初始状态求解优化问题式（6.6）~ 式（6.11），继续将最优控制量序列的首个元素作为实际控制输入作用于式（6.7）。如此反复，以滚动优化的形式完成上述优化问题。在方程求解过程中，其包含了 $N\times(m+n)$ 个最优变量和 $N\times n$ 个非线性状态约束，以及由控制量约束和状态量约束组成的线性约束。因此，对于非线性模型预测控制，其求解的复杂程度与系统状态方程的阶数有关，求解难度随着系统阶数的增加而迅速增加。对于阶数较高的非线性系统，如多自由度车辆动力学模型，若不进行适当的简化，非线性模型预测控制算法很难在线实时求解。

非线性模型和复杂的非线性约束增加了非线性模型预测控制问题求解难度。本章所研究的智能车辆控制问题是基于车辆多自由度非线性动力学模型，要求在线实时控制，而非线性模型预测控制算法很难保证在线实时控制，并不适用于求解多自由度非线性系统问题。

若将非线性系统线性化，采用线性模型预测控制算法进行求解，则其计算量将会大大减小。线性化系统根据其是否随时间变化的特点，可分为线性时不变（linear time invariant，LTI）系统和线性时变（linear time variant，LTV）系统。研究表明，线性时不变系统在高速下的控制误差较大，无法获得满意的控制效果。若实时在当前工作点附近对系统线性化，将其转化为线性时变系统，则相比于直接求解非线性问题，可显著减小计算量，同时相比于线性时不变系统，可较大提高控制精度。

6.2.3 线性时变模型预测控制

相比于非线性模型预测控制（NMPC），线性时变模型预测控制（LTV-MPC）具有计算量小，易求解等特点。本节将介绍如何将非线性系统转换为线性时变系统。

当前时刻系统状态量和控制量分别为 $\boldsymbol{\xi}_0 \in \boldsymbol{\chi}$，$\boldsymbol{\mu}_0 \in \boldsymbol{\Omega}$。对式（6.4）施加控制量 $\hat{\boldsymbol{\mu}}_0(k) = \boldsymbol{\mu}_0$，$k \geq 0$，当前系统状态量参考值 $\hat{\boldsymbol{\xi}}_0(k) = \boldsymbol{\xi}_0$，$k \geq 0$。

$$\begin{cases} \hat{\boldsymbol{\xi}}_0(k+1) = \boldsymbol{f}[\hat{\boldsymbol{\xi}}_0(k), \hat{\boldsymbol{\mu}}_0(k)] \\ \hat{\boldsymbol{\xi}}_0(0) \in \boldsymbol{\xi}_0 \\ \hat{\boldsymbol{\mu}}_0(k) \in \boldsymbol{\mu}_0 \end{cases} \qquad (6.12)$$

将式（6.4）在工作点 $[\hat{\boldsymbol{\xi}}_0(k), \hat{\boldsymbol{\mu}}_0(k)]$ 处进行一阶近似泰勒展开，得到

$$\begin{aligned} \boldsymbol{\xi}(k+1) = & \boldsymbol{f}[\hat{\boldsymbol{\xi}}_0(k), \hat{\boldsymbol{\mu}}_0(k)] + \frac{\partial \boldsymbol{f}}{\partial \boldsymbol{\xi}}\bigg|_{\hat{\boldsymbol{\xi}}_0(k), \hat{\boldsymbol{\mu}}_0(k)} [\boldsymbol{\xi}(k) - \hat{\boldsymbol{\xi}}_0(k)] + \\ & \frac{\partial \boldsymbol{f}}{\partial \boldsymbol{\mu}}\bigg|_{\hat{\boldsymbol{\xi}}_0(k), \hat{\boldsymbol{\mu}}_0(k)} [\boldsymbol{\mu}(k) - \hat{\boldsymbol{\mu}}_0(k)] \end{aligned} \qquad (6\text{-}13)$$

由式（6.12）知 $\hat{\boldsymbol{\xi}}_0(k+1) = \boldsymbol{f}[\hat{\boldsymbol{\xi}}_0(k), \hat{\boldsymbol{\mu}}_0(k)]$，将其代入式（6.13）可得

$$\boldsymbol{\xi}(k+1) = \hat{\boldsymbol{\xi}}_0(k+1) + \frac{\partial \boldsymbol{f}}{\partial \boldsymbol{\xi}}\bigg|_{\hat{\boldsymbol{\xi}}_0(k), \hat{\boldsymbol{\mu}}_0(k)} [\boldsymbol{\xi}(k) - \hat{\boldsymbol{\xi}}_0(k)] + \frac{\partial \boldsymbol{f}}{\partial \boldsymbol{\mu}}\bigg|_{\hat{\boldsymbol{\xi}}_0(k), \hat{\boldsymbol{\mu}}_0(k)} [\boldsymbol{\mu}(k) - \hat{\boldsymbol{\mu}}_0(k)]$$

$$(6.14)$$

作如下设定：

$$\begin{cases} A_{k,0} = \dfrac{\partial f}{\partial \boldsymbol{\xi}}\bigg|_{\dot{\boldsymbol{\xi}}_0(k),\dot{\boldsymbol{\mu}}_0(k)}, B_{k,0} = \dfrac{\partial f}{\partial \boldsymbol{\mu}}\bigg|_{\dot{\boldsymbol{\xi}}_0(k),\dot{\boldsymbol{\mu}}_0(k)} \\ \delta\boldsymbol{\xi}(k+1) = \boldsymbol{\xi}(k+1) - \dot{\boldsymbol{\xi}}_0(k+1) \\ \delta\boldsymbol{\xi}(k) = \boldsymbol{\xi}(k) - \dot{\boldsymbol{\xi}}_0(k) \\ \delta\boldsymbol{\mu}(k) = \boldsymbol{\mu}(k) - \dot{\boldsymbol{\mu}}_0(k) \end{cases} \quad (6.15)$$

式中，$A_{k,0} \in \mathbb{R}^{n \times n}$；$B_{k,0} \in \mathbb{R}^{n \times m}$。

式（6.14）可写成

$$\delta\boldsymbol{\xi}(k+1) = A_{k,0}\delta\boldsymbol{\xi}(k) + B_{k,0}\delta\boldsymbol{\mu}(k) \quad (6.16)$$

式（6.16）即为线性时变系统，其描述了非线性系统式（6.4）的状态量 $\boldsymbol{\xi}(t)$ 与状态量参考值 $\dot{\boldsymbol{\xi}}_0(t)$ 之间的偏差关系。

式（6.16）可写成

$$\boldsymbol{\xi}(k+1) = A_{k,0}\boldsymbol{\xi}(k) + B_{k,0}\boldsymbol{\mu}(k) + d_{k,0}(k) \quad (6.17)$$

式中，$d_{k,0}(k) = \dot{\boldsymbol{\xi}}_0(k+1) - A_{k,0}\dot{\boldsymbol{\xi}}_0(k) - B_{k,0}\dot{\boldsymbol{\mu}}_0(k)$，$k \geq 0$。

式（6.16）与式（6.17）是等价的，都是式（6.4）在工作点 $[\dot{\boldsymbol{\xi}}_0(k), \dot{\boldsymbol{\mu}}_0(k)]$ 处近似线性化所得到的线性时变系统。

为进一步降低模型预测控制算法的计算复杂度，作如下假设：

$$\begin{cases} A_{k,t} = A_{t,t}, & k = t, \cdots, t+H_p \\ B_{k,t} = B_{t,t}, & k = t, \cdots, t+H_p \end{cases} \quad (6.18)$$

1. 预测模型设计

首先考虑非线性动力学系统，即

$$\begin{cases} \dot{\boldsymbol{\xi}}(t) = f[\boldsymbol{\xi}(t), \boldsymbol{\mu}(t)] \\ \boldsymbol{\eta}(t) = h[\boldsymbol{\xi}(t), \boldsymbol{\mu}(t)] \end{cases} \quad (6.19)$$

式中，$f(\cdot,\cdot)$ 为系统的状态转移函数；$\boldsymbol{\xi}(t) \in \mathbb{R}^n$ 为 n 维状态变量；$\boldsymbol{\mu}(t) \in \mathbb{R}^m$ 为 m 维控制变量；$\boldsymbol{\eta}(t) \in \mathbb{R}^p$ 为 p 维输出变量。

将非线性系统式（6.19）转化为离散的线性时变系统，即

$$\begin{cases} \boldsymbol{\xi}(k+1) = A_{k,t}\boldsymbol{\xi}(k) + B_{k,t}\boldsymbol{\mu}(t) + d_{k,t} \\ \boldsymbol{\eta}(t) = C_{k,t}\boldsymbol{\xi}(k) + D_{k,t}\boldsymbol{\mu}(t) + e_{k,t} \end{cases} \quad (6.20)$$

下面根据离散的线性时变系统式（6.20）设计模型预测控制器。将式（6.20）中的控制输入由控制量 $\boldsymbol{\mu}(t)$ 转变为控制增量 $\Delta\boldsymbol{\mu}(t)$，将式（6.20）表示的系统状态方程中的输入矩阵、输出矩阵和传递矩阵等作相应的变换，即可得到如式（6.22）所示新的状态空间表达式。

首先作如下设定：

$$\begin{cases} \tilde{A}_{k,t} = \begin{bmatrix} A_{k,t} & B_{k,t} \\ 0_{m \times n} & I_m \end{bmatrix} \\ \tilde{B}_{k,t} = \begin{bmatrix} B_{k,t} \\ I_m \end{bmatrix} \\ \tilde{C}_{k,t} = \begin{bmatrix} C_{k,t} & D_{k,t} \end{bmatrix} \\ \tilde{D}_{k,t} = D_{k,t} \\ \tilde{\xi}(k|t) = \begin{bmatrix} \xi(k|t) \\ \mu(k-1|t) \end{bmatrix} \\ \tilde{d}(k|t) = \begin{bmatrix} d(k|t) \\ 0_m \end{bmatrix} \end{cases} \quad (6.21)$$

式中，$0_{m \times n}$ 是 $m \times n$ 维 0 矩阵；0_m 是 m 维列矩阵；I_m 是 m 维单位矩阵。

新的状态空间表达式为

$$\begin{cases} \tilde{\xi}(k+1|t) = \tilde{A}_{k,t}\tilde{\xi}(k|t) + \tilde{B}_{k,t}\Delta\mu(k|t) + \tilde{d}_{k,t} \\ \eta(k|t) = \tilde{C}_{k,t}\tilde{\xi}(k|t) + \tilde{D}_{k,t}\Delta\mu(k|t) + e_{k,t} \end{cases} \quad (6.22)$$

其中，

$$\begin{cases} \Delta\mu(k|t) = \mu(k|t) - \mu(k-1|t) \\ \xi(t|t) = \xi(t) \\ \mu(t-1|t) = \mu(t-1) \end{cases} \quad (6.23)$$

若已知 t 时刻系统的状态量 $\tilde{\xi}(t)$ 和控制增量 $\Delta\mu(t)$，通过式（6.22）即可预测 $t+1$ 时刻系统的输出量 $\eta(t+1)$。不断迭代，即可得到 k 时刻的系统输出量 $\eta(k|t)$。

新的状态空间方程的系统输出量可计算如下：

$$\eta(k|t) = \tilde{C}_{k,t}\prod_{i=t}^{k-1}\tilde{A}_{i,t}\tilde{\xi}(t|t) + \prod_{i=t}^{k-1}\tilde{C}_{k,t}\prod_{j=i+1}^{k-1}\tilde{A}_{j,t}[\tilde{B}_{i,t}\Delta\mu(i|t) + \tilde{d}(i|t)] + \\ \tilde{D}_{k,t}\Delta\mu(k|t) + e(k|t) \quad (6.24)$$

若系统的预测时域为 H_p，控制时域为 H_c，并作如下假设：

$$\Delta\mu(t+H_c|t) = \Delta\mu(t+H_c+1|t) = \cdots = \Delta\mu(t+H_p-1|t) = 0 \quad (6.25)$$

即 $\mu(t+i|t) = \mu(t+H_c-1|t)$，$i = H_c, \cdots, H_p-1$，则在预测时域 H_p 内，系统输出量可用如下公式计算：

$$Y(t) = \Psi_t\tilde{\xi}(t|t) + \Theta_t\Delta U(t) + \Gamma_t\Phi(t) + \Lambda(t) \quad (6.26)$$

其中，

$$Y(t) = \begin{bmatrix} \boldsymbol{\eta}(t+1|t) \\ \boldsymbol{\eta}(t+2|t) \\ \vdots \\ \boldsymbol{\eta}(t+H_p|t) \end{bmatrix} \quad (6.27)$$

$$\boldsymbol{\Psi}_t = \begin{bmatrix} \tilde{\boldsymbol{C}}_{t+1,t}\tilde{\boldsymbol{A}}_{t,t} \\ \tilde{\boldsymbol{C}}_{t+2,t}\tilde{\boldsymbol{A}}_{t+1,t}\tilde{\boldsymbol{A}}_{t,t} \\ \vdots \\ \tilde{\boldsymbol{C}}_{t+H_p,t}\prod_{i=t}^{t+H_p-1}\tilde{\boldsymbol{A}}_{i,t} \end{bmatrix} \quad (6.28)$$

$$\boldsymbol{\Theta}_t = \begin{bmatrix} \tilde{\boldsymbol{C}}_{t+1,t}\tilde{\boldsymbol{B}}_{t,t} & \tilde{\boldsymbol{D}}_{t+1,t} & \cdots & \boldsymbol{0}_{p\times m} \\ \tilde{\boldsymbol{C}}_{t+2,t}\tilde{\boldsymbol{A}}_{t+1,t}\tilde{\boldsymbol{B}}_{t,t} & \tilde{\boldsymbol{C}}_{t+2,t}\tilde{\boldsymbol{B}}_{t+1,t} & \tilde{\boldsymbol{D}}_{t+2,t} & \ddots \\ \vdots & \vdots & \ddots & \vdots \\ \tilde{\boldsymbol{C}}_{t+H_p,t}\prod_{i=t+1}^{t+H_p-1}\tilde{\boldsymbol{A}}_{i,t}\tilde{\boldsymbol{B}}_{t,t} & \tilde{\boldsymbol{C}}_{t+H_p,t}\prod_{i=t+2}^{t+H_p-1}\tilde{\boldsymbol{A}}_{i,t}\tilde{\boldsymbol{B}}_{t+1,t} & \cdots & \tilde{\boldsymbol{C}}_{t+H_p,t}\prod_{i=t+H_c}^{t+H_p-1}\tilde{\boldsymbol{A}}_{i,t}\tilde{\boldsymbol{B}}_{t+H_c-1,t} \end{bmatrix} \quad (6.29)$$

$$\Delta U(t) = \begin{bmatrix} \Delta\boldsymbol{\mu}(t|t) \\ \Delta\boldsymbol{\mu}(t+1|t) \\ \vdots \\ \Delta\boldsymbol{\mu}(t+H_c|t) \end{bmatrix} \quad (6.30)$$

$$\boldsymbol{\Gamma}_t = \begin{bmatrix} \tilde{\boldsymbol{C}}_{t+1,t} & \boldsymbol{0}_{p\times n} & \cdots & \boldsymbol{0}_{p\times n} \\ \tilde{\boldsymbol{C}}_{t+2,t}\tilde{\boldsymbol{A}}_{t+1,t} & \tilde{\boldsymbol{C}}_{t+2,t} & \vdots & \ddots \\ \vdots & \vdots & \ddots & \vdots \\ \tilde{\boldsymbol{C}}_{t+H_p,t}\prod_{i=t+1}^{t+H_p-1}\tilde{\boldsymbol{A}}_{i,t} & \tilde{\boldsymbol{C}}_{t+H_p,t}\prod_{i=t+2}^{t+H_p-1}\tilde{\boldsymbol{A}}_{i,t} & \cdots & \tilde{\boldsymbol{C}}_{t+H_p,t} \end{bmatrix} \quad (6.31)$$

$$\boldsymbol{\Phi}(t) = \begin{bmatrix} \tilde{\boldsymbol{d}}(t|t) \\ \tilde{\boldsymbol{d}}(t+1|t) \\ \vdots \\ \tilde{\boldsymbol{d}}(t+H_p-1|t) \end{bmatrix} \quad (6.32)$$

$$\boldsymbol{\Lambda}(t) = \begin{bmatrix} e(t+1|t) \\ \vdots \\ e(t+H_p|t) \end{bmatrix} \tag{6.33}$$

式中：$\boldsymbol{Y}(t) \in \mathbb{R}^{pH_p}$；$\boldsymbol{\Psi}_t \in \mathbb{R}^{pH_p \times (m+n)}$；$\boldsymbol{\Theta}_t \in \mathbb{R}^{pH_p \times mH_c}$；$\Delta \boldsymbol{U}(t) \in \mathbb{R}^{mH_c}$；$\boldsymbol{\Gamma}_t \in \mathbb{R}^{pH_p \times nH_p}$；$\boldsymbol{\Phi}(t) \in \mathbb{R}^{nH_p}$；$\boldsymbol{\Lambda}(t) \in \mathbb{R}^{pH_p}$。

定义输出量 $\boldsymbol{\eta}(t|t)$ 为

$$\boldsymbol{\eta}(t|t) = [\boldsymbol{\eta}_{tr}(t|t), \boldsymbol{\eta}_c(t|t), \boldsymbol{\eta}_{sc}(t|t)]^T \tag{6.34}$$

其中，$\boldsymbol{\eta}_{tr} \in \mathbb{R}^{p_y}$；$\boldsymbol{\eta}_c \in \mathbb{R}^{p_c}$；$\boldsymbol{\eta}_{sc} \in \mathbb{R}^{p_u}$；$\boldsymbol{\eta}_{tr}$、$\boldsymbol{\eta}_c$、$\boldsymbol{\eta}_{sc}$ 分别为控制输出量、硬约束输出量和软约束输出量。

定义预测时域 H_p 内控制输出量的预测值 $\boldsymbol{Y}_{tr}(t)$ 为

$$\begin{cases} \boldsymbol{Y}_{tr}(t) = [\boldsymbol{\eta}_{tr}(t+1|t), \boldsymbol{\eta}_{tr}(t+2|t), \cdots, \boldsymbol{\eta}_{tr}(t+H_p|t)]^T \\ \boldsymbol{Y}_{tr}(t) = Y_{tr} \boldsymbol{Y}(t) \end{cases} \tag{6.35}$$

其中，$Y_{tr} \in \mathbb{R}^{H_p p_y \times H_p p}$，且

$$Y_{tr} = \begin{bmatrix} \boldsymbol{I}_{py \times py} & \boldsymbol{0}_{py \times pc} & \boldsymbol{0}_{py \times pu} & \cdots & \boldsymbol{0}_{py \times py} & \boldsymbol{0}_{py \times pc} & \boldsymbol{0}_{py \times pu} \\ \boldsymbol{0}_{py \times py} & \boldsymbol{0}_{py \times pc} & \boldsymbol{0}_{py \times pu} & \cdots & \boldsymbol{0}_{py \times py} & \boldsymbol{0}_{py \times pc} & \boldsymbol{0}_{py \times pu} \\ \vdots & \vdots & \vdots & & \vdots & \vdots & \vdots \\ \boldsymbol{0}_{py \times py} & \boldsymbol{0}_{py \times pc} & \boldsymbol{0}_{py \times pu} & \cdots & \boldsymbol{I}_{py \times py} & \boldsymbol{0}_{py \times pc} & \boldsymbol{0}_{py \times pu} \end{bmatrix} \tag{6.36}$$

结合式（6.26）和式（6.36）可计算得到预测时域 H_p 内控制输出量的预测值 $\boldsymbol{Y}_{tr}(t)$，计算公式如下：

$$\boldsymbol{Y}_{tr}(t) = \boldsymbol{\Psi}_{trt} \tilde{\boldsymbol{\xi}}(t|t) + \boldsymbol{\Theta}_{trt} \Delta \boldsymbol{U}(t) + \boldsymbol{\Gamma}_{trt} \boldsymbol{\Phi}(t) + \boldsymbol{\Lambda}_{tr}(t) \tag{6.37}$$

其中，

$$\boldsymbol{\Psi}_{trt} = Y_{tr} \boldsymbol{\Psi}_t, \boldsymbol{\Theta}_{trt} = Y_{tr} \boldsymbol{\Theta}_t, \boldsymbol{\Gamma}_{trt} = Y_{tr} \boldsymbol{\Gamma}_t, \boldsymbol{\Lambda}_{tr}(t) = Y_{tr} \boldsymbol{\Lambda}(t) \tag{6.38}$$

预测时域 H_p 内的硬约束输出量 $\boldsymbol{Y}_c(t)$ 和软约束输出量 $\boldsymbol{Y}_{sc}(t)$ 可通过类似式（6.37）的形式计算得到。其中，$Y_c \in \mathbb{R}^{H_p pc \times H_p p}$，$Y_{sc} \in \mathbb{R}^{H_p pu \times H_p p}$。

观察式（6.37）可知，预测时域 H_p 内控制输出量的预测值 $\boldsymbol{Y}_{tr}(t)$ 可通过当前 t 时刻已知的状态量 $\boldsymbol{\xi}(t|t)$、上一时刻的控制量 $\boldsymbol{\mu}(t-1|t)$ 和控制时域 H_c 内未知的控制增量 $\Delta \boldsymbol{U}(t)$ 计算得到。这个过程正是模型预测控制算法中"预测、滚动优化"功能的实现。

2. QP 问题转化

系统控制时域 H_c 内的控制增量 $\Delta \boldsymbol{U}(t)$ 是未知的，通过设定合理的优化目标函数并使其最小化，可求得在控制时域 H_c 内满足约束条件的最优控制序列。

考虑下列目标函数：

$$J[\boldsymbol{\xi}(t),\boldsymbol{\mu}(t-1),\Delta\boldsymbol{U}(t),\varepsilon] = \sum_{i=1}^{H_p} \|\boldsymbol{\eta}_{\text{tr}}(t+i|t) - \boldsymbol{\eta}_{\text{ref}}(t+i|t)\|_Q^2 +$$
$$\sum_{i=0}^{H_c-1} \|\Delta\boldsymbol{\mu}(t+i|t)\|_R^2 + \sum_{i=0}^{H_c-1} \|\boldsymbol{\mu}(t+i|t)\|_S^2 + \rho\varepsilon^2 \quad (6.39)$$

式中：H_p 和 H_c 分别为预测时域和控制时域；$\boldsymbol{\eta}_{\text{ref}}(t+i|t)$，$i=1,\cdots,H_p$ 是参考输出量；$\boldsymbol{Q}\in\mathbb{R}^{py\times py}$；$\boldsymbol{R}\in\mathbb{R}^{m\times m}$；$\boldsymbol{S}\in\mathbb{R}^{m\times m}$；$\rho\in\mathbb{R}$ 为权重矩阵。

其中，第一项用于惩罚系统在预测时域 H_p 内，输出量与参考输出量之间的偏差，反映了系统对参考轨迹的快速跟踪能力；第二项用于惩罚系统在控制时域 H_c 内的控制增量大小，反映了系统对控制量平稳变化的要求；第三项用于惩罚系统在控制时域 H_c 内的控制量大小，反映了系统对控制量能量消耗尽可能小的要求。然而，由于系统是实时变化的，因此在控制周期内，不能保证每个时刻满足约束条件的优化目标函数都能求得最优解。因此，有必要在优化目标函数中加入松弛因子，保证在控制周期内无最优解的情况下，系统以求得的次优解代替最优解，防止出现无可行解的情况。

以上形式的优化目标函数是一般形式，为便于计算机编程求解，可通过适当处理转换为标准二次型，即二次规划（quadratic programming，QP）问题。

将式（6.38）代入式（6.39）中，经过相应的矩阵计算，可以得到标准二次型目标函数，具体计算过程如下。

首先作如下设定：

$$\boldsymbol{K} = \begin{bmatrix} 1 & 0 & \cdots & \cdots & 0 \\ 1 & 1 & 0 & \cdots & 0 \\ \cdots & \cdots & \cdots & \ddots & \vdots \\ 1 & 1 & 1 & 1 & 1 \end{bmatrix} \quad (6.40)$$

$$\boldsymbol{M} = \boldsymbol{K} \otimes \boldsymbol{I}_m \quad (6.41)$$

式中：$\boldsymbol{K}\in\mathbb{R}^{H_c\times H_c}$，$\boldsymbol{M}\in\mathbb{R}^{H_c m\times H_c m}$，$\otimes$ 指克罗内克积符号。

$$\boldsymbol{Q}_e = \begin{bmatrix} \boldsymbol{Q} & \boldsymbol{0}_{py\times py} & \cdots & \boldsymbol{0}_{py\times py} \\ \boldsymbol{0}_{py\times py} & \boldsymbol{Q} & \cdots & \boldsymbol{0}_{py\times py} \\ \vdots & \vdots & \ddots & \vdots \\ \boldsymbol{0}_{py\times py} & \boldsymbol{0}_{py\times py} & \boldsymbol{0}_{py\times py} & \boldsymbol{Q} \end{bmatrix} \quad (6.42)$$

$$\boldsymbol{R}_e = \begin{bmatrix} \boldsymbol{R} & \boldsymbol{0}_{m\times m} & \cdots & \boldsymbol{0}_{m\times m} \\ \boldsymbol{0}_{m\times m} & \boldsymbol{R} & \cdots & \boldsymbol{0}_{m\times m} \\ \vdots & \vdots & \ddots & \vdots \\ \boldsymbol{0}_{m\times m} & \boldsymbol{0}_{m\times m} & \boldsymbol{0}_{m\times m} & \boldsymbol{R} \end{bmatrix} \quad (6.43)$$

$$S_e = \begin{bmatrix} S & 0_{m\times m} & \cdots & 0_{m\times m} \\ 0_{m\times m} & S & \cdots & 0_{m\times m} \\ \vdots & \vdots & \ddots & \vdots \\ 0_{m\times m} & 0_{m\times m} & 0_{m\times m} & S \end{bmatrix} \quad (6.44)$$

式中：$Q_e \in \mathbb{R}^{pyH_p \times pyH_p}$；$R_e \in \mathbb{R}^{mH_c \times mH_c}$；$S_e \in \mathbb{R}^{mH_c \times mH_c}$。

$$\begin{cases} \varepsilon(t) = \boldsymbol{\Psi}_{\text{trt}} \tilde{\boldsymbol{\xi}}(t|t) + \boldsymbol{\Gamma}_{\text{trt}} \boldsymbol{\Phi}(t) + \boldsymbol{\Lambda}_{\text{tr}}(t) - Y_{\text{ref}}(t) \\ Y_{\text{ref}}(t) = [\boldsymbol{\eta}_{\text{ref}}(t+1|t), \boldsymbol{\eta}_{\text{ref}}(t+2|t), \cdots, \boldsymbol{\eta}_{\text{ref}}(t+H_p|t)]^{\text{T}} \end{cases} \quad (6.45)$$

$$\begin{cases} U(t) = M\Delta U(t) + U(t-1) \\ U(t-1) = \mathbf{1}_{H_c} \otimes \boldsymbol{\mu}(t-1|t) \end{cases} \quad (6\text{-}46)$$

将式（6.40）～式（6.46）代入式（6.39），得

$$\begin{aligned} &J[\boldsymbol{\xi}(t), \boldsymbol{\mu}(t-1), \Delta U(t), \varepsilon] \\ &= [\varepsilon(t) + \boldsymbol{\Theta}_{\text{trt}}\Delta U(t)]^{\text{T}} Q_e [\varepsilon(t) + \boldsymbol{\Theta}_{\text{trt}}\Delta U(t)] + \Delta U(t)^{\text{T}} R_e \Delta U(t) + \\ &\quad [M\Delta U(t) + U(t-1)]^{\text{T}} S_e [M\Delta U(t) + U(t-1)] + \rho \varepsilon^2 \\ &= \Delta U(t)^{\text{T}} [\boldsymbol{\Theta}_{\text{trt}}^{\text{T}} Q_e \boldsymbol{\Theta}_{\text{trt}} + R_e + M^{\text{T}} S_e M] \Delta U(t) + U(t-1)^{\text{T}} S_e U(t-1) + \\ &\quad [2\varepsilon(t)^{\text{T}} Q_e \boldsymbol{\Theta}_{\text{trt}} + 2U(t-1)^{\text{T}} S_e M] \Delta U(t) + \varepsilon(t)^{\text{T}} Q_e \varepsilon(t) + \rho \varepsilon^2 \\ &= \frac{1}{2} \begin{bmatrix} \Delta U(t) \\ \varepsilon \end{bmatrix}^{\text{T}} \begin{bmatrix} 2(\boldsymbol{\Theta}_{\text{trt}}^{\text{T}} Q_e \boldsymbol{\Theta}_{\text{trt}} + R_e + M^{\text{T}} S_e M) & 0_{mH_c \times 1} \\ 0_{1 \times mH_c} & 2\rho \end{bmatrix} \begin{bmatrix} \Delta U(t) \\ \varepsilon \end{bmatrix} + \\ &\quad [2\varepsilon(t)^{\text{T}} Q_e \boldsymbol{\Theta}_{\text{trt}} + 2U(t-1)^{\text{T}} S_e M \quad 0] \begin{bmatrix} \Delta U(t) \\ \varepsilon \end{bmatrix} + \\ &\quad \varepsilon(t)^{\text{T}} Q_e \varepsilon(t) + U(t-1)^{\text{T}} S_e U(t-1) \end{aligned} \quad (6.47)$$

作如下设定：

$$\begin{cases} H_t = \begin{bmatrix} 2(\boldsymbol{\Theta}_{\text{trt}}^{\text{T}} Q_e \boldsymbol{\Theta}_{\text{trt}} + R_e + M^{\text{T}} S_e M) & 0_{mH_c \times 1} \\ 0_{1 \times mH_c} & 2\rho \end{bmatrix} \\ G_t = [2\varepsilon(t)^{\text{T}} Q_e \boldsymbol{\Theta}_{\text{trt}} + 2U(t-1)^{\text{T}} S_e M \quad 0] \\ P_t = \varepsilon(t)^{\text{T}} Q_e \varepsilon(t) + U(t-1)^{\text{T}} S_e U(t-1) \end{cases} \quad (6.48)$$

式中：$H_t \in \mathbb{R}^{(1+mH_c) \times (1+mH_c)}$；$G_t \in \mathbb{R}^{1+mH_c}$；$P_t \in \mathbb{R}$；这里的 H_t 为正定的 Hessian 矩阵。

目标函数标准二次型为

$$J[\boldsymbol{\xi}(t), \boldsymbol{\mu}(t-1), \Delta U(t), \varepsilon] = \frac{1}{2} \begin{bmatrix} \Delta U(t) \\ \varepsilon \end{bmatrix}^{\text{T}} H_t \begin{bmatrix} \Delta U(t) \\ \varepsilon \end{bmatrix} + G_t \begin{bmatrix} \Delta U(t) \\ \varepsilon \end{bmatrix} + P_t$$

$$(6.49)$$

于是,在满足控制约束的条件下,在每一个采样周期内使目标函数 $J[\boldsymbol{\xi}(t),\boldsymbol{\mu}(t-1),\Delta\boldsymbol{U}(t),\varepsilon]$ 优化问题等价于如下的二次规划问题:

$$\min_{\Delta\boldsymbol{U}(t),\varepsilon} J[\boldsymbol{\xi}(t),\boldsymbol{\mu}(t-1),\Delta\boldsymbol{U}(t),\varepsilon] \tag{6.50}$$

$$\Delta\boldsymbol{U}_{\min} \leqslant \Delta\boldsymbol{U}(t) \leqslant \Delta\boldsymbol{U}_{\max} \tag{6.51}$$

$$\boldsymbol{U}_{\min} - \boldsymbol{U}(t-1) \leqslant \boldsymbol{M}\Delta\boldsymbol{U}(t) \leqslant \boldsymbol{U}_{\max} - \boldsymbol{U}(t-1) \tag{6.52}$$

$$\boldsymbol{Y}_{c\min}(t) \leqslant \boldsymbol{\Psi}_{ct}\tilde{\boldsymbol{\xi}}(t|t) + \boldsymbol{\Theta}_{ct}\Delta\boldsymbol{U}(t) + \boldsymbol{\Gamma}_{ct}\boldsymbol{\Phi}(t) + \boldsymbol{\Lambda}_{ct}(t) \leqslant \boldsymbol{Y}_{c\max}(t) \tag{6.53}$$

$$\boldsymbol{Y}_{sc\min}(t) - \boldsymbol{\Xi} \leqslant \boldsymbol{\Psi}_{sct}\tilde{\boldsymbol{\xi}}(t|t) + \boldsymbol{\Theta}_{sct}\Delta\boldsymbol{U}(t) + \boldsymbol{\Gamma}_{sct}\boldsymbol{\Phi}(t) +$$
$$\boldsymbol{\Lambda}_{sct}(t) \leqslant \boldsymbol{Y}_{sc\max}(t) + \boldsymbol{\Xi} \tag{6.54}$$

$$0 < \varepsilon < \varepsilon_{\max} \tag{6.55}$$

式中:$\boldsymbol{Y}_{c\min}(t)$ 和 $\boldsymbol{Y}_{c\max}(t)$ 分别为硬约束输出量的下限和上限;$\boldsymbol{Y}_{sc\min}(t)$ 和 $\boldsymbol{Y}_{sc\max}(t)$ 分别为软约束输出量的下限和上限;$\boldsymbol{\Xi} = \varepsilon\boldsymbol{1}_{pu}$,其中 $\boldsymbol{1}_{pu}$ 为 p_u 维列向量且所有元素都为 1。

式(6.51)为控制增量约束条件;式(6.52)限制了控制量极限值;式(6.53)为硬约束输出量约束条件;式(6.54)为软约束输出量条件。

式(6.50)的最优问题是一个二次规划问题,在满足线性约束条件 [式(6.51)~式(6.55)] 的情况下,求解最优控制量 $\Delta\boldsymbol{U}(t)$,使目标函数 [式(6.50)] 最小化。

式(6.50)二次规划问题可以写成以下标准形式:

$$\min_{\Delta\boldsymbol{U}(t),\varepsilon} \frac{1}{2}\begin{bmatrix}\Delta\boldsymbol{U}(t)\\\varepsilon\end{bmatrix}^{\mathrm{T}} \boldsymbol{H}_t \begin{bmatrix}\Delta\boldsymbol{U}(t)\\\varepsilon\end{bmatrix} + \boldsymbol{G}_t \begin{bmatrix}\Delta\boldsymbol{U}(t)\\\varepsilon\end{bmatrix} \tag{6.56}$$

$$\begin{bmatrix}\Delta\boldsymbol{U}_{\min}\\0\end{bmatrix} \leqslant \begin{bmatrix}\Delta\boldsymbol{U}(t)\\\varepsilon\end{bmatrix} \leqslant \begin{bmatrix}\Delta\boldsymbol{U}_{\max}\\\varepsilon\end{bmatrix} \tag{6.57}$$

$$\begin{bmatrix}\boldsymbol{M} & \boldsymbol{0}_{mH_c\times 1}\\-\boldsymbol{M} & \boldsymbol{0}_{mH_c\times 1}\\\boldsymbol{\Theta}_{ct} & \boldsymbol{0}_{pcH_p\times 1}\\-\boldsymbol{\Theta}_{ct} & \boldsymbol{0}_{pcH_p\times 1}\\\boldsymbol{\Theta}_{sct} & -\boldsymbol{1}_{puH_p\times 1}\\-\boldsymbol{\Theta}_{sct} & \boldsymbol{1}_{puH_p\times 1}\end{bmatrix}\begin{bmatrix}\Delta\boldsymbol{U}(t)\\\varepsilon\end{bmatrix} \leqslant \begin{bmatrix}\boldsymbol{U}_{\max} - \boldsymbol{U}(t)\\-\boldsymbol{U}_{\min} + \boldsymbol{U}(t)\\\boldsymbol{Y}_{c\max}(t) - \boldsymbol{\Psi}_{ct}\tilde{\boldsymbol{\xi}}(t|t) - \boldsymbol{\Gamma}_{ct}\boldsymbol{\Phi}(t) - \boldsymbol{\Lambda}_{ct}(t)\\-\boldsymbol{Y}_{c\min}(t) + \boldsymbol{\Psi}_{ct}\tilde{\boldsymbol{\xi}}(t|t) + \boldsymbol{\Gamma}_{ct}\boldsymbol{\Phi}(t) + \boldsymbol{\Lambda}_{ct}(t)\\\boldsymbol{Y}_{sc\max}(t) - \boldsymbol{\Psi}_{sct}\tilde{\boldsymbol{\xi}}(t|t) - \boldsymbol{\Gamma}_{sct}\boldsymbol{\Phi}(t) - \boldsymbol{\Lambda}_{sct}(t)\\-\boldsymbol{Y}_{sc\min}(t) + \boldsymbol{\Psi}_{sct}\tilde{\boldsymbol{\xi}}(t|t) + \boldsymbol{\Gamma}_{sct}\boldsymbol{\Phi}(t) + \boldsymbol{\Lambda}_{sct}(t)\end{bmatrix}$$
$$\tag{6.58}$$

若已知 t 时刻的状态量 $\boldsymbol{\xi}(t)$ 和前一时刻的控制量 $\boldsymbol{\mu}(t-1)$,在控制周期内通过对式(6.56)~式(6.58)最优化求解,可得到在控制时域 H_c 内的最优控制增量序列。

在控制时域 H_c 内的最优控制增量序列定义如下：

$$\Delta U_t^* = [\boldsymbol{\mu}_t^*, \boldsymbol{\mu}_{t+1}^*, \cdots, \boldsymbol{\mu}_{t+H_c-1}^*]^T \tag{6.59}$$

将该最优控制增量系列的第一个元素作为实际的控制增量作用于系统，即

$$\boldsymbol{\mu}(t|t) = \boldsymbol{\mu}(t-1|t) + \boldsymbol{\mu}_t^* \tag{6.60}$$

6.3 基于动力学模型的轨迹跟踪控制

6.3.1 预测模型

针对非线性的预测模型，本章采用泰勒展开将其线性化，来简化预测模型。第 6.1 节中的非线性系统可以表示为式（6.61），即

$$\begin{cases} x = [X, v_x, Y, v_y, \varphi, \omega]^T \\ u = [F_x, \delta]^T \\ \dot{x} = f(x, u) \end{cases} \tag{6.61}$$

式中：x 表示状态量；u 表示控制量。

假设展开点为 $[x_{r,t}, u_{r,t}]$，则采用泰勒公式在该点的线性化过程如式（6.62）所示：

$$\begin{cases} f(x_t, u_t) = f(x_{r,t}, u_{r,t}) + \dfrac{\partial f}{\partial x}\Big|_{x_{r,t}, u_{r,t}}(x_t - x_{r,t}) + \dfrac{\partial f}{\partial u}\Big|_{x_{r,t}, u_{r,t}}(u_t - u_{r,t}) \\ \boldsymbol{A}_{c,t} = \dfrac{\partial f}{\partial x}\Big|_{x_{r,t}, u_{r,t}}, \boldsymbol{B}_{c,t} = \dfrac{\partial f}{\partial u}\Big|_{x_{r,t}, u_{r,t}} \end{cases} \tag{6.62}$$

式中：$\boldsymbol{A}_{c,t}$ 和 $\boldsymbol{B}_{c,t}$ 是根据展开点进行线性化得到的时变雅各比矩阵。

综上所述，局部线性化后的状态空间方程可以表示为式（6.63）：

$$\begin{cases} f(x_t, u_t) = \boldsymbol{A}_{c,t} x_t + \boldsymbol{B}_{c,t} u_t + e_{rr,t} \\ e_{rr,t} = f(x_{r,t}, u_{r,t}) - \boldsymbol{A}_{c,t} x_{r,t} - \boldsymbol{B}_{c,t} u_{r,t} \end{cases} \tag{6.63}$$

其中，$e_{rr,t}$ 是根据每个不同的线性化点所计算的时变偏差，但是假设 $e_{rr,t}$、$\boldsymbol{A}_{c,t}$ 和 $\boldsymbol{B}_{c,t}$ 在预测时域范围内是时不变的。

采用前向欧拉法对线性化的车辆模型进行离散化，如式（6.64）所示：

$$\begin{cases} x_{t+1,t} = \boldsymbol{A}_{d,t} x_{t,t} + \boldsymbol{B}_{d,t} u_{t,t} + E_{rr,t} \\ \boldsymbol{A}_{d,t} = \boldsymbol{A}_{c,t} T + I, \boldsymbol{B}_{d,t} = \boldsymbol{B}_{c,t} T, E_{rr,t} = e_{rr,t} T \end{cases} \tag{6.64}$$

式中：T 是采样时间。

车辆状态预测过程如式（6.65）所示：

$$\begin{cases} x_{t+1,t} = A_{d,t}x_{t,t} + B_{d,t}u_{t,t} + E_{rr,t} \\ x_{t+2,t} = A_{d,t}x_{t+1,t} + B_{d,t}u_{t+1,t} + E_{rr,t} \\ \qquad = A_{d,t}^2 x_{t,t} + A_{d,t}B_{d,t}u_{t,t} + B_{d,t}u_{t+1,t} + (A_{d,t} + I)E_{rr,t} \\ \qquad \vdots \\ x_{t+N_P,t} = A_{d,t}^{N_P} x_{t,t} + A_{d,t}^{N_P-1} B_{d,t} u_{t,t} + A_{d,t}^{N_P-2} B_{d,t} u_{t+1,t} + \cdots + \\ \qquad\qquad A_{d,t}^{N_P-N_C-1} B_{d,t} u_{t+N_C-1,t} + \sum_{i=1}^{N_P-1} A_{d,t}^{i-1} E_{rr,t} \end{cases} \quad (6.65)$$

根据式（6.65）的预测过程，车辆观测变量可计算为

$$\begin{cases} Y_{t+1,t} = C_d x_{t+1,t} \\ \qquad = C_d A_{d,t} x_{t,t} + C_d B_{d,t} u_{t,t} + C_d E_{rr,t} \\ Y_{obs} = \hat{A}_t x_{t,t} + \hat{B}_t U + K_t E_{rr,t} \end{cases} \quad (6.66)$$

其中，

$$\begin{cases} Y_{obs} = \begin{bmatrix} Y_{t+1,t} \\ \vdots \\ Y_{t+N_P,t} \end{bmatrix}, \hat{A}_t = \begin{bmatrix} C_d A_{d,t} \\ \vdots \\ C_d A_{d,t}^{N_P} \end{bmatrix}, U = \begin{bmatrix} u_{t,t} \\ \vdots \\ u_{t+N_C-1,t} \end{bmatrix} \\ \hat{B}_t = \begin{bmatrix} C_d B_{d,t} & 0 & \cdots & 0 \\ C_d A_{d,t} B_{d,t} & C_d B_{d,t} & \cdots & 0 \\ \vdots & \vdots & \ddots & \vdots \\ C_d A_{d,t}^{N_P-1} B_{d,t} & C_d A_{d,t}^{N_P-2} B_{d,t} & \cdots & C_d A_{d,t}^{N_P-N_C-2} B_{d,t} \end{bmatrix} \\ K_t = \begin{bmatrix} C_d \\ C_d (I + A_{d,t}) \\ \vdots \\ C_d \left(\sum_{i=0}^{N_P-1} A_{d,t}^i\right) \end{bmatrix}, C_d = \begin{bmatrix} 1 & 0 & 0 & 0 & 0 & 0 \\ 0 & 0 & 1 & 0 & 0 & 0 \\ 0 & 0 & 0 & 0 & 1 & 0 \end{bmatrix} \\ \hat{A}_t \in \mathbb{R}^{(N_P \times N_y, N_s)}, \hat{B}_t \in \mathbb{R}^{(N_P \times N_y, N_C \times N_u)}, K_t \in \mathbb{R}^{(N_P \times N_y, 1)} \end{cases} \quad (6.67)$$

式中：N_s、N_u、N_y 和 N_P 分别为状态变量个数、控制变量个数、观测变量个数和预测步长。

横向、纵向和横摆角在 t 时刻相对于道路坐标的误差 $\chi_{t,t} = [\chi_{t,t}^x, \chi_{t,t}^y, \chi_{t,t}^\theta]^T$，计算如式（6.68）所示：

$$\begin{cases} \chi_{t,t} = \boldsymbol{C}_y^t \zeta_{t,t} \\ \zeta_{t,t} = [x_{t,t} - x_{t,t}^{\text{ref}}, y_{t,t} - y_{t,t}^{\text{ref}}, \theta_{t,t} - \theta_{t,t}^{\text{ref}}]^{\text{T}} \\ \boldsymbol{C}_y^t = \begin{bmatrix} \cos\theta_{t,t}^{\text{ref}} & \sin\theta_{t,t}^{\text{ref}} & 0 \\ -\sin\theta_{t,t}^{\text{ref}} & \cos\theta_{t,t}^{\text{ref}} & 0 \\ 0 & 0 & 1 \end{bmatrix} \end{cases} \quad (6.68)$$

根据 N_P 步车辆观测变量，可以计算出道路坐标系下的跟踪误差，如式（6.69）所示：

$$\begin{bmatrix} \zeta_{t+1,t} \\ \zeta_{t+2,t} \\ \vdots \\ \zeta_{t+N_P,t} \end{bmatrix} = \begin{bmatrix} Y_{t+1,t} \\ Y_{t+2,t} \\ \vdots \\ Y_{t+N_P,t} \end{bmatrix} - \begin{bmatrix} Y_{t+1,t}^{\text{ref}} \\ Y_{t+2,t}^{\text{ref}} \\ \vdots \\ Y_{t+N_P,t}^{\text{ref}} \end{bmatrix}, \begin{bmatrix} \chi_{t+1,t} \\ \chi_{t+2,t} \\ \vdots \\ \chi_{t+N_P,t} \end{bmatrix} = \hat{\boldsymbol{C}}_{y,t} \begin{bmatrix} \zeta_{t+1,t} \\ \zeta_{t+2,t} \\ \vdots \\ \zeta_{t+N_P,t} \end{bmatrix} \quad (6.69)$$

其中，

$$\hat{\boldsymbol{C}}_{y,t} = \begin{bmatrix} \boldsymbol{C}_y^{t+1} & 0 & \cdots & 0 \\ 0 & \boldsymbol{C}_y^{t+2} & \cdots & 0 \\ 0 & 0 & \ddots & 0 \\ 0 & \cdots & 0 & \boldsymbol{C}_y^{t+N_P} \end{bmatrix} \quad (6.70)$$

MPC 优化求解过程的目的是使从采样时刻到预测时域末端的观测变量与已知参考量之间的误差最小化。这意味着实际上应该包含 N_P+1 个测量变量。式（6.69）可修正为（6.71）：

$$\begin{bmatrix} \zeta_{t,t} \\ \zeta_{t+1,t} \\ \vdots \\ \zeta_{t+N_P,t} \end{bmatrix} = \begin{bmatrix} Y_{t,t} \\ Y_{t+1,t} \\ \vdots \\ Y_{t+N_P,t} \end{bmatrix} - \begin{bmatrix} Y_{t,t}^{\text{ref}} \\ Y_{t+1,t}^{\text{ref}} \\ \vdots \\ Y_{t+N_P,t}^{\text{ref}} \end{bmatrix}, \begin{bmatrix} \chi_{t,t} \\ \chi_{t+1,t} \\ \vdots \\ \chi_{t+N_P,t} \end{bmatrix} = \tilde{\boldsymbol{C}}_{y,t} \quad (6.71)$$

其中，

$$\tilde{\boldsymbol{C}}_{y,t} = \begin{bmatrix} \boldsymbol{C}_y^t & 0 \\ 0 & \hat{\boldsymbol{C}}_{y,t} \end{bmatrix}, \begin{bmatrix} \zeta_{t,t} \\ \zeta_{t+1,t} \\ \vdots \\ \zeta_{t+N_P,t} \end{bmatrix} = \boldsymbol{Y}_t - \boldsymbol{Y}_t^{\text{ref}} \quad (6.72)$$

最终，预测模型状态空间的输出量表示为式（6.73）：

$$\begin{cases} Y_t = \tilde{A}_t x_{t,t} + \tilde{B}_t U + \tilde{K}_t E_{rr,t} \\ \tilde{A}_t = \begin{bmatrix} C_d \\ \hat{A}_t \end{bmatrix}, \tilde{B}_t = \begin{bmatrix} 0 \\ \hat{B}_t \end{bmatrix}, \tilde{B}_t \in \Re^{(N_P+1)N_y \times N_C N_u} \\ \tilde{K}_t = [0, K_t]^T, \tilde{K}_t \in \mathbb{R}^{(N_P+1)N_y \times 1}, \tilde{A}_t \in \mathbb{R}^{(N_P+1)N_y \times N_s} \end{cases} \quad (6.73)$$

6.3.2 代价函数

优化问题的代价函数设计如式（6.74）所示：

$$\begin{cases} J = \sum_{i=0}^{N_P} \| \chi_{t+i,t} \|_Q^2 + \sum_{j=0}^{N_C-1} \| u_{t+j,t} \|_R^2 \\ Q \in \mathbb{R}^{N_y \times N_y}, R \in \mathbb{R}^{N_u \times N_u} \end{cases} \quad (6.74)$$

式中：χ 为道路坐标系中的跟踪误差；u 为控制量。

将式（6.71）代入式（6.74）得到代价函数如式（6.75）所示：

$$\begin{aligned} J &= \| \chi_t \|_{\tilde{Q}}^2 + \| U_t \|_{\tilde{R}}^2 \\ &= (\tilde{C}_{y,t} Y_t - \tilde{C}_{y,t} Y_t^{\text{ref}})^T \tilde{Q} (\tilde{C}_{y,t} Y_t - \tilde{C}_{y,t} Y_t^{\text{ref}}) + U_t^T \tilde{R} U_t \\ &= [\tilde{C}_{y,t} (\tilde{A}_t x_{t,t} + \tilde{B}_t U_t + \tilde{K}_t E_{rr,t}) - \tilde{C}_{y,t} Y_t^{\text{ref}}]^T \tilde{Q} \times \\ &\quad [\tilde{C}_{y,t} (\tilde{A}_t x_{t,t} + \tilde{B}_t U_t + \tilde{K}_t E_{rr,t})_t - \tilde{C}_{y,t} Y_t^{\text{ref}}] + U_t^T \tilde{R} U_t \end{aligned} \quad (6.75)$$

其中，代价函数的第一项被设计为最小化观测变量和参考之间的误差，然后第二项被设计为缩小控制输出。为简化式（6.75），定义矩阵 E_m 和 G_m 如式（6.76），代入式（6.75）后得到如式（6.77）所示的形式：

$$\begin{cases} E_m = \tilde{C}_{y,t} (\tilde{A}_t x_{t,t} + \tilde{K}_t E_{rr} - Y_t^{\text{ref}}) \\ G_m = \tilde{C}_{y,t} \tilde{B}_t \end{cases} \quad (6.76)$$

$$\begin{cases} J = (E_m + G_m U_t)^T \tilde{Q} (E_m + G_m U_t) + U_t^T \tilde{R} U_t \\ \quad = U_t^T (G_m^T \tilde{Q} G_m + \tilde{R}) U_t + 2 E_m^T \tilde{Q} G_m U_t + E_m^T \tilde{Q} E_m \\ \tilde{Q} = I_{N_p \times N_p} \otimes Q, \\ \tilde{R} = I_{N_C \times N_C} \otimes R \end{cases} \quad (6.77)$$

式中：$\tilde{Q}$ 和 $\tilde{R}$ 分别表示代价函数中最小跟踪误差和最小控制变量的权值。

转化为如下标准的二次规划问题：

$$\begin{cases} \min J = \min_{U_t} \dfrac{1}{2} U_t^{\mathrm{T}} H U_t + g^{\mathrm{T}} U_t + \rho \\ H = 2(G_m^{\mathrm{T}} \tilde{Q} G_m + \tilde{R}) \\ g^{\mathrm{T}} = 2 E_m^{\mathrm{T}} \tilde{Q} G_m \\ \rho = E_m^{\mathrm{T}} \tilde{Q} E_m \end{cases} \quad (6.78)$$

通常，这种代价函数可以用来优化系统而不考虑动态过程。然而，在实现自动驾驶车辆控制时，必须考虑舒适性、稳定性和动态性能。因此，为了平滑控制过程，提高稳定性，通常会推导出带有控制增量的代价函数，即

$$\begin{cases} u_{t,t} = u_{t-1,t} + \Delta u_{t,t} \\ U_t = u_{t-1,t} + \tilde{L} \Delta U, \ u_{t-1,t} = \text{ones}(N_C, 1) \otimes u_{t-1,t} \\ \Delta U_t = [\Delta u_{t,t}, \cdots, \Delta u_{t+N_C,t}]^{\mathrm{T}} \\ \tilde{L} = \begin{bmatrix} 1 & 0 & \cdots & 0 \\ 1 & 1 & \cdots & 0 \\ \vdots & \vdots & \ddots & 0 \\ 1 & 1 & \cdots & 1 \end{bmatrix}, \tilde{L} \in \mathbb{R}^{N_C \times N_C} \end{cases} \quad (6.79)$$

将式（6.79）代入式（6.78）后得到式（6.80）的形式：

$$\begin{cases} \min \tilde{J} = \min_{\Delta U_t} \dfrac{1}{2} \Delta U_t^{\mathrm{T}} \tilde{H} \Delta U_t + \tilde{g}^{\mathrm{T}} \Delta U_t + \tilde{\rho} \\ \tilde{H} = \tilde{L}^{\mathrm{T}} H \tilde{L} \\ \tilde{g}^{\mathrm{T}} = g^{\mathrm{T}} \tilde{L} + u_{t-1,t}^{\mathrm{T}} H \tilde{L} \\ \tilde{\rho} = \rho + g^{\mathrm{T}} u_{t-1,t} + \dfrac{1}{2} u_{t-1,t}^{\mathrm{T}} H u_{t-1,t} \end{cases} \quad (6.80)$$

式中：$\tilde{L}$ 为下三角矩阵；ΔU_t 为控制增量向量。

控制器参数设置通常遵循如下规则：控制步长 T_s 和预测时域 N_p 是根据系统的开环响应时间来确定的。即给系统一个固定的控制量输入（一般为饱和输入），系统状态量从稳态的 10% 上升到稳态的 90% 的时间记为上升时间 T_r，一般 $T_s \in [T_r/20, T_r/10]$，预测时域要覆盖到稳态响应的 $\pm 2\%$ 误差带，如图 6-5 所示。

6.3.3 优化求解

预测模型的状态空间作为等式约束，加入控制量、控制量增量和状态空间输出量上下界约束作为不等式约束后，将代价函数转化为标准二次规划问题如式（6.81）所示：

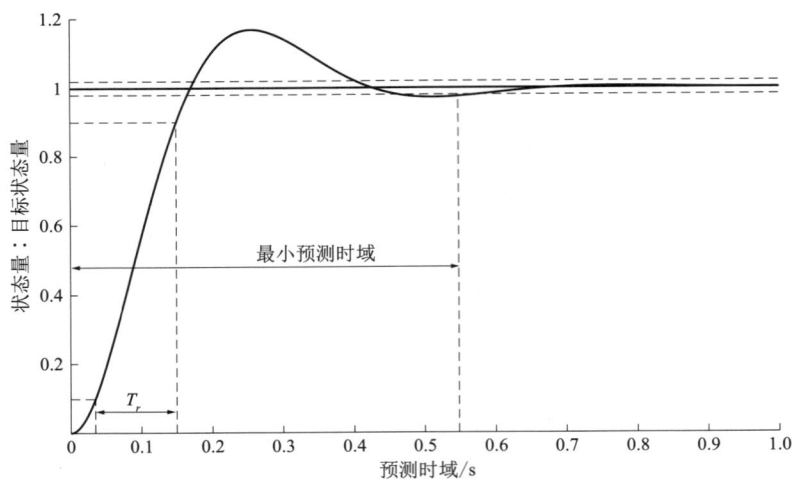

图 6-5 控制步长与预测时域的选取标准

$$\begin{cases} \min_{\Delta U} \frac{1}{2}\Delta U^T H \Delta U + g^T \Delta U + \varepsilon \\ \Delta x(t+k\mid t) = A_d \Delta x(t+k-1\mid t) + B_d \Delta u(t+k-1\mid t) \\ y_h(t+k-1\mid t) = C_h x(t+k-1\mid t) \\ y_s(t+k-1\mid t) = C_s x(t+k-1\mid t) + D_d u(t+k-1\mid t) \\ k = 1,2,\cdots,N_P \\ C_d = [C_h, C_s]^T \\ \begin{bmatrix} \Delta u(t+j-1\mid t) \\ -\Delta u(t+j-1\mid t) \end{bmatrix} \leq \begin{bmatrix} \Delta u_{\max}(t+j-1\mid t) \\ -\Delta u_{\min}(t+j-1\mid t) \end{bmatrix} \\ \begin{bmatrix} u(t+j-1\mid t) \\ -u(t+j-1\mid t) \end{bmatrix} \leq \begin{bmatrix} u_{\max}(t+j-1\mid t) \\ -u_{\min}(t+j-1\mid t) \end{bmatrix} \\ j \in [1, N_P], j = 1,\cdots,N_C \\ \begin{bmatrix} y_h((t+k-1\mid t)) \\ -y_h(t+k-1\mid t) \\ y_s(t+k-1\mid t) \\ -y_s(t+k-1\mid t) \end{bmatrix} \leq \begin{bmatrix} y_{h,\max}(t+k-1\mid t) \\ -y_{h,\min}(t+k-1\mid t) \\ y_{s,\max}(t+k-1\mid t) + \varepsilon \\ -y_{s,\min}(t+k-1\mid t) - \varepsilon \end{bmatrix} \\ \varepsilon_i \geq 0, \varepsilon_i \in \varepsilon, i = 1,2,3,\cdots, row(C_s); row(C_s) + row(C_h) = N_y \end{cases} \quad (6.81)$$

本章利用开源的二次规划求解器 qpOASES 来求解转化后的优化问题。将求解控制序列的第一个控制量输入给被控对象完成一个周期的控制。

6.4 考虑不确定性的鲁棒模型预测控制

从控制系统原理上讲,模型预测控制方法对预测模型的精度非常敏感,即对于使用模型预测控制的智能车辆而言,预测模型能否准确预测车辆运动直接决定着控制器性能的好坏。当建立预测模型时,由于系统不易辨识、参数不易观测等客观因素影响,不可避免做一些模型假设,使预测模型的预测结果与车辆的实际运动产生偏差。同时,路面不平度、参数不确定性也会对车辆的运动控制产生影响。因此,有必要研究系统不确定性对模型预测控制器在工程应用中的影响。

为解决上述问题,本节在第6.3节基础上,建立一种考虑系统不确定性的鲁棒模型预测控制器。首先,对智能车辆控制中的系统不确定性问题进行描述,并简要介绍基于不变集(也称Tube)的鲁棒模型预测控制方法原理。其次,基于该原理建立鲁棒模型预测控制器,并对控制器结构、局部反馈控制律、鲁棒不变集与扰动边界计算等内容展开详细论述。

6.4.1 系统不确定性问题描述

第6.3节设计的模型预测控制器已具有可靠性、稳定性,并且模型预测控制自带的反馈环节也能在某种程度上保证一定的鲁棒性,但在一些狭窄或路径跟踪精度要求较高的环境下,普通的模型预测控制器(也称名义模型预测控制器)将不能满足系统安全需求。因此,有必要对系统的不确定性进行鲁棒设计,以提高系统的安全性能。

一般来说,系统不确定性可分为内部不确定性和外部不确定性。对于智能车辆控制而言,内部不确定性包括系统未建模动态、系统参数辨识偏差、传感器测量偏差、实际系统与控制器预测模型之间的模型不适配等;外部不确定性主要为路面不平度激励等。

6.4.2 鲁棒模型预测控制理论

鲁棒模型预测控制是在模型预测控制的基础上,进一步考虑不确定性而提出的一种控制方法。其尽量使系统在所有可能的不确定性下都能满足预设的约束条件,达到"以不变应万变"的效果。系统不确定性作为不确定性的一种,从广义上按结构可分为以下两类:第一类是不确定性的结构未知,但能明确不确定性的边界；第二类是不确定性的结构已知，存在着参数的变化，这一类也常称为参数不确定性。通常在处理智能车辆系统不确定性问题时，将系统不确定性视为结构未知的不确定性。

处理结构未知系统不确定性的鲁棒模型预测控制方法主要分为 Min-max 鲁棒模型预测控制（min-max robust model predictive control，Min-max RMPC）方法和基于 Tube 的鲁棒模型预测控制（tube-based robust model predictive control，Tube-based RMPC）方法。Tube-based RMPC 利用集合理论求解收紧的系统输入和系统状态约束集合，在此约束下通过模型预测控制器（也称名义模型预测控制器）获得名义状态轨迹，并以其为中心，同时设计局部反馈控制律使被不确定性干扰的系统状态保持在收紧的状态量约束集合之内。Min-max RMPC 是求解在最坏扰动下使代价函数最小的优化问题，其存在约束较为保守、计算量随问题复杂度呈现几何增长的不足，因此 Tube-based RMPC 在智能车辆运动控制中应用更为广泛。

1. 不变集理论

对于无外部输入的离散系统 $f_a(\cdot)$，有

$$\begin{cases} \boldsymbol{\xi}_{k+1} = f_a(\boldsymbol{\xi}_k) + \boldsymbol{d}_k \\ \boldsymbol{\xi}_k \in \boldsymbol{\zeta} \subseteq \mathbb{R}^n, \boldsymbol{d}_k \in \boldsymbol{D} \subseteq \mathbb{R}^n \end{cases} \quad (6.82)$$

式中：$\boldsymbol{\xi}_k$ 为系统在 k 时刻的状态量；$\boldsymbol{\xi}_{k+1}$ 为系统在 $k+1$ 时刻的状态量；$\boldsymbol{d}_k$ 为系统在 k 时刻的不确定性扰动，假设该不确定性扰动存在边界；$\boldsymbol{\zeta}$ 为系统的状态集合；$\boldsymbol{D}$ 为系统不确定性集合。

式（6.82）的一步可达集定义为在所有不确定性扰动 $\boldsymbol{d} \in \boldsymbol{D}$，状态量集合 $\boldsymbol{\zeta}$ 中的全部值均可通过 $f_a(\cdot)$ 映射到可达集 $\boldsymbol{Reach}_{f_a}$ 中，即

$$\boldsymbol{Reach}_{f_a} \triangleq \{\boldsymbol{\xi} \in \mathbb{R}^n \mid \exists \boldsymbol{\xi}_0 \in \boldsymbol{\zeta}, \exists \boldsymbol{d} \in \boldsymbol{D} : \boldsymbol{\xi} = f_a(\boldsymbol{\xi}_0, \boldsymbol{d})\} \quad (6.83)$$

同样，对于有外部输入的离散系统，有

$$\begin{cases} \boldsymbol{\xi}_{k+1} = f(\boldsymbol{\xi}_k, \boldsymbol{u}_k) + \boldsymbol{d}_k \\ \boldsymbol{\xi}_k \in \boldsymbol{\zeta} \subseteq \mathbb{R}^n, \boldsymbol{u}_k \in \boldsymbol{U} \subseteq \mathbb{R}^m, \boldsymbol{d}_k \in \boldsymbol{D} \subseteq \mathbb{R}^n \end{cases} \quad (6.84)$$

式中：$\boldsymbol{u}_k$ 为系统在 k 时刻的控制量；$\boldsymbol{U}$ 为系统的控制约束。

式（6.84）的一步可达集定义为在所有输入 $\boldsymbol{u} \in \boldsymbol{U}$ 和所有不确定性扰动 $\boldsymbol{d} \in \boldsymbol{D}$ 下，状态量集合 $\boldsymbol{\zeta}$ 中的全部值均可通过 $f(\cdot)$ 映射到可达集 $\boldsymbol{Reach}_f$ 中，即

$$\boldsymbol{Reach}_f \triangleq \{\boldsymbol{\xi} \in \mathbb{R}^n \mid \exists \boldsymbol{\xi}_0 \in \boldsymbol{\zeta}, \exists \boldsymbol{u} \in \boldsymbol{U}, \exists \boldsymbol{d} \in \boldsymbol{D} : \boldsymbol{\xi} = f(\boldsymbol{\xi}_0, \boldsymbol{u}, \boldsymbol{d})\} \quad (6.85)$$

对于式（6.82）和式（6.84），给出其鲁棒不变集 $\boldsymbol{Z}$ 的定义：

$$\boldsymbol{\xi}_0 \in \boldsymbol{Z} \Rightarrow \boldsymbol{\xi}_k \in \boldsymbol{Z}, \forall \boldsymbol{d}_k \in \boldsymbol{D}, k \in \mathbb{N}_+ \quad (6.86)$$

式中：$Z \subseteq \zeta$。

最大鲁棒不变集 Z_∞ 为包含所有鲁棒不变集的集合，即 $Z_\infty \subseteq \zeta$。

2. 基于不变集的鲁棒模型预测控制理论

对于具有外部输入，且考虑系统不确定性扰动的离散系统，定义扰动为零的名义系统为

$$\bar{\xi}_{k+1} = f(\bar{\xi}_k, \bar{u}_k) \tag{6.87}$$

而由于不确定性扰动的存在，名义系统状态与实际系统状态存在偏差，即

$$\xi_{e,k} = \xi_k - \bar{\xi}_k \tag{6.88}$$

因此在工程应用中，仅根据名义系统计算的控制量并不能准确控制车辆的状态。为消除实际状态与参考状态间偏差，还需要在该基础上增加一个反馈控制量，以补偿该项偏差，使该偏差能够渐进收敛。该控制策略表述为

$$u_k = \bar{u}_k + u_{e,k} \tag{6.89}$$

式中：$u_{e,k}$ 为补偿偏差的反馈控制量。

由于系统不确定性的影响，名义模型预测控制的状态量与控制量需要满足如下约束条件：

$$\bar{\xi}_k + \xi_{e,k} \in \zeta \subseteq \mathbb{R}^n \tag{6.90}$$

$$\bar{u}_k + u_{e,k} \in U \subseteq \mathbb{R}^m \tag{6.91}$$

状态误差的系统方程为

$$\xi_{e,k+1} = f(\xi_k, \bar{u}_k + u_{e,k}, d_k) - f(\bar{\xi}_k, \bar{u}_k) \tag{6.92}$$

则实际系统状态、名义系统状态的转移与系统状态偏差鲁棒不变集的关系为

$$\xi_k \in \{\bar{\xi}_k\} \oplus Z \Rightarrow \xi_{k+1} \in \{\bar{\xi}_{k+1}\} \oplus Z, \forall d_k \in D, \forall k \in N^+ \tag{6.93}$$

在每个控制周期来临时，若初始状态 ξ_0 接近 $\bar{\xi}_0$ 时，控制策略 u_k 可使实际系统状态在有界扰动内的任意值下保持在以名义状态为中心的鲁棒不变集 Z 内，数学形式为

$$\xi_0 \in \{\bar{\xi}_0\} \oplus Z \Rightarrow \xi_k \in \{\bar{\xi}_k\} \oplus Z, \forall d_k \in D, \forall k \in N_p \tag{6.94}$$

其中，闵可夫斯基求和为

$$X \oplus Y = \{x + y \mid x \in X, y \in Y\} \tag{6.95}$$

庞德里亚金作差为

$$X \ominus Y = \{x \mid \{x\} \oplus Y \subseteq X\} \tag{6.96}$$

6.4.3 鲁棒模型预测控制器设计

基于上述对鲁棒模型预测控制理论的描述，本节将建立考虑系统不确定性

的鲁棒模型预测控制器。鲁棒模型预测控制器框架图如图 6-6 所示。其中，名义模型预测控制器将沿用第 6.3 节建立的控制器，并使用状态偏差的鲁棒不变集和反馈控制律对名义系统状态约束和控制量约束进行收紧。同时，为保证系统状态在以名义状态轨迹中心的鲁棒不变集内，设计反馈控制律使系统状态偏差渐进消除。名义模型预测控制器解算的名义控制量和局部反馈控制律生成的反馈控制量会共同作用于智能车辆。

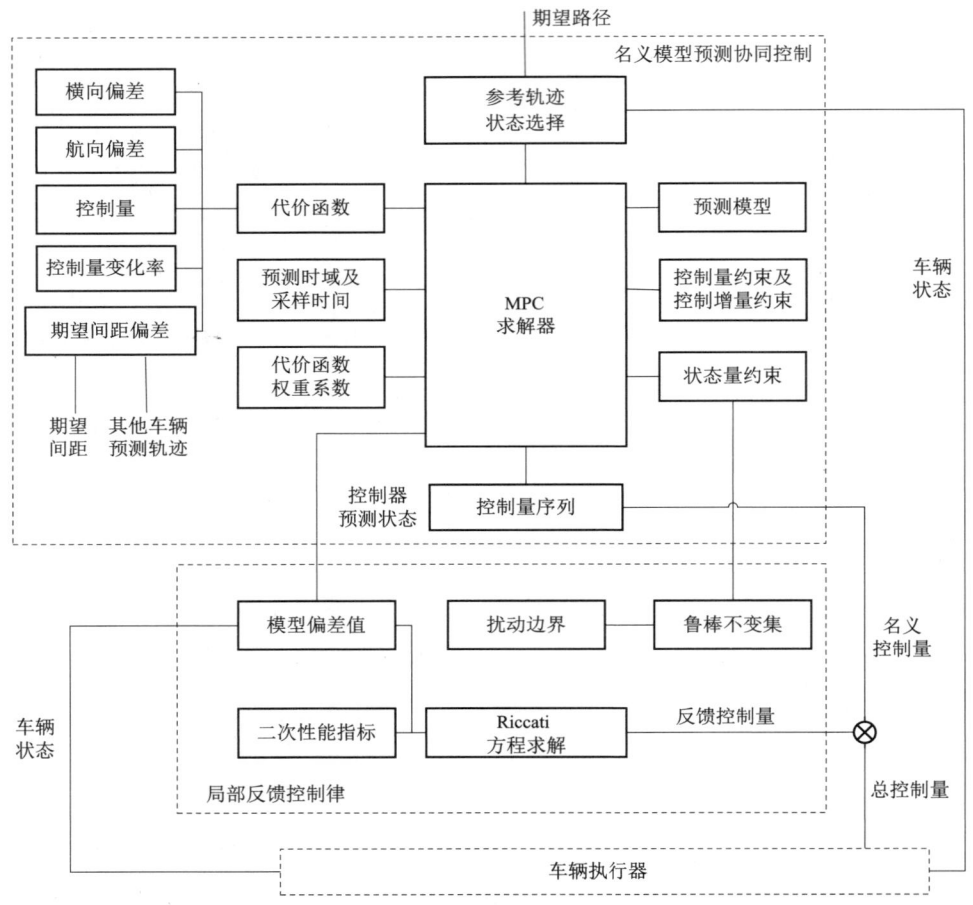

图 6-6 鲁棒模型预测控制器框架图

1. 局部反馈控制律设计

局部反馈控制律用于消除不确定性对系统造成的偏差。其基于车辆线性化模型，即

$$\tilde{\bm{\xi}}_{k+1} = \bm{A}_k \tilde{\bm{\xi}}_k + \bm{B}_k \tilde{\bm{u}}_k \tag{6.97}$$

在假设输出矩阵 C 为单位矩阵的前提下，可证明矩阵 (A_k, B_k) 能观可控，系统输入 $\tilde{u}_k$ 需保证上述系统的渐进稳定性。定义反馈控制如下：

$$u_{e,k} = K\xi_{e,k} \tag{6.98}$$

则系统不确定性误差转移方程为

$$\xi_{e,k+1} = (A_k + B_k K)\xi_{e,k} + d_k \tag{6.99}$$

K 选择无穷时域线性二次调节器（linear quadratic regulator，LQR）的控制律作为误差系统的稳定状态反馈增益，即

$$u_{e,k} = K_{\text{LQR}}^\infty \xi_{e,k} \tag{6.100}$$

K_{LQR}^∞ 采用如下方法进行求解。首先，定义二次性能指标如下：

$$J_{\text{LQR}} = \frac{1}{2}\sum_{k=0}^{\infty}(\xi_{e,k}^{\text{T}} Q \xi_{e,k} + u_{e,k}^{\text{T}} R u_{e,k}) \tag{6.101}$$

式中：Q 为状态量偏差权重矩阵；R 为控制量权重矩阵。

其次，运用迭代法求解黎卡提方程的解，即

$$P_k = Q + A_k^{\text{T}} P_{k-1} A_k - A_k^{\text{T}} P_{k-1} B_k (R + B_k^{\text{T}} P_{k-1} B_k)^{-1} B_k^{\text{T}} P_{k-1} A_k \tag{6.102}$$

利用 P_k 求解反馈增益，即

$$K_{\text{LQR},k}^\infty = -(R + B_k^{\text{T}} P_k B_k)^{-1} B_k^{\text{T}} P_k A_k \tag{6.103}$$

最后，可以在第 k 个起始的控制周期内求得反馈控制量 $u_{e,k}$。

2. 有界扰动与鲁棒不变集计算

在前文介绍的鲁棒控制问题中，系统不确定性会使智能车辆偏离控制器解算出的预测名义轨迹，进而产生一定的误差。在考虑扰动的系统数学描述[式（6.84）]与名义系统数学描述[式（6.87）]中，两者的差值即可视为系统的不确定性扰动。因此，本节利用智能车辆历史测试数据中系统真实状态与预测模型输出的一步系统状态作差求解有界扰动，偏差求解如下：

$$\xi_{e,k} = \xi_k - f(\xi_{k-1}, u_{k-1}) \tag{6.104}$$

其中，ξ_{k-1} 和 u_{k-1} 分别为在 $k-1$ 时刻记录的车辆状态量和控制量。利用上式对某智能车辆涵盖不同场景（直角弯、U 型弯、直线）、不同路面（铺装路面、越野路面）、不同速度（1~5m/s）的历史数据进行计算，可得一系列状态偏差值，取状态偏差值的最大值作为系统的噪声边界 d_{bound}，即

$$d_{\text{bound}} = \arg\max \xi_{e,k} \tag{6.105}$$

图 6-7 表示了部分数据下系统状态偏差值。由此，确定系统的扰动边界如下：

$$|d| \leq [0.3, 0.25, 6] \tag{6.106}$$

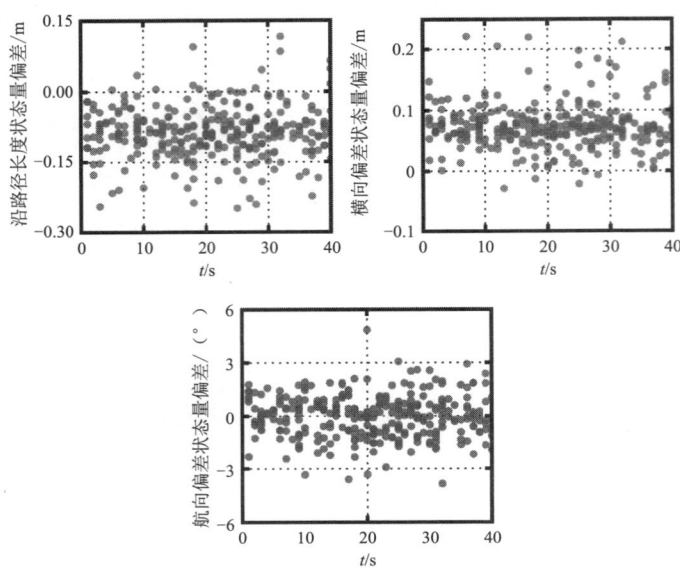

图 6-7 部分数据下系统状态量偏差（附彩图）

在已得到反馈控制律 $\boldsymbol{K}_{\mathrm{LQR},k}^{\infty}$ 的基础上计算系统状态偏差的鲁棒不变集。对于状态偏差的闭环系统方程，有

$$\begin{cases} \boldsymbol{\xi}_{e,k+1} = (\boldsymbol{A}_k + \boldsymbol{B}_k \boldsymbol{K}_{\mathrm{LQR},k}^{\infty}) \boldsymbol{\xi}_{e,k} + \boldsymbol{d}_k \\ \boldsymbol{\xi}_{e,k} \in \boldsymbol{Reach}_{f,k} \\ \boldsymbol{d}_k \in \boldsymbol{D} \end{cases} \quad (6.107)$$

式中：$\boldsymbol{Reach}_{f,k}$ 表示第 k 个控制周期状态偏差的鲁棒不变集。

第 $k+1$ 个控制周期状态偏差的鲁棒不变集如下：

$$\boldsymbol{\Omega}_{k+1} = \boldsymbol{Reach}_{f,k+1} = (\boldsymbol{A}_k + \boldsymbol{B}_k \boldsymbol{K}_{\mathrm{LQR},k}^{\infty}) \boldsymbol{\Omega}_k \oplus \boldsymbol{D} \quad (6.108)$$

通过对上述步骤的循环计算，直至 $\boldsymbol{\Omega}_{k+1} = \boldsymbol{\Omega}_k$ 或到达循环次数时，将 $\boldsymbol{\Omega}_k$ 作为系统状态偏差的鲁棒不变集 $\boldsymbol{Z}$，即

$$\boldsymbol{Z} = \boldsymbol{\Omega}_k \quad (6.109)$$

鲁棒不变集计算流程如表 6-1 所示。

表 6-1 鲁棒不变集计算流程

具体流程	
Input：	$\boldsymbol{\xi}_e$：车辆状态偏差
	$\boldsymbol{d}$：系统不确定性扰动
Output：	$\boldsymbol{Z}$：鲁棒不变集

续表

	具体流程
1	$\Omega_0 \leftarrow 0$
2	$\tilde{d} \leftarrow d$
3	$i \leftarrow 0$
4	while $\Omega_{i+1} = \Omega_i$
5	$i = i+1$
6	$\Omega_i = Reach_{f,i} \cup \Omega_{i-1}$
7	end while
8	$Z \leftarrow \Omega_i$
9	return Z

3. 名义模型预测控制器设计

名义模型预测控制器将沿用第 6.3 节设计的模型预测控制器，但不同的是求解的约束中还需要加入利用鲁棒不变集与反馈控制律对名义状态量与名义控制量的收紧约束，以保证鲁棒模型预测控制的稳定性条件。对名义模型预测控制器的鲁棒性约束如下：

$$\bar{\xi}_k \in \zeta \ominus Z \tag{6.110}$$

$$\bar{u}_k \in U \ominus K_{\text{LQR}}^{\infty} Z \tag{6.111}$$

名义模型预测控制器本质上依旧是一个最优化问题，其数学描述如下：

$$\min_{\tilde{u}} J$$

$$\begin{cases} \tilde{\bar{\xi}}_{t+1} = A_t \tilde{\bar{\xi}}_t + B_t \tilde{\bar{u}}_t, & t = 0, 1, \cdots, N_p - 1 \\ u_{\min,t} \leq \tilde{\bar{u}}_t + u_{r,t} \leq u_{\max,t}, & t = 0, 1, \cdots, N_p - 1 \\ \Delta u_{\min,t} \leq \Delta \tilde{\bar{u}}_t \leq \Delta u_{\max,t}, & t = 1, \cdots, N_p - 1 \\ \tilde{\bar{\xi}}_t \in \zeta \ominus Z, & t = 0, 1, \cdots, N_p \\ \tilde{\bar{u}}_k + u_{r,k} \in U \ominus K_{\text{LQR},t}^{\infty} Z, & t = 0, 1, \cdots, N_p - 1 \end{cases} \tag{6.112}$$

根据优化问题求解器求解名义模型预测控制器的最优控制量，得到控制量序列 $[\tilde{\bar{u}}_{k,0}, \tilde{\bar{u}}_{k,1}, \cdots, \tilde{\bar{u}}_{k,N_p}]^T$。

鲁棒模型预测控制器在第 k 个控制周期的最终控制量如下：

$$u_k = \tilde{\bar{u}}_{k,0} + u_{r,k} + u_{e,k} \tag{6.113}$$

将控制量 u_k 发送至智能车辆执行器。在下个控制周期来临后，重复上述控制器计算过程，直至轨迹跟踪结束。

第 7 章

基于硬件在环的智能车辆决策控制系统测试与评价

《无人驾驶车辆智能行为及其定量测试与评价》一书从无人驾驶车辆智能行为的角度，围绕如何测试和评价无人驾驶车辆智能水平这一核心科学问题，详细阐述了无人驾驶车辆的测试与评价体系，包括测试内容、测试环境、测试方法与技术以及评价方法。《无人驾驶汽车概论》第 8.3 节和《无人驾驶车辆理论与设计》第 7.3 节介绍了基于 Prescan 的仿真测试、基于公开数据集的测试、基于 MATLAB+V-REP 的联合仿真测试和实车测试。《智能车辆理论与应用》第 8.1 节介绍了基于 ROS+V-REP 的联合仿真测试，第 8.2 节从驾乘人员的角度提出了一种复杂交通环境智能车辆评价体系。

本章设计并搭建了一套基于硬件在环的智能车辆决策控制测试系统，通过在 VTD、Modelbase 等软件平台构建测试所需虚拟场景、传感器模型和车辆模型，结合信号仿真板卡和高性能实时仿真平台，可实现真实控制器接入所需的感知环境和执行部件，从而对决策控制系统进行测试。

7.1 测试系统设计与构建

7.1.1 测试系统设计

测试系统通过在虚拟环境中构建决策控制系统运行所需的条件，从而实现决策控制功能的测试。因此，系统架构应满足智能车辆决策控制架构和功能实现流程。如图 7-1 所示，测试系统需为决策控制系统提供感知信息和车辆状态，并以车辆动力学模型输出作为控制测试的结果。测试系统组成包括待测控制器、虚拟场景生成模块、传感器（指感知和定位传感器，以下简称"传感器"）仿真模块、车辆仿真模块、通信和数据传输接口。

1. 测试系统需求分析

构建一个智能车辆决策控制测试系统，需要虚拟场景、传感器仿真数据和车辆模型等实车运行所需条件，接入真实决策控制系统，依据指令驱动虚拟场景中的车辆模型，通过车辆与场景的交互作用，实现闭环仿真测试。通过不同复杂场景和不同类型任务的模拟，实现包含非结构化道路和结构化道路车辆典型决策控制逻辑的测试。一般来说，测试系统应具备以下要求：

（1）完备性。针对非结构化和结构化车辆决策控制逻辑测试需求，能够开展兼容结构化和非结构化场景的测试用例构建。

（2）有效性。为保证测试有效性，传感器仿真模型和车辆重构应在保证实时性的前提下尽可能模拟真实传感器输出特性和车辆运动特性。

第 7 章　基于硬件在环的智能车辆决策控制系统测试与评价

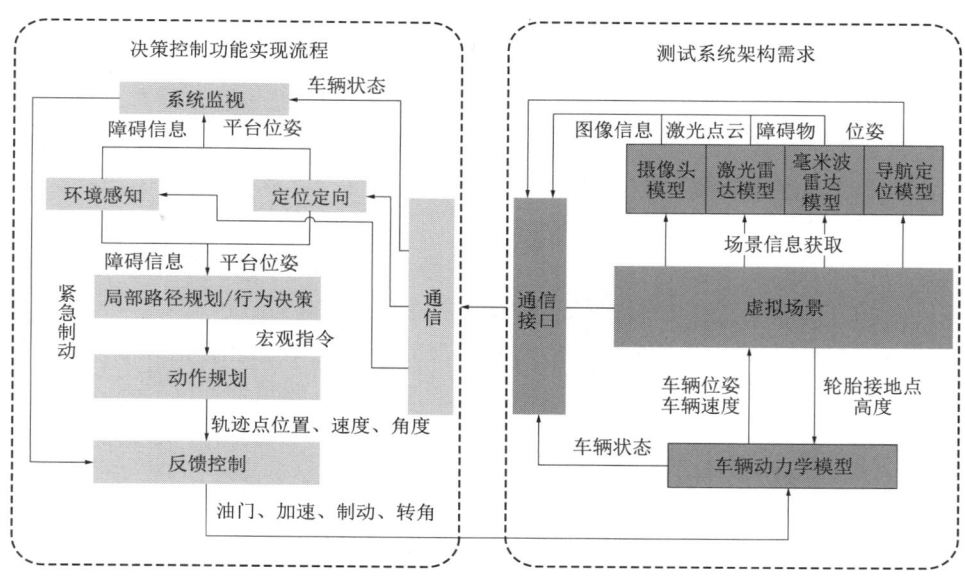

图 7-1　决策控制功能和系统架构需求对照图

（3）可拓展性。具备后续测试系统升级能力，尽可能采用模块化设计，并预留一定的软硬件接口。

由于智能车辆用途和类型不同，驾驶控制行为和完成的任务也不同，因此测试系统应在测试场景的类型、传感器种类数目和车辆动力学模型上体现一定自由度以满足不同差异需求。

1）虚拟场景生成模块需求分析

本系统基于场景开展控制测试，相比基于用例的测试具有更高自由度。决策控制系统可在不违背给定目标或任务的情况下，自主选择驾驶行为，更加贴近实际。但是，场景具有无限丰富、极其复杂、不可预测和不可穷尽等特点，因此在构建测试系统前，需要根据测试对象功能特点和应用场景，明确虚拟场景生成模块的功能组成和构建原则需求。

在智能车辆领域，场景是被测车辆与其行驶环境等各种组成要素在一段时间内的总体动态描述，通常包括地形、路网、交通参与者、天气状况、光照强度等。根据被测对象完成驾驶任务的场景复杂度开展，将场景分为结构化道路场景（低速园区场景、城市道路场景、高速公路场景）和野外非结构化道路场景，并对所需的场景元素和特征进行归纳。

（1）低速园区场景主要是指智能车辆在半封闭、封闭的区域进行重复轨迹的场景，车辆速度阈值为 30km/h。该场景下道路边缘规则、路面平坦，背景比较单一，道路几何特征明显，周围存在行人和其他交通参与车辆，且行人和交通参与车辆的行为可预测性不强。轮式车在此种场景下运行。

（2）城市道路场景是指智能车辆在城市道路内行驶场景，具有车道线和多种交通标志。同时，交通参与者也更加复杂，包含行人、其他交通参与车辆、动物或静态障碍物；道路属性更为丰富，包含十字路口、隧道、环岛等；车辆速度阈值为 60 km/h。

（3）高速公路场景相比城市场景，交通参与者类型主要为各种车辆，但数量更多，车道类型也更为丰富，车辆速度阈值为 120 km/h。

（4）野外非结构化道路场景，通常包含的道路无车道线且道路边界模糊，环境背景复杂，道路区域和非道路区域区分度不高，主要包含乡村道路、厂矿道路、林区道路等，车辆行驶速度受道路属性影响。履带车辆在此种场景下运行。

根据场景分类结果和不同场景元素要求，虚拟场景生成模块需实现不同场景元素构建，以满足不同被测车辆决策控制功能需求。为提供决策控制系统测试所需的场景自由度，场景生成模块应满足如下原则：

（1）可量化。场景中的各个要素特征可以被量化，如障碍物的高度、路面摩擦系数等属性。

（2）可调整。测试场景在应用的过程中可根据测试需求对构成测试场景的要素进行调整，如对要素的数量、种类、空间位置、触发机制、触发时间等进行调整。

（3）可组合。不同测试场景包含的要素可进行拆解和重组，产生更多场景，扩大测试范围，丰富测试选择。此外，场景和场景间具备可组合性，可形成具备综合功能的测试场景，增加测试的连贯性。

（4）高保真。可在一定程度上呈现或反映实际测试的场景。

（5）交互性。虚拟场景是动态的，控制器可以通过传感器获得实时信息，同时场景中主车也可以根据车辆动力学模型输出信息更新车辆运动状态。

（6）灵活性。应支持多种道路数据格式的导入，如 opendrive、opencrv 等。

同时，针对场景无限性的特点，为了对生成的虚拟场景进行组织、管理和应用，虚拟场景生成模块还需构建相应的场景库系统，对场景的数据格式和接口进行设计与定义。

2）传感器仿真模块需求分析

在测试系统中，传感器仿真模块负责从虚拟场景中获取环境数据和定位信息，并注入控制器作为测试输入。因此，针对不同被测对象的传感器配置要求，仿真模型均需提供相应传感器模型，输出完善、准确、实时的传感器仿真数据，以保证被测对象的接入。

智能车辆常用的传感器包含激光雷达、毫米波雷达、摄像头、超声波雷达、导航和定位系统。基于待测对象开展传感器仿真能力的需求分析,不同场景下车辆的激光雷达线数、安装位置均不同。另外,激光雷达传输一般数据丢包率不超过 2‰ 时,智能车辆系统能够正常运行。过大的丢包率,会导致感知系统获取环境信息不完整,干扰智能车辆决策控制结果。

在某履带车辆中,采用车辆前方单目摄像头和两侧全景摄像头的配置方案,因此仿真模块需提供不同类型、不同参数配置的摄像头模型,且视频输出格式应满足真实摄像头输出色彩格式,过低的分辨率和刷新率会导致视频信息失真和延迟。仿真模块需支持毫米波雷达不同参数(如安装位置、角度、探测距离等)的配置。对于短距和长距雷达,也应具备仿真能力。

导航和定位系统大多输出 WGS-84 坐标系下数据,采用 CAN 协议或以太网协议进行信息传递。

综合典型平台的传感器配置数目,以及轮式车辆和履带车辆在不同场景下传感器的功能特点可得出传感器仿真模块需求。

3)车辆重构模块需求分析

在硬件在环测试中,车辆重构模块接收决策控制系统(含算法)的激励,产生实时控制效果,而系统通过采集车辆行驶过程中的多个状态变量和控制量等来评价决策控制的优劣,因此车辆重构模块需能仿真被测对象的典型车辆要素信息。受限于实时仿真平台算力限制,车辆要素建模类型、复杂程度、建模精度需要综合考虑。

车辆的要素信息通常包含几何外观信息、性能信息、位置状态信息和运动状态信息。几何外观信息主要描述车辆的空间信息,与车辆感知相关;性能信息包含最大车速、制动距离和转弯半径等,这些指标关乎决策控制指令的执行效果;位置状态信息反映车辆的具体位置,体现了与外部交通流或障碍物的空间关系;运动状态包含加速、减速和转向等,表明车辆的控制结果。

根据信息获取的来源,车辆模型包含以下几部分内容:

(1)几何外观模型。车辆几何外观信息通过几何外观模型输出,不同层次测试对车辆要素信息的需求程度也不同。在模型在环测试中,只针对决策控制算法级进行测试,受测试能力限制,车辆的外观几何只需进行相应参数配置。在硬件在环测试中,由于结果可视化和验证物理链路有效性的测试需求,还需要对车辆的几何外观进行三维建模,渲染车辆的驾驶行为。

(2)部件级模型。对于车辆的性能信息、位置状态信息和运动状态信息除了整车级参数输出,还应体现不同部件级的参数传递关系。这部分工作通常由运动学或动力学建模获得,但建模的细节和自由度需要分析决策控制功能需求确定。

（3）车辆整车级模型。车辆运动学/动力学模型用于仿真车辆的运动，两者建模原理不同。运动学模型将车辆看作刚体，从几何学的角度研究车辆的运动规律。由于建模中通常忽略轮胎的横向力、滑转滑移等问题，该模型通常只适用于车辆在良好路面低速行驶工况，无法满足智能车辆在真实复杂场景中的测试需要。动力学模型通过行驶系统和路面之间的复杂作用力来求解车辆的运动状态。通过考虑不同的自由度，可考察车辆在不同路面的行驶平稳性、横摆及侧向运动。随着自由度的增加，模型更加贴近真实车辆的运动特性，但计算量同时增大，导致模型难以实时解算，因此根据不同场景下的决策控制算法需求研究车辆重构自由度的需求。

在低速园区场景下，由于车辆速度阈值较低且车辆悬架通常较为简单，可视作刚性，同时园区路面平坦，因此车辆决策控制算法通常基于三自由度和四自由度动力学模型，研究重点在保持车辆的稳定性，即车辆纵向和侧向动力学特性，不考虑车辆的垂向运动。综上所述，在对低速园区场景的智能车辆开展测试时，重构模型应能够表征车辆的纵向、侧向、侧倾和横摆运动自由度，同时还应体现车辆的动力系统、轮胎、转向和车身结构。

在城市道路和高速场景中，车辆通常工作在平整车道上，且车速阈值较高，其决策控制算法追求较高的操纵稳定性和极限包络能力，因此忽略车辆的垂向运动、侧倾运动和轮胎的垂向运动，基于五自由度或七自由度模型即可实现车辆的稳定控制。因此，在针对城市道路和高速场景中的智能车辆测试时，车辆重构模块应能提供包含车身、轮胎、动力系统、转向、车轮的七自由度动力学模型。

在野外非结构化道路场景中，由于道路路面起伏不定，决策控制算法需要额外考虑车辆行驶的平稳性，即车辆动力学模型需综合表征横纵向和垂向的输入，包含方向盘转角、车辆驱动力、制动力、行驶阻力、空气阻力和路面不平度。车辆重构模型应能实现车身系统、空气动力学、动力传动系统、悬架、轮胎、转向等特性，需能表征车身的3个轴向平动和3个旋转，4个车轮的垂向跳动和两个前轮转向共12个自由度。其中，空气动力学、动力传动系统用于解算车辆纵向运动；轮胎和悬架特性用于解算车辆垂向运动；转向系统负责解算横向运动。

对于履带车辆，通常应用于野外非结构化道路场景，决策控制算法需要综合考虑履带车辆的行驶平稳性和操纵稳定性，因此重构模型需要能够体现垂向和横纵向运动，包含车体的3个轴向平动和3个旋转自由度。同时，由于履带子板数目较多，建模困难，将其简化为一个无质量的带子，包络在负重轮上，通过不同负重轮的垂向运动来表征履带的运动。

车辆重构模型作为决策控制的指令执行载体，除了需要具备表征决策算法输出参数的能力，还需要满足仿真精度要求和实时性要求。仿真精度主要是指模型对决策控制输出执行的效果与实车效果的一致程度。行业内通常认为，仿真精度达到 80% 以上，能够通过车辆行驶结果对决策控制能力进行评价，而过大的仿真误差会导致决策控制指令执行失真，无法保证测试的有效性。因此，本系统采用 80% 作为模型仿真精度要求。

仿真实时性表示模型的时间比例尺与系统原模型的时间比例尺一致。在硬件在环仿真中，车辆控制器作为实物处于仿真系统中，由于控制器按照真实时间进行运算，因此要求车辆重构模型同样处于真实时间，即能够接收实时动态输入，并产生实时动态响应。由于控制器的输入和输出通常为固定采用时间间隔的数列，因此车辆重构模块应为定步长求解，在步长的整数倍时进行数据接收与传递，避免控制器求解延迟而导致仿真结果与实际结果不符。

2. 系统方案设计

1）场景生成和车辆仿真方式

由测试系统架构和需求分析可知，场景生成平台和车辆仿真平台应满足以下原则：

（1）场景生成平台应能构建各类场景元素，且需支持多种传感器模型构建。

（2）车辆仿真平台应能支持不同自由度的轮式车辆和履带车辆动力学建模，且应体现被测对象的部件结构。

（3）车辆仿真平台和场景生成平台能够进行实时联合仿真，虚拟场景为车辆模型提供路点查询，车辆模型输出位姿信息驱动虚拟场景中车辆和场景的状态更新。

（4）仿真中车辆和传感器模型数据能与真实控制器数据交互，车辆模型能够接收外部控制指令输入，并反馈运动状态。传感器模型能输出相应数据。

目前，常用于智能车辆测试的仿真软件中，Carsim、Carmaker、Modelbase 主要用于轮式车辆仿真，ADAMS、Recurdyna、Vortex 还可用于履带车辆仿真。常用的场景仿真软件有 Prescan、51sim-one 和 VTD，且不同软件的仿真能力和特点不同。

根据场景生成平台选型原则，对比各场景仿真软件特点，本系统采用复杂交通场景仿真工具 VTD（virtual test drive）来实现场景建模、场景仿真和场景渲染功能。VTD 支持典型场景要素（如障碍物、标志物体等）建模、不同交通类型设置（含车辆、行人等），可在仿真中实时设置环境状态。VTD 支持手动创建和数据导入的方式开发场景，内置了多种理想传感器，满足虚拟场景模块需求。该软件支持与第三方动力学仿真软件进行联合仿真。

在轮式车辆模型构建中，需要构建各子系统简化模型，以满足仿真精度和实时性的要求，同时车辆模型应支持与 VTD 软件联合仿真。对比不同轮式车辆仿真平台，CarSim 主要从整车角度进行仿真，CarMaker 需配置相应实时环境，而 Modelbase 软件基于多体动力学建模方法，提供动力传动系统模型、转向系统模型、制动系统模型、悬架系统模型和轮胎模型，可实现车辆参数化和模块化建模，能够反映车辆在实际路面中行驶的状态变化，支持与 VTD、Simulink 等软件的实时联合仿真。

RecurDyn、ADAMS 能够构建包含履带板的模型，但模型复杂，计算量大，通常适用于离线仿真，很难实时求解。Vortex 软件采用物理建模方式，通过构建整车各部件几何模型并赋予物理属性，针对各部件间的运动关系施加约束，通过履带与地面之间的相互作用关系实现车辆动力学求解。但由于软件限制，无法对混合动力车辆的动力传动系统进行构建。综合待测对象组成和模型重构需求，采用 Simulink 构建履带车辆的动力传动系统（含发动机、发电机、电池和电机等部件）模型，Vortex 软件构建车身和履带行驶系统模型，由动力传动系统传递两侧电机扭矩至履带行驶系统的主动轮，实现车辆的运动。同时，在 Vortex 软件中导入 VTD 中构建的场景，由 Vortex 负责解算车辆与地面的作用关系，VTD 负责更新车辆和场景状态信息。

2）实时仿真平台选型

由于虚拟场景生成、传感器仿真和车辆仿真均在实时仿真平台上运行，因此该平台应支持不同软件和模型文件的运行，如 VTD、Simulink、Vortex、Modelbase 等。另外，实时系统需具备多种接口，如模拟量输入输出接口、数字量输入输出接口、CAN 总线接口和以太网接口等，丰富的接口便于与其他软件和设备集成。最为关键的是要实现对决策控制系统的实时交互测试，即必须保证虚拟场景、传感器模型和动力学模型处于实时同步运行状态。此外，由于场景仿真涉及图像渲染以及车辆动力学的实时求解，因此实时仿真平台应具备分布式并行计算能力。

目前，实时仿真平台主要有 dSpace 平台、NI-PXI 平台和 Concurrent 公司的 iHawk 平台。dSpace 平台运行在 Windows 系统下，基于 Matlab/Simulink 开发的半实物仿真软硬件平台，可对多个系统进行组合使用，模型和代码独立运行，实时性高，但其不支持第三方硬件扩展模块。NI-PXI 平台同样运行于 Windows 系统下，可扩展性好，但 Windows 系统不属于实时性系统，整体实时性一般。由于虚拟场景仿真软件 VTD 运行于 Linux 系统下，还需要满足分布并行计算和实时渲染要求,因此本系统采用 Concurrent 公司的 iHawk 平台。该平台采用实时优化的高性能主板,支持多核紧耦合对称多处理器,可实现多核并行仿真计算,通过将虚拟场景、各传感器模型、车辆动力学模型分别配置于不同 CPU 上,实现对测试系统的并行分解。在仿真时,微秒级的高精度定时同步和多任务并发执行,可保证各模型在同一时刻运算,极大减少了仿真时间,且该系统支持多种接口类型的板卡设置,兼容多种建模软件和 C/C++等编程建模方式。

在仿真平台中,采用 TCS(testbase control software)试验管理软件用于仿真工程建立、各模块通信、硬件板卡设置和仿真数据采集。TCS 软件的执行架构,通过不同的接口,可导入 mdl/slx/fmu 等模型,且可进行管理,同时通过对不同模型输入输出与硬件通道之间、模型与其他模型的输入输出之间进行信号映射,实现不同模块之间的数据管理。最后通过数据管理模块对仿真过程中输出的数据进行监控、存储和回放。

3. 系统运行

依据待测控制器与测试系统的交互关系和系统方案设计结果,所构建的决策控制测试系统运行如图 7-2 所示。车辆仿真模块模拟车辆行驶过程中的状态变化,传递至虚拟场景仿真模块,驱动车辆位置和场景信息的更新,并通过总线将车辆运行状态信号传递至决策控制系统;传感器仿真模型通过物理信号、原始信号、目标列表等方式将实时获取的车辆周围静态、动态目标信息、点云信息、视频流信息等传递至决策控制系统;虚拟场景仿真模块根据车辆位置姿态查询车辆轮胎与地面接地点,实时将接地点摩擦系数传递至车辆仿真模块;决策控制系统根据接收的车辆状态和传感器等信号,基于内部的算法计算后通过数字输出通道、模拟输出通道将加速踏板、制动踏板和方向盘转角等控制指令传递至车辆仿真模块,驱动车辆状态计算更新,从而形成对决策控制系统连续的闭环测试。

7.1.2 测试系统构建与集成

1. 虚拟场景搭建

结合不同场景元素相对大地的移动特性,以及 VTD 软件中场景构建主要分为 OpenDrive 道路逻辑和 OpenScenario 动态场景的构建过程,本系统建立如下分层规则:场景元素分为静态元素层和动态元素层。静态元素层主要包含表征静态特征的道路、设施等,即道路拓扑结构、道路属性、交通标示、静态障碍物和景观地形;动态元素层包含气象、交通流,相比静态元素层增加了逻

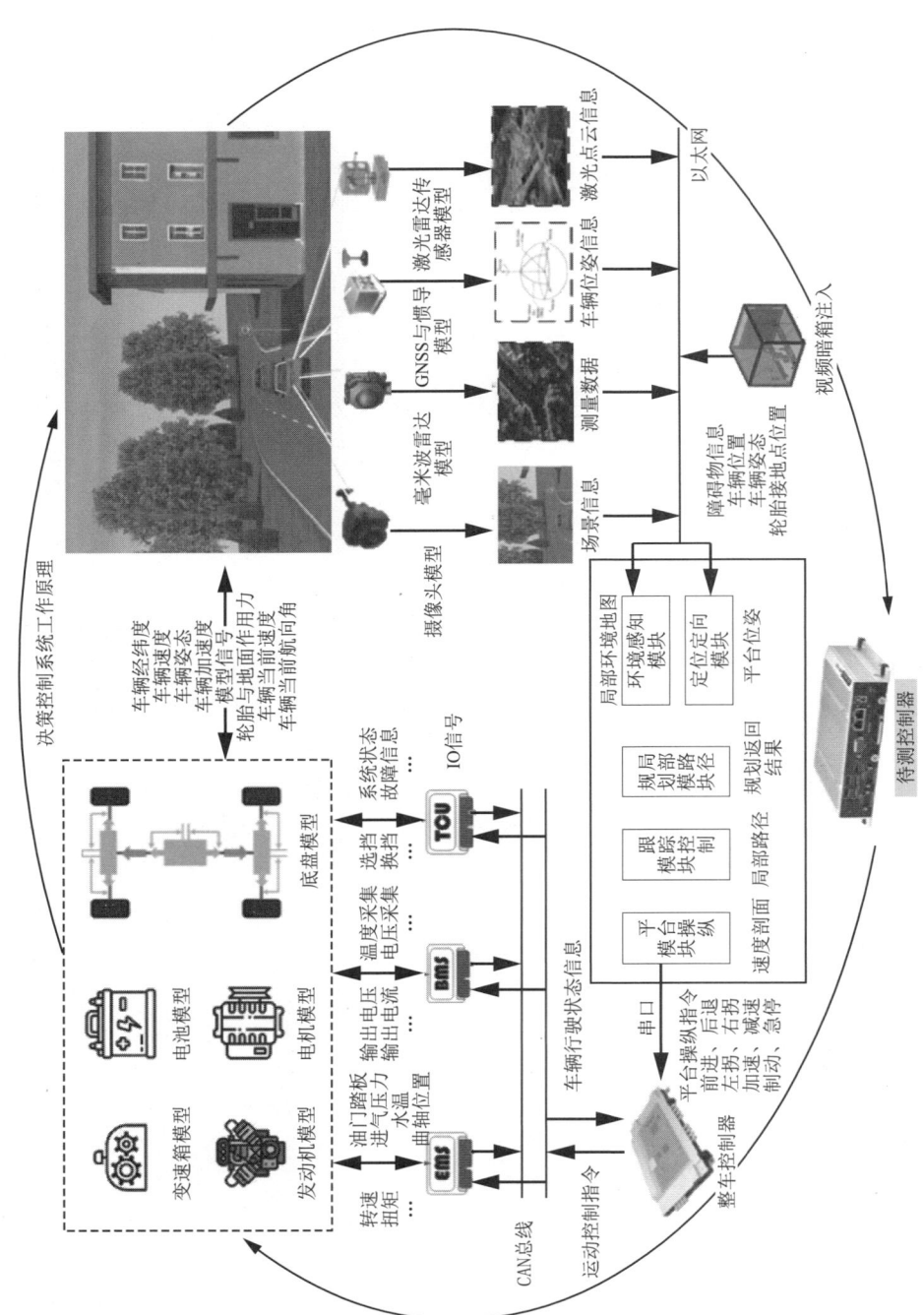

图7-2 决策控制测试系统运行（附彩图）

辑触发，为元素赋予了动作能力。通过此种分类方式，可将所有测试场景所需信息进行较好囊括，并且子类层级较少，可根据标签迅速找到场景元素具体位置，便于不同场景元素的构建。

在进行静态场景构建时，通常采取由人工测量或者从在线地图标定场景获取数据进行构建的方法，但构建困难，且路网、场景数据精度粗糙，无法满足测试要求。本系统采用场景扫描重构来进行静态场景的构建，通过三维激光扫描方式获取真实场景的原始点云数据，对原始点云数据进行映射、有效场景元素提取、拼接匹配和表面拟合建模，构建出三维模型。在 VTD 软件中分别进行道路逻辑生成、道路属性设置、GPS 路点添加和静态元素完善，完成静态场景的构建。

依据 VTD 动态场景构建的原理开展了相应场景的构建。通过 VTD 软件动态场景编辑——Scenario Editor 模块导入静态场景并添加相关元素和逻辑触发实现元素动作序列。天气环境配置主要通过在 GUI 界面或 SCP 实现，设置当车辆经过某处时触发天气效果。

2．传感器仿真模型构建

基于传感器仿真选型，完成激光雷达、毫米波雷达、摄像头和导航定位系统模型构建。

VTD 激光雷达模型基于逆向光线追踪技术原理计算得到点云数据。由显示器作为光线的出射点，将激光雷达旋转一周发出的光线数量模拟为屏幕的像素点，发出对应的光线数量，对每束激光与周边三维物体的交点进行计算。根据激光与周围物体的入射角度、物体表面材质属性等特性计算交点与激光雷达之间的距离以及该交点处的反射强度等信息，最后将点云数据通过 CPU 写入共享内存。

毫米波雷达模型包括理想传感器模型和信息发送模型两部分。理想传感器模型从虚拟场景中提取本车和交通流的信息，根据毫米波雷达工作特性，依次完成目标 RCS、目标检测判断、目标聚类、目标类型判断和跟踪等计算，输出距离、相对速度、相对角度、RCS 等目标信息；信息发送模型按照通信协议进行筛选和打包，发送至感知控制器，完成毫米波雷达的总线仿真。

在摄像头暗箱仿真原理的基础上，完成虚拟 FoV（field of view，即视场角）参数化和摄像头标定，通过暗箱仿真形式模拟了 1 路前视摄像头，利用视频注入仿真模拟了 2 路侧向摄像头。根据视频暗箱仿真原理可知，仿真中场景图像到摄像头存在两次转换，即虚拟三维场景投影到显示器、显示器图像投影到摄像头。其中，虚拟三维场景投影到显示器，需使虚拟摄像头模型和虚拟场景之间的三维映射关系与真实摄像头和真实情况保持一致。本系统通过虚拟模型 FoV 参数化和摄像头标定来消除映射关系不一致对仿真结果的干扰。在 VTD

中配置虚拟摄像头模型，需要输入虚拟摄像头 FoV 参数，该参数利用凸透镜成像原理进行计算。

基于理想导航和定位系统输出的导航定位信息，构建符合真实输出协议格式的仿真模型。

3．虚拟车辆仿真重构

本系统的待测车辆为轮式车辆和履带车辆。

轮式车辆采用纯线控底盘，由前后拖拽臂悬架、前后桥总成、电机驱动器、电池组、驱动电机、整车控制器和制动模组组成，整体为后置后驱、前轮阿克曼转向设计。外观模型的构建中车辆的运动主要体现在车轮的旋转，因此本系统在 3dMax 软件中依据待测车辆三维外观参数，分别运用大量线条构建车体和车轮三维拓扑模型，并进行表面纹理贴图。对车辆外观图形渲染和动画仿真，采用目前主流的三维引擎 Unity 进行实时渲染。在 Unity 软件中新建渲染管线，导入 3dMax 构建的车身和车轮结构模型，在车轮中添加旋转节点。

履带车辆由车身、底盘行驶系统和动力传动系统组成。底盘行驶系统包含 1 对主动轮、4 对负重轮、1 对引导轮和履带。该车辆为串联式混动车辆，由发动机-发电机-电池为车辆供能，两侧双电机独立驱动。履带车辆外观模型在 Vortex 物理建模中同时构建。

4．测试系统集成

本节在完成系统硬件平台集成的基础上，通过开发相应通信及数据传输接口，实现待测控制器的接入，最后搭建试验管理界面对测试所需硬件和模型进行管理，从而构建基于硬件在环的智能车辆决策控制测试系统。

1）硬件平台集成

如图 7-3 所示，智能车辆决策控制测试系统硬件架构由电源管理系统、可编程电源、调理电源、负载抽箱、决策控制器抽箱、实时仿真系统、接插件以及视频暗箱、图形工作站、测试上位机等组成。

（1）实时仿真系统包括机箱、Concurrent 实时仿真机、IO 板卡、CAN 通信板卡，完成动力学模型、虚拟场景和传感器模型的实时仿真，通过板卡实现模型参数值与电气信号或 CAN 信号间的转换。

（2）视频暗箱用于摄像头仿真，由图形工作站提供视频源。

（3）上位机运行试验管理软件，对测试系统中的硬件板卡和模型进行配置管理，并监控、记录测试数据。

（4）电源系统包括电源管理系统、可编程电源和调理电源，用于为控制器、IO 板卡供电，并实现交流电源的控制、分配与保护。

第 7 章　基于硬件在环的智能车辆决策控制系统测试与评价

根据硬件架构集成的决策控制硬件在环平台如图 7-4 所示。

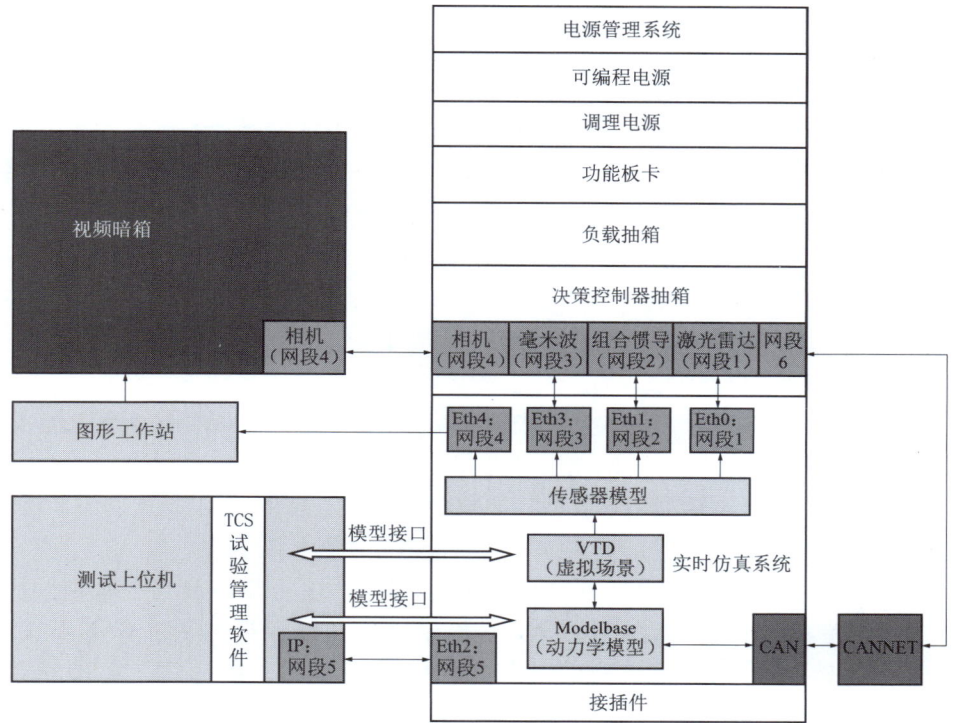

图 7-3　智能车辆决策控制测试系统硬件架构

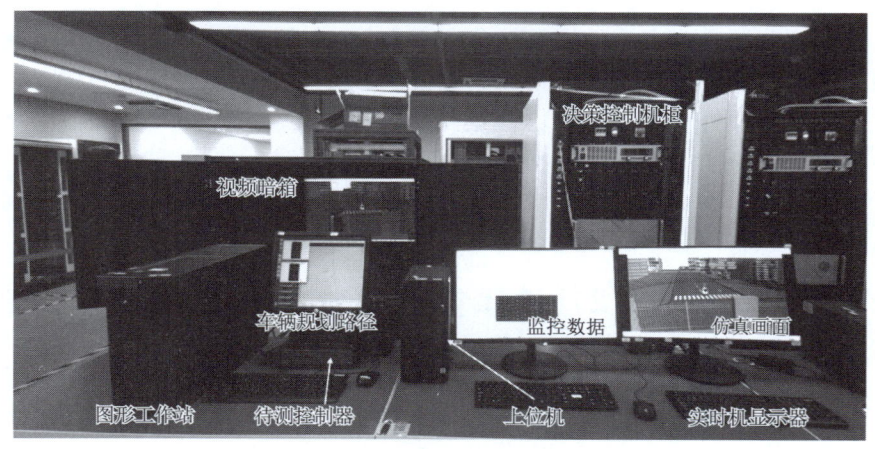

图 7-4　决策控制硬件在环平台（附彩图）

2）待测控制器接入

本系统的待测控制器包括轮式车辆控制器和履带车辆控制器。轮式车辆控制器由感知模块和决策控制模块两部分组成。感知模块通过以太网方式与激光雷达、导航定位系统通信，对传感器获取的车辆周围环境和自身状态进行信号融合与处理。决策控制模块接收车辆底盘 VCU 和 BMS 发送的车辆状态信号和故障信号，结合感知信息计算后将加速踏板、制动踏板等控制信号下发至底盘 VCU。

履带车辆控制器由感知导航控制器和决策控制系统组成。感知导航控制器以以太网方式接收激光雷达、毫米波雷达和摄像头数据，输出感知信息至决策控制系统。决策控制系统根据感知信息和车辆状态信息下发控制指令至履带车辆底盘。

3）试验管理界面搭建

本节基于 TCS 试验管理软件完成硬件配置和模型下载、信号映射配置、数据监控界面搭建，实现对测试过程的可视化。

在 TCS 中导入车辆动力学模型、导航定位传感器模型以及 CAN 通信模型，通过 TCS 软件下载至实时仿真系统，完成模型控制和参数调整。

在测试系统中，通过建立模型、硬件之间的信号映射，实现各子模块间的数据流传递。以加速踏板信号为例，控制器将加速踏板指令通过 CAN 下发，经 IO 模型传递到 Modelbase 车辆模型。以加速踏板信号映射为例，将 IO 模型的加速踏板输出变量与 Modelbase 加速踏板输入变量进行关联，加速踏板数据由 IO 模型发送至 Modelbase 车辆模型。用同样的方法实现各模型间变量映射配置。

在 TCS 软件中，将关键变量（如目标加速踏板、目标制动踏板、实际车速、车辆加速度等信号）添加为控件，并关联至实时波形图。在测试中，在监控界面可看到待测控制器下发指令、车辆行驶状态、导航和定位传感器等数据，通过实时波形图采集数据。

7.2 决策控制评价模型

决策控制功能是实现智能车辆自主导航功能的核心。为了科学准确地对智能车辆决策控制功能进行评价，需要构建决策控制评价模型。通过分析影响决策控制功能的各种因素，分层次设计智能车辆评价准则和评价指标，并且设计评价指标的测试方法，将每项指标的评判转化为对指标相关参数的测定或者验证。

7.2.1 决策控制功能评价指标

智能车辆决策控制功能评价主要依据本体论和现象学,通过智能车辆的外在表现对其决策控制功能进行评价。下面从行驶准确性、行驶安全性、行驶平稳性、行驶时效性 4 个角度进行分析、设计决策控制功能评价指标和测评算法。

1. 行驶准确性评价指标

行驶准确性反映车辆跟踪目标轨迹行驶的准确程度,用于评价智能车辆轨迹跟踪的能力,而轨迹跟踪与车辆控制密切相关。如果车辆能稳定跟随目标轨迹行驶,不出现明显的轨迹偏离,则认为车辆轨迹跟踪性能好。

为了求解车辆行驶轨迹和目标轨迹的偏差,需要对目标轨迹进行定义。一种方式是对路点进行曲线拟合,所生成的轨迹视为目标轨迹,但这种方式只能针对无障碍场景。如果障碍物出现在路点处或路点连线上,那么车辆绕行避障必然会偏离目标轨迹,影响轨迹偏差距离的计算。

这里选择优秀驾驶人的驾驶轨迹作为目标轨迹,并对目标轨迹和实际轨迹的空间相似性进行量化计算。两条轨迹的直接距离越近,轨迹形状越相似,其空间相似性越好。

由于优秀驾驶人和被测车辆的行驶速度不一致,采集的行驶轨迹点数量往往不一致,且计算轨迹点对应的时刻难以对齐,因此采用的算法满足轨迹点数量不一致、无时间约束的情况。这里采用单向距离和 Hausdorff 距离两种方式对行驶准确性进行综合评价。其中,单向距离用于评价目标轨迹和行驶轨迹总体偏差;Hausdorff 距离用于评价两者的局部最大偏差。

2. 行驶安全性评价指标

行驶安全性反映智能车辆行驶过程识别静态、动态障碍并避让障碍行驶的能力。如果车辆能及时发现前方有障碍或移动目标阻断本车前进方向,采取避障策略,调整车辆行驶方向和速度从而安全避开障碍,则说明车辆行驶安全性高。

目前道路车辆自动驾驶测试中常用的评价避障行为方法是通过设计测试场景,根据车辆触发 AEB (自动紧急制动)、AES (自动紧急转向) 的时刻以及是否发生碰撞作为评价指标。该评价方式属于定性评价,可作为测试任务完成度的评价指标,而要对行驶安全性进行评估,还需更详细的数据支撑。

参考目前道路车辆碰撞危险性评价方法,一般包括基于时间的评价、基于距离的评价以及基于减速度的评价。基于时间的评价方法多用碰撞时间 (time to collision, TTC) 和车头时距 (time headway, THW) 两个指标。其中,*TTC* 多用于跟车相撞场景,描述的是假设本车与前车均保持当前行驶速度与方向的情况下，两车多长时间将发生碰撞，该时间即是本车可用于调整车速以避免与前车相撞的有效时间，常用于评价跟车碰撞威胁。TTC 越小，留给车辆减速的时间越小，碰撞威胁越大。

城市道路场景与非结构化道路场景碰撞主要有以下两点不同：

（1）相比城市道路场景，非结构化道路场景中静态障碍较多，需要定义评价本车与静态障碍碰撞的危险性指标。

（2）非结构化道路场景没有车道线约束，其他车辆的行驶方向不一定与本车平行。

对于第（1）点，有一种解决方案是对静态障碍和动态障碍分别定义不同评价指标，采用不同的评价方法。但这种方法存在一个问题，即如果前车处于静止状态，当本车接近前车时前车开始运动，评价时不便于区分属于静态或动态障碍。因此，对静态与动态障碍采用同样的评价指标，将静态障碍视为速度为零的动态障碍，考虑本车与障碍的相对位置关系和相对速度变化进行评价。由于本车避让障碍过程中，本车与障碍物相对距离、碰撞时间在不断变化，而行驶过程中最危险的位置往往是本车距离障碍物最近以及碰撞时间最小的位置，且两者可能不在同一时刻。越过了这两个位置以后，本车与障碍物相对距离逐渐增加，而碰撞时间会变为负值（前车与后车相对距离小于零），碰撞危险逐渐解除。因此，选择本车与障碍物最近距离以及最小碰撞时间作为评价指标。

对于第（2）点，由于动态障碍与本车的行驶方向不一定平行，且本车在避障行驶过程中，本车与障碍物相对距离方向与车速方向不平行。因此，以本车与障碍物中心连线作为参考线，将本车、障碍物的速度沿参考线的分量作为相对速度。

首先，定义第 i 个采样点所对应的时刻，本车与障碍物的相对距离为

$$D_{\text{rel}\_i} = \sqrt{(x_{\text{ego}\_i} - x_{\text{obst}\_i})^2 + (y_{\text{ego}\_i} - y_{\text{obst}\_i})^2} - l_{\text{ego}} - l_{\text{obst}}, \quad i = 1, 2, \cdots, n \quad (7.1)$$

在式（7.1）中，$(x_{\text{ego}\_i}, y_{\text{ego}\_i})$、$(x_{\text{obst}\_i}, y_{\text{obst}\_i})$ 分别表示第 i 个采样点时刻本车位置及障碍物位置。为简化计算，将障碍物形状抽象成圆，取 l_{obst} 为障碍物中心距边缘的最远距离，本车车身宽度 l_{ego} 取车头至车辆质心距离。计算本车与障碍物最小距离为

$$D_{\text{rel\_min}} \min_{i \in [1,n]} D_{\text{rel}\_i} \quad (7.2)$$

定义第 i 个采样点所对应时刻的碰撞时间 TTC_i 为

$$TTC_i = \frac{D_{\text{rel}\_i}}{v_{\text{ego}\_i} \cos\alpha - v_{\text{obst}\_i} \cos\beta}, \quad i = 1, 2, \cdots, n \quad (7.3)$$

其中，v_{ego_i} 和 v_{obst_i} 分别表示本车和障碍物（其他车辆）的运动速度，如障碍物静止则 $v_{\text{obst}\_i} = 0$。α 和 β 分别表示本车、其他车辆的速度方向与本车和障碍位置连线方向的夹角，数据可根据本车、其他车辆行驶航向角（heading）

和位置关系求得。当 $TTC_i<0$ 表示车辆已行驶到障碍前方,危险解除,因此选取 $TTC_i>0$ 数据求取最小值,获得前车最小碰撞时间为

$$TTC_{\min} \underset{i\in[1,n]}{} ii\min \tag{7.4}$$

在测试结束后,截取与避障测试相关的场景片段,获得与避障相关的场景数据切片,数据包括本车与其他车辆的实际行驶轨迹点、时间序列、速度、静态障碍物位置等。将车辆实际行驶轨迹点投影到场景平面坐标系,根据障碍占据位置与车辆轨迹点的位置关系计算本车与障碍物最小距离 $D_{\text{rel\_min}}$ 和最小碰撞时间 $TTC_{\min}$。计算每个障碍的 $D_{\text{rel\_min}}$ 和 $TTC_{\min}$,与优秀驾驶人驾驶结果的 $D_{\text{rel\_min}}$ 和 $TTC_{\min}$ 进行对比,综合评价行驶安全性。$D_{\text{rel\_min}}$ 和 $TTC_{\min}$ 越大,行驶安全性越高。

3. 行驶平稳性评价指标

行驶平稳性反映智能车辆控制器控制车辆平稳行驶的能力。如果智能车辆行驶过程速度和方向变化平稳,尽可能少出现急加速、急减速、急转弯等情况,则说明车辆的行驶平稳性好。

道路车辆测试过程多是以乘员舒适性作为评价指标,基于车辆加速度、振动加速度和乘客主观测评进行综合分析。同济大学张培志等人对非结构化道路环境的智能车辆运动规划算法进行研究,在设计轨迹规划代价函数时考虑了纵向加速度、侧向加速度两个指标,要求纵向加速度、侧向加速度保持在合理区间内,加速度越大,舒适性越差,代价函数值越高。黄辉在设计针对自动驾驶车辆换道决策和轨迹规划方法时,在 Frenet 坐标系中以换道轨迹 s、d 方向的二阶微分量(加速度特征)和三阶微分量(冲击度特征 jerk)作为换道舒适性评价指标。

在砂石路、起伏土路、石板路等越野路面行驶时,路面对车辆的振动会影响乘员的乘坐舒适性。从乘员角度出发,通常对乘员座椅纵向、侧向、垂向的加速度数据进行时域处理和频域分析,计算加速度均方根值和功率谱密度函数。对于车辆平顺性,通常以车辆的质心加速度、悬架动挠度、车轮动载荷等作为评价指标。对于无须承载驾驶人和乘客的某特殊用途的智能车辆,可不考虑振动对乘员舒适性的影响。对于运输投送任务的车辆,为保证物资运输过程平稳,要求行驶过程中速度大小和方向变化平缓。道路车辆行驶平稳性和乘坐舒适性评价一般考虑加速度、加速度变化率两个参数。

以车辆坐标系为参考系,将车辆前进方向视为纵向 X,道路平面内垂直于车辆前进方向视为侧向 Y,垂直于道路平面向上的方向为垂向 Z。其中,纵向加速度反映车辆行驶过程前进方向的速度变化率。如果纵向加速度过大,则反映车辆采取急加速或急减速。侧向加速度反映车辆在换道、避障、转弯过程速度方向的变化率。如果侧向加速度变化率大,则反映车辆采取急转向。如果出

现频繁的急加减速、急转向，或者速度、航向角变化率过大，往往是由于车速控制不平稳导致。垂向加速度反映车辆在崎岖不平路面行驶时，是否能控制车速以减小车身振动频率。

综上所述，分别从纵向、侧向、垂向加速度3个角度，选取加速度最大值和加速度均方根值作为评价指标。这里描述的加速度最大值是加速度绝对值的最大值，反映车辆行驶中，在此时刻出现最为明显的急加速/制动、急转向，多出现在蛇形道路、急弯道、其他车辆切入等复杂场景。加速度最大值反映该场景下车辆的控制能力。

$$a\max_{a_{xi} \in A_x} |a_{xi}|, \max_{a_{yi} \in A_y} |a_{yi}|, \max_{a_{zi} \in A_z} |a_{zi}|_{z\max y\max x\max} \quad (7.5)$$

式中：$A = \{a_1, a_2, \cdots, a_n\}$，表示采样的纵向、侧向加速度数据，$n$ 为采样数。

加速度均方根值反映车辆行驶过程加速度与0值的均方根值。一般情况下车辆行驶过程会平稳加减速，在常规路段保持匀速行驶，车辆加速度值会在0附近。但如果频繁出现加速度大幅变化，与0值的偏差较大，说明车速大小和方向控制不够平稳。由于加速度值存在正负值，因此以加速度值与0值的均方根值作为评价指标，即

$$\sigma_{ax} = \sqrt{\frac{1}{N}\sum_{i=1}^{N}(a_{xi}-0)^2}, \sigma_{ay} = \sqrt{\frac{1}{N}\sum_{i=1}^{N}(a_{yi}-0)^2}, \sigma_{az} = \sqrt{\frac{1}{N}\sum_{i=1}^{N}(a_{zi}-0)^2} \quad (7.6)$$

由于车辆行驶过程加速度值很大程度上取决于行驶场景条件，场景复杂程度越高，如道路行驶状况差、障碍物数量多，加速度值往往较大。因此，讨论测试过程车辆加速度值变化需要在同一场景下进行，将被测对象的测试结果与优秀驾驶人的驾驶结果进行比较。

4. 行驶时效性评价指标

行驶时效性表征智能车辆完成本次测试任务的时间消耗。实战战场瞬息万变，如果智能车辆行驶缓慢，即使能很好地避开障碍、保持行驶平稳，也可能因耗时过长而延误作战时机。尤其对于侦打突击任务，效率即是作战是否能够取胜的关键要素。因此，行驶时效性也是不可缺少的评价准则之一，若本车能以较快的时速行驶，以较短的耗时完成测试任务，则车辆行驶时效性高。

智能车辆的行驶时效性与局部路径规划和速度规划相关。在局部路径规划中会根据车辆的航向角、速度、轨迹曲率约束等条件，规划一系列满足条件的路径集合，利用评价函数筛选出最优路径。在评价函数中，除了考虑安全性、平滑性等要素以外，也会将行驶效率作为筛选指标之一。要求速度规划在满足安全性、舒适性的前提下，尽可能提高行驶速度以提升效率。武汉大学方彦军等人将路径长度作为行驶效率的评价指标，即路径长度越短行驶效率越高。李

爱娟等人基于最优控制理论设计轨迹规划多目标评价函数，将轨迹预期完成时间作为动态评价函数的指标之一。

综上所述，描述行驶时效性指标一般包括行驶耗时、行驶里程和平均越野速度。由于行驶耗时和行驶里程较为直观，因此用行驶总耗时和行驶总里程作为行驶时效性评价指标。行驶总耗时 T 即从车辆开始行驶，到车辆到达终点或者因任务失败而停止行驶的全程总耗时。如果车辆在行驶过程中途停车，停车时长也算入行驶总耗时。当一个测试用例对同一科目进行多次测试时（如用例要求车辆行驶过程避让多个障碍），可按照测试科目将行驶过程分成 n 段，分别记录每段的耗时 t_i，以分析车辆行驶过程的行为策略。

$$T = \sum_{i=1}^{n} t_i \quad (7.7)$$

式中：t_i 代表每个科目的耗时；n 为科目数。

行驶总里程 L 即车辆从开始行驶到最终停车全过程的行驶总里程。行驶总里程通过计算每个实际轨迹点距离之和求得，即

$$L = \sum_{i=0}^{n-1} \sqrt{(x_{i+1} - x_i)^2 + (y_{i+1} - y_i)^2} \quad (7.8)$$

式中：(x_i, y_i) 表示车辆实际行驶轨迹在笛卡尔坐标系中的坐标值；n 为采集轨迹点数量。

测试过程中记录每个测试科目的耗时和车辆行驶轨迹点，计算行驶总耗时和行驶总里程。评价以优秀驾驶人的多次行驶总耗时和总里程作为参考依据。

7.2.2 评价指标权重确定

为了给智能车辆决策控制功能的评价提供完整且有利的依据和准则，除了评价指标外，还需要对指标设计权重，以比较指标间的重要程度。常用的指标权重确定方法包括主成分分析法、熵值法、特尔斐法、层次分析法等。由于智能车辆功能体系复杂，指标的类型较为分散，每个评价要素中包含不同的指标，需要梳理不同评价要素、评价指标之间的层次关系。另外，智能车辆决策控制过程，既有数学分析的精确性，同时也有决策思维规律的主观性，对决策控制的评价指标需要采取定性和定量相结合的设计方法。因此，采用层次分析法进行无人评价指标设计。

目标层即不同任务属性智能车辆决策控制功能评价 A。第一层为评价准则，包括行驶准确性、行驶安全性、行驶平稳性、行驶时效性 4 项评价准则 B1~B4。第二层的每个评价指标与第一层的评价准则相对应，如表 7-1 所示。其中，行驶平稳性包含指标层 C 和指标层 D；行驶安全性、行驶准确性、行驶

时效性仅包含指标层 C。

层次分析法中确定具体重要性标度主要有代尔斐法和二元对比法两类。代尔斐法通过调查专家意见的方式确定权重；二元对比法通过对指标进行两两比较获得权重。将两种方式进行结合，邀请军用车辆、无人驾驶相关领域的 N 名（$N=1,3,5,\cdots$）专家和技术人员，通过商议的方式对指标进行两两比较，给出评价指标重要性比较结果。

表 7-1 智能车辆决策控制功能评价指标体系

目标层 A	准则层 B	指标层 C	指标层 D
不同任务属性智能车辆决策控制功能评价 A	行驶准确性 B1	目标与实际轨迹单向距离 C1	
		目标与实际轨迹 Hausdorff 距离 C2	
	行驶安全性 B2	本车与障碍物的最近距离 C3	
		本车与障碍物的最小碰撞时间 C4	
	行驶平稳性 B3	纵向加速度 C5	加速度最大值 D1
			加速度均方根值 D2
		侧向加速度 C6	加速度最大值 D3
			加速度均方根值 D4
		垂向加速度 C7	加速度最大值 D5
			加速度均方根值 D6
	行驶时效性 B4	行驶总耗时 C8	
		行驶总里程 C9	

对于不同任务属性，可以使用代尔斐法和 G1 序关系分析法计算不同任务情况下智能车辆行驶准确性、行驶安全性、行驶平稳性、行驶时效性 4 项评价准则的权重。然后，使用层次分析法对 4 项评价准则对应的评价指标进行分析，计算权重值，并对整个评价模型的一致性进行校验。

1）行驶准确性

行驶准确性 B1 包括目标轨迹和实际轨迹的单向距离 C1 和 Hausdorff 距离 C2 两项评价指标。其中，单向距离是对两条轨迹的整体偏差进行度量，而 Hausdorff 距离在单向距离的基础上，比较两条轨迹的局部较大偏差。

2）行驶安全性

行驶安全性 B2 包括本车与障碍物的最近距离 C3 和最小碰撞时间 C4 两个指标，分别从距离和时间两个维度衡量本车避障过程的碰撞危险程度。其中，碰撞时间是指留给本车避障操作的有效时间，该指标由相对距离和相对速度共同决定，对描述碰撞威胁而言更为直观。

3）行驶平稳性

行驶平稳性 B3 从纵向、侧向、垂向加速度 3 个角度评价，评价指标包括纵向、侧向、垂向加速度的最大值和均方根值。其中，纵向和侧向加速度主要反映车辆应对复杂场景路况时的速度规划和路径规划能力，加速度控制更多依赖于决策控制逻辑；垂向加速度更多取决于道路起伏特性。

4）行驶时效性

行驶时效性 B4 包括本车行驶总耗时 C8 和行驶总里程 C9 两个指标，分别从时间和距离两个维度评价本车行驶效率，其中行驶总耗时能更直观反映行驶效率。

5）评价模型层次总排序验证

在层次总排序中，每一层判断矩阵针对上一层的权重进行一致性检验，检验从高层到底层逐层进行。根据 1）~ 4）步骤计算的各层 CR，进行一致性检验。计算 CR 值符合一致性判断标准，评价模型层次总排序通过一致性校验，从而获得不同任务属性智能车辆决策控制评价模型，如图 7-5 所示。

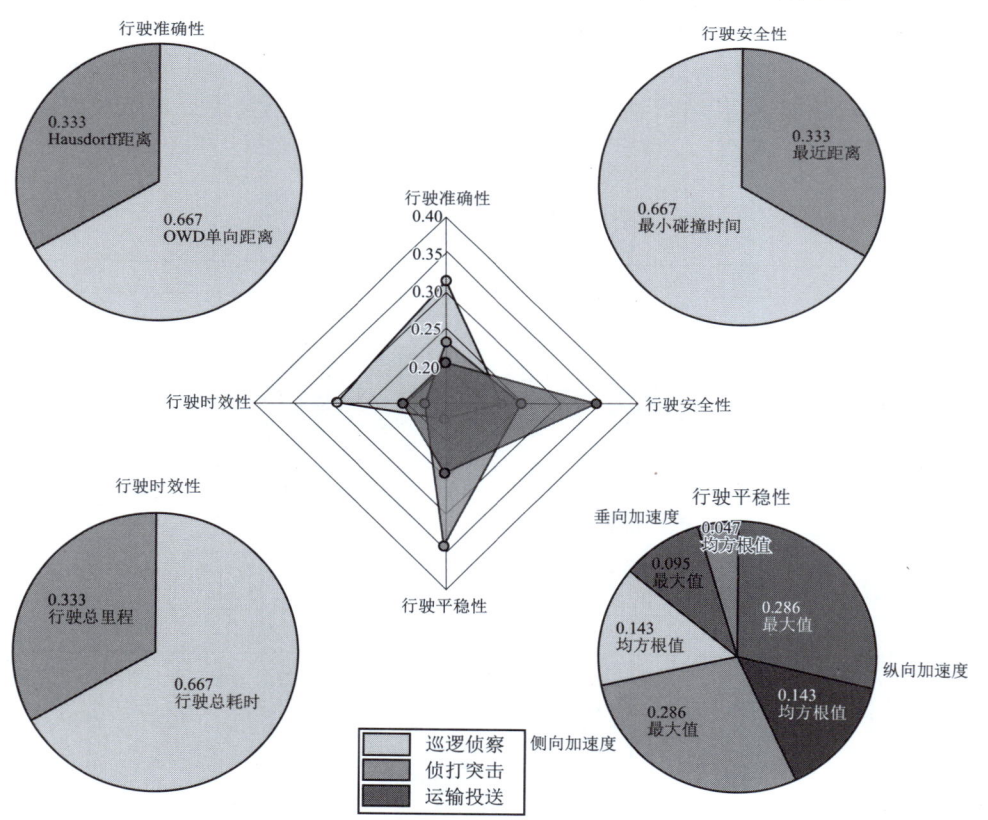

图 7-5 不同任务属性智能车辆决策控制评价模型（附彩图）

7.3 决策控制测评试验

7.3.1 硬件在环测试流程

硬件在环测试属于实时仿真测试,既具备仿真测试的优点,又能测试控制器的实时响应能力。本测试平台具备整车级控制系统硬件在环闭环测试能力,能实现感知定位传感器仿真、车辆底盘动力学仿真和场景仿真,通过构建测试车辆和测试用例,实现对地面智能车辆决策控制功能的测试和评价。

如图 7-6 所示的硬件在环仿真平台,通过构建"场景-传感器-控制器-车辆"的数据流闭环完成测试。测试平台具备野外场景实时仿真能力,模拟野外非结构化道路环境特点,包括地形、障碍、天气等,在显示界面呈现当前车辆的位置和姿态。测试平台具备感知定位传感器模拟能力,根据车辆在场景中的位置捕获周围环境信息,模拟真实传感器的感知数据,包括激光点云数据、

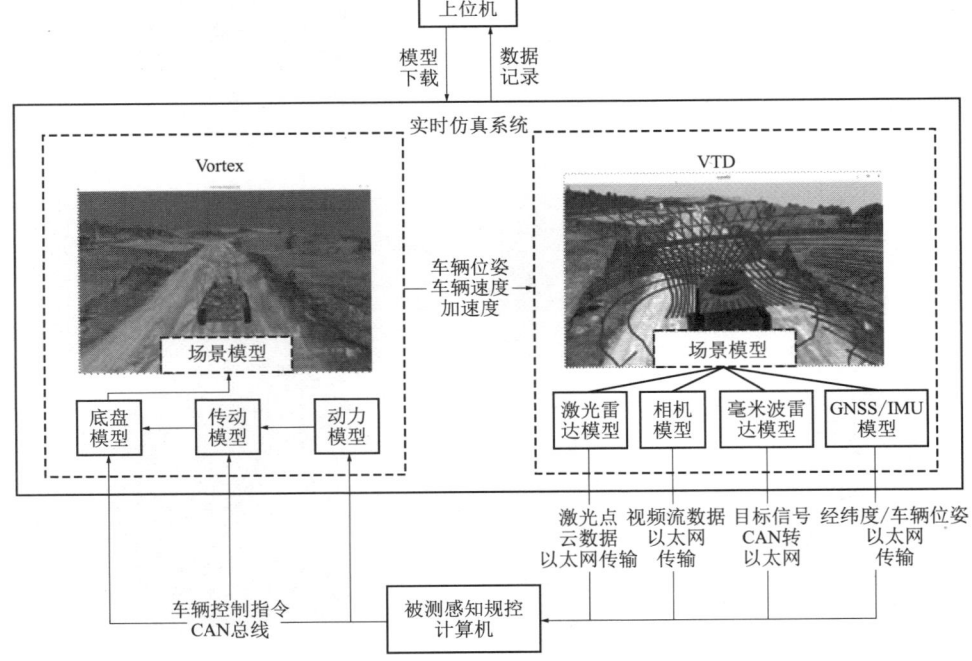

图 7-6　硬件在环仿真平台(附彩图)

摄像头视频数据、GNSS/IMU 数据等，发送给被测感知规控计算机作为测试输入。感知规控计算机依据传感器数据进行决策规划，输出车辆的控制指令。测试平台具备车辆底盘动力学仿真能力，根据被测对象下发的车辆控制指令，解算车辆当前时刻的位姿、速度等信息，驱动场景的车辆行驶，构成测试闭环。依据测试平台，通过构建场景用例对车辆进行测试，观察车辆行驶状况并记录车辆行驶状态数据，对决策控制功能进行综合评价。

实时仿真机系统同时运行 Vortex 和 VTD 两个场景仿真软件。在 VTD 和 Vortex 中构建相同的测试场景和车辆外观模型，并统一场景坐标系。Vortex 和 VTD 软件均提供本车在场景中的位姿（*XYZ*、横摆、俯仰、侧倾）、速度、加速度的输入输出接口，将 Vortex 中本车位姿、速度、加速度的输出与 VTD 本车模型对应变量的输入进行信号映射。仿真过程 Vortex 根据车辆控制指令进行动力学仿真，计算当前车辆的位姿、速度、加速度，发送给 VTD 本车模型，驱动 VTD 车辆行驶，VTD 根据车辆位置及周围环境信息完成传感器仿真。

车辆行驶状态数据采集使用上位机试验管理软件实现。将 Vortex 或 VTD 的车辆位姿、速度、加速度等变量的数据接口挂载到试验管理软件中，在仿真运行过程使用实时波形图控件记录数据。

智能车辆决策控制测试流程如图 7-7 所示。首先，对被测车辆进行测试分析，了解被测对象的功能、智能水平以及测试需求。其次，进行测试方案设计，测试方案设计包括测试场景设计开发、测试车辆重构两部分内容。测试场景设计与被测功能相关，通过在场景中构建特定的车辆行驶环境及事件，形成决策控制功能的测试用例。测试场景根据车辆的测试需求、功能等级和任务属性，参照第 3 章的场景设计理论进行设计，并在场景仿真软件中完成场景开发。

测试车辆重构根据被测方提供的输入条件完成整车模型开发校核，达成测试接入条件。根据被测对象所搭载的实车传感器类型及接口协议开发传感器模型，并根据实车安装位置进行标定。根据实车的部件参数，开发车辆动力学模型和控制器总线接口协议，并对车辆模型进行校核。

为保证被测车辆的有效性，可在测试开始前进行整车闭环调试，选择基础跑道场景进行闭环调试，验证传感器、车辆、场景模型数据收发是否存在问题，若无明显问题则达成测试条件。

测试过程遵循先易后难的原则，依次进行基本功能测试和复杂测试。测试过程记录试验情况，采集车辆行驶状态数据。测试结束后对测试结果进行分析。测试分析分为定性和定量两个层次：首先，测试完成后，根据测试任务完成度进行定性评价；其次，基于采集的数据分析被测功能的实现效果，依据评价模型、评价指标进行定量评价。

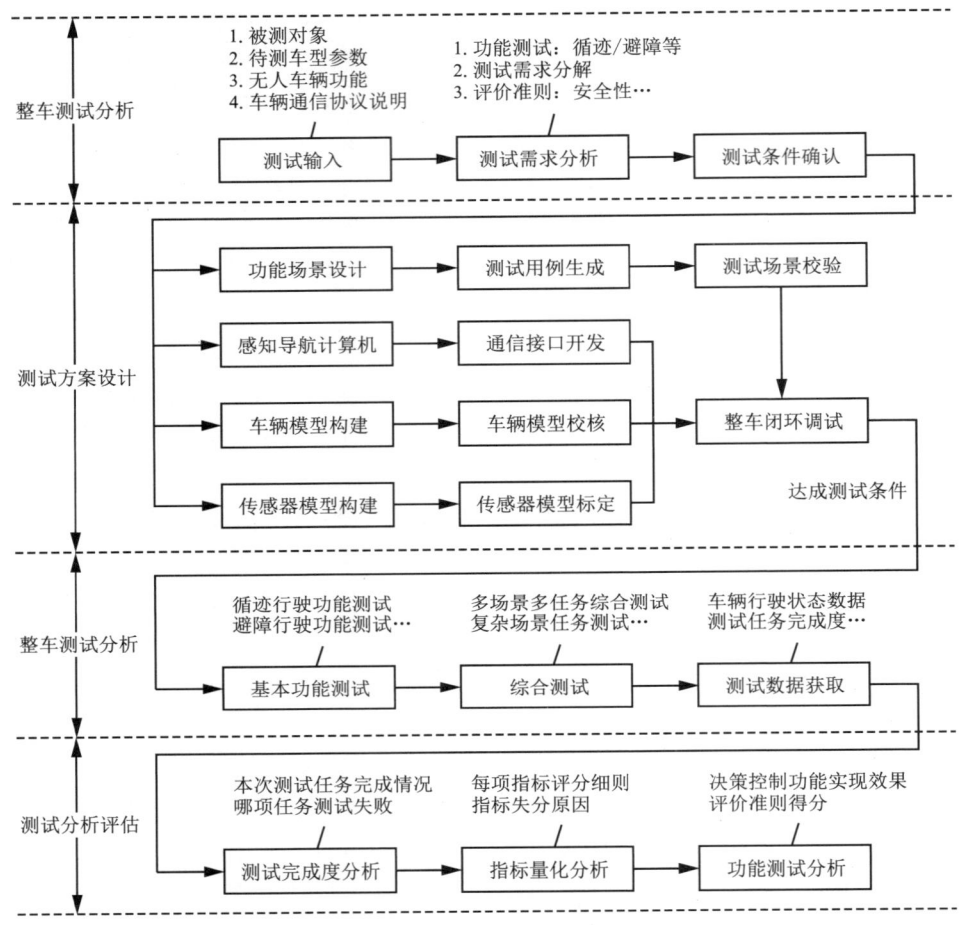

图 7-7 智能车辆决策控制测试流程

7.3.2 测评试验

被测对象是某无人履带车辆的感知规控计算机。车辆搭载激光雷达、摄像头、GPS/IMU 传感器，基于 GPS 和 IMU 融合数据实现跟随路点行驶，激光雷达用于可通行区域识别和避障，摄像头用于目标搜索和侦察。感知计算机对传感器数据进行处理和融合，实时构建车辆周围三维场景栅格地图，描述车辆周围可通行区域状况；规控计算机将 GPS 经纬度坐标和路点坐标匹配，结合可通行区域规划行驶路径，输出下一时刻车辆的期望车速与航向角。该无人履带车辆的被测功能符合巡逻侦察任务属性要求，因此基于巡逻侦察的任务属性设计测试用例，并使用巡逻侦察的评价模型对其决策控制功能进行评价。

1. 测试方案设计

1) 测试场景用例设计

通过对被测车辆的功能测试分析,测试场景用例基于巡逻侦察(避让静态障碍)进行设计,测试车辆避障静态障碍的性能。

首先,在测试地形中选择测试道路,并设置车辆行驶路点;其次,在测试场地中设置障碍物及属性。设计表 7-2 的无人侦察履带车辆功能测试场景,测试车辆能否避让不同类型的静态障碍。

表 7-2　无人侦察履带车辆功能测试场景

功能场景	地形	障碍类型	障碍高度	障碍宽度	气象条件	速度/(km·h^{-1})
1	砂石路 A	正障碍	>1/3 车高	<2 倍车宽	晴天	15
2	砂石路 B	负障碍	<-1/3 车高	<2 倍车宽	晴天	15
3	砂石路 A	正障碍	<1/3 车高	<2 倍车宽	晴天	15
4	砂石路 A	正障碍	<1/3 车高	>3 倍车宽	晴天	15
5	砂石路 A	无障碍	/	/	晴天	15

下面对功能场景具体进行介绍。

(1) 功能场景 1 为基本功能测试场景(图 7-8),与其他测试用例形成对照组。

图 7-8　基本功能测试场景

(2) 功能场景 2 为负障碍测试场景(图 7-9),需选择带有凹坑(负障碍)的路段进行测试。测试车辆基于两侧的激光雷达进行负障碍检测。

(3) 功能场景 3 为低障碍测试场景。障碍高度调整为低于 1/3 车高,对被测车辆而言,该位置属于激光雷达检测盲区,检测低于 1/3 车高的障碍较为困难。

(4) 功能场景 4 为宽障碍测试场景。此处的障碍宽度是指设置的各种障碍

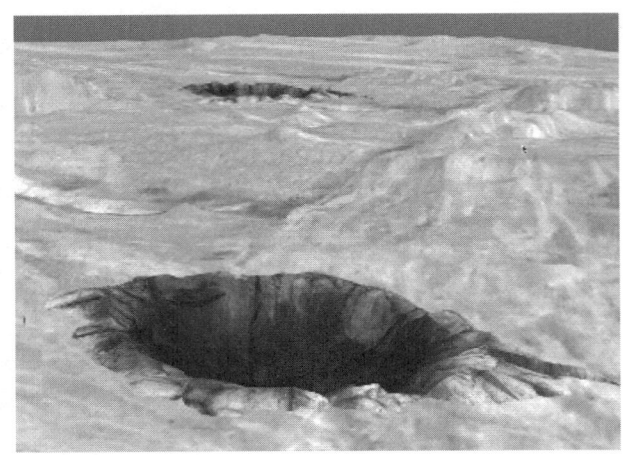

图 7-9 负障碍测试场景

占据道路可通行区域的宽度。当障碍宽度大于 3 倍车宽时，车辆较难避障通过。

（5）功能场景 5 为无障碍测试场景。路口处不设置障碍，设置车辆行驶路点，用于测试车辆路径跟踪能力及行驶准确性。

由于障碍高度、宽度的参数空间是连续的，因此使用 FSCS-ART 算法离散生成数十个用例，选择其中若干个测试用例进行场景构建和测试。

2）测试车辆重构

由于被测感知规划控制器的感知规划控制算法基于实际履带车辆进行开发，因此测试车辆重构时需要根据实际无人履带车辆的属性，开发车辆部件模型、传感器模型和控制器总线接口协议，达成测试接入条件。无人履带车辆行驶过程，地形的起伏特性与履带板的受力作用，通过影响履带两侧驱动轮受力，进而影响上层轮速扭矩的控制逻辑，因此仿真时模拟履带与地面接触力的作用。

无人履带车辆完成循迹行驶和避障功能需要激光雷达和 GPS、IMU 传感器的数据，根据履带车辆搭载的激光雷达、GPS、IMU 的参数和通信协议开发仿真模型，并根据传感器在实车上的安装位置进行标定。模型开发完成后，将无人履带车辆感知规控计算机接入测试平台，在测试场地中选择一段砂石路进行简单的闭环测试。

2. 测试过程

将被测感知规控计算机接入测试平台，在上位机试验管理软件中构建仿真工程，将需要采集记录的车辆形状状态变量加载到实时波形图中，记录频率设置每 100 ms 记录一次，保存为 .CSV 格式的文件。测试过程在实时仿真系统显示器上观察车辆行驶状态，如图 7-10 所示。

图 7-10 测试过程中实时仿真系统显示的车辆行驶状态（附彩图）

完成测试后，再邀请优秀驾驶人，操作驾驶模拟器控制车辆行驶，在相同场景进行相同测试并记录数据，用于后续对比分析。

3. 测试结果量化分析

根据巡逻侦察任务属性，对测试用例执行结果进行量化分析。下面仅列出基本避障场景测试和负障碍测试进行举例介绍。

1) 基本避障场景测试

在基本避障场景测试中，被测车辆较好地通过了测试，选其中一组试验数据进行分析。根据测试记录的车辆行驶轨迹点、速度、航向角的数据，计算行驶安全性指标（最小距离 D_{rel_min} 和最小碰撞时间 TTC_{min}），截取避障路段的轨迹点绘制车辆行驶轨迹线，结果如图 7-11 所示，该圆所示的范围内放置了一系列障碍。

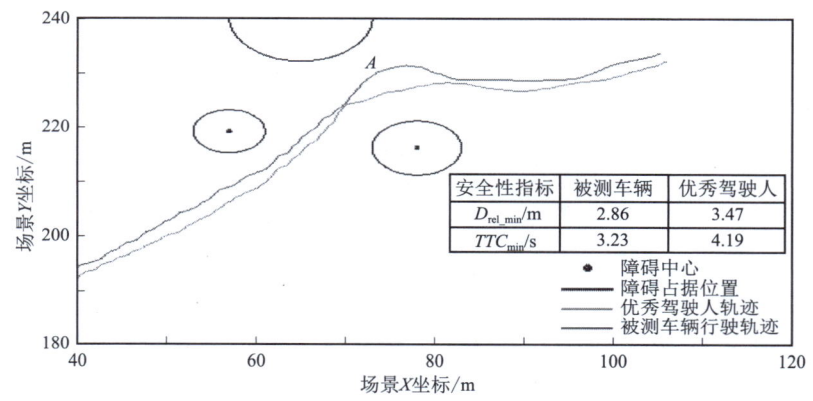

安全性指标	被测车辆	优秀驾驶人
D_{rel_min}/m	2.86	3.47
TTC_{min}/s	3.23	4.19

图 7-11 车辆避障过程轨迹线和安全性指标（基本避障测试）（附彩图）

可以看出，被测车辆行驶过程未与障碍物发生碰撞，轨迹线与障碍物保持一定距离，行驶过程与 3 个障碍物的最小距离 D_{rel_min} 和最小碰撞时间 TTC_{min} 与优秀驾驶人相比差别不大。但观察被测车辆行驶轨迹线，在 A 处形成一个向上的凸起。通过进一步分析发现，车辆在该位置的横向控制出现响应延迟，当车辆发现行驶超调时通过急转向纠正行驶轨迹。通过图 7-12 侧面加速度分析可看出，在该位置侧向加速度较大，行驶不够平稳。

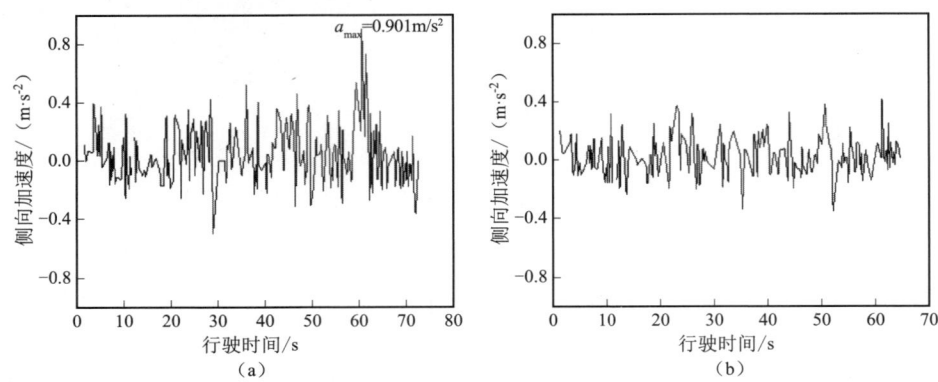

图 7-12 被测车辆与优秀驾驶人行驶过程侧向加速度
(a) 被测车辆行驶过程侧向加速度；(b) 优秀驾驶人行驶过程侧向加速度

2) 负障碍测试

在测试用例中，选取了一段前方有凹坑的道路进行负障碍识别测试，测试结果如图 7-13 所示。

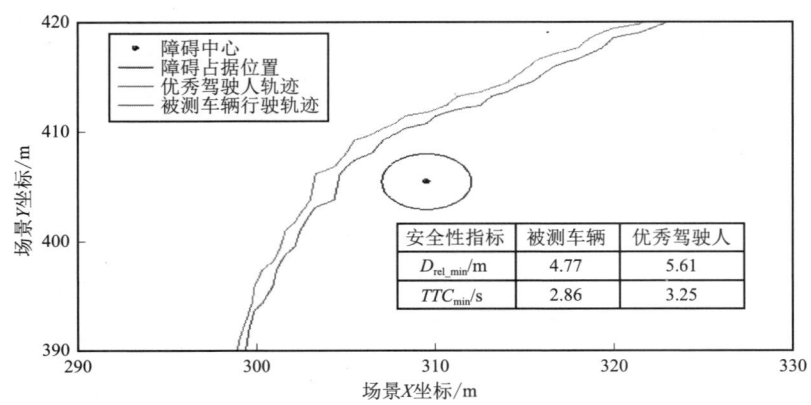

图 7-13 车辆避障过程轨迹线和安全性指标（负障碍测试）（附彩图）

被测车辆较好地识别到负障碍（图 7-14）并且顺利避开，行驶过程中车辆轨迹线与障碍物保持一定距离，行驶过程中凹坑的最小距离 D_{rel_min}、最小碰撞时间 TTC_{min} 与优秀驾驶人相比差别不大。

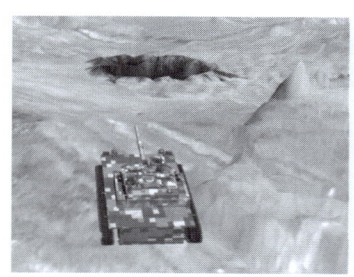 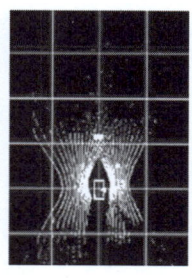 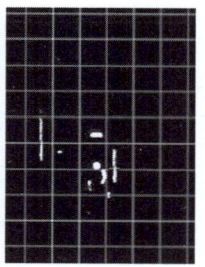

图 7-14　负障碍检测（附彩图）

4. 决策控制功能评估

根据测试结果，邀请多名专家参照优秀驾驶人驾驶数据，对评价指标进行评分。评分重点参考同一场景的用例评价指标数据，具体评分范围为 0~5 分，再计算每项指标专家给出的得分平均值。

获得每项指标的得分情况后，根据决策控制评价模型中各指标之间的层次关系以及指标权重值，计算决策控制各项评价准则得分。表 7-3 为无人履带车辆决策控制评价指标数据及评分结果。

表 7-3　无人履带车辆决策控制评价指标数据及评分结果

评价准则	评价指标	指标得分	指标权重	准则得分	准则权重
行驶准确性	OWD 距离/m	4.4	0.667	4.30	0.205 0
	Hausdorff 距离/m	4.1	0.333		
行驶安全性	D_{rel_min}/m	3.7	0.333	3.77	0.345 8
	TTC_{min}/s	3.8	0.667		
行驶平稳性	a_{xmax}/(m·s^{-2})	4.3	0.286	4.23	0.245 6
	a_{ymax}/(m·s^{-2})	4.0	0.286		
	a_{zmax}/(m·s^{-2})	4.4	0.095		
	σ_{ax}/(m·s^{-2})	4.3	0.143		
	σ_{ay}/(m·s^{-2})	4.4	0.143		
	σ_{az}/(m·s^{-2})	4.1	0.047		
行驶时效性	T/s	4.7	0.667	4.70	0.203 6
	L/m	4.7	0.333		

注：根据巡逻侦察任务载荷的权重值，可以计算得到无人履带车辆决策控制功能最终得分，从而完成对被测车辆决策控制功能的分析和评价。

参 考 文 献

[1] 熊光明,于会龙,龚建伟,等. 智能车辆理论与应用:慕课版[M]. 2版. 北京:北京理工大学出版社,2021.

[2] 陈慧岩,熊光明,龚建伟,等. 无人驾驶汽车概论[M]. 北京:北京理工大学出版社,2014.

[3] 4D/RCS:An autonomous intelligent control system for robots and complex systems of systems[EB/OL]. https://www.slideserve.com/quintin-hollis/4d-rcs-an-autonomous-intelligent-control-system-for-robots-and-complex-systems-of-systems.

[4] MADHAVAN R,MESSINA E,ALBUS J S. Intelligent vehicle systems:A 4D/RCS approach[M]. New York:Nova Science Publishers,Inc.,2006.

[5] IEEE Intelligent Transportation Systems Society. IEEE IV 2023-IEEE Intelligent Vehicles Symposium[EB/OL]. [2024-01-31]. https://2023.ieee-iv.org/.

[6] 国家发展改革委,中央网信办,科技部,等. 关于印发《智能汽车创新发展战略》的通知[EB/OL]. 2020. http://www.gov.cn/zhengce/zhengceku/2020-02/24/content_5482655.htm.

[7] CHOUDHARY K,DECOST B,CHEN C,et al. Recent advances and applications of deep learning methods in materials science[J]. npj Computational Materials,2022,8(1):59.

[8] GARG P K. Overview of artificial intelligence[M]. London:Chapman and Hall/CRC,2021:3-18.

[9] 全国汽车技术标准化委员会. 汽车驾驶自动化分级:GB/T 40429-2021 [S/OL]. [2024-01-31]. https://openstd.samr.gov.cn/bzgk/gb/newGbInfo?hcno=4754CB1B7AD798F288C52D916BFECA34.

[10] O'KANE J M. A gentle introduction to ROS[M]. Charleston:Create Space Independent Publishing Platform,2014.

[11] PENG G,LAM T L,HU C,et al. Introduction to ROS 2 and programming foundation[M]. Singapore:Springer Nature,2023:541-566.

[12] MARUYAMA Y,KATO S,AZUMI T. Exploring the performance of ROS 2

[C]//Proceedings of the 13th International Conference on Embedded Software,Chengdu,China,2016:1-10.

[13] GAVRILOV A,BERGALIYEV M,TINYAKOV S,et al. Analysis of robotic platforms:Data transfer performance evaluation[C]//29th Conference of Open Innovations Association(FRUCT),FRUCT Oy,2021:437-443.

[14] GORBOV G,JAMAL M,PANOV A I. Learning adaptive parking maneuvers for self-driving cars[C]//International Conference on Intelligent Information Technologies for Industry,Cham:Springer International Publishing,2022:283-292.

[15] 朱宝昌. 基于激光雷达的复杂环境的地图创建与匹配[D]. 北京:北京理工大学,2020.

[16] 王岩,郝颖明. 空间向量法求解坐标变换[J]. 沈阳工业学院学报,1999,18(1):29-32.

[17] 张广军. 机器视觉[M]. 北京:科学出版社,2005:186-189.

[18] 程金龙,冯莹,曹毓,等. 车载激光雷达外参数的标定方法[J]. 光电工程,2013,40(12):89-94.

[19] CHUM O. Two-view geometry estimation by random sample and consensus[D]. Prague:Czech Technical University in Prague,2005.

[20] 张海鸣,龚建伟,陈建松,等. 非结构化环境下无人驾驶车辆跟驰方法[J]. 北京理工大学学报,2019,39(11):1126-1132.

[21] ZHANG H M,GONG J W,CHEN J S,et al. Study of autonomous vehicle following method in unstructed environment[J]. Transactions of Beijing Institute of Technology,2019,39(11):1126-1132.

[22] TAO W,ZHENG N N,XIN J M,et al. Integrating millimeter wave radar with a monocular vision sensor for on-road obstacle detection applications[J]. Sensors,2011,11(9):8992-9008.

[23] SINAGA K P,YANG M S. Unsupervised K-means clustering algorithm[J]. IEEE access,2020,8:80716-80727.

[24] YU D,LIU G,GUO M,et al. An improved K-medoids algorithm based on step increasing and optimizing medoids[J]. Expert Systems with Applications,2018,92:464-473.

[25] LORBEER B,KOSAREVA A,DEVA B,et al. Variations on the clustering algorithm BIRCH[J]. Big Data Research,2018,11:44-53.

[26] MA L,FAN S. Cure-smote algorithm and hybrid algorithm for feature selection

and parameter optimization based on random forests[J]. BMC Bioinformatics, 2017, 18(1): 1-18.

[27] SCHUBERT E, GERTZ M. Improving the cluster structure extracted from OPTICS plots[C/OL]//Proceedings of the Conference"Lernen, Wissen, Daten, Analysen"(LWDA) 2018, Mannheim, Germany, 2018: 318-329. https://CEUR-WS.org/.

[28] 黄钢,瞿伟斌,许卉莹.基于改进密度聚类算法的交通事故地点聚类研究[J].交通运输系统工程与信息,2020,20(5):169.

[29] SAINI S, RANI P. A survey on STING and CLIQUE grid based clustering methods[J]. International Journal of Advanced Research in Computer Science, 2017, 8(5): 1510-1512.

[30] SHEIKHOLESLAMI G, CHATTERJEE S, ZHANG A. Wavecluster: A multiresolution clustering approach for very large spatial databases[C]//Proceedings of the 24th VLDB Conference, New York, USA, 1998: 428-439.

[31] BOCHKOVSKIY A, WANG C Y, LIAO H. YOLOv4: Optimal speed and accuracy of object detection[R/OL]. Ithaca, NY, US: Cornell University, (2020-04-23)[2020-09-05]. https://arxiv.org/abs/2004.10934.

[32] WANG C Y, LIAO H Y M, WU Y H, et al. CSPNet: A new backbone that can enhance learning capability of CNN[C]//Proceedings of 2020 IEEE/CVF Conference on Computer Vision and Pattern Recognition Workshops, US: IEEE, 2020: 1571-1580.

[33] HE K, ZHANG X, REN S, et al. Deep residual learning for image recognition[C]//Proceedings of the IEEE Conference on Computer Vision and Pattern Recognition, 2016: 770-778.

[34] LIN T Y, DOLLÁR P, GIRSHICK R, et al. Feature pyramid networks for object detection[C]//Proceedings of the IEEE Conference on Computer Vision and Pattern Recognition, 2017: 2117-2125.

[35] SANDLER M, HOWARD A, ZHU M, et al. MobileNetV2: Inverted residuals and linear bottlenecks[C]//Proceedings of the IEEE/CVF Conference on Computer Vision and Pattern Recognition, Salt Lake City, UT, US: IEEE, 2018: 4510-4520.

[36] 黄书昊.非结构化道路无人驾驶车辆可通行区域检测[D].北京:北京理工大学,2021.

[37] IOFFE S, SZEGEDY C. Batch normalization: Accelerating deep network training

by reducing internal covariate shift [J/OL]. ArXiv: 1502.03167, 2015.

[38] SUN K, ZHAO Y, JIANG B, et al. High-resolution representations for labeling pixels and regions [J/OL]. ArXiv: 1904.04514, 2019.

[39] NEWELL A, YANG K, JIA D. Stacked hourglass networks for human pose estimation [C]//European Conference on Computer Vision, Amsterdam. The Netherlands: Springer International Publishing, 2016: 483-499.

[40] CHEN Y, WANG Z, PENG Y, et al. Cascaded pyramid network for multi-person pose estimation [C]//Proceedings of the IEEE Conference on Computer Vision and Pattern Recognition, Salt Lake City. USA: IEEE, 2018: 7103-7112.

[41] XIAO B, WU H, WEI Y. Simple baselines for human pose estimation and tracking [C]//Proceedings of the European Conference on Computer Vision (ECCV), Munich, Germany, 2018: 466-481.

[42] INSAFUTDINOV E, PISHCHULIN L, ANDRES B, et al. Deepercut: A deeper, stronger, and faster multi-person pose estimation model [C]//European Conference on Computer Vision, Amsterdam. The Netherlands: Springer, 2016: 34-50.

[43] KINGMA D, BA J. Adam: A method for stochastic optimization [C]//3rd International Conference on Learning Representations (ICLR 2015), San Diego, CA, United States, 2015.

[44] SIMONYAN K, VEDALDI A, ZISSERMAN A. Deep inside convolutional networks: Visualising image classification models and saliency maps [J/OL]. ArXiv: 1312.6034, 2014.

[45] DIEBEL J, THRUN S. An application of markov random fields to range sensing [C]//Advances in Neural Information Processing Systems, Vancouver, Canada, 2005: 291-298.

[46] VEGA-BROWN W, DONIEC M, ROY N G. Nonparametric bayesian inference on multivariate exponential families [C]//Advances in Neural Information Processing Systems, 2014: 2546-2554.

[47] GAN L, ZHANG R, GRIZZLE J W, et al. Bayesian spatial kernel smoothing for scalable dense semantic mapping [J]. IEEE Robotics and Automation Letters, 2020, 5(2): 790-797.

[48] MELKUMYAN A, RAMOS F. A sparse covariance function for exact Gaussian process inference in large datasets [C]//International Joint Conference on Artificial Intelligence, Pasadena, California, USA, 2009, 9: 1936-1942.

[49] HÄHNEL D. Mapping with mobile robots. [D]. Freiburg im Breisgau: University

of Freiburg, 2005.

[50] KRÄHENBÜHL P, KOLTUN V. Efficient inference in fully connected CRFs with gaussian edge potentials [C]//Advances in Neural Information Processing Systems, Sierra Nevada, Spain, 2011: 109-117.

[51] ZHENG S, JAYASUMANA S, ROMERA-PAREDES B, et al. Conditional random fields as recurrent neural networks [C]//2015 IEEE International Conference on Computer Vision (ICCV), Santiago, Chile, 2015: 1529-1537.

[52] 季开进. 基于三维激光雷达的车辆定位研究 [D]. 北京: 北京理工大学, 2019.

[53] 陈晨. 非结构化环境下多源信息融合的无人车辆定位方法研究 [D]. 北京: 北京理工大学, 2021.

[54] 吴孟泽. 越野环境下无人车拓扑路网构建与路径平滑方法 [D]. 北京: 北京理工大学, 2020.

[55] 韩栋斌, 徐友春, 李华, 等. 基于手眼模型的三维激光雷达外参数标定 [J]. 光电工程, 2017, 44 (8): 798-804.

[56] 刘佳君, 孙振国, 张文增, 等. 基于平面约束的欠驱动爬壁机器人手眼标定方法 [J]. 机器人, 2015, 37 (3): 271-276, 285.

[57] FISCHLER M A, BOLLES R C. Random sample consensus: A paradigm for model fitting with applications to image analysis and automated cartography [J]. Readings in Computer Vision, 1987: 726-740.

[58] 朱德海, 郭浩, 苏伟. 点云库 PCL 学习教程 [M]. 北京: 北京航空航天出版社, 2012.

[59] ULAŞ C, TEMELTAŞ H. 3D multi-layered normal distribution transform for fast and long range scan matching [J]. Journal of Intelligent & Robotic Systems, 2013, 71 (1): 85-108.

[60] FORSTER C, CARLONE L, DELLAERT F, et al. IMU preintegration on manifold for efficient visual-inertial maximum-a-posteriori estimation [D]. Atlanta: Georgia Institute of Technology, 2015.

[61] ZUIDERVELD K. Contrast limited adaptive histogram equalization [J]. Graphics Gems, 1994: 474-485.

[62] SHI J, TOMASI C. Good features to track [C]//1994 IEEE Conference on Computer Vision and Pattern Recognition (CVPR), 1994: 593-600.

[63] LUCAS, DAVID B. Generalized image matching by the method of differences [D]. Pittsburgh: Carnegie Mellon University, 1985.

[64] GALVEZ-LÓPEZ D, TARDOS J D. Bags of binary words for fast place recognition in image sequences [J]. IEEE Transactions on Robotics, 2012, 28 (5): 1188-1197.

[65] CALONDER M, LEPETIT V, STRECHA C, et al. Brief: Binary robust independent elementary features [C]//2010 European Conference on Computer Vision (ECCV 2010), Heraklion, Crete, Greece. Germany: Springer Berlin Heidelberg, 2010: 778-792.

[66] 高翔, 张涛. 视觉SLAM十四讲: 从理论到实践 [M]. 北京: 电子工业出版社, 2017.

[67] LEPETIT V, MORENO-NOGUER F, FUA P. EPnP: An accurate O (n) solution to the PnP problem [J]. International Journal of Computer Vision, 2009, 81 (2): 155-166.

[68] 苏育才, 姜翠波, 张跃辉. 矩阵理论 [M]. 北京: 科学出版社, 2006.

[69] 王均晖, 孙蕊, 程琦, 等. 无人机组合导航直接法与间接法滤波方式比较 [J]. 北京航空航天大学学报, 2020, 46 (11): 2156-2167.

[70] 胡生国. 基于三维激光雷达的多无人车系统协同定位研究 [D]. 北京: 北京理工大学, 2021.

[71] 中国公路学会自动驾驶工作委员会, 自动驾驶标准化工作委员会. 车路协同自动驾驶系统分级与智能分配定义与解读报告 (征求意见稿) [Z]. 2020.

[72] WANG W, NA X, CAO D, et al. Decision-making in driver-automation shared control: A review and perspectives [J]. IEEE/CAA Journal of Automatica Sinica, 2020, 7 (5): 1289-1307.

[73] TAKÁCS Á, DREXLER D A, GALAMBOS P, et al. Assessment and standardization of autonomous vehicles [C]//2018 IEEE 22nd International Conference on Intelligent Engineering Systems (INES), Las Palmas de Gran Canaria, Spain. New York: IEEE, 2018: 000185-000192.

[74] WANG W, XI J, CHONG A, et al. Driving style classification using a semisupervised support vector machine [J]. IEEE Transactions on Human-Machine Systems, 2017, 47 (5): 650-660.

[75] KASHEVNIK A, LASHKOV I. Intelligent driver decision support system in vehicle cabin: Reference model for dangerous events recognition and learning [C/OL]//2019 IEEE 15th International Conference on Control and Automation (ICCA), Edinburgh, UK, 2019: 27-31. DOI: 10.1109/ICCA.2019.8899484.

[76] WANG W, ZHAO D, XI J, et al. A learning-based approach for lane departure warning systems with a personalized driver model [J]. IEEE Transactions on Vehicular Technology, 2018, 67 (10): 9145-9157.

[77] WANG W, WANG L, ZHANG C, et al. Socially interactive autonomous driving: A review and perspective [J]. Foundations and Trends in Robotics, 2022, 10 (3/4): 198-376.

[78] GAO B, WAN K, CHEN Q, et al. A review and outlook on predictive cruise control of vehicles and typical applications under cloud control system [J/OL]. Mach. Intell. Res., 2023, 20: 614-639. https://doi.org/10.1007/s11633-022-1395-3.

[79] LI H, JIN H. Research on personalized AEB strategies based on self-supervised contrastive learning [J]. IEEE Transactions on Intelligent Transportation Systems, 2024, 25 (2): 1303-1316.

[80] ZHANG J, JIN H. Optimized calculation of the economic speed profile for slope driving: Based on iterative dynamic programming [J]. IEEE Transactions on Intelligent Transportation Systems, 2022, 23 (4): 3313-3323.

[81] YANG S, WANG W, XI J. Leveraging human driving preferences to predict vehicle speed [J]. IEEE Transactions on Intelligent Transportation Systems, 2022, 23 (8): 11137-11147.

[82] 张玉. 自动驾驶车辆混合运动规划研究 [D]. 北京: 北京理工大学, 2018.

[83] KAVRAKI L E, SVESTKA P, LATOMBE J C, et al. Probabilistic roadmaps for path planning in high-dimensional configuration spaces [J]. IEEE Transactions on Robotics and Automation, 1996, 12 (4): 566-580.

[84] KAVRAKI L E, KOLOUNTZAKIS M N, LATOMBE J C. Analysis of probabilistic roadmaps for path planning [C]//IEEE International Conference on Robotics & Automation, Leuven, Belgium. New York: IEEE, 1998.

[85] KARAMAN S, FRAZZOLI E. Sampling-based algorithms for optimal motion planning [J]. The International Journal of Robotics Research, 2011, 30 (7): 846-894.

[86] KARAMAN S, WALTER M R, PEREZ A, et al. Anytime motion planning using the RRT [C]//2011 IEEE International Conference on Robotics and Automation, Shanghai, China. New York: IEEE, 2011.

[87] PADEN B, ČÁP M, YONG S Z, et al. A survey of motion planning and control

techniques for selfdriving urban vehicles [J]. IEEE Transactions on Intelligent Vehicles, 2016, 1 (1): 33-55.

[88] FOX D, BURGARD W, THRUN S. The dynamic window approach to collision avoidance [J]. IEEE Robotics & Automation Magazine, 2002, 4 (1): 23-33.

[89] BROGGI A, BERTOZZI M, FASCIOLI A, et al. The argo autonomous vehicle's vision and control systems [J]. International Journal of Intelligent Control and Systems, 1999, 3 (4): 409-411.

[90] PIAZZI A, BIANCO C G L. Quintic G2-splines for trajectory planning of autonomous vehicles [C]//IEEE Intelligent Vehicles Symposium, Dearborn, MI, USA. New York: IEEE, 2000.

[91] RESENDE P, NASHASHIBI F. Real-time dynamic trajectory planning for highly automated driving in highways [C]//In IEEE International Conference on Intelligent Transportation Systems (ITSC), Madeira Island, Portugal, 2010: 653-658.

[92] URMSON C, ANHALT J, BAGNELL D, et al. Autonomous driving in urban environments: Boss and the urban challenge [J]. Journal of Field Robotics, 2008, 25 (8): 425-466.

[93] HOWARD T M, GREEN C J, KELLY A, et al. State space sampling of feasible motions for high performance mobile robot navigation in complex environments [J]. Journal of Field Robotics, 2008, 25: 325-345.

[94] CHU K, LEE M, SUNWOO M. Local path planning for off-road autonomous driving with avoidance of static obstacles [J]. IEEE Transactions on Intelligent Transportation Systems, 2012, 13 (4): 1599-1616.

[95] BOHREN J, FOOTE T, KELLER J, et al. Little ben: The ben franklin racing team's entry in the 2007 DARPA urban challenge [J]. Journal of Field Robotics, 2008, 25 (9): 598-614.

[96] PATZ B J, ANALYSIS V M, PILLAT R, et al.. A practical approach to robotic design for the DARPA Urban Challenge [J]. Journal of Field Robotics, 2008, 25 (8): 528-566.

[97] LIKHACHEV M, FERGUSON D. Planning long dynamically-feasible maneuvers for autonomous vehicles [J]. International Journal of Robotics Research, 2009, 28 (8): 933-945.

[98] KAMMEL S, ZIEGLER J, PITZER B, et al. Team annieway's autonomous system for the 2007 DARPA Urban Challenge [J]. Journal of Field Robotics,

2008, 25 (9): 615-639.

[99] BACHA A, BAUMAN C, FARUQUE R, et al. Odin: Team victortango's entry in the darpa urban challenge [J]. Journal of Field Robotics, 2008, 25 (8): 467-492.

[100] DOLGOV D, THRUN S, MONTEMERLO M, et al. Path planning for autonomous vehicles in unknown semi-structured environments [J]. The International Journal of Robotics Research, 2010, 29 (5): 485-501.

[101] PIVTORAIKO M, KNEPPER R A, KELLY A. Differentially constrained mobile robot motion planning in state lattices [J]. Journal of Field Robotics, 2009, 26 (3): 308-333.

[102] BERTSEKAS D P, BERTSEKAS D P, BERTSEKAS D P, et al. Dynamic programming and optimal control [M]. MA: Athena Scientific, 2005.

[103] BIANCO N D, BERTOLAZZI E, BIRAL F, et al. Comparison of direct and indirect methods for minimum lap time optimal control problems [J]. Vehicle System Dynamics, 2018 (1): 1-32.

[104] LIBERZON D. Calculus of variations and optimal control theory: A concise introduction [M]. Princeton: Princeton University Press, 2011.

[105] VAN DEN BERG J. Extended LQR: Locally-optimal feedback control for systems with non-linear dynamics and non-quadratic cost [M]. Berlin: Springer International Publishing, 2016: 39-56.

[106] BIRAL F, ZENDRI F, BERTOLAZZI E, et al. A web based "virtual racing car championship" to teach vehicle dynamics and multidisciplinary design [C]//Asme International Mechanical Engineering Congress & Exposition, Denver, Colorado, USA, 2011.

[107] TAVERNINI D, MASSARO M, VELENIS E, et al. Minimum time cornering: The effect of road surface and car transmission layout [J]. Vehicle System Dynamics, 2013, 51 (10): 1533-1547.

[108] 杨天. 考虑三维地形的无人车辆运动规划技术研究 [D]. 北京: 北京理工大学, 2021.

[109] 李庆扬, 王能超, 易大义. 数值分析 [M]. 5版. 北京: 清华大学出版社, 2011.

[110] DOLGOV D, THRUN S, MONTEMERLO M, et al. Path planning for autonomous vehicles in unknown semistructured environments [J]. The International Journal of Robotics Research, 2010, 29 (5): 485-501.

[111] FELZENSZWALB P F, HUTTENLOCHER D P. Distance transforms of sampled functions [J]. Theory of Computing, 2004, 8 (19): 415-428.

[112] ZHANG Y, CHEN H, WASLANDER S L, et al. Hybrid trajectory planning for autonomous driving in highly constrained environments [J]. IEEE Access, 2018, 6: 32800-32819.

[113] MANCHUK J G, DEUTSCH C. Conversion of latitude and longitude to utm co-ordinates [J]. CCG Annual Report, 2009, 11: 410

[114] SNYDER J P. Map projections-A working manual [M]. Washington: US Government Printing Office, 1987.

[115] SHI Y H, EBERHART R. Empirical study of particle swarm optimization [C]// Congress on Evolutionary Computation, Honolulu. New York: IEEE, 2002.

[116] KENNEDY J, EBERHART R. Particle swarm optimization [C]// ICNN 95-international Conference on Neural Networks, Perth, WA, Australia. New York: IEEE, 1995.

[117] EBERHART R, KENNEDY J. A new optimizer using particle swarm theory [C]//MHS'95 Sixth International Symposium on Micro Machine & Human Science, Nagoya, Japan. New York: IEEE, 2002.

[118] 杨朝霞, 方健文, 李佳蓉, 等. 粒子群优化算法在多参数拟合中的应用 [J]. 浙江师范大学学报（自然科学版）, 2008, 031 (002): 173-177.

[119] EBERHART R. Swarm intelligence [M]. CA: Morgan Kaufmann, 2001.

[120] HALTON J H. On the efficiency of certain quasi-random sequences of points in evaluating multi-dimensional integrals [J]. Numerische Mathematik, 1960, 2 (1): 84-90.

[121] LI X, SUN Z, CAO D, et al. Real-time trajectory planning for autonomous urban driving: Framework, algorithms, and verifications [J]. IEEE/ASME Transactions on mechatronics, 2015, 21 (2): 740-753.

[122] GU T. Improved trajectory planning for on-road self-driving vehicles via combined graph search, optimization & topology analysis [D]. Pittsburgh: Carnegie Mellon University, 2017.

[123] 龚建伟, 刘凯, 齐建永. 无人驾驶车辆模型预测控制 [M]. 2版. 北京: 北京理工大学出版社, 2020.

[124] JI J, KHAJEPOUR A, MELEK W W, et al. Path planning and tracking for vehicle collision avoidance based on model predictive control with multi-constraints [J]. IEEE Transactions on Vehicular Technology, 2017, 66 (2):

952-964.

[125] GUO H, LIU J, CAO D, et al. Dual-envelop-oriented moving horizon path tracking control for fully automated vehicles [J]. Mechatronics, 2018, 50: 422-433.

[126] GUO H, SHEN C, ZHANG H, et al. Simultaneous trajectory planning and tracking using an MPC method for cyber-physical systems: A case study of obstacle avoidance for an intelligent vehicle [J]. IEEE Transactions on Industrial Informatics, 2018, 14: 4273-4283.

[127] MOSER D, SCHMIED R, WASCHL H, et al. Flexible spacing adaptive cruise control using stochastic model predictive control [J]. IEEE Transactions on Control Systems Technology, 2018, 26: 114-127.

[128] 梁赫奇. 基于模型预测控制的底盘分层集成控制算法研究 [D]. 长春: 吉林大学, 2011.

[129] 于聪聪. 基于硬件在环的无人车决策控制测试系统设计与研究 [D]. 北京: 北京理工大学, 2022.

[130] 冯屹, 王兆. 自动驾驶测试场景技术发展与应用 [J]. 道路交通管理, 2021 (03): 90.

[131] 陈鹏飞. 十七自由度车辆动力学仿真模型的研究 [D]. 武汉: 华中科技大学, 2011.

[132] 何文钦. 地面无人车辆决策控制测评方法研究 [D]. 北京: 北京理工大学, 2022.

[133] 中国智能网联汽车产业创新联盟, 全国汽标委智能网联汽车分技术委员会. 智能网联汽车自动驾驶功能测试规程（试行）[Z]. 2018.

[134] LIN B, SU J. One way distance: For shape based similarity search of moving object trajectories [J]. GeoInformatica, 2008, 12 (2): 117-142.

[135] 曹利新, 董雷, 曹京京. 平面曲线间 Hausdorff 距离计算 [J]. 大连理工大学学报, 2014 (2): 182-188.

[136] 朱西产, 魏昊舟, 马志雄. 基于自然驾驶数据的跟车场景潜在风险评估 [J]. 中国公路学报, 2020, 33 (4): 169-181.

[137] HAYWARD J C. Near-miss determination through use of a scale of danger [J]. Highway Research Record, 1972 (384): 24-34.

[138] 刘延, 周金应, 徐磊, 等. 自动驾驶汽车测试评价体系研究 [J]. 河南科技, 2020, 39 (28): 108-110.

[139] 黄辉. 基于驾驶员行为学习的自动驾驶车辆换道决策与轨迹规划研究

［D］. 重庆：重庆交通大学，2021.

［140］王和平，潘宏侠，黄晋英，等. 车辆振动对乘员舒适性影响的研究［J］. 装备制造技术，2009（2）：28-30.

［141］阙晓宇. 面向自动驾驶舒适性的电动观光车平顺性分析及优化［D］. 成都：西华大学，2021.

［142］方彦军，周亭亭，王振宇. 基于多曲率拟合模型的无人车路径规划研究［J］. 自动化与仪表，2012，27（3）：1-5.

［143］李爱娟，李舜酩，赵万忠，等. 基于最优控制理论的智能车辆轨迹生成方法［J］. 吉林大学学报（工学版），2014，44（5）：1276-1282.

［144］曹波，张志超，齐尧，等. 基于QP算法的智能车速度规划［J］. 军事交通学院学报，2019（7）：7.

索 引

A~Z（英文）

ACC 系统 158、159
    架构（图） 159
    信号控制单元框图（图） 159
ACT-R 129~133
    理论 129、133
    模块对应的 Brodmann 分区及 Talairach 坐标（表） 130
    模块外部环境与脑区的对应关系（图） 131
    认知架构 130
    认知理论假设空间（表） 131
    体系与人脑信息加工体系对比（表） 130
ACT-R 6.0 模块结构（图） 132
ACT-R 认知体系 132
    结构 132
    主体系统（图） 132
ADAS 152、153
    关键特征 152
    设计 153
Apollo Cyber 16、17
    框架优点 17
Apollo Cyber RT 16~19
    内部逻辑关系（图） 17
    通信流程图（图） 19
Apollo Cyber RT 框架结构 17、18（图）
    分层 17
BILSTM 网络对车辆未来速度预测 162
BRIEF 描述子匹配 107
Brodmann 大脑分区（图） 128

Halton 序列生成步骤 199
HRNet 56
    特征提取模块结构示意（图） 56
IMU 预积分 96
LDW 系统 153、154
    优化 154
    正确预警和误预警（图） 153
Master 和 Node 关系图（图） 12
MDP 145
MobileNetv2 网络特点 43
Node 18
PnP 108
    剔除外点 108
    问题本质 108
POMDP 145
QP 问题转化 233
RANSAC 算法剔除错误匹配步骤 103、108
RCS 9、10
    模块内部运行机制（图） 10
ROS 11、12
    计算图（图） 12
ROS 1 15
ROS 1 和 ROS 2 的软件架构对比（图） 15
ROS 2 15、16
    软件架构（图） 16
RRM 法 166
Shi-Tomasi 角点特征 101
Sobel 卷积核特征提取效果（图） 52
TLC 计算方法示意（图） 154
Topology 管理图（图） 19

UTM 坐标系与车体坐标系关系（图） 193
YOLOv4 网络 42~45
  红外目标检测算法 42
  改进网络结构（图） 43
  模型结构（图） 42
  训练过程（图） 45

A~B

安全辅助技术优点 151
安全间距策略 161
凹障碍处的规划场景（图） 203
八叉树示意（图） 68
半监督学习 5
被测车辆与优秀驾驶人行驶过程侧向加速
  度（图） 278
贝塞尔曲线示例（图） 78
不变集理论 244
不同类型栅格点云特征示意（图） 93
不同任务属性智能车辆决策控制评价模型
  （图） 271
不同维度下运动示意图（图） 86
部分数据下系统状态量偏差（图） 248
部件级模型 255

C

采样 168、199、202
  方法 199
  路径长度自适应调整 202
  示意（图） 168
采样数自适应调整 201
参考文献 280
侧滑约束 215
侧倾临界受力示意（图） 217
测评试验 274
测试场景用例设计 275
测试车辆重构 276

测试方案设计 275
测试过程 276、277
  实时仿真系统显示的车辆行驶状态
   （图） 277
测试结果量化分析 277
测试系统 252、259、262
  构建与集成 259
  集成 262
  设计与构建 252
  需求分析 252
  要求 252
场景生成和车辆仿真方式 257
场景生成模块应满足原则 254
朝向障碍物场景下的采样数调整（图） 201
车道变更决策与运动规划器结构示意（图）
  144
车道偏离 153
  行为 153
  预警系统 153
车辆 ACC 系统示意（图） 158
车辆避障过程轨迹线和安全性指标（图）
  277、278
车辆重构模块需求分析 255
车辆定位系统中相关坐标系定义 84
车辆动力学 222、223
  建模假设 223
  模型 223
  模型和轮胎模型 222
车辆模型内容 255
车辆匹配定位技术 99
车辆位姿示意（图） 173
车辆行驶转向半径约束（图） 196
车辆沿规划路径行驶的坐标系（图）214
车辆在越野环境中前方出现缓坡或起伏路
  时的示意（图） 30
车辆整车级模型 256

车辆智能化 156、157
  等级划分（表） 157
  进程级别 156
车辆左右两侧倾斜安装的激光雷达俯视图
  （图） 23
车体坐标系 84
车载激光雷达安装 21、23
  方式 21
  位置（图） 23
陈述性知识 132
城市道路场景 254
持续性注意 136
池化层 54
初始速度曲线生成 213
传感器仿真 254、261
  模块需求分析 254
  模型构建 261
传统机器学习与驾驶决策 143
创造力 126
词典树模型（图） 106
刺激-决策研究 149
从低分辨率特征图恢复高分辨率特征图，
  且这些网络均是有损地计算高分辨率
  特征（图） 55

D

大地坐标系 84
大地坐标系、车体坐标系和道路坐标系（图） 223
代价函数 98、240
代价值 187、208
  设计 187
  与启发值计算（图） 208
待测控制器接入 264
单轨车辆动力学模型（图） 223
单激光雷达标定 24
道路中线作为参考线的意义 177

低速园区场景 253
地面 193、195、216
  参数拟合 193、195
  接触约束 216
地图 67、71、105、107
  表现形式 67
  粗匹配 105
  匹配流程（图） 107
  数据转换 71
第1层前4个卷积核对应神经元激活情况
  （图） 58
第10层前4个卷积核对应神经元激活情况
  （图） 58
典型案例 158
点云畸变 91
  矫正 91
  示意（图） 91
点云特征 61~63
  提取 61
  验证 63
点云投影图（图） 27、50、62
  投影到二维栅格地图的结果（图） 27
  图像特征融合检测模型（图） 50
点云下采样 90
点云预处理 90
电动履带车辆路径规划 190、205、210
  流程（图） 210
  实现方法 205
迭代速度规划算法 217
定位框架示意（图） 83
动力学分析 213
动力学模型 206、207
  在规划算法中的应用方法（图） 207
动态要素检测与追踪 143
多层次地图模型 190
  原理示意（图） 190
多车位姿联合优化 117

索引

多车协同 115、116
　　定位 115
　　任务描述示意（图） 116
多车智能车辆 115~118
　　系统位姿联合优化示意（图） 117
　　协同定位后端优化因子图模型（图） 118
　　协同定位系统工作流程 115
多传感器 38、48
　　目标融合流程（图） 48
　　时序融合 38
多目标导向优化策略设计 207
多源定位信息融合优化 110
多源信息滤波融合优化 112
多约束速度规划 211
多种视觉特征提取与筛选流程（图） 102

E~F

二维情形求启发值的示意（图） 189
反馈校正 225
反应式体系结构 7、8（图）
非结构化道路 49、50
　　环境可通行区域检测 49
　　示例（图） 50
非线性模型预测控制 227
分层递阶式体系结构 7、8（图）
分层覆盖圆碰撞检测模型 191
　　原理（图） 191
分层控制结构（图） 227
分段三阶贝塞尔曲线（图） 79
分散注意 136
复杂环境 21、26
　　多类障碍物检测 26
　　障碍物检测 21
负障碍测试 276、278
　　场景（图） 276
负障碍检测 30、279（图）

G

改进的 YOLOv4 网络 43、45
　　结构（图） 43
　　训练过程（图） 45
概率路图方法的规划结果示意（图） 167
感知 125、137、138
　　负荷 137
　　失误 138
刚体三维旋转表达方式 86
高度梯度图像（图） 63
高级驾驶辅助系统 151、153、155
　　设计与优化 151
　　适应性与个性化设计 155
　　优化案例 153
高级驾驶辅助系统个性化设计 156、157
　　定义 156
高级神经活动 127
高速公路场景 254
个性化安全车间距（表） 162
个性化与不同自动化级别车辆 156
个性化与自动驾驶系统 158
个性化预测巡航控制 158、160
　　策略方法与设计 160
更新步 41
功能场景介绍 275
惯性导航系统坐标系 85
光流特征 101
规划 138、169、171
　　失误 138
　　算法 169、171
　　跟踪控制 237
滚动优化 225

H

毫米波雷达和红外相机融合系统 47、48
　　框架（图） 48

毫米波雷达有效目标筛选 39
红外图像变换效果（图） 46
红外相机和毫米波雷达 37
　　时空融合模型构建 37
　　联合标定 37
后处理函数 11
环境模型 190

J

基本避障场景测试 277
基本功能测试场景（图） 275
基本运动单元 184、187
　　设计 184
　　示例（图） 187
基于 EKF 算法的毫米波雷达目标跟踪 40
基于 Halton 序列的采样方法 199
基于不变集的鲁棒模型预测控制理论 245
基于采样的运动规划算法 166
基于词袋模型的视觉关键帧匹配 106
基于点云的可通行区域特征提取 61
基于动力学模型的轨迹跟踪控制 237
基于多个经过点的分段三阶贝塞尔曲线（图） 79
基于多源信息的地图匹配流程（图） 107
基于多源信息的匹配方法 105
基于改进的 YOLOv4 网络红外目标检测算法 42
基于规则的多种视觉特征提取与筛选流程（图） 102
基于规则的特征筛选 102
基于毫米波雷达的目标跟踪 39
基于红外图像的目标检测与跟踪 41
基于红外图像检测结果的目标跟踪 47
基于红外相机和毫米波雷达融合的目标检测与跟踪 36
基于环境约束的自适应采样 200、202
　　参数调整 200
　　路径长度调整（图） 202
基于基础矩阵估计位姿并剔除外点 108

基于激光雷达与惯性传感器紧耦合的实时位姿估计 87
基于激光雷达与相机融合的可通行区域检测 64
基于驾驶人模型的 LDW 系统优化 154
基于控制空间采样的路径规划算法缺陷 203
基于控制空间采样的模型嵌入式路径规划算法 197~199
　　规划流程示意（图） 199
　　基本原理（图） 198
　　原理 197
基于粒子群优化算法的地面参数拟合 193
基于匹配地图的位姿优化 110
基于切向空间的重力方向细化及姿态初始化 94
基于曲面的启发式空间搜索 178
基于认知模型的高级驾驶辅助系统 151~153
　　设计 151
　　优化案例 153
基于顺序约束与位置约束的多车位姿联合优化 117
基于搜索的规划算法 169
基于条件随机场的可通行区域检测结果优化 76
基于图像的可通行区域特征提取 51
基于位置服务的智能导航系统 146
　　结构示意（图） 146
基于位姿插值的行驶轨迹 77
基于先验地图的地图粗匹配 105
基于行驶轨迹的可通行区域地图修正 79
基于行为的反应式体系结构（图） 8
基于引入遗忘因子的自适应平方根滤波算法的多源信息滤波融合优化 112
基于硬件在环的智能车辆决策控制系统测试与评价 250
基于优化的规划算法 171
基于自适应粒子群优化算法的地面参数拟合 195
机器人操作系统 11
机器学习 4、5
机器学习、深度学习和强化学习在智能驾驶决

索 引

　　策中的应用　143
激光雷达　13、21～23、28、31、34、85、
　　88、96
　　安装与标定　21
　　标定　23
　　点云消息数据结构　13
　　与惯性传感器紧耦合联合优化　96
　　和惯性传感器在各自坐标系下观察同一物
　　　　体情况示意（图）　88
　　扫描到普通正障碍和悬空障碍示意（图）　28
　　扫描负障碍示意（图）　31
　　水平安装时激光雷达线束扫描示意（图）　22
　　同时扫描负障碍区域和悬崖区域的对比示
　　　　意（图）　34
　　与惯性传感器联合标定　88
　　坐标系　85
激活函数层　53
激活函数图像（图）　53
几何外观模型　255
技术与信息因素　139
记忆　126、138
　　错误　138
记忆力利用能力　134
驾乘舒适度　137
驾驶本质　134
驾驶决策辅助系统案例　146
驾驶人　134、150、151
　　感知增强　150
　　任务需求　134
　　行为建议　151
驾驶任务负荷　137
　　类型　137
驾驶任务需求　134
驾驶认知对智能决策影响　149
驾驶效率　137
驾驶信息加工过程　135
　　感知阶段　135

　　决策阶段　135
　　控制阶段　135
驾驶行为　133
　　定义　133
驾驶行为认知　123、133、138
　　失误　138
　　特征　133
　　与智能决策　123
监督学习　5
检测负障碍流程　32
检测目标信息可视化显示（图）　49
检测网络　66
间接法滤波框架（图）　113
结合规划层的控制系统（图）　226
结合特征分布及占据概率的特征概率栅格地图
　　构建与更新　92
节点　12、178～181、204
　　更新场景示意（图）　204
　　扩展模式　178、179（图）
　　调整方式（图）　181
解决问题　126
解耦的激光雷达与惯性传感器联合标定流程
　　（图）　89
局部点云地图生成　120
局部反馈控制律设计　246
局部平面内的车辆运动学模型（图）　184
局部原始地图生成（图）　120
卷积层　51
卷积核可视化图像（图）　57
卷积神经网络　57、144
　　特征可视化方法　57
决策　11、126、134、138、141、142、253
　　函数　11
　　环境与条件　142
　　控制功能和系统架构需求对照图（图）　253
　　模型与框架　141
　　能力　134

297

失误 138
决策控制 263、264
    评价模型 264
    硬件在环平台（图） 263
决策控制测评 260、272
    试验 272
    系统运行（图） 260
决策控制功能评价 265、279
    指标 265
决策系统 141、142
    构成 141
    设计框架（图） 142
决策-行为研究 150
军用智能车辆技术研究 3

K

考虑不确定性的鲁棒模型预测控制 243
考虑地形特性的三维局部路径规划 172
考虑动力学的多约束速度规划 211
考虑能量消耗的电动履带车辆路径规划 190、205、210
    流程（图） 210
    实现方法 205
瞌睡风险预警（图） 147
可通行区域 51、61、63、76
    建图后处理 76
    特征提取 51、61
    真值图与显著性图（图） 63
可通行区域地图 67、71、79
    创建 67
    更新 71
    构建及后处理 67
    修正 79
可通行区域检测 66、69、74、76
    后处理 74
    结果优化 76
    图像到点云的变换（图） 69

网络（图） 66
空间感知能力 134
空间曲面基本参数 175
空间曲线基本参数 174
空间位姿表示 172
控制步长与预测时域的选取标准（图） 242
控制函数 11
跨越式与渐进式（图） 158
快速探索随机树方法规划结果（图） 167

L

离群点滤除 90
利用车辆行驶轨迹标记地图的可通行性（图） 80
粒子群优化算法 194
两个传感器对应的坐标系（图） 37
鲁棒不变集计算 247、248
    流程（表） 248
鲁棒模型预测控制 243、245
    理论 243、245
鲁棒模型预测控制器 245、246
    框架（图） 246
    设计 245
路径规划流程 209
路径规划算法 203~206
    缺陷 203
    与动力学模型结合 206
    与运动学模型结合 205
路径拟合与平滑 208
轮胎模型 224

M

马尔可夫决策过程 145
名义模型预测控制器设计 249
命令信息 10
模型嵌入式路径规划算法 197~199
    规划流程示意（图） 199
    基本原理（图） 198

原理　197
模型预测控制　224~226
　　理论推导与求解　224
　　算法　225
目标　36、39、41、47
　　跟踪　39、47
　　检测与跟踪　36、41

N~Q

脑功能磁共振成像　127
内在因素　139
批量归一化层　52
匹配关系验证　107
平方根滤波　111
平面约束下的激光雷达与惯性传感器联合标定　88
评价模型层次总排序验证　271
评价指标权重确定　269
普通卷积以及深度可分离卷积和逐点卷积组合
　　（图）　44
启发式空间搜索　178
迁移学习　6
强化学习　6、145
　　与驾驶决策　145
倾翻约束　216
情绪　135~137
　　负荷　137
　　调节能力　135
曲面上一点处不同的截线（图）　177
驱动力约束　214
全局环境地图构建方式（图）　93
全局目标地图构建　120
全连接层　54
确定性采样方法　168

R

人工智能　4
人工智能、机器学习与深度学习之间的关系　4

人类大脑皮层的 Brodmann 分区（表）　128
认知　125、127、137、149
　　负荷　137
　　建模优点　127
　　心理学基础　125
　　与智能决策交互作用　149
认知过程　125
　　关键组成部分　125
认知失误　138
　　类型　138
　　影响因素　138
认知失误后果　139、140
　　驾驶技能下降　140
　　交通事故　140
　　其他后果　140
　　心理健康影响　140
　　与防范措施　140
认知体系　126
　　结构建模理论及方法　126
融合点云和图像的可通行区域检测网络（图）　66

S

三重匹配验证效果（图）　109
三次 B 样条曲线路径拟合结果（图）　210
三角化处理及 PnP 剔除外点　108
三角化示意（图）　108
三维参考路径生成　177
三维参考曲线构建　180~182
　　节点平滑　180
　　样条插值　182
三维地形可通行度特性　172
三维局部路径　172、183
　　规划　172
　　生成　183
三维空间中车辆运动描述及求解　86
三维语义重建　68
筛选出的悬崖临界点（图）　35

上采样层 54
深度神经网络 51
深度学习 5、6、144
  发展展望 6
  与驾驶决策 144
实时仿真平台选型 258
实时控制系统 9
实时位姿估计 87、88
  与优化框架（图） 88
时间戳同步 142
时序融合示意（图） 39
视觉关键帧 104、106
  匹配 106
  选取策略 104
视觉特征提取 101
视觉先验信息提取 99
视觉增强的车辆匹配定位技术 99
视觉增强的智能车辆地图匹配和位姿匹配定位
  框架（图） 99
试验管理界面搭建 264
试验平台搭载多个雷达坐标系及车体坐标系
  （图） 24
输入图像（图） 58
数据 64、142
  储存 142
  融合 64
双激光雷达联合标定 26
顺序约束生成 118
思维 126
搜索算法示例（图） 171
速度规划的约束类型与度量指标 211
速度曲线平滑 218
速度预测 162、163
  轨迹（图） 163
  模型结构（图） 162
随机性采样方法 166

T

特征变换与融合模块（图） 65
特征概率栅格地图构建与更新 92
特征均匀化 103、104
  示意图（图） 104
特征融合 65
特征筛选 102
特征折叠层 44
体系结构 7
条件随机场 74~76
  对可通行区域检测结果后处理（图） 76
  模型（图） 75
图像边缘特征点示意图（图） 103
图像特征 55、58
  提取 55
  验证 58
图像预处理 100
推理思维自适应模型 ACT-R 129

W

外在因素 139
位置约束生成 119
位姿 79、97、110
  插值前和插值后的车辆轨迹（图） 79
  估计代价函数建立 97
  优化 110
问题 219、220
  建模 219
  求解 220
无监督学习 5
无人履带车辆决策控制评价指标数据及评分结
  果（表） 279
无人系统联合架构 9
无人侦察履带车辆功能测试场景（表） 275
物理负荷 137

索 引

X

稀疏增量位姿图优化　119
系统不确定性问题描述　243
系统方案设计　257
系统运行　259
系统状态量偏差（图）　248
狭窄通路场景下的采样数调整（图）　201
显著性图（图）　60
线性时变模型预测控制　229
相机模型及其坐标系（图）　85
相机坐标系　85
信息处理速度　134
信息块　132
行驶安全性　137、270、265
　　评价指标　265
行驶平稳性　267、271
　　评价指标　267
行驶时效性　268、271
　　评价指标　268
行驶准确性　265、270
　　评价指标　265
虚拟场景　253、259
　　搭建　259
　　生成模块需求分析　253
虚拟车辆仿真重构　262
悬崖场景图及栅格地图（图）　36
悬崖检测　33~35
　　步骤　34
　　流程图（图）　35
悬崖临界点（图）　35
选择性注意　136
巡航控制　158、159
　　策略设计　159
　　系统原理　158
巡航停车车间距（图）　161

Y

野外非结构化道路场景　254
隐式状态网格　203~205
　　应用场景（图）　205
　　与相同节点状态阈值　204
硬件平台集成　262
硬件在环测试流程　272
硬件在环仿真平台（图）　272
优化求解　241
有界扰动与鲁棒不变集计算　247
语言　126
语义概率更新　73
预测步　40
预测模型　225、230、237
　　设计　230
预测巡航控制系统　148
　　采集数据内容（图）　148
预处理函数　11
约束类型与度量指标　211
越野环境速度规划涉及指标及约束（表）　212
运动　86、166
　　规划算法　166
　　示意图（图）　86
运动学模型　205、206
　　在规划算法中的应用方法（图）　206

Z

增量目标地图管理　121、121（图）
栅格　71、93
　　点云特征示意（图）　93
　　属性推理前后对比（图）　71
占据概率更新　72
障碍物检测　21
正障碍检测　28~31
　　场景图与结果图（图）　31
　　算法流程　29

智能车辆理论与技术

支持向量机 143
执行性控制 136
直接法滤波框架（图） 113
智能车辆 2、3
智能车辆测试时的节点及话题关系（图） 14
智能车辆地图匹配和位姿匹配定位框架（图） 99
智能车辆定位框架 83
智能车辆多源信息融合定位 81
智能车辆环境感知 20
智能车辆激光雷达节点（图） 13
智能车辆决策控制 250、270、271
　　功能评价指标体系（表） 270
　　评价模型（图） 271
　　系统测试与评价 250
智能车辆决策控制测试 274
　　流程（图） 274
智能车辆决策控制测试系统 262、263
　　硬件架构（图） 263
智能车辆模型预测控制 221
智能车辆算法架构 10
智能车辆体系结构 7
智能车辆运动规划 164
智能导航系统 146
　　结构示意（图） 146
智能化程度等级 157
智能驾驶决策方法 141
智能驾驶决策支持系统 147、148
　　驾驶人信息采集模块 147

数据模块 148
云服务端 147
智能手机 147
智能决策 141、150
　　理论 141
　　系统对认知过程主动调节 150
智能汽车 4
智能要点 2
中国车辆智能化级别 157
重力方向细化及姿态初始化 94
重力矢量切线空间示意（图） 95
注意力 126、134、136、138
　　机制 136
　　控制 134
　　失误 138
子节点生成 189
自动驾驶分级标准 2
自适应采样 200、202
　　参数调整 200
　　路径长度调整（图） 202
自适应粒子群优化算法 193、196
　　相关参数设置 196
最大池化与平均池化原理示意（图） 54
最终可通行区域三维语义栅格地图示例 74
左右两侧16线激光雷达负障碍检测后的结果
　　融合栅格地图（图） 33
坐标系 222
坐标系统模型 192

（王彦祥、张若舒　编制）

图 2-4　试验平台搭载的多个雷达坐标系及车体坐标系

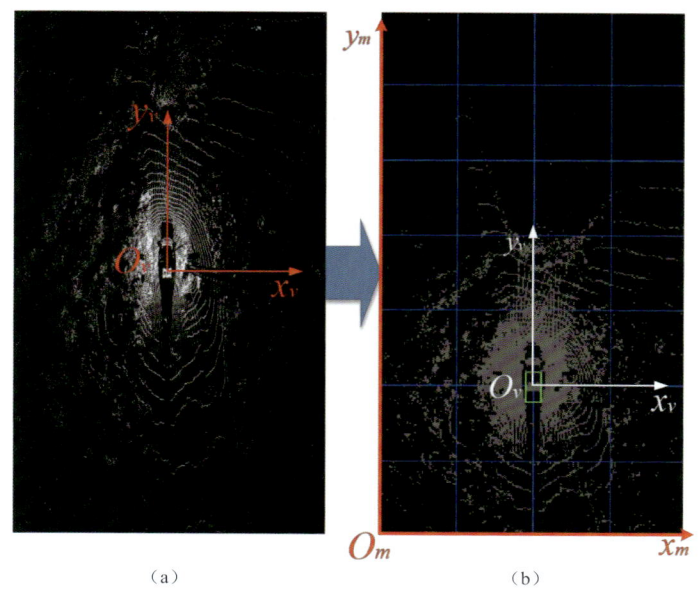

(a)　　　　　　　　　　　(b)

图 2-5　点云图投影到二维栅格地图的结果

（a）标定得到的三维点云；（b）投影后的二维栅格地图

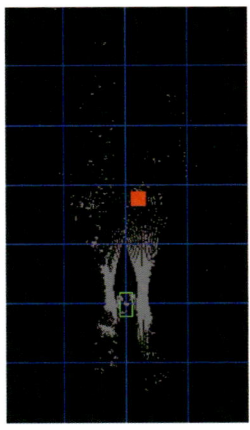

图 2-10 左右两侧 16 线激光雷达负障碍检测后的结果融合栅格地图

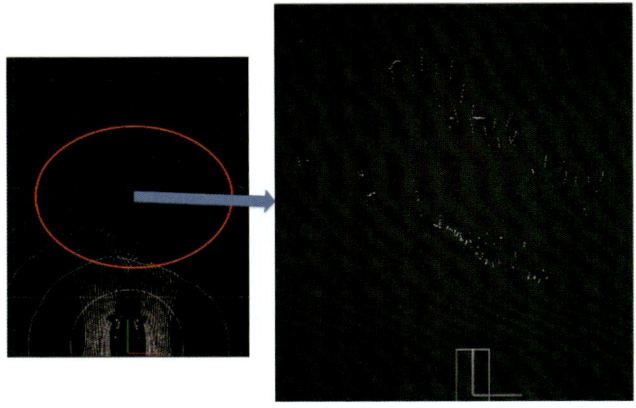

图 2-13 筛选出的悬崖临界点

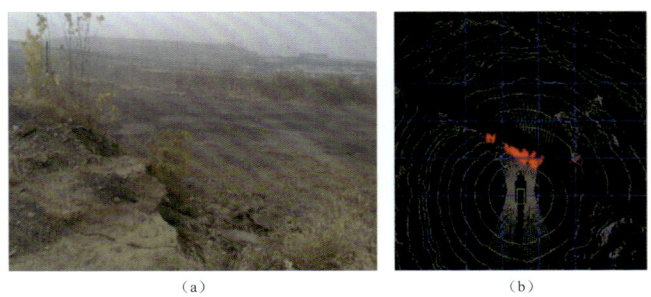

图 2-14 悬崖场景图及栅格地图

（a）悬崖场景图；（b）悬崖栅格地图

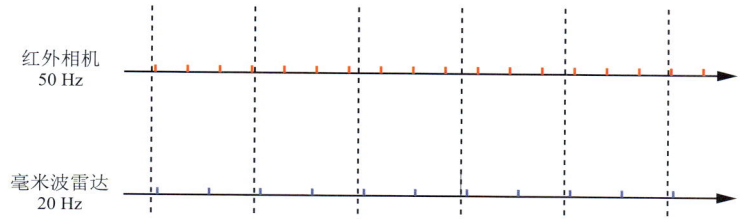

图 2-16 时序融合示意图

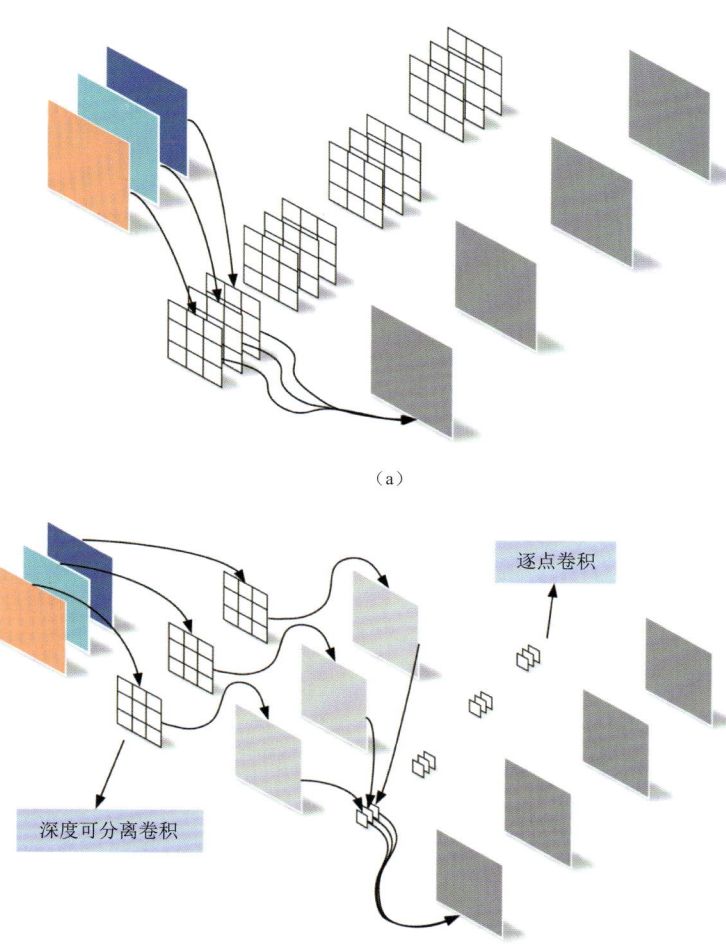

(a)

(b)

图 2-19 普通卷积以及深度可分离卷积和逐点卷积组合

(a) 普通卷积；(b) 深度可分离卷积和逐点卷积组合

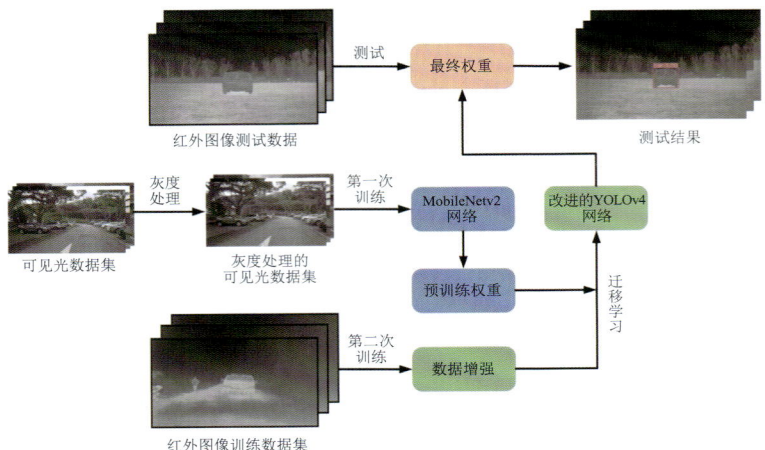

图 2-20　改进的 YOLOv4 网络训练过程

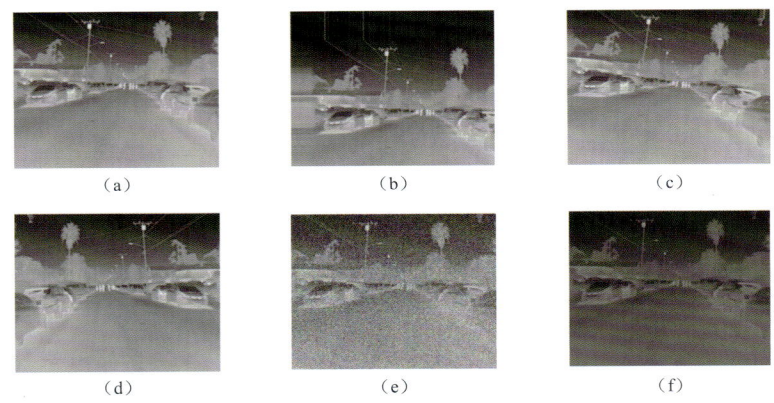

图 2-21　红外图像变换效果

（a）原图；（b）平移；（c）旋转；（d）镜像；（e）模糊；（f）亮度变换

 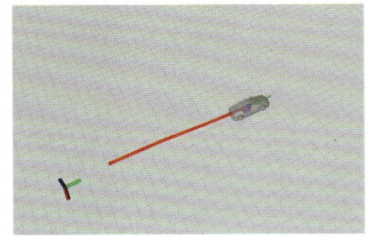

图 2-24　检测目标信息可视化显示

（a）图像可视化；（b）3D 可视化

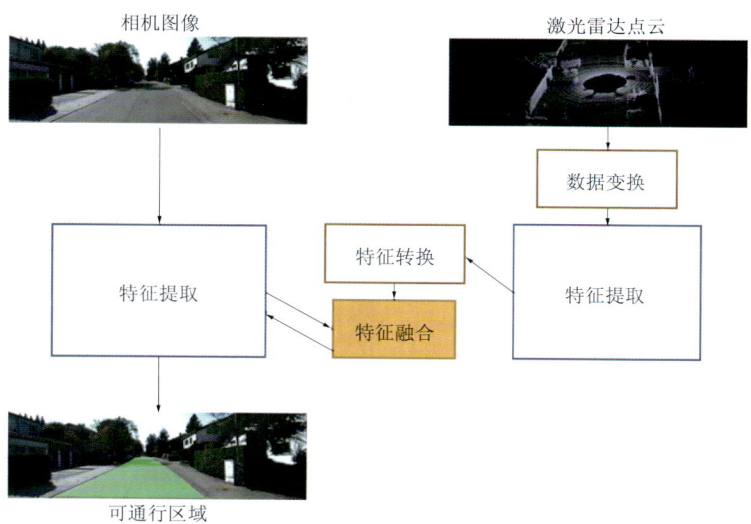

图 2-25　点云图像特征融合的检测模型

图 2-26　非结构化道路示例（从左至右：铺面路、土路、草地）

图 2-33　输入图像

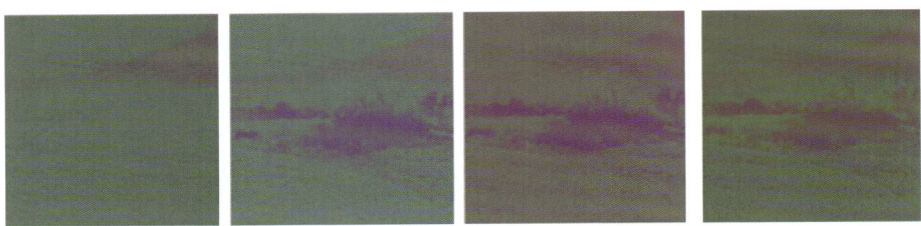

图 2-34　第 1 层前 4 个卷积核对应神经元激活情况（主要反映颜色特征）

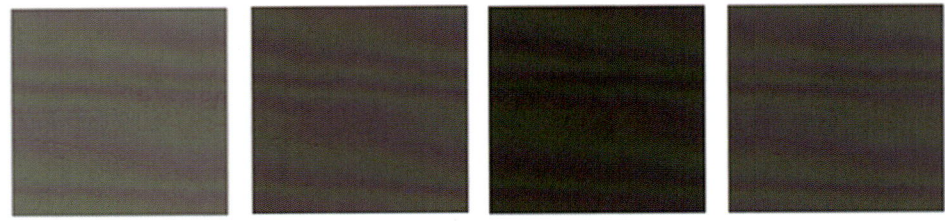

图 2-35　第 10 层前 4 个卷积核对应神经元激活情况（反映更抽象的纹理特征）

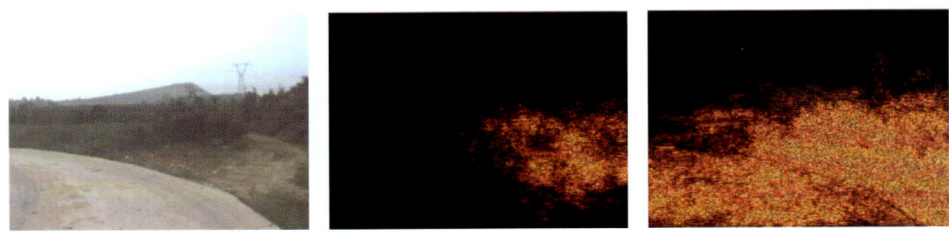

图 2-36　显著性图 1（从左到右：原图、土路显著性图、铺面路显著性图）

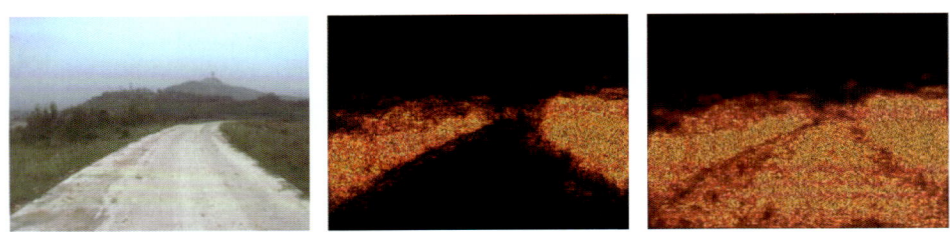

图 2-37　显著性图 2（从左到右：原图、草地显著性图、铺面路显著性图）

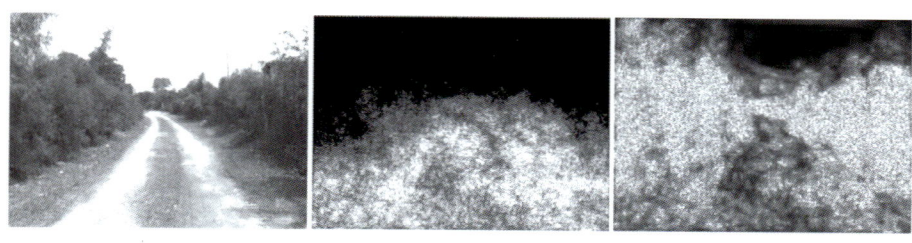

图 2-38 显著性图 3（从左到右：原图、土路显著性图、灌木树木显著性图）

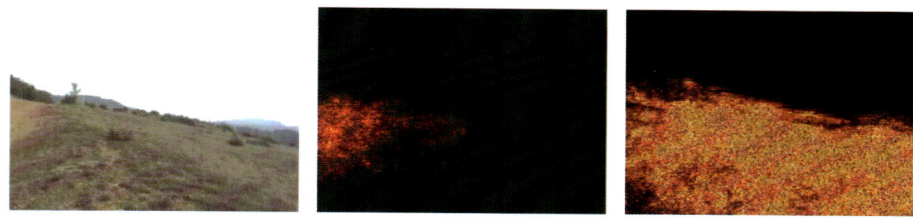

图 2-39 显著性图 4（从左到右：原图、土路显著性图、草地显著性图）

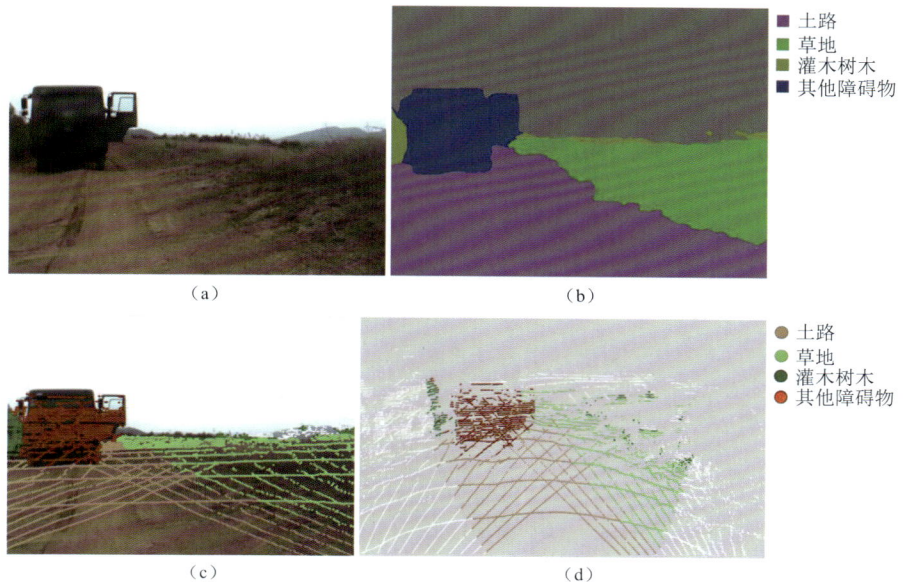

图 2-46 可通行区域检测图像到点云的变换

（a）原始场景；（b）可通行区域检测结果；（c）点云投影到图像并以区域属性给点云赋予语义和颜色；（d）三维语义点云

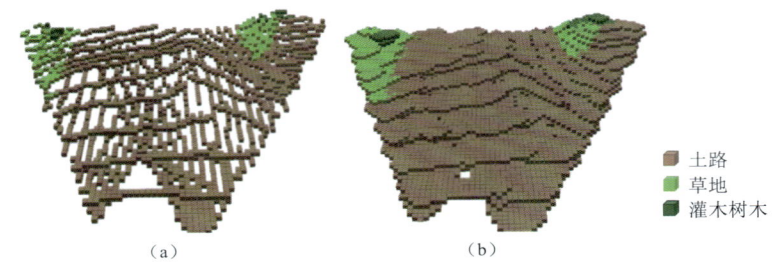

图 2-47 栅格属性推理前后对比

(a) 推理前，栅格较稀疏；(b) 推理后，栅格更稠密

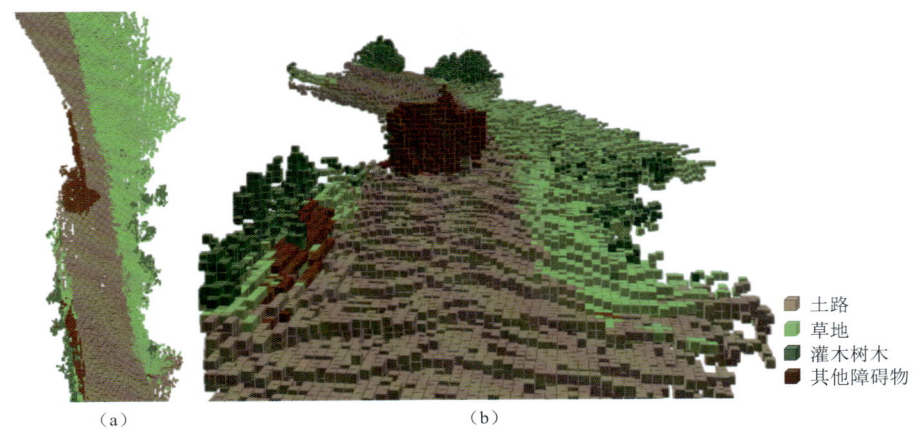

图 2-48 最终可通行区域三维语义栅格地图示例

(a) 俯视图；(b) 车辆前视视角

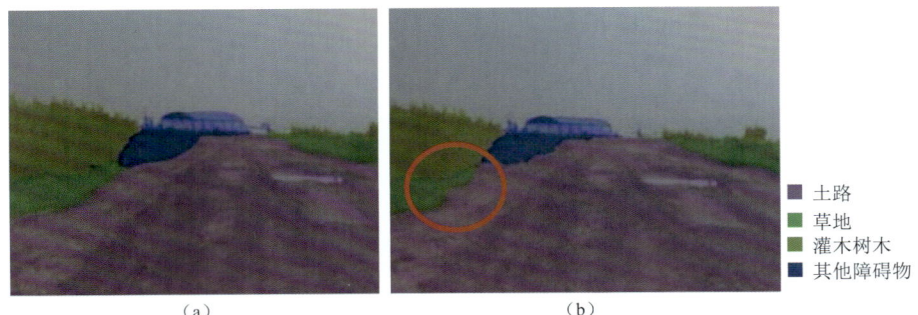

图 2-50 条件随机场对可通行区域检测结果后处理（使得区域边缘更精确）

(a) 可通过区域检测结果；(b) 优化结果

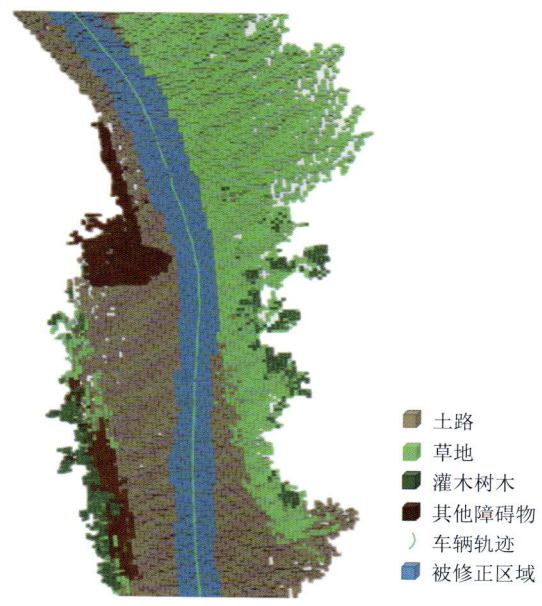

图 2-54 利用车辆行驶轨迹标记地图的可通行性（天蓝色区域表示车辆经过的区域标记成了已通行）

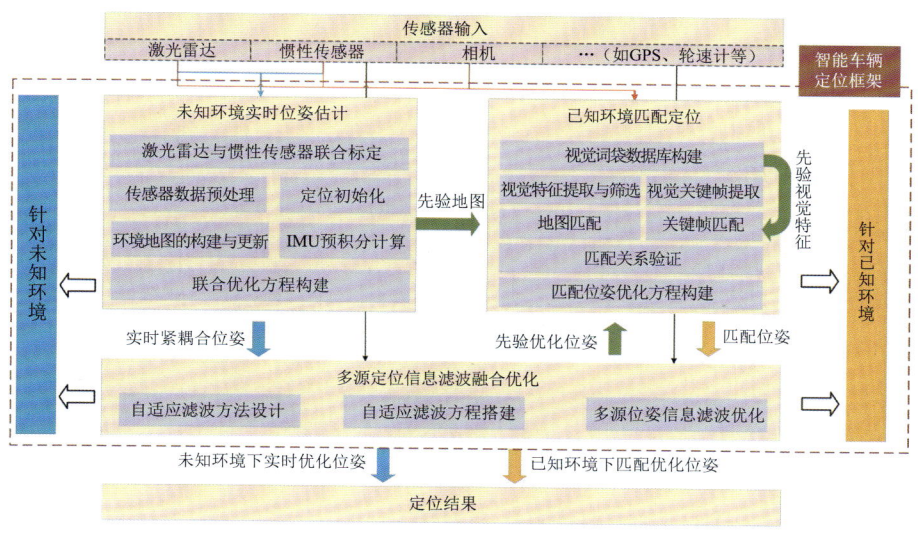

图 3-1 定位框架示意图

(a)

(b)

(c)

图 3-18 三重匹配验证效果图

(a) BRIEF 描述子匹配;(b) 基于求解基础矩阵的 RANSAC 匹配;
(c) 基于 PnP 求解的 RANSAC 匹配

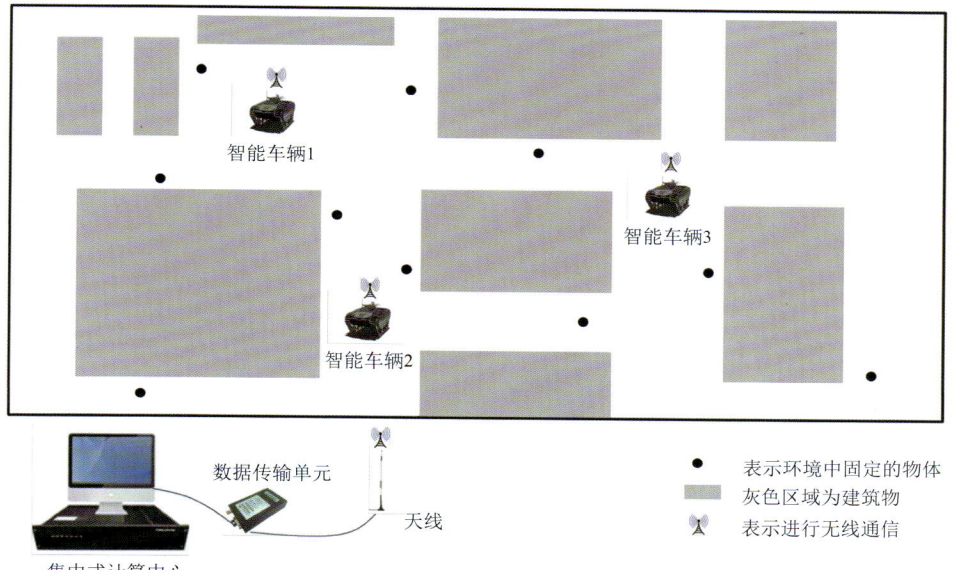

图 3-21　多车协同任务描述示意图

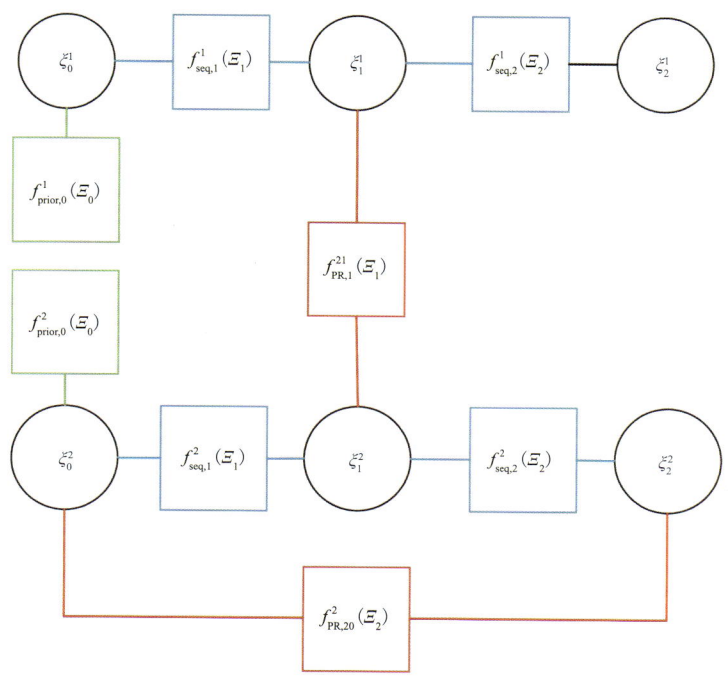

图 3-23　多车智能车辆协同定位后端优化因子图模型

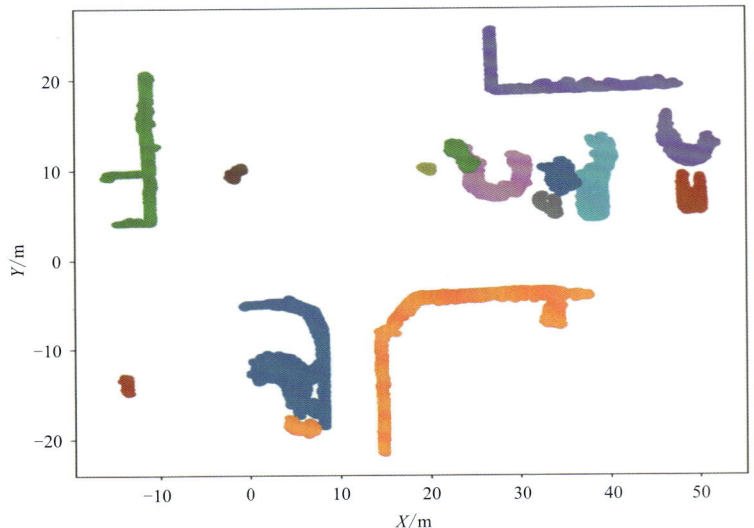

图 3-24 局部原始地图生成

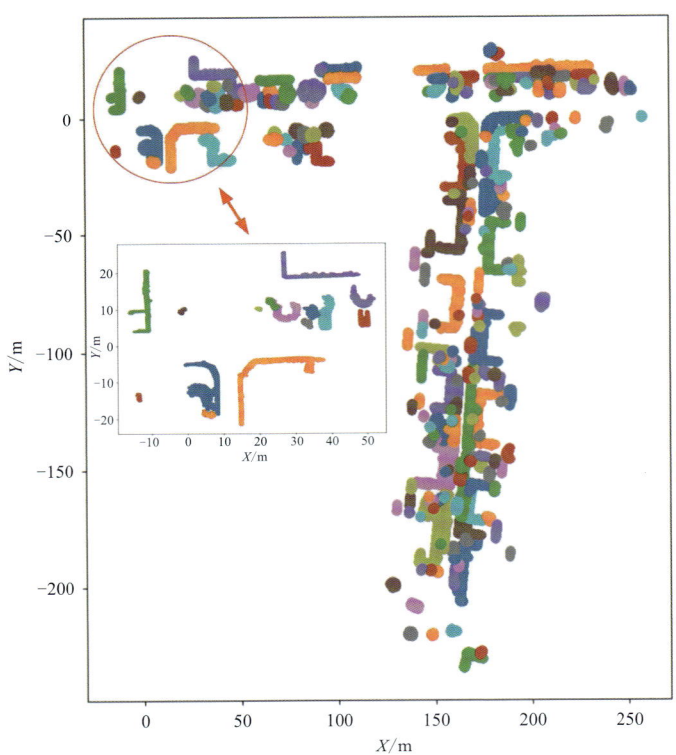

图 3-25 增量目标地图管理

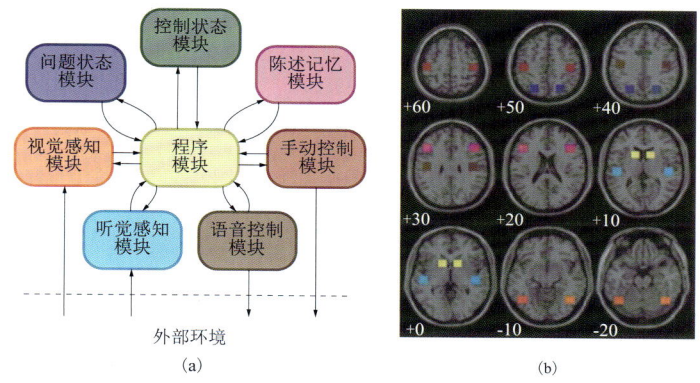

图4-2 ACT-R各模块外部环境与脑区的对应关系
（a）ACT-R各模块；（b）脑区

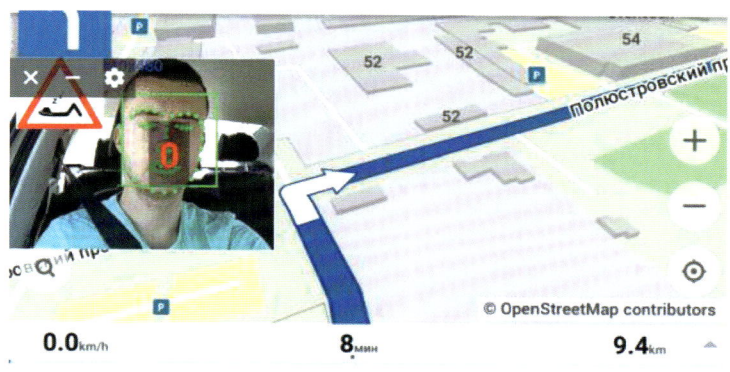

图4-8 瞌睡风险预警

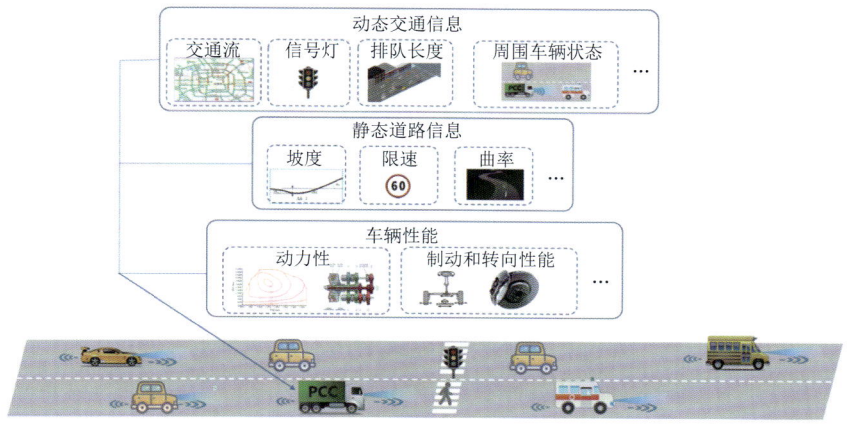

图4-9 预测巡航控制（PCC）系统采集数据内容

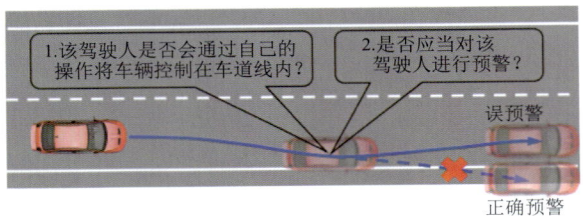

图 4-10　LDW 系统的正确预警和误预警

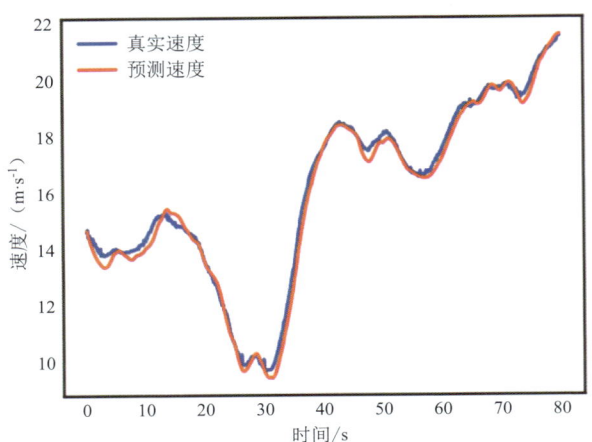

图 4-18　速度预测轨迹

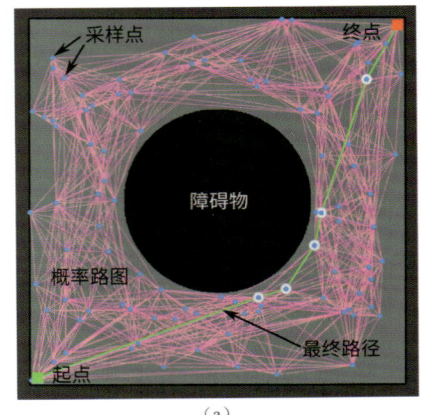 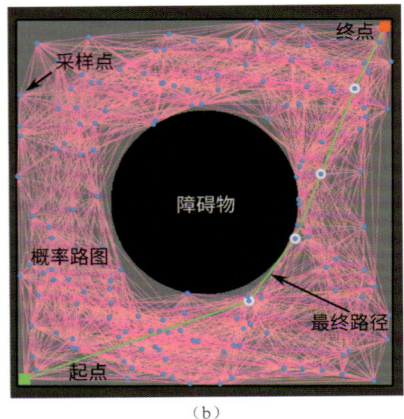

图 5-1　概率路图方法的规划结果示意图
（a）PRM；（b）PRM*

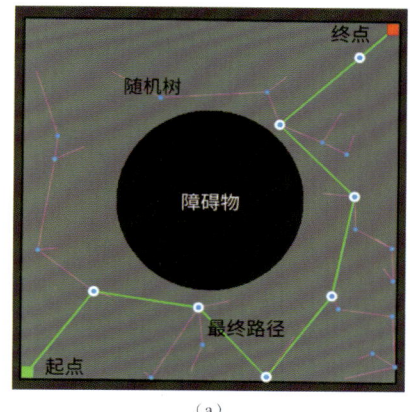 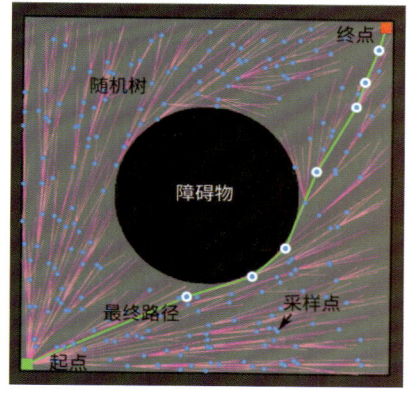

(a) (b)

图 5-2 不同类型的快速探索随机树方法的规划结果

(a) RRT；(b) RRT∗

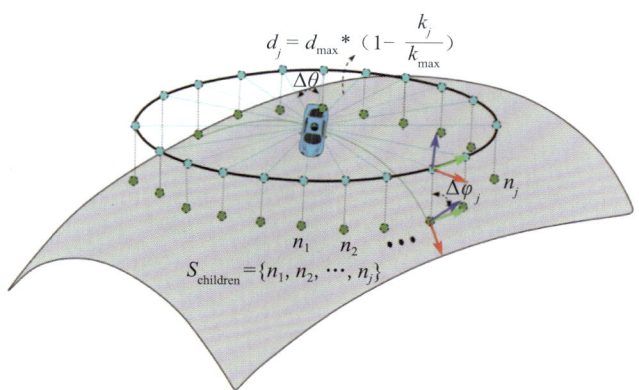

图 5-7 节点扩展模式

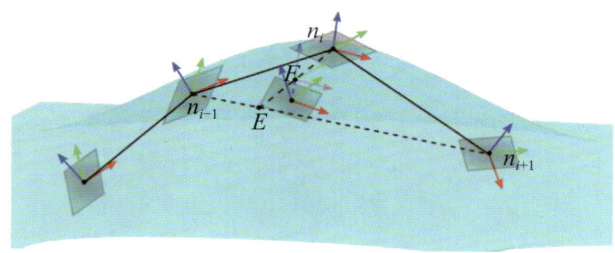

图 5-8 调整节点的方式

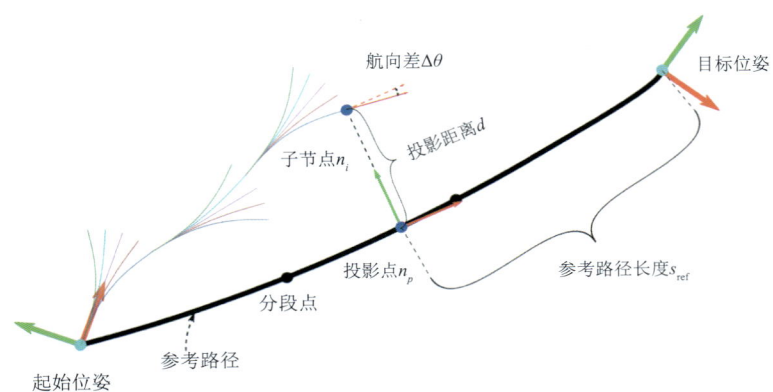

图 5-11 二维情形求启发值的示意图

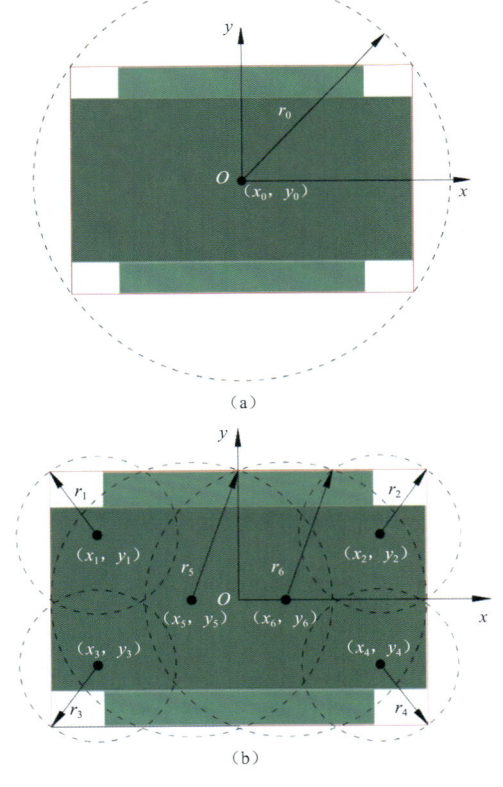

图 5-13 分层覆盖圆碰撞检测模型原理图
(a) 第一层检测示意图;(b) 第二层检测示意图

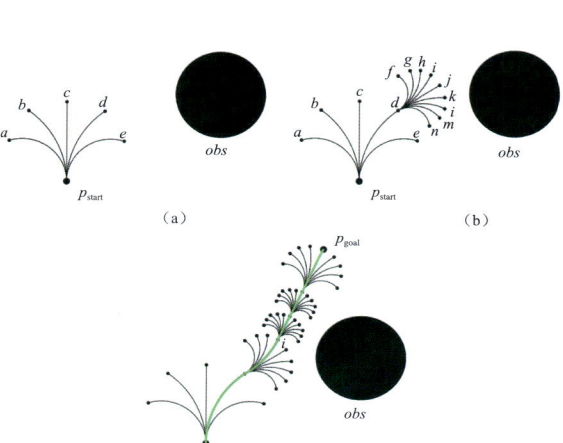

图 5-17 基于控制空间采样的模型嵌入式路径规划算法规划流程示意图
（a）第一层采样；（b）第二层采样；（c）规划完成

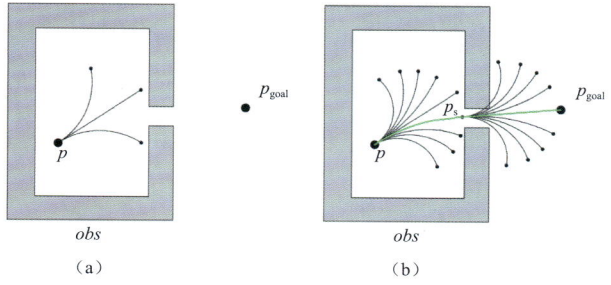

图 5-18 狭窄通路场景下的采样数调整
（a）3 采样数规划示意图；（b）9 采样数规划示意图

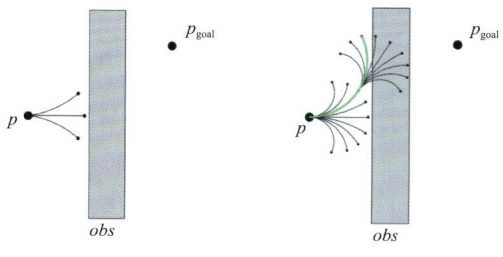

图 5-19 朝向障碍物场景下的采样数调整
（a）3 采样数规划示意图；（b）9 采样数规划示意图

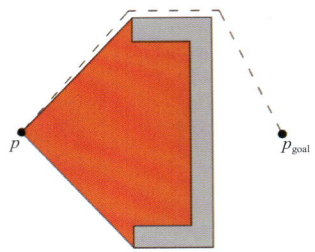

图 5-21　凹障碍处的规划场景

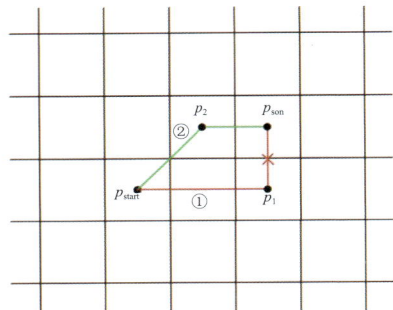

图 5-22　在栅格地图上的 A * 算法中的一个节点更新场景示意图

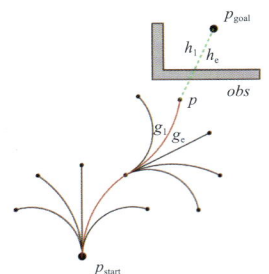

图 5-26　代价值与启发值计算

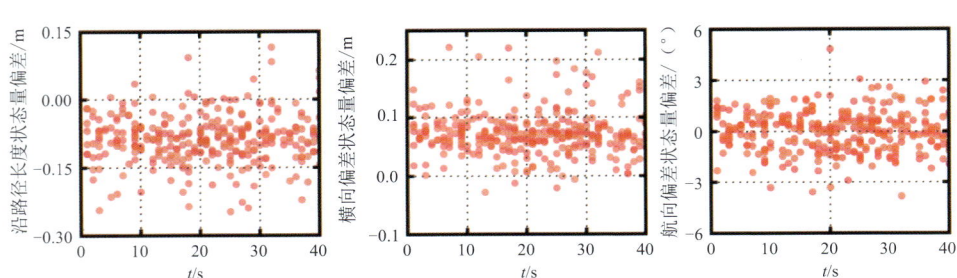

图 6-7　部分数据下系统状态量偏差

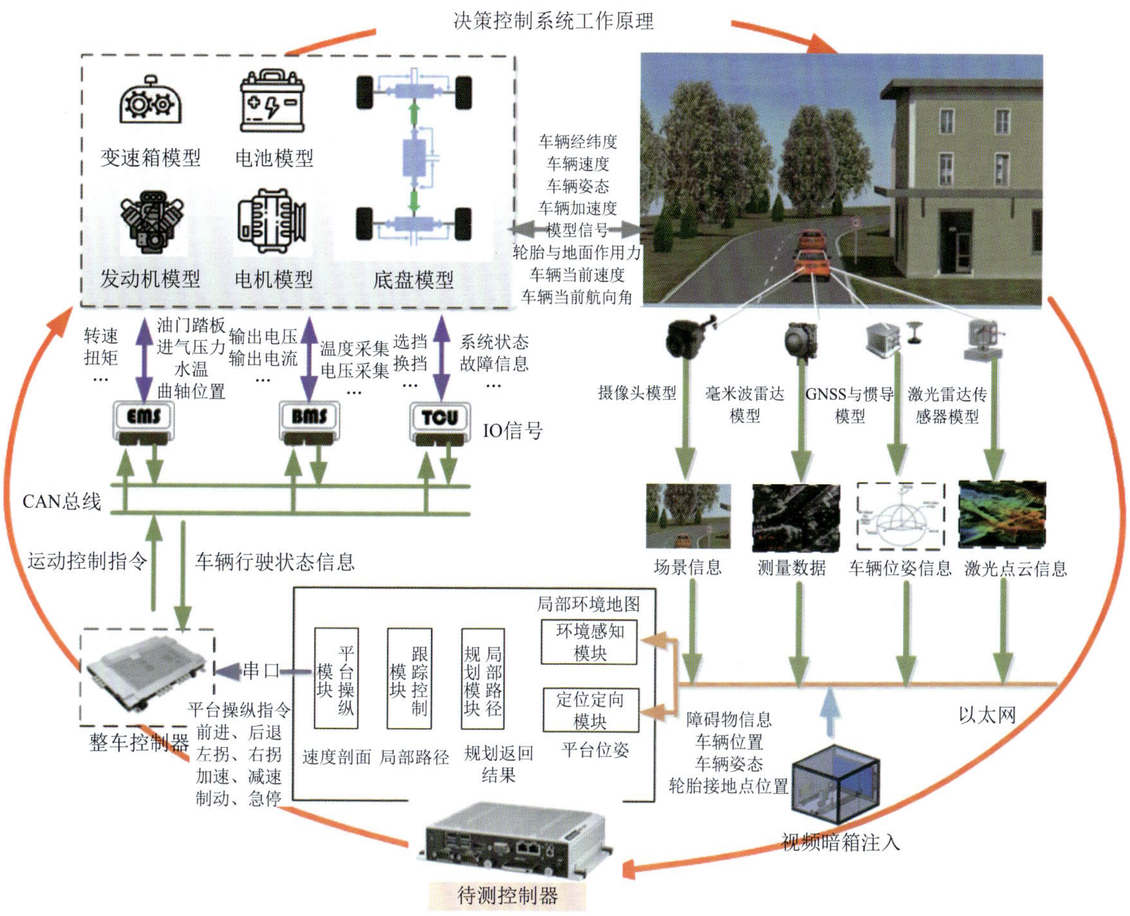

图7-2 决策控制测试系统运行

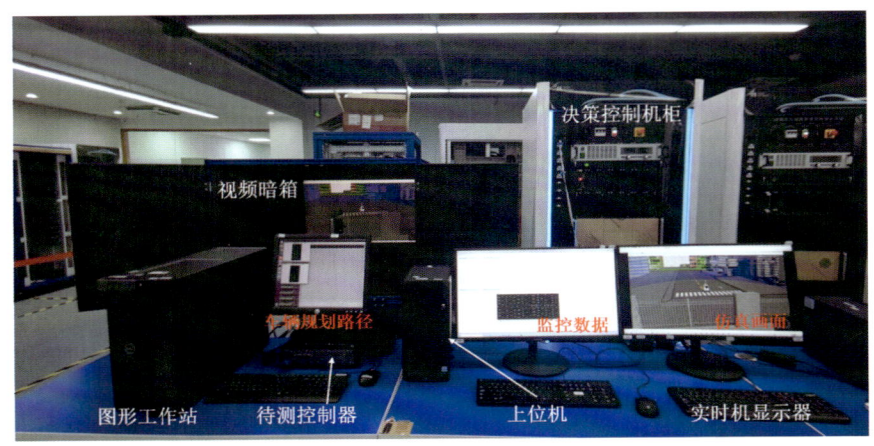

图 7-4 决策控制硬件在环平台

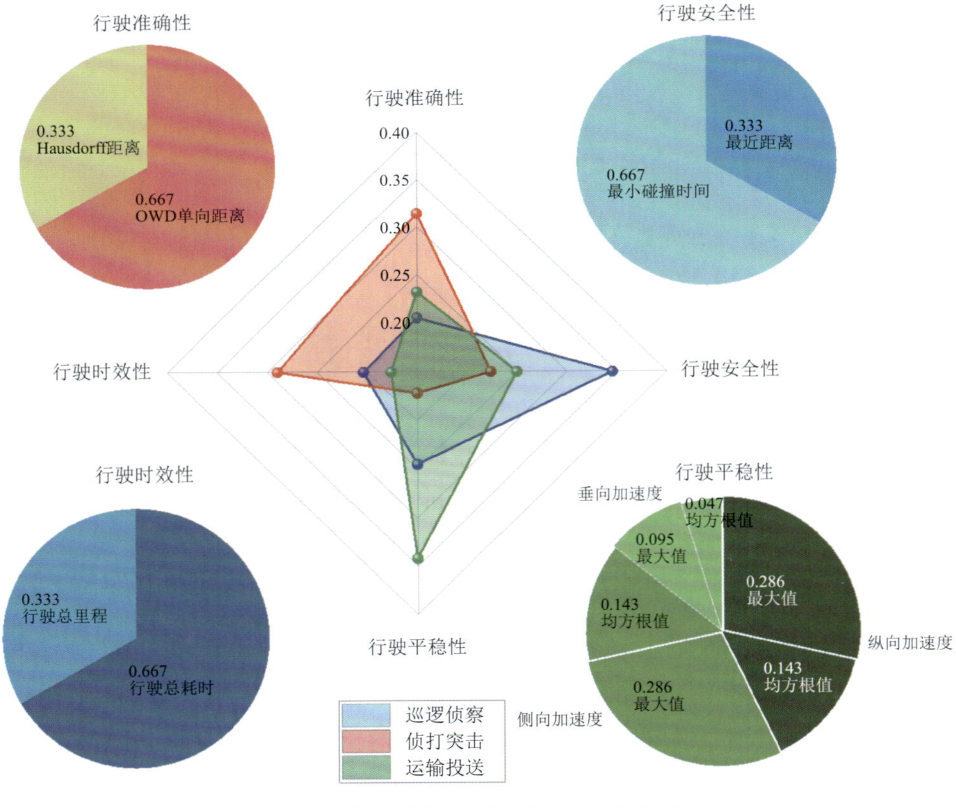

图 7-5 不同任务属性智能车辆决策控制评价模型

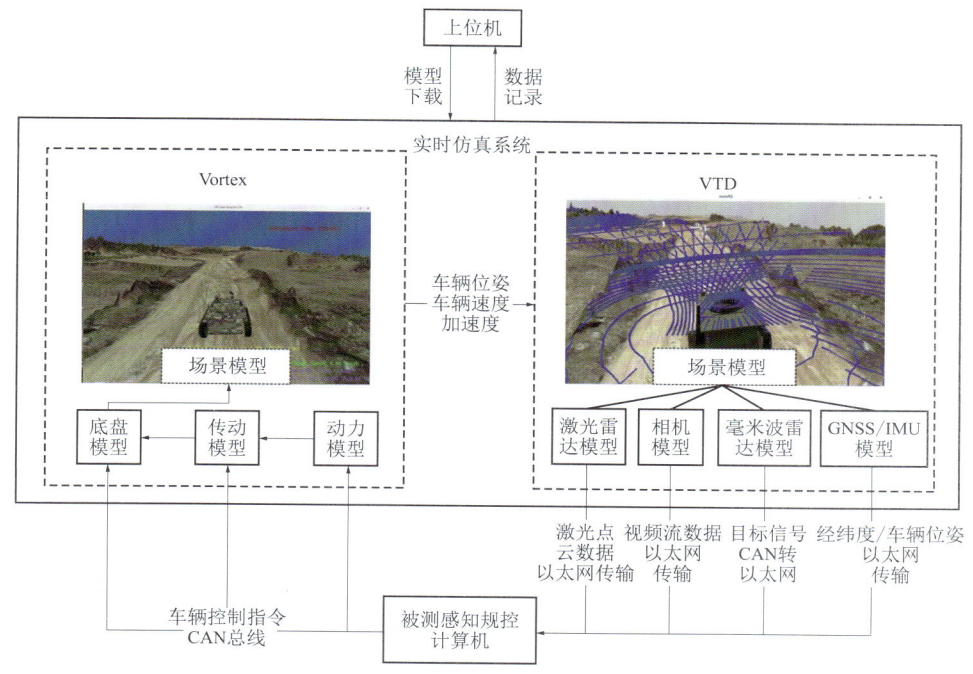

图 7-6 硬件在环仿真平台

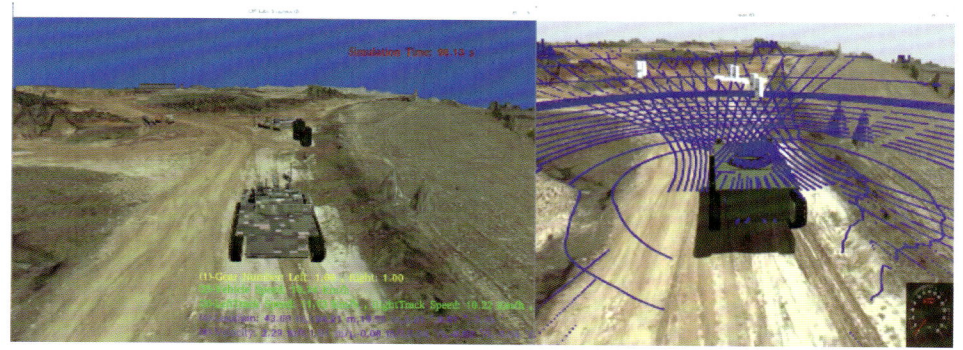

图 7-10 测试过程中实时仿真系统显示的车辆行驶状态

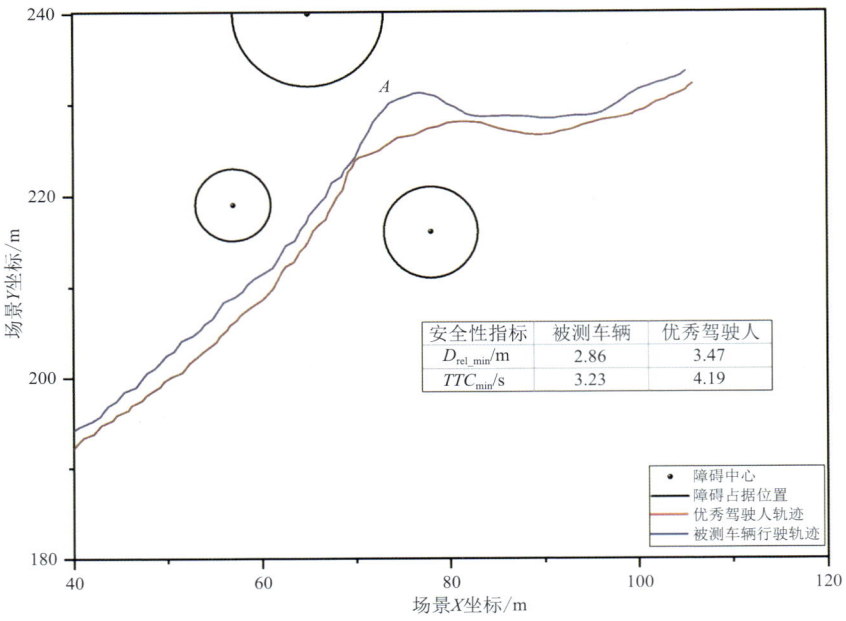

图 7-11　车辆避障过程轨迹线和安全性指标（基本避障测试）

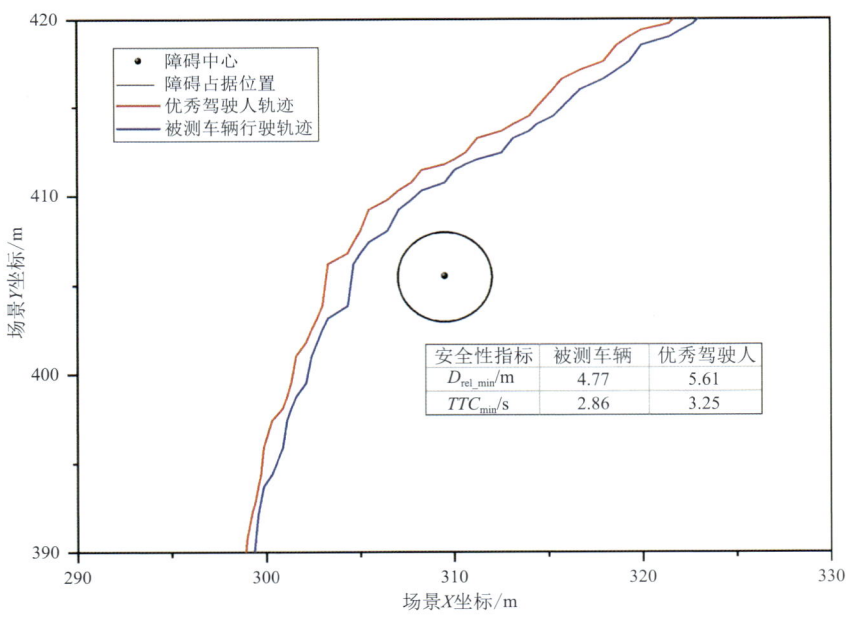

图 7-13　车辆避障过程轨迹线和安全性指标（负障碍测试）

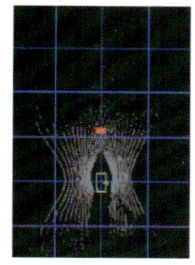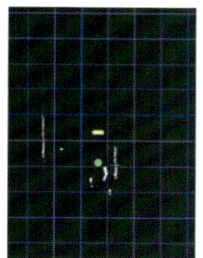

图 7-14 负障碍检测